La nostalgie n'est plus ce qu'elle était

Simone SIGNORET

Avant-propos de Maurice Pons

La nostalgie n'est plus ce qu'elle était

France Loisirs, 123, boulevard de Grenelle, P

Édition du Club France Loisirs, Paris
avec l'autorisation des Éditions du Seuil.

EN COUVERTURE

En page 1, photo Monique Jacot, Top Réalités;
en page 4 photo Ève Arnold.

ISBN 2-7242-0133-7

Avant-propos

« Ce n'est pas juste! me disait souvent Simone Signoret au cours des longues conversations qui servirent de base à l'élaboration de ce livre, ce n'est pas juste : vous me faites parler, parler, parler, et vous, vous ne racontez rien! ».

Par déférence, par vraie curiosité — car elle est beaucoup plus curieuse des autres qu'elle imagine que les autres le sont d'elle, beaucoup plus empressée, par exemple, de lire le livre des autres que d'écrire le sien — elle aurait aimé voir les rôles inversés : l'interviewer interviewé, le confident passant aux confidences, le policier aux aveux. J'ai conscience en effet d'avoir joué, au cours de nos exercices acrobatiques et enregistrés de questions et de réponses, tour à tour et tout à la fois (et souvent de façon maladroite et inconfortable) le rôle du flic, du confesseur, du psychiatre, du biographe, de l'historiographe, du commissaire politique, de l'agent secret, du scribe accroupi, du juge d'instruction, du témoin de la mariée, du parrain des enfants... Et je pense, en fin de compte, que les deux trois choses que j'ai apprises d'elle valent bien les deux trois mille qu'elle voulait apprendre de moi. Entre la place Dauphine, la maison d'Autheuil et la Colombe d'or, *j'ai surtout conscience d'avoir participé à une extraordinaire aventure littéraire, à une fantastique chasse au trésor dont le butin, pour finir, est ce livre.*

Au départ, deux chats sur un canapé, dans une grande maison silencieuse et ensoleillée. On s'observe, on se frôle, on se flaire, on sort une griffe, on la rentre, on se hérisse, on fait le dos rond. Passe une souris, on se sourit, on l'attrape, on la partage, on la dévore. On s'aperçoit qu'on en a dévoré bien d'autres, en d'autres lieux, en d'autres temps. Façon de se sentir un peu de la même famille? Cela fait plusieurs heures que nous parlons : c'est signe que nous pourrons parler. Le soir tombe sur les grands arbres d'Autheuil.

— Mais comment? Vous partez déjà? me demande Simone. Vous n'avez pas votre valise?

C'est sa façon à elle de donner le feu vert. Le lendemain matin je suis là, avec ma valise. Avec mon amie Dominique aussi, et ses trois oreilles complices : les deux siennes, et celle de son appareil qui se met à tourner, à tourner.

Nous jetons en vrac dans la machine des souvenirs d'enfance, des souvenirs de guerre, des souvenirs de travail, des souvenirs d'amour, des souvenirs politiques. Nous nous moquons des frontières et de la chronologie. Je me prends les pieds dans les époques et dans la pellicule. Je confonds allègrement Yves et Marc, et carrément Marcel et Marcel. Simone rit, ou gronde, ou crie, pardonne ou ne pardonne pas. Plus que l'Histoire, c'est la vie qui nous intéresse, avec son cortège de joies et de peines, de terreurs et de gloires, avec ses éclairs de folie et de clairvoyance, avec ses jeux d'ombres et de lumières traçant leurs frontières entre défis et engagements, paris et risques. Ce sont les gens qui nous intéressent, les masques et bergamasques qui suivent ou croisent le cortège, et qui ont nom, comme par hasard et comme à la première page des journaux, Montand, Khrouchtchev, Tito, Marilyn, Malraux, Overney... En avons-nous rencontré, du monde, en voyage ! Et chez Simone, toujours cette attention fabuleuse aux autres, cette lucidité, cette rigueur. Finalement, ce demi-siècle, nous l'aurons parcouru à saute-mouton, en jouant — quitte à sauter parfois sur un loup ou un chacal.

Lorsqu'elle raconte, Simone Signoret est passionnante et intarissable. On ne sent pas passer les heures ni les jours. Nous sommes assis en rond sur le tapis, autour de la divinité magnétophone, comme des fidèles à genoux devant leur idole. Quel silence parlé ! On n'entend même plus les cubes de glace tinter dans les verres. On s'aperçoit soudain que le feu crépite dans la cheminée, mystérieusement allumé par le génie bienfaisant de la maison.

C'est l'heure d'aller partager les œufs à la coque, le pâté de campagne et les flans au lait. En vérité, nous sommes exténués. Pour nous reposer d'avoir tant parlé, nous bavardons un peu... J'enrage quelquefois qu'Autheuil ne soit pas Watergate, truffé de micros, et que tant d'autres histoires, tant d'autres confidences de Simone se soient perdues dans nos mémoires embrumées par le petit bordeaux.

Tard dans la nuit, avec Dominique, dans nos petites chambres silencieuses et secrètes, tout en haut de la maison carrelée de rouge, nous écoutons la récolte de la journée. Et la récolte est bonne puisque nous rions et pleurons tout à la fois rien qu'à l'entendre. Et nous ajoutons des scènes inédites : Dominique joue Maurice et Maurice joue Simone. Nous réinventons l'histoire avec nos petits secrets, nous sommes les glaneurs de cette extraordinaire moisson et les premiers Mohicans d'un immense Far West. Simone Signoret me l'a dit souvent : il faudra un jour que j'écrive un autre livre, l'histoire du livre que nous n'aurons pas écrit.

Curieux baccalauréat : l'oral se passe avant l'écrit. Un jour pluvieux de l'automne 1975, nous nous retrouvons, Simone Signoret et moi, dans sa maison d'Autheuil. Devant nous, sur le tapis vert de la table ronde, six cents pages de papier pelure rose dactylographiées. C'est le produit brut du fidèle et minutieux décryptage des bandes magnétiques, réalisé durant tout l'été par Dominique.

Sur la route, en voiture, entre les marronniers de la place Dauphine et les tilleuls du parc d'Autheuil, nous avions soigneusement évité d'en parler. Mais, pour la première fois, entre nous, un certain malaise : le poids de ce gros manuscrit, serré dans ses élastiques, juste sous nos yeux, sur la tablette avant de la Matra. Tout l'après-midi, nous reculons le moment de l'ouvrir comme, au jour de l'examen, on diffère le plus longtemps possible l'instant fatidique où l'on va découvrir « le sujet ».

Enfin, il fallut bien commencer l'épreuve. Désastreuse. Orthographe : correcte. Syntaxe : deux sur vingt. Style : zéro. Plan et construction : nuls. Nous passons la soirée à tracer de grandes croix bleues sur le papier rose. Nous rayons courageusement trente-huit pages et demie sur quarante-deux, nous rajoutons çà et là deux phrases ésotériques, nous couvrons les marges de signes cabalistiques. Puis, d'un commun accord, et avec le sentiment sublime d'accomplir un sacrifice expiatoire, nous fermons le dossier et pleurons dessus. Nous nous déclarons recalés aux épreuves écrites, session d'automne. C'est fini. Il n'y aura pas de livre. Buvons un coup pour l'oublier et parlons d'autre chose.

Étonnante Simone ! Tard dans la nuit, sur le pas de la porte, elle me met dans les bras le volumineux manuscrit.

— On ne sait jamais, dit-elle. Si un jour vous pouvez en faire quelque chose !

Extraordinaire marque de confiance : me voilà dépositaire de cette œuvre informe, maladroite, impubliable, mais d'une richesse sans prix. Je voudrais pouvoir raconter toutes les idées folles qui me traversèrent la tête comme je traversai moi-même, dans la nuit déserte, les petites routes toujours brumeuses de la Normandie automnale. En arrivant au Moulin, j'enfermai le dossier à double tour dans mon gros coffre de cuir.

Je passe l'hiver assis dessus, méditant sur les problèmes du langage et de l'écriture. Entre la « chose parlée » et la « chose écrite » dont Montaigne a si bien su vanter « l'autorité » et les mérites, il y a un décalage par où s'échappent, subtilement, la vérité et la vie. Le romancier a le droit de « mentir vrai » — et personnellement je ne m'en prive pas. Je manque terriblement de rigueur et mes livres fourmillent de petits mensonges, de petites lâchetés, de petites hypocrisies. Le mémorialiste, qu'il s'appelle Montaigne, Rousseau ou Signoret, se doit de se raconter vrai. Mais dans les propos de Simone Signoret, par-delà la vérité des mots, des noms, des faits, par-delà la justesse des images, la rigueur des idées, il y a la chaleur, l'émotion, la voix, le rire, le métier, le talent. A la lecture, les mêmes propos apparaissent sommaires et desséchés, presque embarrassés dans leurs habits d'écriture. J'ai du mal à lire Simone sans l'entendre, je me laisse facilement émerveiller par ce que j'écoute, non par ce que je lis. Elle, elle ne parvient pas à s'entendre en se lisant. Elle ne se reconnaît plus.

Chacun de son côté, et quelquefois ensemble, nous nous employons à colmater la brèche fatidique qui sépare le parler de l'écrit. C'est construire une digue d'eau sur la mer! Les mois et les saisons passent. C'est l'époque où Simone, entre deux films, s'installe à Saint-Paul-de-Vence, je fais quelques allées et venues entre la Normandie et la Provence.

J'essaie courageusement de reconstituer avec des mots des phrases que j'ai entendues. J'écris avec les oreilles. Quel exercice! « Je n'ai jamais dit ça! s'écrie Simone — Je ne l'ai pourtant pas inventé! — Et comment se fait-il que nous n'ayons pas parlé de ça? — Eh bien, parlons-en! — Non, cela, je l'écrirai moi-même. » J'écris, tu écris, elle écrit. Nous déclinons ses souvenirs sur tous les modes de l'écriture. Nous biffons, nous rajoutons, nous rectifions, nous complétons, nous précisons, nous renonçons, nous persévérons, dix mille fois nous répétons la même petite goutte d'eau sur la tempe de la statue.

Simone se prend au jeu — et prend les choses en main. J'avais volé des questions dans les réponses, elle invente des questions pour amener des réponses. « Pas mal, ma question, hein? » Bientôt, elle n'a plus besoin de questions — et ce n'est plus un jeu. Plus elle écrit, mieux elle comprend que l'écriture ne peut jamais être un jeu, jamais un divertissement parlé et retranscrit sur du papier. Le livre de Simone devient une mise à nu, un extraordinaire et parfois douloureux effort pour se raconter par écrit, pour cerner sa vérité sans attenter à la vie. Elle a trouvé son mode d'expression, à mi-chemin de l'écrit et de l'oral; beaucoup plus qu'une lecture écrite, une sorte d'écriture lue.

La nostalgie n'est plus ce qu'elle était

Dans la cour fleurie de la Colombe d'or, *sa machine à écrire parle. Puis à nouveau sur la table verte d'Autheuil. De semaine en semaine, je viens découvrir la lente et mystérieuse et toujours émouvante transmutation d'une œuvre pensée en une œuvre écrite.*

Le voici donc enfin, ce livre auquel on ne croyait plus, auquel Simone seule, peut-être, n'avait jamais cessé de croire, et qu'elle s'est forcée à mener à bien, sans obligation, mais non sans contraintes, simplement parce qu'elle l'avait promis. Servie par une mémoire et une expérience prodigieuses — prestigieuses aussi — mais sans se départir jamais de cette rigueur et de cette lucidité qui font parfois si mal.

De ce livre que je connais par cœur et que pourtant je reconnais à peine, je n'aurai été ni le coauteur, ni le « rewriter », comme certains se sont empressés étourdiment de l'écrire. J'en ai été le premier écouteur — et le plus assidu lecteur. J'en ai été surtout, saison après saison, le plus constant complice. Ce n'est pas un mince privilège.

Maurice Pons

1

Vous avez beaucoup hésité à raconter vos souvenirs : « Mes souvenirs ne m'appartiennent pas », disiez-vous.

SIMONE SIGNORET : Ce ne sont pas mes souvenirs qui ne m'appartiennent pas, c'est ma vie! Je considère qu'on n'est fait que par les autres, et à partir du moment où on se raconte, on raconte les autres. Même les options qu'on peut prendre dans la vie sont toujours dues à quelqu'un d'autre, à une rencontre ou au fait qu'on veut être à la hauteur de l'opinion de quelques-uns. Pas beaucoup, en fait. Je sais très bien que ce que j'appelle « ma conscience », c'est le regard de cinq ou six personnes. Pas nécessairement des gens que je vois souvent. Des gens qui ne savent pas du tout qu'ils sont ma conscience. Moi, je sais qu'ils me surveillent. Dans mon esprit, ce sont des hommes. C'est très curieux : je ne vois pas tellement de regards de femmes posés sur moi. Mais pas nécessairement non plus des hommes avec qui j'ai eu des histoires d'amour.

Je suis née en 1921 à Wiesbaden, en Rhénanie, pendant l'occupation française. Quand mes parents sont rentrés en France, j'avais deux ans. Je n'ai donc pas de souvenirs de cette époque.

Mon père était le fils d'un juif polonais, diamantaire, que je n'ai pas connu. Sa mère était une juive autrichienne que je n'ai pas beaucoup aimée, parce qu'elle n'a jamais vraiment accepté ma mère. Dans une famille juive, la pire chose que pouvait faire un fils, c'était d'épouser une non-juive. Et c'est ce qu'a fait mon père. Il est né en France, à Saint-Gratien. Il appartenait à cette génération qui a fait trois ans de service militaire, quatre ans de guerre puis trois ans d'occupation en Allemagne. Il avait une formation d'avocat, mais il travaillait dans une maison de publicité, la maison Damour. Le patron s'appelait Étienne Damour. Avec un nom pareil, j'imaginais un homme très grand, très beau... Je l'ai rencontré un jour et j'ai été un peu déçue. Mais ce n'était sûrement pas un imbécile, parce que les frères Prévert ont travaillé avec lui, et Grimaud, et Aurenche, et Marcel Carné, et un photographe qui s'appelle Zuber.

La maison Damour publiait une revue qui s'appelait *Vendre*. Sur la couverture, il y avait un dessin : une tête de profil avec la bouche ouverte comme pour crier quelque chose et coiffée d'une espèce de bonnet phrygien qui ressemblait aux chapeaux de zinc qui coiffent les cheminées de Paris. Mon père travaillait chez un dieu qui s'appelait Damour et il collaborait à un journal qui ressemblait à un chapeau de cheminée.

Un jour, je devais avoir cinq ans, mon père est arrivé à la maison sur le coup de midi en sanglotant. On habitait au quatrième, sans ascenseur, et généralement mon père s'annonçait dans l'escalier en sifflant l'appel de *Siegfried*, qui a toujours été le cri de ralliement de la famille. Ce jour-là, il monta l'escalier marche après marche, il s'est écroulé en pleurant dans le petit corridor : Damour était mort.

Et votre mère?

SIMONE SIGNORET : Ma mère est née à Paris d'une modeste modiste valenciennoise et d'un obscur artiste peintre marseillais.

A quoi a ressemblé votre petite enfance?

SIMONE SIGNORET : C'était Neuilly. Un petit appartement rue Jacques-Dulud, le jardin d'Acclimatation, le marché, et une machine à coudre Singer. « Viens voir la petite bobine », me disait ma mère au moment du renouvellement de la canette. Elle me faisait des petites robes très marrantes dans des coupons Rodier qu'elle achetait au marché de Neuilly.

Le marché de Neuilly a eu une grande importance dans mon enfance d'enfant unique. Surtout celui de l'avenue de Neuilly. Un jour, ma mère m'avait perdue et me retrouva assise sur une pyramide de pommes de terre, chez Camille, souriante et confiante, sûre qu'elle me retrouverait. Je n'étais pas affolée du tout. Elle, oui.

Au marché de Neuilly, j'arrivais juste à la hauteur des étals les plus intéressants. Mon préféré était celui du crémier : les demi-roues de gruyère nous séparaient, le crémier et moi, il ne pouvait pas me voir parce que j'étais trop petite, alors j'explorais les trous de l'emmenthal qui devenaient de vraies grottes, pendant que ma mère se faisait peser son beurre d'Isigny.

A part les coupons Rodier et les pommes de terre de chez Camille, elle se fournissait beaucoup chez Charlot. C'était une sorte de colosse qui engueulait la clientèle et dont la femme, très belle, portait en bandoulière une sacoche en cuir comme un contrôleur des tramways. Elle avait les lèvres peintes presque en noir. Il n'y avait pas de tréteaux, tout était par terre, et ce qui était par terre, c'était des laissés-pour-compte de grands bottiers ou de grands maroquiniers. J'ai le souvenir vivace de paires d'escarpins du soir, l'une en lamé or, l'autre en lamé argent, qui ne pouvaient en aucun cas servir à ma mère — elle n'était guère mondaine — mais qu'elle avait fini par acheter et que je mettais pour jouer à la dame. Elle me les bourrait de papier journal et je me baladais dans ma chambre avec un rideau sur la tête, pendant les relevailles de coqueluche et de rougeole.

Le marché, un mois par an, cédait place — ou plutôt partageait sa place avec les forains de la fête de Neuilly. Le matin, on pouvait voir les voyantes extra-lucides en peignoir et bigoudis faire le ménage devant leur roulotte et derrière les étals de maraîchers; et aussi Mlle Thérésa, la femme-deux cents kilos, sans sa cape de satin bleu, sans son col de fausse hermine, sans son diadème de strass et sans son trône sur lequel elle se présentait à son public qui était admis à palper l'une de ses énormes cuisses poudrées qu'elle laissait sortir de sa cape. Un jour, sans doute un jeudi qu'on m'avait envoyée faire un tour sur les chevaux de bois, la jeune Bretonne intérimaire qui m'avait emmenée n'avait pu résister au plaisir de me faire partager sa joie d'approcher une aussi importante curiosité que Mlle Thérésa. La même jeune Bretonne devait d'ailleurs bientôt nous quitter à cause d'un samedi soir à la fête de Neuilly où, je le compris beaucoup plus tard, tous les maquereaux de Paris venaient à l'époque se ravitailler pour la saison.

D'autres images de cette époque?

SIMONE SIGNORET : Le reflet de ma mère dans une glace, ou plutôt dans des glaces toujours différentes, et vous allez comprendre pourquoi. J'étais coiffée à la Jeanne-d'Arc et elle m'emmenait me faire couper les cheveux chez des coiffeurs pour hommes. Je dis bien « des coiffeurs », parce qu'on a dû en épuiser une demi-douzaine entre ma cinquième et ma sixième année. On arrivait, on m'installait sur deux Bottins entre deux messieurs qui se faisaient raser et couper les cheveux; ma mère vérifiait que le coton qu'on introduisait entre le grand peignoir et mon cou était bien propre, ce qui déjà agaçait un peu l'artiste à qui elle donnait ses instructions. Et puis elle allait s'asseoir et me souriait dans la glace. Elle prenait à lire ce qu'il y avait à lire, c'était toujours *le Rire* ou *le Sourire,* c'est-à-dire l'équivalent grivois et bien français, pour l'époque, de *Play Boy.* Elle le feuilletait d'un air écœuré, puis replaçait ostensiblement l'objet sur la petite table.

Tant que l'artiste s'occupait de ma frange ou des mèches de côté, tout allait bien, à part les petits cheveux qui me tombaient dans les yeux et sur le nez et qu'il époussetait avec une sorte de blaireau. Mais venait le moment de la nuque : deux doigts experts et durs me faisaient pencher en avant, je ne voyais plus le reflet de ma mère mais je savais que j'allais entendre cette phrase, toujours la même : « Je vous demanderais, monsieur, de bien vouloir flamber votre instrument », au moment où le cliquetis de la tondeuse commençait à se faire entendre avant d'attaquer le morceau. Le cliquetis s'arrêtait net, je restais tête baissée, l'artiste disait quelque chose dans le genre : « Madame, vous êtes ici dans un salon de premier ordre. » Alors ma mère se levait, s'approchait du fauteuil, désignait les arrivées de gaz, de chaque côté de la glace, et entamait un petit cours d'hygiène d'où il ressortait que j'étais une enfant, que bien souvent la clientèle adulte est porteuse de germes et que, de toute façon, les becs de gaz n'étaient pas là pour les chiens. Tout ça avec une politesse exquise. Puis elle allait se rasseoir. L'artiste flambait donc, non sans balancer à ses deux confrères un sourire qui ne m'échappait pas, il me rafraîchissait la nuque, on n'entendait vraiment plus que la tondeuse encore tiède sur mon cou, aucune friction n'était proposée, aucun échantillon de savon offert, on me dépiautait de mon grand peignoir, on payait, on s'en allait et dehors ma mère me disait : « Nous n'irons plus jamais chez ce coiffeur ! »

Enfant unique, vous étiez bien protégée?

SIMONE SIGNORET : Je n'ai jamais eu de chat parce qu'une petite voisine s'était fait crever un œil par le sien, je n'ai jamais eu de patins à roulettes parce qu'un cousin de ma mère s'était fracturé le crâne sur le bord d'un trottoir en Arles, en 1911 et à patins à roulettes, mais j'ai eu des serins et des poissons rouges : quand ils mouraient, on me le cachait et on les remplaçait nuitamment par des vivants qui n'avaient pas toujours la même taille ou la même couleur.

Un été, au Pouliguen (Loire-Inférieure aujourd'hui Atlantique), on a même sauvé des crevettes. J'en ai pêché trois, et un petit crabe. Le soir, on pose le seau d'eau de mer sur la cheminée de la chambre de la pension de famille, ma mère se couche et se met à lire, car elle n'était pas de ces dames qui couchent leur enfant et s'en vont danser. J'ai pleuré, et je lui ai dit que je voulais aller remettre les trois crevettes et le petit crabe dans la mer. Elle m'a remis ma barboteuse, on a pris le seau et on l'a vidé dans l'eau du port. J'étais toute contente... et elle aussi. C'est depuis que j'ai raconté cette histoire un jour à Suzanne Flon, entre matinée et soirée, que je reçois parfois de tous les ports du monde des cartes postales dont le texte est à peu près : « Mon-arrière-arrière-arrière-arrière-grand-mère vous doit la vie, signé : Une crevette reconnaissante. »

J'étais une vraie petite fille unique à laquelle on parlait et devant laquelle on parlait. J'ai craint un jour que Mme Albertine, qui venait de Puteaux donner deux heures de ménage par semaine, ne revienne plus, vu qu'elle avait « disparu », et on décrypta très intelligemment pour moi — j'avais six ans — ces mots incompréhensibles : « train-de-plénipotentiaires-américains » et « Saccovanzetti ». Un soir de 1927, ma mère, en fermant les persiennes de ma chambre, déclara : « Le voilà! », parce qu'un aéroplane ronronnait et que c'était Lindberg; et un matin de la même année, elle me dit : « Ils sont arrivés » — c'était Nungesser et Coli... On me racontait Siegfried, et comme on me racontait aussi Achille, je trouvais que ces failles de l'invulnérabilité se ressemblaient drôlement. Je me faisais peur avec les illustrations de Gustave Doré pour les *Contes* d'Andersen qu'un ami de la famille avait cru bon de m'offrir à sept ans. On ne parlait pas de crimes devant moi, le fait divers était censuré, ce qui me rendit par la suite et par réaction terriblement curieuse d'affaires comme celle de Violette Nozières sur laquelle je suis aujourd'hui encore imbattable.

Mais l'école, c'était déjà le monde?

SIMONE SIGNORET : Ma première école fut un petit cours très chic, le cours Lafayette, qui avait entre autres mérites celui d'être situé très près de la rue Jacques-Dulud où nous habitions. Je n'ai gardé du jardin d'enfants du cours Lafayette que le souvenir de petites chaises bleu roi, d'une petite condisciple que son chauffeur attendait à la sortie, et de mon voisin de chaise qui glissait sa main dans ma culotte Petit-Bateau en murmurant : « Si tu dis quelque chose, tu iras en prison parce que mon père est député. » Il était rouquin et je l'ai perdu de vue, si je puis dire, à l'âge de six ans.

Puis je suis entrée en classe de dixième au lycée Pasteur, qui était mixte à l'époque. Nous étions cinq ou six filles pour une vingtaine de garçons. On se mettait en rangs au son du tambour que battait M. Félix; ma maîtresse s'appelait Mme Arrighi et le surveillant général, M. Champagne, eh oui! Il était jeune, avait la moustache en croc et venait très souvent rendre visite à Mme Arrighi pendant que nous peinions sur nos premières soustractions. A la récréation, nous jouions à la guerre : les garçons se divisaient en deux camps et nous étions obligées, nous les filles, de faire les espionnes. Pas les infirmières, les espionnes. Comme nous étions immanquablement interceptées par l'un ou l'autre camp et cruellement méprisées pour nos indéfendables activités, on nous roulait dans le gravier de la cour de cet édifice façon Louis XIII qu'est le lycée Pasteur de Neuilly-sur-Seine.

Il y avait deux caïds. L'un s'appelait David, il était tout petit, et l'autre, mon bourreau personnel, Malissard, qui s'acharnait sur mon petit chapeau de feutre gris à ruban de velours noir. Il alla même jusqu'à le rouler dans les graviers boueux un jour de pluie. J'avais toujours caché la persécution-Malissard à ma mère. Mais, ce jour-là, elle le prit en flagrant délit tandis qu'elle m'attendait derrière les grilles. Elle le menaça de lui tirer les oreilles, Malissard rougit, jura qu'il ne le ferait plus et ma vie commune avec lui devint un enfer aux heures de récréation. A la sortie, en petit garçon bien élevé, il baissait respectueusement la tête en passant devant ma mère. Elle, elle se félicitait de son intervention.

Il y a énormément d'énormes camions qui sillonnent la France entière, battant pavillon Malissard sur leurs flancs, ou plutôt pavillons Malissards puisqu'on peut lire : Établissements Malissard père et fils. Pendant des années, sans même savoir si mon Malissard à moi pouvait être ce Malissard fils-là, le passage d'un de ces camions a agi sur moi comme une machine à remonter le temps. J'allais même jusqu'à imaginer un Malissard fils commandant à cette armada routière, mi-amiral, mi-grand pirate, cruel et désinvolte comme je savais qu'il pouvait l'être.

Un jour de 1954, aux studios de Saint-Maurice, entre deux séquences des *Diaboliques*, le portier galonné vint très respectueusement m'apporter une carte de visite sur laquelle on pouvait lire quelque chose comme :

JACQUES MALISSARD,
certain que vous ne vous
souvenez pas de lui, s'excuse
mais aimerait bien vous présenter
ses hommages, si toutefois
on l'autorise à pénétrer
sur le plateau.

C'est ainsi que je retrouvai le grand Malissard qui passa une petite demi-heure en cet endroit magique et incompréhensible qu'est un plateau de cinéma. Il voulait que je lui explique, et moi je ne parlai que de mon petit chapeau, de Mme Arrighi, de Félix le tambour, de M. Champagne qui était devenu une star de la radio; je lui fis raconter les camions — il rougissait, il était devenu timide.

Je passai brillamment de la dixième à la neuvième. Notre maîtresse, Mlle Hendrix, ne m'aimait pas : je ne suivais pas les cours de préparation au catéchisme qu'elle donnait à ses élèves en dehors des heures de classe. Elle ne me faisait pas exactement ce qu'on pourrait appeler des remarques, mais elle avait une façon de convoquer ses petites ouailles après la leçon de grammaire ou de morale qui, rétrospectivement, me fait froid dans le dos.

Donc, Mlle Hendrix ne m'aimait pas. Mais ma mère adorait la géographie. C'est ainsi que je produisais aux leçons de géo de splendides illustrations de notre bel hexagone. Nos côtes, qu'elles soient du nord, de l'ouest ou du sud, étaient bordées d'abord de l'outremer le plus foncé des crayolors pour s'estomper jusqu'au plus pâle; nos Vosges, nos Alpes, nos Pyrénées étaient bistre et terre de Sienne jusqu'au blanc cassé; nos belles rivières prenaient leur source bleu ciel et se jetaient dans des estuaires vert jade. Les contours étaient irréprochables : pas un petit cap, pas une baie, pas une presqu'île n'avaient été négligés. Il faut bien le dire, une fois le décalque exécuté sur du papier à beurre préalablement repassé, ma mère s'en donnait à cœur joie. Il était évident que Mlle Hendrix, qui avait des raisons personnelles de ne pas m'aimer, ne pouvait pas aimer non plus les chefs-d'œuvre de ma mère que j'apportais innocemment comme ayant été faits à la maison et par moi-même. Alors, elle jouait aux bons points : elle en plaçait deux sur mon pupitre, faisait quelques pas dans la travée, revenait, réfléchissait longuement, et me reprenait un bon point. Elle ne me demanda jamais si on m'aidait à la maison, je crois qu'elle voulait surtout punir ma mère pour mon absence d'éducation religieuse en ne lui octroyant qu'un bon point quand elle eût mérité le prix d'excellence.

Un jour de la Saint-Charlemagne, une troupe dont j'ai longtemps cru qu'elle était de la Comédie-Française vint jouer *le Malade imaginaire* sous le grand préau sonore. Tout le monde parlait d'une façon qui me parut si peu naturelle que la notion de naturel au théâtre resta sans entrer dans ma mythologie personnelle avant fort longtemps. Puisque j'avais vu des acteurs professionnels parler et surtout rire comme ça, c'est que ça devait être bien comme ça — il y a pas mal de gens qui n'ont pas révisé leur jugement à ce propos, malheureusement.

Ma grand-mère paternelle m'emmenait parfois le dimanche sous prétexte de me faire « prendre l'air ». Je n'ai pas le souvenir qu'elle m'ait jamais fait prendre autre chose que le bon air du cinéma. Je sais en tout cas que je vis *le Chanteur de jazz* (que je n'ai jamais revu depuis : je ne fais donc pas de superposition dans ma mémoire) et qu'au moment où la maman du héros meurt et que sa jeune bru en a un chagrin épouvantable, ma grand-mère me signala que c'était très beau de voir une belle famille dans laquelle bru et belle-mère s'aimaient tant. (A bon entendeur, salut!)

Bien sûr, il y avait aussi le jardin d'Acclimatation : les lions dans les cages — avant qu'on ne leur construise ces dérisoires rochers de béton — me faisaient pleurer; les phoques me paraissaient heureux, eux au moins avaient de l'eau et des kilos de poisson que leur balançait un gardien qui ne leur parlait qu'en allemand.

J'eus droit une fois à quelques tours sur le petit manège du rond-point des Champs-Élysées. C'est l'époque où ma mère allait à la conférence des Annales et en revenait très proustienne. Il me semble me rappeler qu'elle resta rêveuse devant le « chalet de nécessités ». Moi, sur mon petit cheval de bois, ma baguette à la main, je ratais l'anneau avec régularité. Je regardais ma mère qui me souriait. Il y avait des petits génies qui finissaient leur tour de manège avec leurs bâtons bagués comme des doigts de hippies, leurs mères étaient fières et heureuses, la mienne me consolait sans aucune amertume d'avoir été ridiculisée. Il fallait bien que ce fût Proust pour nous entraîner si loin de chez nous, car, finalement, à part les visites à mes grands-parents maternels aux Ternes, celles à l'oncle Marcel et à tante Irène au square Lamartine, ma mère et moi sortions rarement de Neuilly.

L'oncle Marcel et la tante Irène, sur lesquels je ne vais pas m'étendre pendant des heures, étaient les deux seuls riches, très riches membres de cette famille Kaminker-Signoret. Je ne sais plus exactement par quelle filiation l'oncle Marcel était mon oncle et tante Irène ma tante, mais, jusqu'à ma septième année, certains dimanches soirs vers cinq heures, nous allions en taxi — ce qui faisait dire à ma mère qu'on aurait aussi bien pu prendre l'autobus — jusqu'au numéro 7 bis du square Lamartine, devant une porte cochère vernie vert bouteille qui transformait en hôtel particulier le rez-de-chaussée de ce grand immeuble. Venait répondre au tintement un dénommé Rémy, fidèle serviteur déguisé en facchino à rayures, qui nous débarrassait de nos manteaux, non sans me donner du « Mademoiselle Kiki » qui me changeait du « Bonjour ma cocotte » de Mme Albertine de Puteaux. Il y avait un hall rond d'abord, puis un immense salon à piano à queue, puis un petit salon. Après ce petit salon venait la chambre de tante Irène, façon Marie-Antoinette, toute tendue de bleu et agrémentée d'une coiffeuse à miroir ovale autour duquel pendaient des colliers de perles roses, grises et noires, une salle de bains qui ressemblait à un salon avec d'énormes bols à savon disposés autour de la baignoire. Après venait la chambre de l'oncle Marcel, toute faite d'acajou et dont je devais retrouver la copie exacte dans le premier grand hôtel anglais où mes succès me conduisirent enfin. Genre cabine de transat en dix fois plus grande, la salle de bains de l'oncle, cuivre, marbre et acajou, conservait à l'ensemble un côté sérieux, viril et travailleur qui ne m'échappait pas. Puis un corridor conduisait à ce qu'on appelait le « boudoir », une pièce intime qui donnait sur une petite cour intérieure dont le sol était fait de pâte de verre, genre cul de bouteille, et laissait filtrer la lumière électrique d'un sous-sol où l'on avait aménagé un appartement d'amis ultra-moderne. Des orangers en pots vivotaient sur la pâte de verre et des croisillons de bois verts disposés en perspective sur un mur laissaient croire à un couloir interminable menant à quelque parc. Il faut dire que ça égayait un peu ce mur gris qui, pour être du seizième arrondissement, n'en était pas moins un mur. Le corridor ramenait vers le grand hall rond sur la droite duquel s'ouvrait la salle à manger entièrement tapissée d'Aubusson, à vous couper l'appétit, non pas tant à cause du petit point patiemment accumulé par les brodeuses du XVIIe que par les sujets traités, qui étaient de chasse.

Chez tante Irène et oncle Marcel, c'était Versailles, la Malmaison, le Louvre et Bagatelle, avec Le Corbusier en prime au sous-sol. La cuisine et l'office où régnait une personne du nom de Maria (dont je ne sus jamais si elle était la compagne de Rémy, ce qui me tracassait parce que je trouvais Rémy très beau et Maria trop grosse) ne me furent ouverts qu'une fois. Après tout, j'étais la petite demoiselle pauvre, mais quand même la petite demoiselle du château. La cérémonie hebdomadaire se déroulait généralement au petit salon. L'oncle Marcel avait une barbe blanche et sentait la violette, car il suçait des carrés beiges de réglisse Florent. Il me prenait sur ses genoux, m'aimait beaucoup et me le disait avec un petit reste d'accent autrichien. Il avait une veste d'intérieur en velours noir et à brandebourgs. La tante Irène avait des pendants d'oreilles en diamant terminés par une poire qui, suivant la saison, était de rubis, de saphir, de perle ou d'émeraude, et des ensembles très élégants de fin lainage vieux rose, beige, bleu pastel ou blanc. Elle était mince, belle, petite et hautaine Elle ne me prenait jamais sur ses genoux. Et puis, il y avait les habitués dont une princesse Ismet (?), et parfois un évêque qui, on me l'avait expliqué, avait aidé oncle Marcel et tante Irène à se convertir au catholicisme. Il y avait beaucoup de tapis d'Orient sur des moquettes beiges, pas de moquette dans le grand salon dont le parquet avait l'air d'être en miel, des boîtes bleues grillagées de noir, rondes, énormes, de « Chez Boissier, confiseur », posées sur des consoles, des théières en argent, des sucriers en argent, des tasses qui avaient de petites griffes en guise de pied, des pinces à sucre en argent et des petites cuillers si petites qu'elles étaient juste bonnes à tourner le sucre. Il se parlait là de choses et d'autres auxquelles je ne comprenais pas grand-chose. Je m'ennuyais. L'oncle Marcel aussi, et il me faisait sauter sur ses genoux sur un petit air qu'il avait dû ramener de très loin dans sa mémoire un peu chancelante d'ancien petit Juif autrichien nouvellement vieux Français, converti au catholicisme et richissime. Je crois qu'il avait réussi en Bourse.

Puis venait l'heure un peu ambiguë, entre sept heures et quart et sept heures et demie, où ma mère murmurait qu'il nous fallait rentrer. Ce n'était pas que ça sentait la cuisine, mais des tintements discrets d'argenterie s'orchestraient dans la grande salle à manger. Et nous remettions nos manteaux sans avoir été priées à dîner — il est vrai que mon jeune âge et mes sérieuses études recommandaient un coucher tôt.

J'ai eu envie de raconter le square Lamartine parce qu'il y a une quinzaine d'années, Irwin Shaw, qui venait de s'installer en France, donna une petite fête dans son appartement parisien, 7 bis square Lamartine. Ma seule surprise, après trente-cinq ans, fut de découvrir une chambre d'enfant dans le boudoir. C'était beaucoup plus gai.

Chez nous, rue Jacques-Dulud, au quatrième étage, il y avait un petit corridor, une salle à manger et deux chambres — l'une était la mienne, l'autre celle de mes parents, arrangée en salon —, une grande cuisine et un très petit cabinet de toilette. Dans ce cabinet de toilette, il y avait depuis peu un objet fascinant, surtout par toutes les précautions qu'il exigeait. Il se présentait sous la forme d'une commode de bois dont le dessus était fait de marbre dans lequel on avait incrusté une cuvette de porcelaine qui, très judicieusement, avait été étudiée pour pouvoir basculer sur un axe et se vider de son contenu. L'eau, préalablement amenée par brocs, et déversée dans une réserve située derrière un miroir qui donnait à la fausse commode un air de fausse coiffeuse, était commandée par un robinet. Elle coulait chaude, froide ou tiède suivant l'heure où on l'utilisait. Quand elle coulait, tout allait bien, ça vous avait un côté « eau courante » qui était ce qu'on pouvait lire sur les panneaux « A louer », innombrables à l'époque, affichés à l'extérieur des immeubles de Neuilly. Quand elle ne coulait plus, ça allait moins bien, et là où ça allait très mal, c'est quand ça débordait. Je veux dire par là : quand la magie et le mystère s'écroulaient, quand le seau hypocritement dissimulé dans le placard du bas de la fausse commode n'avait pas été vidé à temps. Il arrivait que cela arrivât le dimanche soir. Ça clôturait la journée de façon fort pittoresque. Mon père aidait ma mère à éponger le linoléum bleu turquoise et jaune qui commençait à se gondoler sérieusement.

Dans le fond, mon père, c'était le square Lamartine qu'il aimait. Dès les beaux dimanches, la proximité du bois de Boulogne aidant, lui qui ne se promenait jamais, m'emmenait vers onze heures et demie faire en sa compagnie l'allée des Acacias et l'avenue du Bois. Les gens y étaient très bien habillés, mon père en saluait plein qu'il connaissait ou d'autres dont il croyait qu'ils le connaissaient. Avenue du Bois, il donnait un coup de chapeau au palais de marbre rose et ses explications concernant Boni de Castellane restaient beaucoup plus obscures pour moi que celles de ma mère touchant Sacco et Vanzetti. En somme, c'était des promenades très snobs auxquelles jamais ma mère ne se joignait — elle, elle faisait pendant ce temps son ménage, préparait le poulet au riz en attendant que nous rapportions le gâteau de chez Chavy, boulanger-pâtissier-traiteur, chez qui elle s'était fait mal voir pour avoir prié la jeune vendeuse de s'abstenir de mouiller son pouce en saisissant le carré de papier de soie kaki clair dans lequel elle plaçait, avant de faire un tortillon, la baguette de notre pain quotidien. J'espère avoir été assez prétentieuse et proustienne — la référence à Boni de Castellane ne vous aura pas échappé.

Donc, l'après-midi du dimanche se résumait pour mon père en un long entracte entre la promenade Acacias-avenue du Bois et le bain de mondanités dans l'attente duquel il était, jusqu'au moment de héler le taxi qui nous conduirait square Lamartine. Durant l'épisode de la matinée, j'avais été la très mignonne petite fille habillée par les coupons Rodier bricolés sur la Singer de ma mère, il y avait bien le petit moment vulgaire de l'achat du gâteau — encore que dans les meilleurs romans de la bourgeoisie française ce soit presque un rite du dimanche matin —, puis on partait enfin vers le monde auquel il rêvait. J'ai oublié de dire que, pendant que l'oncle Marcel s'amusait à s'ennuyer avec moi, mon père, lui, ne s'ennuyait pas une seconde et visiblement n'ennuyait pas son auditoire — sauf ma mère que ça n'épatait plus. Elle était belle, silencieuse, bien habillée pour l'occasion et par elle-même, et se demandait ce qu'elle faisait là entre les boîtes de chez Boissier, les pinces à sucre et les Aubusson lointains de la salle à manger. Peut-être pensait-elle à ce qu'elle allait préparer pour mon dîner, peut-être pensait-elle au livre qu'elle avait vraiment lu et dont tout le monde parlait sans l'avoir ouvert, peut-être pensait-elle qu'elle aurait dû penser au seau du faux tout-à-l'égout, ou peut-être pensait-elle aussi à ses parents qui n'avaient toujours pas l'électricité.

Avenue des Ternes, chez les parents de ma mère, nous allions parfois le jeudi après-midi, à pied de la rue Jacques-Dulud. On longeait l'avenue de Neuilly, on passait pudiquement devant Luna Park dont le scenic railway serpentait, sonore des cris de fausse angoisse au-dessus des palissades. Je savais qu'à Luna Park il y avait des attractions et que ces attractions n'étaient pas pour mon âge. Nous prenions sur la gauche de l'avenue de la Grande-Armée une petite rue dont je n'ai jamais su le nom et que j'ai appelée la rue des Japonais à cause d'un petit hôtel qui me paraissait n'être habité que par des Japonais, on arrivait au carrefour Saint-Ferdinand, je refaisais raconter à ma mère sa première communion qu'elle avait faite à l'église Saint-Ferdinand, nous marchions jusqu'au numéro 49 de l'avenue des Ternes.

Mes grands-parents habitaient un immeuble d'apparence cossue, mais leur appartement donnait sur la cour. Mon grand-père ne s'était jamais consolé d'avoir quitté le Midi, et il continuait à peindre des couchers de soleil sur la Méditerranée dans son petit atelier de la rue Émile-Allez, dans le dix-septième arrondissement. Il avait une clientèle d'armateurs grecs de Marseille, quelques Photopoulos et Graphopoulos, qui lui achetaient ses couchers de soleil pour décorer leurs salons marseillais.

J'ai le souvenir d'avoir dormi quelquefois, très petite, dans ce minuscule appartement qui sentait toujours le café et le pétrole. On me couchait au « salon », sur un divan, parmi les ombres que dessinait la lampe à pétrole, au milieu des sculptures d'un camarade des Beaux-Arts : le sculpteur Roux, un prix de Rome, qui avait très bien « réussi ». Mon grand-père, quant à lui, n'avait pas du tout « réussi » : « Et quand on pense qu'il n'y a que des charlatans pour réussir! » murmurait ma grand-mère. Parmi ces charlatans, bien entendu, il y avait Picasso. Chaque fois que, petite fille, j'entendais parler de Picasso, c'était toujours : « Ce charlatan de Picasso. »

En somme, il ne s'est presque rien passé dans votre enfance?

SIMONE SIGNORET : Si, un frère pour Noël, à l'âge de neuf ans. Depuis des mois, quand on parlait des cadeaux de Noël au lycée, il y avait celles qui attendaient le stylo-mine en argent, la belle trousse ou la bicyclette; et moi qui attendais « un petit frère ou une petite sœur ». Parce qu'on me l'avait promis. Je n'avais pas eu de chien, je n'avais pas eu de chat, pas de patins à roulettes, et si on ne m'avait pas donné ce petit frère ou cette petite sœur, on m'aurait trahie. En bref, mes parents ont été très intelligents en me faisant miroiter ce qui, dans d'autres familles, provoque ces fameux « traumatismes de dépossession » sur lesquels il s'est écrit des kilos de littérature que je n'ai d'ailleurs pas lus. Tout était fort simple : si j'étais bien sage, j'aurais un petit frère; et je l'ai eu.

Ma mère a raté son coup de trois jours : Alain est né le 28 décembre, et je le trouvai avec ce qui m'épata le plus : des ongles et des cheveux, des yeux, un nez, des oreilles, une voix, emmailloté comme une poupée dans un petit lit, à mon retour de Bruxelles où l'on avait pris la précaution de m'envoyer passer les vacances chez ma tante Rosa et mon oncle Georges dont je ne vous raconterai pas l'histoire. (Encore que ma tante Rosa, jeune Arlésienne, veuve de guerre et cousine germaine de ma mère, ait rencontré l'oncle Georges, jeune Belge occupant la Rhénanie, à Wiesbaden — ce qui pourrait faire l'objet d'un chapitre très intéressant, n'était la pénurie de papier...) Je rigole, mais c'est finalement pour oublier ce bébé qui est un jeune mort depuis 1958 et dont la venue au monde m'a fait franchir comme une frontière.

Vous parlez toujours de vos frères...

SIMONE SIGNORET : Oui, je parle de mes frères parce que vingt mois après la naissance d'Alain est venu Jean-Pierre. Je n'ai jamais très bien compris et je n'ai jamais cherché à savoir comment ces gens — mon père et ma mère — qui avaient attendu neuf ans avant de faire un second enfant, en ont alors engendré deux coup sur coup! Toujours est-il que, ce faisant, ils ont permis de s'épanouir, chez une petite fille, tout l'instinct maternel dont elle était capable.

Vous passez donc la frontière de l'enfance à l'âge de neuf ans?

SIMONE SIGNORET : Non, celle de la responsabilité.

Qu'est-ce qu'une enfant responsable?

SIMONE SIGNORET : Ma mère était enceinte de huit mois trois quarts de mon second frère et on avait décidé qu'on passerait l'été à Paris. Quand je dis « on », ça veut bien dire : elle et moi. Depuis qu'il ne travaillait plus chez Damour, mon père voyageait de plus en plus, puisqu'il était devenu interprète dans les grands congrès internationaux. Il a d'ailleurs été le premier, je crois bien, à inventer la traduction simultanée, et je le vois encore, un soir de l'année 1934, rentrant pour une fois à la maison, épuisé d'avoir ainsi traduit pour la radio française, au fur et à mesure, le premier grand discours d'Hitler à Nuremberg.

Tout à coup, à la veille du 15 août, ma mère trouva qu'on n'avait pas bonne mine, qu'il faisait vraiment trop chaud à Paris, et le lendemain on a pris le train pour La Baule, sans avoir retenu de chambre, avec une grosse malle remplie de lainages, parce qu'on ne sait jamais, les filets à crevettes de l'année précédente et énormément de bagages à main. Une fois la malle enregistrée, on est monté dans notre wagon de troisième avec de quoi manger : le wagon-restaurant, c'est pas sain. On ne préparait pas les sandwiches à la maison, ils se seraient ramollis pendant le voyage. On emportait le beurre dans un paquet, le jambon dans un autre, et le pain, et le couteau pour couper le pain... Ce qui fait beaucoup de paquets, sans compter avec un enfant de vingt mois qui risque de faire pipi dans sa culotte! Nous portions toujours sur le dos nos plus vieux vêtements : c'est bien connu, on se salit beaucoup dans les trains! En même temps, je voyais passer sur les quais de la gare des dames fort élégantes, en beige ou en marron, avec des sacs en crocodile et des revues de mode sous le bras. A cause de cette image, quand j'ai commencé à gagner ma vie, j'ai beaucoup soigné mes « tenues de voyage ». (Souci qui, aujourd'hui, m'a complètement passé.)

On est donc arrivé à La Baule, on a trouvé une chambre dans une pension de famille, et le lendemain ma mère s'est mise en quête d'une clinique et d'un gynécologue qu'elle a trouvés dans le quartier chic de La Baule. Et tout s'est passé on ne peut plus simplement. Une nuit, ma mère m'a réveillée, elle m'a dit : « Ma chérie, je crois que c'est le moment. » Je me suis levée, je suis descendue, j'ai téléphoné à la clinique, j'ai fait se lever la patronne de la pension, on a appelé un taxi et on a mis ma mère dedans. Le lendemain matin, j'ai emmené mon petit frère à la clinique et on a trouvé un autre petit frère dans un berceau.

J'avais onze ans, et pendant quelques jours, je me suis occupée seule de mon frère Alain. Je l'habillais, je l'emmenais à la plage, je l'emmenais à la clinique, je le faisais manger, et tout cela me paraissait absolument naturel. Les gens me regardaient d'un air surpris, je ne comprenais pas du tout pourquoi.

Revenons à votre père; vous disiez qu'il n'était plus là?

SIMONE SIGNORET : Il passait de temps en temps, il rapportait des cadeaux. Mais ça allait de plus en plus mal entre mes parents. Je prenais le parti de ma mère, complètement. Nous déménagions, les appartements devenaient de plus en plus grands, mais nous étions de plus en plus *déplacés*. Le dernier que nous ayons occupé était situé au coin de la rue d'Orléans et de l'avenue du Roule, dans un de ces immeubles somptueux des années 1900, avec ascenseur hydraulique, glaces biseautées, et une concierge terriblement distinguée qui nous méprisait beaucoup. On était entré dans cet immense appartement, mais on n'y a jamais posé de papiers peints; on vivait dans le papier d'apprêt, un très joli papier saumon d'ailleurs, un peu comme une doublure de vêtement. On vivait dans le saumon! Il y avait eu de la moquette beige mais les locataires précédents l'avaient enlevée avant de partir, et il n'en restait plus qu'un vestige dans un petit cagibi. Au plafond, les ampoules pendaient sans abat-jour. La semaine prochaine, on allait s'occuper des lustres...

Pourquoi vous considériez-vous comme *déplacés?*

SIMONE SIGNORET : Dans une maison comme celle-là, avec un superbe escalier de maîtres et un escalier de service très raide, où les familles avaient toujours les mêmes vieux serviteurs, nous étions plutôt mal vus. Chez nous, les filles travaillaient trois semaines et puis s'en allaient, généralement sans prévenir. Au début, ma mère les trouvait merveilleuses : « travailleuses et dévouées », comme on dit dans les certificats, mais au bout de trois semaines elles commençaient à décevoir. Le quatrième lundi, elles n'étaient plus là... Je le devinais tout de suite, en rentrant du cours à midi, au temps que prenait ma mère pour venir m'ouvrir la porte.

Vous alliez au lycée?

SIMONE SIGNORET : J'allais au cours secondaire. Il n'y avait pas de lycée de filles à l'époque, à Neuilly. Mais le cours était juste en face du lycée de garçons, le lycée Pasteur, où j'avais fait mes petites classes, et les filles continuaient à voir les garçons qu'elles avaient connus tout petits. Je ramenais beaucoup de copines à la maison, mais j'étais bien ennuyée, ma mère avait des manies. Par exemple, les jours de pluie, elle demandait aux filles d'ôter leurs bottes. Elle disait : « C'est très mauvais, mon petit, de garder des bottes à l'intérieur d'une maison ; ça fait de l'humidité aux pieds. » Pourtant, elles trouvaient la maison beaucoup plus vivante, beaucoup plus marrante que les leurs où tout était bien rangé, où on nous invitait le jeudi pour des goûters trop bien organisés. Chez moi, on allait dans la cuisine et on se taillait des tartines. Tout ce qui me gênait un peu leur paraissait très rigolo.

Parmi les élèves et les professeurs du cours secondaire, il y en a sûrement que vous avez retrouvés par la suite?

SIMONE SIGNORET : Le cours secondaire et le lycée Pasteur, c'était presque le même établissement. On avait les mêmes professeurs. On a vu passer Daniel-Rops, Georges Magnane, Gabriel Chevalier, et puis Sartre. La philo est la seule classe que je n'ai pas faite à Neuilly. Mais mes copains l'ont eu comme professeur. Le jour où Sartre est arrivé à Neuilly, ils ont d'abord ricané quand ils ont vu débarquer ce petit homme avec son œil un peu exorbité. Il est arrivé en taxi, sur le point d'être en retard. Il portait un grand manteau à poils marron et un pull-over bleu marine à col roulé, ce qui à l'époque ne se faisait pas du tout. Il avait écrit *la Nausée,* qui a paru au cours de cette première année de lycée. Au début, les garçons l'ont pris pour un fou. C'étaient des fils de petits-bourgeois de Neuilly, des fils d'ingénieurs sortis de Centrale. Et puis Sartre les a complètement vampés. A la fin, ils voulaient tous faire leur agrégation de philo!

Pendant ces années qui précèdent la guerre, il se passait des événements importants dans le monde, en Allemagne... Comment étaient-ils perçus par le petit monde de Neuilly-sur-Seine?

SIMONE SIGNORET : Hitler est vraiment entré dans ma vie avec l'arrivée massive de petites juives allemandes au cours secondaire. Quand les gens disent : « On ne savait pas ce qui se passait en Allemagne », je me demande comment ils ont fait, je ne sais pas quels yeux et quelles oreilles ils se sont bouchés! A la maison débarquaient périodiquement des juifs allemands. Curieusement, ce n'est pas mon père qui amenait ces réfugiés chez nous, mais ma mère, qui était finalement beaucoup plus indignée que lui, en tout cas pour ce qui concerne la question juive. Je me rappelle certaines filles qui aidaient un peu ma mère. L'une d'elles s'appelait Lotte, elle était particulièrement belle et émouvante. On ne l'a jamais perdue de vue. Il y en avait qui restaient chez nous quelques jours avant de partir ailleurs. Ça discutait beaucoup. En allemand. Je me souviens fort bien de l'arrivée d'un groupe de juifs dont les uns sont partis pour l'Amérique et les autres pour la Palestine. Ce clivage ressemblait terriblement à celui qui s'est produit à la fin du siècle dernier, lors de la grande Dispersion, entre ceux qui ont préféré aller fabriquer des casquettes dans les *sweat-shops* de New York et ceux qui sont allés se battre contre les moustiques sur le lac de Tibériade.

Mais votre mère n'était pas juive, elle?

SIMONE SIGNORET : Non, et c'est peut-être pour cela qu'elle était plus sensibilisée. De toute façon, elle faisait toujours les choses pas comme les autres. A peu près à la même époque, elle s'est aperçue que la brosse à dents qu'on venait d'acheter était « made in Japan ». On est retourné chez le marchand de couleurs, qui portait un béret basque et était certainement un militant des Croix de Feu. Très polie, ma mère lui dit : « Je voudrais échanger cette brosse à dents. Parce que, voyez-vous, elle est fabriquée au Japon. — Ah oui, et alors? » fait le marchand. « Vous comprenez, monsieur, lui expliqua ma mère, les Japonais viennent de signer un pacte avec les Italiens et les Allemands, et toute marchandise japonaise, la moindre brosse à dents vendue, ce sont des armes pour le Japon, l'Italie et l'Allemagne. Des pays fascistes. » A ce moment-là, j'aurais donné la terre entière pour ne pas être à côté! Mais le type reprenait : « Vous voulez donc une brosse à dents française? — Non, je ne suis pas chauvine. Je veux seulement une brosse à dents qui ne soit ni allemande, ni italienne, ni japonaise. » On a dû s'accommoder d'une brosse à dents anglaise. Ma mère considérait qu'elle n'avait pas perdu sa journée, et je pense aujourd'hui qu'elle avait parfaitement raison. Mais, quand on a douze ou treize ans, on est terriblement gêné.

Vous aviez conscience du fait que votre père était juif, que vous étiez vous-même liée à ces réfugiés?

SIMONE SIGNORET : Non, pas vraiment. C'étaient des choses qui se passaient ailleurs, qui ne pourraient jamais se passer chez nous. Je ne peux pas dire que j'ai connu un éveil au judaïsme. Au demeurant, je n'ai jamais été confrontée personnellement à l'antisémitisme. Mon père était l'archétype de l'assimilé. J'ai été élevée dans un total agnosticisme.

Ce cours secondaire n'était pas un cours religieux?

SIMONE SIGNORET : Non, pas du tout. Le cours religieux, à Neuilly, c'était chez Mme Daniélou, la mère du cardinal, c'étaient les jeunes filles de Sainte-Marie. Elles portaient des uniformes, on les promenait en rangs dans les rues de Neuilly. Elles nous méprisaient beaucoup, mais on s'en moquait bien. On en connaissait quelques-unes par le cours Martenot.

Ce cours était tenu par les deux sœurs Martenot, Madeleine et Geneviève, dans un petit hôtel particulier de la rue Saint-Pierre. Elles avaient inventé une très jolie méthode avec des lotos musicaux et des exercices d'assouplissement des doigts, que je sais encore faire! Elles avaient un frère cadet, qui avait servi dans les transmissions pendant la guerre. On le voyait quelquefois passer comme un fou dans le jardin, toujours en blouse blanche. Il travaillait dans un pavillon, au fond du jardin, d'où sortaient des bruits épouvantables : des espèces de voix humaines, des sons très bizarres. Il travaillait sur une invention qui a fini par voir le jour : les ondes Martenot.

Du coup, le cours Martenot est devenu célèbre. Le jeudi, on y rencontrait les filles de Sainte-Marie. Quand elles ont fait leur communion solennelle à l'église Saint-Pierre, je ne me rappelle pas m'être sentie frustrée. Peut-être un peu, à la vue de leur robe blanche et du voile, sans compter la montre ou le stylo qu'on venait de leur offrir... Mais je n'ai éprouvé aucune espèce de manque sur le plan mystique. La mère d'une amie m'avait invitée une année dans sa maison de campagne et elle avait commencé à m'entreprendre, m'expliquant qu'il fallait prier. J'ai bien fait quelques prières, mais ça n'a pas pris du tout.

Aviez-vous déjà une certaine conscience des choses de la politique?

SIMONE SIGNORET : Oui, et encore une fois à cause de ma mère. Quand on peut rapporter au marchand une brosse à dents japonaise, c'est qu'on a compris les événements. Même si l'attitude demeure tout à fait sentimentale. Par exemple, ma mère a toujours eu la photo de

Briand au-dessus de son lit... Et puis, elle avait été « occupante » en Allemagne et elle avait détesté cette condition-là. Du plus loin que je me rappelle, elle me racontait comment elle occupait une grande maison à Wiesbaden, et comment, pour les Français, la nourriture arrivait en abondance. La famille allemande chez qui nous habitions était logée dans les mansardes et n'avait rien à manger. Ma mère donnait du lait aux petits enfants allemands. Très petite, j'ai été élevée dans la haine de l'occupation; quand la France a été occupée à son tour, j'avais déjà une certaine expérience de la chose.

Ma mère professait une sorte de pacifisme don quichottesque, qu'elle m'a certainement inculqué. Beaucoup plus que mon père qui, par besoin d'assimilation, n'avait pas tellement envie de se mettre en avant. Je ne dis pas qu'il était réactionnaire, mais il était loin d'être de gauche. Les journaux qu'il rapportait à la maison, c'étaient *Gringoire* et *Candide*...

Pour bien décrire ce climat, il faut que je vous raconte quelque chose qui s'est passé au moment du Front populaire. Mon autre grand-mère, la mère de ma mère, venait de Valenciennes. Elle s'appelait Dubois, mais elle aimait rappeler qu'elle était une Dubois de Poncelet et qu'elle avait eu un grand-père guillotiné pendant la Révolution. Elle en parlait beaucoup, mais elle ne parlait jamais de son père, qui était boucher, je crois. Elle avait été modiste et elle avait rencontré très jeune mon grand-père, lequel était artiste peintre et s'appelait Signoret. Il était grand, très beau. C'était un Marseillais, fils du répétiteur de l'Opéra de Marseille. Ma grand-mère, qui liait volontiers conversation sur les bancs publics des belles avenues du Neuilly chic, finissait toujours par placer : « Mon mari, qui est un grand artiste... » On la prenait pour la femme de Gabriel Signoret, l'acteur, et elle jouait sur le malentendu...

Quand mon grand-père est mort, ma grand-mère est venue s'installer à la maison. C'était une toute petite bonne femme à cheveux blancs. Elle était allée en Amérique, chez un cousin de Valenciennes qui avait fait fortune là-bas, mais qui avait dû faire des bêtises dans sa jeunesse. Elle me racontait le New York de 1890 et des histoires d'Indiens : son cousin avait placé des tonneaux d'eau-de-vie tout autour de sa propriété; les Indiens venaient la nuit pour boire « l'eau de feu », et le cousin de Valenciennes les attrapait!... Ce n'était sûrement pas vrai, mais ma grand-mère racontait, racontait. Elle pianotait aussi, et elle chantait des opérettes : « Un grand singe d'Amérique qui régnait à Piombino... » « De Madame Angot je suis la fille.. » Moi, je trouvais qu'elle radotait un peu, et ses histoires m'ennuyaient. Maintenant, je donnerais des millions pour les réentendre !

Au moment du Front populaire, donc, il y eut un défilé sur l'avenue du Roule, à Neuilly. On habitait au sixième étage de cet immeuble luxueux, et comme ma mère avait la hantise que mes petits frères tombent de là-haut, elle avait fait placer un grillage au-dessus du balcon, une sorte de grillage à poules qui se confondait avec le ciel et qu'on ne voyait pas de la rue. Le jour du défilé, ma grand-mère s'est mise au balcon pour regarder. Comme elle était très petite, elle s'est accrochée par une main au grillage, et d'en bas on pouvait apercevoir cette dame à cheveux blancs qui levait le poing avec insistance, tout en haut de cet immeuble de luxe. Les gens ont commencé à l'insulter. C'étaient pour la plupart des militants de l'Action française, des petits gars du lycée. J'ai levé les yeux et j'ai vu ma grand-mère. J'ai pris l'ascenseur hydraulique à toute vapeur, et j'ai fait disparaître ma grand-mère du balcon...

On croirait lire une scène de *l'Enfance d'un chef :* Sartre a parlé de ces garçons qui vendaient *l'Action française* à la sortie de Saint-Pierre de Neuilly. C'étaient vos copains ?

SIMONE SIGNORET : Je me souviens en tout cas d'une espèce de beau type qui faisait partie de notre bande. Je me rappelle le jour où il vendait le fameux numéro portant en manchette « La France sous le Juif ». Là, quand même, j'ai eu une réaction viscéralement hébraïque. C'était avant l'arrivée de Sartre au lycée Pasteur...

Vous pensez que son passage a changé un peu la mentalité de la jeunesse de Neuilly ?

SIMONE SIGNORET : Il n'y a aucun doute. En tout cas, pour certains d'entre eux qui ne s'étaient pas encore bien définis. Il les emmenait au bistrot, c'était la première fois qu'un prof osait faire ça. Et il leur prêtait des livres. Il a commencé à leur faire lire les grands romanciers américains : Hemingway, Dos Passos, Steinbeck, Faulkner. Comme ces garçons étaient mes copains, son « enseignement » m'arrivait un peu par ricochet.

Dans cette bande de garçons et de filles, il y avait Chris Marker, déjà : il y avait Jacques Besse, le fils Daladier, Louis Saenz qui a descendu l'Orénoque et Kanapa qui a passé l'agrégation de philo, et il y avait Micheline, Claudie, Monique...

On se retrouvait à midi, à la sortie des cours, sur l'avenue du Roule, devant une petite boutique de journaux qui s'appelait « Au Sabot bleu », signalée par une énorme enseigne. On n'allait pas au café, cela ne se faisait pas du tout à l'époque. On n'avait pas le droit non plus de traverser la rue : les garçons n'avaient pas le droit de passer sur le trottoir des filles, ni les filles sur le trottoir des garçons. Le point de ralliement, c'était le « Sabot bleu », et de là commençaient des balades qui allaient de la rue d'Orléans jusque devant le magasin Julien Damoy. On faisait les cent pas, on parlait... On parlait d'abord et surtout de Charles Trenet : tous les garçons s'étaient acheté des chapeaux, des chemises bleues et des cravates blanches. Trenet, c'était terriblement important. Et le Hot Club. A la Maison de la Chimie se donnaient les premiers concerts avec Django. Et on parlait aussi de livres qu'on croyait importants, comme *Poussière,* et *Sparkenbroke*...

Vous sortiez beaucoup? vous alliez au théâtre? au cinéma?

SIMONE SIGNORET : Très peu. Je n'ai vu les grands films de cette époque que plus tard, au ciné-club ou à la Cinémathèque. Je peux compter sur les doigts d'une main les films que j'ai vus dans mon enfance et mon adolescence. Ils m'ont d'ailleurs incroyablement marquée. Par exemple, *les Quatre Filles du docteur March.* Le seul film de terreur que j'aie vu de ma vie, c'est à la veille de mon bachot. Ce jour-là, on est d'abord allés canoter au Bois, puis au cinéma « pour se détendre ». En fait, on a vu un truc terrifiant qui s'appelait *l'Étrange Visiteur,* avec Basil Rathbone, qu'il m'arrive encore d'évoquer quand je veux me faire peur... J'ai vu aussi *Trois Camarades,* j'ai sangloté à la fin. J'avais douze ans quand j'ai vu *M. le Maudit.* On avait demandé à la caissière : « C'est pour nous, madame? » Et elle avait répondu : « Oui, oui, c'est très bien, ça vous mettra en garde... »

Le seul cinéma où nous allions, à Paris, c'était l'Ermitage, parce qu'il y avait des fauteuils club. On prenait des billets à 7 francs et on se mettait dans les fauteuils club qui en coûtaient 10. Après quoi, on allait boire un jus de fruit au *Pam-Pam,* en écoutant Charlie Kuntz.

On allait peu au théâtre : à la Comédie-Française, à l'Atelier. J'ai vu *la Faim* de Knut Hamsun avec, en première partie, l'*Hamlet* de Laforgue où Roger Blin, que j'avais vu au cinéma dans *Entrée des artistes* et que je trouvais superbe, m'avait éblouie. J'ai vu *Jules César* monté par Dullin, avec Marchat dans le rôle de Marc Antoine, que je trouvais vraiment très beau, et avec Jean Marais qui jouait un Gaulois.. Les acteurs se saluaient à la romaine, en se prenant les avant-bras, et cela nous avait tellement impressionnées qu'au lycée, par la suite, on se saluait comme ça.

C'est l'époque de la fameuse Exposition internationale de 1937. Vous y êtes allée, comme tout le monde?

SIMONE SIGNORET : Il y a eu d'abord l'horrible, l'abominable Exposition coloniale où j'ai le regret d'avoir été emmenée — par le lycée, je crois bien. J'ai vu le temple d'Angkor, et j'ai eu droit à la petite bague en poil d'éléphant... L'Empire colonial français, quoi!...

De l'Exposition internationale, je me souviens du pavillon russe, avec ses panneaux vides : les tableaux avaient été enlevés, parce qu'ils représentaient des généraux qui venaient d'être liquidés; du pavillon allemand, parce qu'il y avait dans l'ascenseur un liftier d'une beauté fabuleuse, le prototype même du jeune nazi. On n'a pas cessé de monter et de descendre dans l'ascenseur pour contempler le beau liftier! Et des deux pavillons espagnols avec, dans le pavillon républicain, le *Guernica* de Picasso et une cuve de mercure dans laquelle les gens lançaient des sous. Je m'en souviens comme si j'y étais, et notre prof de français nous a fort bien expliqué Guernica. Jusque-là je connaissais surtout la guerre d'Espagne par les caricatures de *Gringoire* et de *Candide*. Inutile de vous dire que je n'ai jamais entendu devant le « Sabot bleu » mes jeunes amis parler d'aller s'engager dans l'un ou l'autre camp, tandis qu'à la même heure, à huit cents kilomètres de là, à la Cabucelle, Montand adolescent n'entendait parler que de départs imminents pour le front de l'Èbre, qui d'ailleurs ne s'effectuaient pas tous...

Non, pour nous, « Au Sabot bleu », les projets de départ concernaient les grandes vacances qui approchaient. Depuis quelques années déjà, nous allions régulièrement dans le Morbihan, à Saint-Gildas-de-Rhuis. Le Breton, à cette époque, louait sa maison pour l'été et s'en allait dormir chez la cousine. Le fameux inventaire comprenait toujours les six coquetiers japonais et la chromo d'une baie tonkinoise ramené par le fils marin.

Les estivants étaient surtout des familles de Nantes, de Vannes et de Rennes, qui avaient là de belles maisons de vacances. La plus belle était la maison Messmer; dans le port, il y avait le bateau Messmer, à l'église il y avait peut-être même des chaises Messmer. De l'extérieur, j'admirais les portiques plantés dans les beaux jardins et c'est pourquoi, beaucoup plus tard, quand nous avons acheté la maison d'Autheuil, mon premier soin avant de passer aux choses sérieuses a été de commander un portique au menuisier. J'ai dit à ma fille : « Tu vas avoir un portique », et elle m'a répondu : « Ah bon »...

Mon père ne faisait que de rares apparitions à Saint-Gildas, peu attiré par l'ambiance éminemment bon-genre-famille qui régnait sur la plage, et c'est ainsi que dans le grand soleil du mois de septembre 1938, le facteur nous apporta un télégramme expédié de Munich et qui disait : « La paix est sauvée — papa. » Ça nous a posés, dans le pays, le fait que mon père fasse partie de cette fameuse délégation d'imbéciles.

Un an plus tard, sans télégramme de mon père pour annoncer l'événement, le tocsin s'est mis à sonner au clocher de Saint-Gildas : c'était la guerre.

2

C'est la guerre à Saint-Gildas. Vous rentrez donc à Paris...

SIMONE SIGNORET : Non, pas nous. Les jeunes pères de famille mobilisables s'en vont, les « congés payés » qui avaient eu tout juste le temps d'attraper leurs premiers coups de soleil partent rejoindre leur corps, et leurs familles les suivent, mais nous on reste, vivement encouragés par mon père qui a vu là l'occasion inespérée d'être enfin libre dans un Paris dont il nous expliquait que la vie y serait impossible, périlleuse, voire meurtrière, et ma mère qui avait connu la Bertha accepta de ne pas rentrer.

On reste donc à Saint-Gildas, on abandonne la location qui ne « courait que jusqu'à mi-septembre », on fait l'abominable inventaire, puis on loue une autre maison très-très grande, mais pour presque rien, puisqu'on était « hors saison », on fait l'inventaire, et c'est ainsi que maman, les petits frères et moi prenons nos quartiers d'hiver au bon air de l'Atlantique. Les mômes entrent à la communale du village, attrapent leurs premiers poux, et je m'inscris à Vannes en classe de philo.

Vous étiez pensionnaire?

SIMONE SIGNORET : Non, j'ai d'abord vécu dans une famille de Vannes, chez la très belle Mme Franco, comme on disait en ville. Puis je suis allée chez « tante Claire », une amie de ma mère. Éliane et Jean, ses enfants, étaient mes amis de prime jeunesse, on était un peu à l'étroit mais j'ai été heureuse chez elle. J'avais en ville un petit copain qui s'appelait Alain et dont le père pharmacien s'appelait Resnais. Et aussi Louis Monnier : raconter ses aventures prendrait autant de temps que celles de mon oncle Georges et de ma tante Rosa.

Nous étions douze dans la classe de philo : des filles de Vannes, quelques « repliées », mais j'étais la seule Parisienne. Nous avions comme professeur d'histoire une femme merveilleuse, Mme Samuel. Le programme était passionnant, parce qu'on était en train de le vivre. Il commençait, je crois, en 1917, à la Révolution russe, il comprenait l'avènement du fascisme en Italie et en Allemagne, jusqu'à nos jours. Mme Samuel nous expliquait tout cela avec passion, avec feu.

Les cours de sciences nat' se donnaient dans une annexe du lycée qui se trouvait à côté d'un curieux bâtiment. Tous les mercredis, on y voyait entrer des dames à l'allure bizarre : c'étaient les dames du bordel de Vannes qui venaient se faire examiner par les médecins de la ville. Et la visite tombait juste à l'heure des travaux pratiques de sciences naturelles. Les petites élèves du cours secondaire, qui n'avaient pas le droit de sortir sans chapeau — je m'étais acheté un béret que j'enfonçais jusque-là —, arrivaient et ressortaient en même temps que les filles du bordel...

Au début, je n'avais pas compris. Il faut vous dire que j'étais d'une naïveté totale. C'est curieux : si j'ai été quelque peu « éveillée », à cette époque, c'est par ces filles de province, par les filles de la bourgeoisie bretonne. C'est la première fois que j'entendais des plaisanteries cochonnes, des allusions grivoises, qui n'avaient pas cours chez nous, à Neuilly. Je ne comprenais pas, il fallait qu'on m'explique.

Un jour, Mme Samuel nous a quittées : elle avait été mutée en cours d'année. J'ai été très triste, cette femme m'a terriblement manqué. Jusqu'à ce que, longtemps après...

Longtemps après, en 1947 — j'avais déjà tourné deux ou trois films — j'ai été sollicitée par deux jeunes écrivains de mes amis, encore peu connus, Claude Roy et Jacques-Francis Rolland, pour vendre à leur stand de la vente du Comité national des écrivains. Cela se passait à la Maison de la pensée française dont le roi, le prêtre incontesté était Aragon. Il y avait tout le monde, d'Aragon à Mauriac : c'étaient les lendemains qui chantaient... La vente devait commencer à 2 heures, mais nous étions convoqués à une heure et demie pour mettre les bouquins en place. Il y avait dans la salle des pancartes qui pendaient du plafond, avec le nom des auteurs et, parmi eux, je vois celui de Lucie Aubrac, une femme dont on a beaucoup parlé à la Libération. En pleine guerre, alors qu'elle était enceinte, son mari résistant venait d'être arrêté en même temps que Jean Moulin par la Gestapo. Elle est aussitôt allée voir chez Barbie, au siège de la Gestapo de Lyon, et elle leur a fait un cirque fabuleux : « Ce type que vous avez arrêté, j'en ai rien à foutre, vous pouvez le fusiller.

Mais c'est un salaud qui m'a violée et engrossée. Je veux qu'il m'épouse, de gré ou de force, et que mon enfant ait un nom. Après, vous en ferez ce que vous voudrez. » Et ils ont marché! Comme le mariage ne pouvait se faire à la prison, la Gestapo a organisé un transport, et la Résistance a attaqué le fourgon en plein Lyon : c'est comme ça que Lucie Aubrac a fait évader son mari.

Quand j'ai vu cette pancarte, je me suis dit tout de suite : « Je veux voir la tête qu'elle a, cette bonne femme. » Je passe sous les tréteaux — et vous avez déjà compris : j'étais devant Mme Samuel.

Revenons un peu sur ce lycée de Vannes, la guerre, le bachot...

SIMONE SIGNORET : Jusqu'à la fin mai, le train-train. Les équipages des chars d'assaut prenaient d'assaut les terrasses des crêperies et, les jours de semaine, effectuaient des reconnaissances de terrain aux alentours du lycée de jeunes filles. Entre-temps, je découvrais avec ravissement que tous les sujets encore tabous à la fin de ma première devenaient des sujets de dissertation. Je lus pour la première fois *la Condition humaine* et *les Thibault*. Chaque samedi, je prenais le tortillard pour Saint-Gildas.

Et puis, tout à coup, tout est allé très vite. La débâcle, ç'a été pour nous un déferlement de réfugiés qui arrivaient en train de banlieue, venant on ne savait d'où, et que les Vannetais ne se battaient pas pour héberger. J'en ai amené beaucoup à Saint-Gildas. Ma mère les accueillait dans sa grande maison. Avec bonne humeur, les premiers jours. Avec une certaine impatience quand elle s'apercevait, au détour d'une conversation, que ces malheureuses victimes étaient souvent antisémites, racistes, voire fascistes.

En juin, les Allemands entrèrent dans Saint-Gildas. A cheval! Ils étaient superbes, grands, bronzés. Ils étaient wagnériens! Ce qui me fait penser que nous n'étions plus près d'entendre avant longtemps l'appel de Siegfried sifflé par mon père, duquel nous n'avions plus de nouvelles du tout, mais qui avait été signalé pour la dernière fois du côté de Bordeaux. On avait compris, sans en avoir la preuve, qu'il s'était embarqué pour l'Angleterre. Le lendemain de la « prise de Saint-Gildas », on a frappé à la porte de la cuisine et je me suis trouvée devant un officier et un soldat allemands. J'ai appelé ma mère. Elle les a regardés et elle a dit : « Qui êtes-vous, messieurs? » Ils sont restés un instant décontenancés. « Nous sommes des représentants de l'armée allemande. » On était en plein Barrès. « Et qu'est-ce que vous voulez? » a demandé ma mère. « Nous voulons voir, madame, si nous pouvons loger ici, sans déranger. » Ils ont visité la maison, qui leur a beaucoup plu, et ils ont décidé qu'ils allaient nous envoyer quatre soldats. Le soir même, on a touché trois paysans du Hanovre, qui parlaient patois, et un gentleman farmer, du Hanovre également, qui s'appelait Schrœder et que ma mère a immédiatement terrorisé.

Les trois pedzouilles n'avaient jamais vu l'océan. Ils ont été affolés parce qu'en se réveillant, le matin à marée basse, ils ont cru que la mer avait disparu... Ma mère les envoyait chercher de l'eau et nourrir les lapins, elle les obligeait à s'essuyer les pieds en rentrant à la maison... Profitant de l'occasion pour renouer avec ses connaissances de l'allemand qu'elle avait acquises à Wiesbaden et rafraîchies au contact des réfugiés juifs allemands, ma mère donnait ses instructions ménagères et fermières à tout ce petit monde. En dehors de cela, on mentait. « Le papa? Où est le papa? » demandaient les Allemands. On ne savait pas, il avait disparu dans la tourmente. « Et Kaminker, nom breton? » Oui, ça pouvait passer pour un nom breton! Le Schrœder s'est pris d'une grande affection pour moi, tout en se montrant infiniment respectueux. Après Barrès, on jouait Vercors.

Il y avait un jardin devant la maison, sur la côte, avec la mer devant et une île en face. Il avait demandé à ma mère ce que c'était que cette île, et elle avait répondu : « C'est Birmingham! » Il n'a pas insisté. Il savait, lui, que la mer monte et descend! il était cultivé! Un jour, j'étais dans le jardin avec mes petits frères et il est sorti sur le perron, tenant un écrin à la main. Il a ouvert son écrin, et il s'est vissé un monocle sur l'œil. Le monocle est tombé, il s'est baissé, il en a ramassé les morceaux. Il a regardé si je l'avais vu, et je l'avais vu. Il a souri, mais très tristement, désespérément, et il est rentré. Cette tentative d'apparition en hobereau, ce ratage complet sous mes yeux, cette démythification de la panoplie du parfait Prussien, je savais qu'il aurait fallu en rigoler, mais je ne l'ai pas fait.

Un jour, on a dû leur dire : « Fini, les vacances », et ils ont disparu. Ils ont fait partie, je crois, de cette vague d'Allemands qui ont essayé de débarquer en Angleterre et que les Anglais ont repoussés en mettant le feu à la mer. Les hôpitaux français étaient remplis d'Allemands brûlés, et j'ai toujours pensé que Schrœder se trouvait parmi eux. Avant de partir, il nous avait un peu raconté sa vie. A l'occasion, il avait voulu nous montrer son insigne des SA et certains petits trophées, quelques étoiles juives... Ça devenait *glauque,* comme dirait ma fille — enfin, comme elle disait l'année dernière...

Avec les quatre cavaliers du Hanovre, on avait mangé notre brioche. Saint-Gildas a été envahi par une compagnie de motocyclistes de la région berlinoise. Ils n'en ont pas mis quatre à la maison, mais douze! Sous la direction d'un type qui s'appelait Link, très intelligent, très malin et qui s'est très vite renseigné sur nous dans le pays. Un jour, en souriant, il me dit à la cuisine : « Je sais que votre père est juif. Et qu'il est en Angleterre. »

Il avait fait sa petite enquête : quelques gentils Bretons du village, qui étaient déjà ou de nouveau séparatistes, et qui n'aimaient guère les Parisiens, les Juifs ni les Anglais, avaient tout de suite mis Link au courant.

A la maison, on a compris que ça ne sentait plus très bon pour la famille Kaminker. Les Allemands nous ont donné vingt-quatre heures pour trouver un autre logement et ma mère a dit : « On va rentrer à Paris. »

J'ai pris le temps de passer à Vannes mon bac de philo dans un lycée occupé. Je planchai pendant trois heures ponctuées par des bruits de bottes et de départs de voitures. Comme il n'y eut pas d'oral, les résultats vinrent très vite : j'étais reçue. Le sujet que j'avais choisi était beau : « Définissez les rapports entre la passion et la volonté. » Je n'allais pas tarder à les découvrir pour de bon.

La famille Kaminker retrouve donc le Paris désert de 1940.

SIMONE SIGNORET : Dans le superbe immeuble désert. La concierge en est la seule habitante, elle est toujours aussi distinguée et de plus en plus désagréable : elle a enfin des raisons valables. Elle, elle sait que le loyer n'a pas été payé depuis des mois; nous, nous le découvrons. On n'a pas un centime devant nous et, malgré nos teints basanés par cette année bretonne, on n'a pas bonne mine. Mais il fait encore beau, on reprend possession de ces sept pièces couleur saumon, de ce balcon toujours luxueusement ensoleillé, les petits frères retrouvent des jouets abandonnés depuis un an; on est rentrés à la maison, mais, sans se l'avouer vraiment, on est encore plus « déplacés » qu'avant.

J'ai immédiatement cherché du travail. Le premier emploi que j'ai trouvé me fut fourni par mon ancien prof de latin-lettres, Philippe Vantieghem. Vantieghem a laissé dans la mémoire de toutes les filles du cours secondaire de Neuilly un souvenir prestigieux. Il était beau comme Melvin Douglas, arrivait en Rosengart, s'habillait de pardessus dont on apercevait la griffe « Lanvin » tandis qu'il les accrochait à la patère, il jouait avec un porte-mine en argent et disait volontiers, s'adressant à la plus disgraciée d'entre nous toutes : « Mademoiselle, parlez-moi d'amour... (*grand temps*)... chez Racine. » La légende de ses veuvages successifs dus à des suicides d'épouses délaissées nous bouleversait. Les garçons de Pasteur le haïssaient. Quoi qu'il en soit, c'est à lui que je choisis de m'adresser pour trouver du boulot. Vantieghem m'a tout de suite procuré des leçons particulières de latin et d'anglais, que je donnai pendant quelques semaines à de jeunes postulants au passage de la sixième à la cinquième. C'est de là que date cette fallacieuse réputation de « professeur de langues » dont je suis encore affublée dans certaines de mes très anciennes filmographies...

En quoi consistaient ces leçons?

SIMONE SIGNORET : C'était *l'Épitome,* et « *What is pink?... the rose is pink...* » Entre deux « *What is pink* », je consultais les petites annonces. C'est ainsi qu'un après-midi, je suis allée me présenter chez un mandataire aux Halles qui cherchait une manutentionnaire. J'ai été reçue dans un entresol où de vieux messieurs et de vieilles dames grattaient du papier sur des petits bureaux d'acajou, à la lueur d'abat-jour d'opaline verte, les mêmes que je devais payer très cher par la suite au Village suisse et qui, ce jour-là, m'apparurent comme les accessoires de la désolation. Ça devait se voir sur ma figure : je ne fus pas retenue. J'en fus à la fois mortifiée et drôlement soulagée.

Peu à peu, mes copains et mes copines de classe et du « Sabot bleu » rentraient. Les uns s'inscrivaient en fac, quelques autres aux cours du Louvre, je les voyais encore. Leurs parents étaient gentils, curieux de notre sort et anxieux de notre avenir, avec un rien de prudence qui ne m'échappait pas. A mots couverts, on me demandait des nouvelles de mon papa, et j'avais déjà, depuis Saint-Gildas, cette réponse émouvante : « On ne sait pas, il a disparu », qui avait l'air de satisfaire tout le monde puisque personne n'essayait de m'en faire dire plus long. C'était un temps où les gens ne racontaient pas s'ils écoutaient Londres ou s'ils ne l'écoutaient pas, ils ne savaient pas encore s'il fallait s'en vanter. C'était un temps où Pétain avait tout ce qu'il fallait pour rassurer les bons Français. C'était l'automne 40, et ceux qui appartenaient à ce monde de mon adolescence n'avaient aucune des raisons qui étaient les miennes d'éprouver mes angoisses. Leur vie continuait, ce qui ne veut pas dire non plus que c'étaient des gens mal. Ils attendaient. Les autres, ceux qui auraient pu partager mes angoisses, n'étaient simplement pas là. Pas rentrés. A cette époque, c'était plutôt dans le quatrième arrondissement qu'on reprenait la vieille habitude de l'angoisse. Eux, ils étaient rentrés pour la bonne raison qu'ils n'étaient pas partis. Mais le quatrième arrondissement, c'était très loin de Neuilly-sur-Seine et je n'y connaissais personne. Autour de nous, il y avait aussi ceux qui avaient des papas prisonniers dans des Oflags et dont ils commençaient à recevoir de bonnes nouvelles. Aux vitrines de quelques magasins, on voyait des citations de la guerre de 14-18 indiquant que le patron était un bon Français, bien que son nom fût Lévy. Ces citations, quelque temps plus tard, furent remplacées par une pancarte disant MAGASIN JUIF, mais on n'en était pas encore là... En somme, tout était dans l'air, mais rien n'était encore officiel.

C'est alors que j'ai lu une petite annonce qui a eu une importance capitale pour le reste de mon existence : « Le studio Harcourt cherche pour son service des ventes jeunes filles présentant bien et parlant *les* langues. » Parler *les* langues, à cette époque, c'était une façon pudique de dire en bon français : parler l'allemand. Mais un seul mot m'avait accrochée dans cette annonce : « Harcourt. »

Pourquoi?

SIMONE SIGNORET : Écoutez, à seize ans, quand je suis sortie de *Port-Arthur,* dans lequel Danielle Darrieux était maquillée en japonaise, je me suis plantée devant ma glace, j'ai tiré mes paupières vers les tempes avec deux doigts, j'ai emprisonné ma lèvre supérieure dans mes dents du bas pour que les aigus du cœur de ma bouche s'arrondissent, et j'ai vu Darrieux. Simone Simon était ma sœur jumelle, et Anabella mon sosie. Alors, le studio Harcourt, pour une fille de mon âge qui ne connaissait rien au cinéma, ça sonnait comme Hollywood.

Est-ce que ça vous paraissait une porte d'entrée dans le cinéma?

SIMONE SIGNORET : Je ne l'aurais avoué à personne, et encore moins à moi-même, mais la lecture de cette petite annonce a évoqué pour moi les souvenirs de ce que j'avais pu lire dans les rares numéros de *Cinémonde* et de *Pour vous* qui m'étaient tombés entre les mains et qui racontaient souvent comment une jeune vendeuse, une jeune lycéenne ou une jeune secrétaire avait été « remarquée » dans la rue ou derrière un guichet par un metteur en scène qui justement passait par là. Tout ça n'a rien à voir avec ce qu'on appelle la vocation. J'étais comme plein de petites jeunes filles, le cinéma m'éblouissait, les « vedettes » étaient inaccessibles mais là, chez Harcourt-Hollywood, allant et venant dans ma panoplie de vendeuse, il se trouverait bien quelqu'un pour me dire soudain : « Mademoiselle, voulez-vous faire du cinéma? » Nous savons tous que ça ne se passe jamais comme ça, et nous savons tous aussi que nous y avons tous cru. Montand, quand il avait quinze ans, arpentait de bas en haut et de haut en bas une rue de Marseille où les distributeurs régionaux de la Warner, de la Fox et de la Paramount avaient regroupé leurs officines : il attendait qu'on le remarque, on ne le remarqua pas... En ce qui concerne cette petite annonce, admettons que, l'espace d'une seconde, j'ai eu cette arrière-pensée, fugitive et secrète, un peu honteuse. Mais la chose qu'il convenait de retenir était concrète : quelqu'un offrait du travail, un gagne-pain, et tout de suite.

Il fallait essayer de le décrocher.

C'est à ce moment que je me suis souvenue d'une copine de classe qui s'appelait Rosita et qu'on appelait Zizi. Elle nous avait quittées peu avant la fin de la troisième en nous disant : « Moi, je vais faire du cinéma! » A l'époque, je me serais fait couper la langue plutôt que d'avouer que j'en aurais bien fait autant, et, comme les autres petites bourgeoises — je veux dire : jeunes bourgeoises — de ma classe, j'avais ricané et haussé les épaules en me replongeant dans Virgile. Zizi fit deux ou trois apparitions fugitives dans des films que nous allions voir en groupe au Chézy. Comme on n'avait aucune notion du métier, on confondait petit rôle et figuration, et on re-haussait les épaules. Et puis, tout à coup, Zizi devint Corinne. Corinne Luchaire dans *Prisons sans barreaux,* la révélation de l'année, comme tous les journaux l'écrivirent, et c'était vrai. On alla même en groupe jusqu'aux Champs-Élysées pour vérifier. On ne haussait plus du tout les épaules. On était drôlement épatées.

Vous la voyiez toujours?

SIMONE SIGNORET : Non, bien sûr. Mais elle réapparut un soir comme une fée. En tant qu'ancienne élève du cours secondaire, tout comme Tarassov, dit Henri Troyat, en tant qu'ancien élève du lycée Pasteur, au cours d'une fête donnée conjointement par les deux établissements. Elle portait une robe décolletée de velours bleu nuit à très minces bretelles de satin, et une cape de renard blanc. Elle m'embrassa, elle jeta un coup d'œil sur ma robe qui était de mousseline blanche et relevée dans *Marie-Claire,* elle me dit : « Qu'elle est jolie, qui te l'a faite? — C'est maman. — Tu en as de la chance, moi je suis obligée d'aller chez les grands couturiers. » Elle but une coupe de mousseux et repartit avec trois grands gaillards qu'elle avait pris soin d'amener avec elle et qui s'étaient visiblement dévoués pour l'aider à faire sa BA — qu'elle avait accomplie avec beaucoup de gentillesse, d'ailleurs. Elle m'embrassa à nouveau et me dit : « A bientôt, appelle-moi! » C'était en juin 1938.

Et vous l'avez appelée?

SIMONE SIGNORET : Oui, mais en septembre 1940. C'est Françoise Luchaire, sa mère, qui répondit au téléphone. Non, Zizi n'était pas là, elle était en zone libre... une recommandation pour Harcourt... pourquoi faire la vendeuse quand on est bachelière?... et mon père, où était mon père?... oui, bien sûr... si tu cherches du travail, je vais te prendre un rendez-vous avec Jean, que j'aille le voir au *Petit Parisien* dont il est le rédacteur en chef, il m'a connue toute petite, il va monter un nouveau journal, il va sûrement te trouver quelque chose... Et c'est comme ça que, le surlendemain, sans qualification professionnelle, sans savoir taper à la machine et sans que Jean Luchaire me redemande « où est ton père? », je me suis retrouvée dans ce bureau cramoisi du *Petit Parisien* aux portes capitonnées, engagée à 1 400 francs par mois comme assistante de la secrétaire personnelle du futur directeur de ce grand journal du soir et de la collaboration qui devait s'appeler *les Nouveaux Temps*. Je suis rentrée avenue du Roule et j'ai annoncé à ma mère et aux petits frères que j'avais trouvé du boulot. Ça y était, j'avais à peine dix-neuf ans, j'étais chef de famille et j'allais rapporter 1 400 francs par mois à la maison. Aujourd'hui encore, je peux entendre le bruit que fit ma première enveloppe de paie, alourdie de quelques pièces, quand je la posai un mois plus tard sur la table de la cuisine. Après Barrès et Vercors, on jouait Zola.

Vous avez tout de suite commencé à travailler?

SIMONE SIGNORET : Enfin, travailler si l'on peut dire. Le journal était en train de se créer, Luchaire dirigeait la manœuvre depuis son bureau du *Petit Parisien* et cherchait un local. En fait, mon premier travail a débuté un dimanche matin. Je me suis retrouvée avec mon patron — qui m'avait dit « Apporte du papier et un crayon » — dans un immense appartement au premier étage du 32 de la rue du Louvre. Il y avait là un vieux monsieur qui s'appelait Seligmann, je crois bien, et qui très tristement et très dignement était prêt à vendre son local, jusqu'alors une des plus grosses maisons de passementerie de France. Il avait compris, il préférait négocier à temps, avant que la Commission aux affaires juives ne s'occupe de lui. Il nous a fait visiter. Les murs de la plupart des pièces étaient garnis d'une multitude de petits tiroirs étroits dans lesquels des kilomètres de galons à pompons et de cordonnets de soie attendaient leur nouveau sort... Il parlait peu, Luchaire pas davantage, la négociation fut très rapide et très courtoise, visiblement Luchaire avait les moyens... et le vieux monsieur est parti. Alors Luchaire m'a fait refaire le tour, qui cette fois était bien le tour du propriétaire, je le suivis avec mon petit carnet à la main, il me disait : « Là mon bureau, note. Là la salle d'attente, note. » Je notais et ne disais rien. On faisait un drôle de couple.

La gamine et le futur fusillé...

SIMONE SIGNORET : Eh oui! Tout à coup, après avoir baptisé une des pièces « salle de rédaction, note », il enchaîna et sans me regarder, il me dit sur le même ton : « Tu sais, ton père, tu le reverras, t'en fais pas. »

Le même jour, il m'a emmenée chez O. P. Gilbert, à qui il venait proposer le poste de rédacteur en chef. Je n'ai pas du tout compris pourquoi il m'avait emmenée, car on ne me demanda pas de prendre de notes. Par contre, en l'espace de deux heures, j'ai très vite compris que j'étais en train d'apprendre beaucoup de choses. D'abord qu'O. P. Gilbert était un homme merveilleux, ensuite que mon patron n'était pas pris très au sérieux par son futur rédacteur en chef, qui émettait de grands doutes sur la pureté des intentions de ce qui s'écrirait dans *le Nouveau Temps*. En effet, *le Temps,* austère journal financier du soir, n'avait pas reparu après l'arrivée des Allemands; l'astuce du titre *le Nouveau Temps* jouait sur un malentendu qui servait bien la mode qui s'annonçait sous la bannière de *l'Ordre nouveau,* tout en essayant de raccoler les anciens lecteurs du bon vieux *Temps*. Bref, si je ne prenais pas de notes, je n'en perdais pas une... Il ressortait de leur conversation qu'O. P. Gilbert, vieux compagnon de Luchaire à l'époque du rapprochement franco-allemand — si cher à ma mère, rappelez-vous Briand — n'accepterait pas de devenir le rédacteur en chef d'un journal fasciste. « Pour qui me prends-tu? » répondait Luchaire en s'esclaffant. O. P. Gilbert jouait avec une mèche blanche qui recouvrait mal une blessure de guerre. Je savais que, s'il acceptait, j'allais avoir un père dans ce journal. Il accepta et devint mon père pendant les deux ou trois mois qui précédèrent une rupture déjà prévisible dès ce matin-là.

Le journal démarre par un premier numéro qui se fait saisir. Les héritiers du *Temps* n'appréciant pas le mariage du mot *Nouveau* et du mot *Temps*, *le Nouveau Temps* fut prié de devenir *les Nouveaux Temps*, ce qui ne voulait plus dire la même chose du tout — ce qui en disait même beaucoup plus long... Tout cela me revient en mémoire aujourd'hui, mais, sur le moment, ça ne m'avait pas fait un gros effet, je crois même que je n'avais pas très bien compris. Comme je ne savais pas faire grand-chose, on m'avait installée dans un petit recoin du bureau de Mme Baudouin, secrétaire particulière de Luchaire et ma patronne directe. J'avais un téléphone, et une vieille machine à écrire pour faire mes gammes — j'ai très vite appris et aujourd'hui encore, si je sais encore faire une lettre « au carré », c'est à Mme Baudouin que je le dois. J'étais une sorte de grouillotte, on m'envoyait faire des courses, genre achat de fleurs pour dames célèbres, comme Zarah Leander quand elle passa par Paris... Je filtrais les coups de fil en annonçant bien haut le nom pour que Mme Baudouin juge s'il était convenable de passer l'interlocuteur au patron; c'est comme ça que, tous les matins, j'entendais la voix du conseiller Achenbach, dont on a tant parlé il y a deux ans, et celle d'Abetz ou de sa femme qui, avant de devenir ambassadrice d'Allemagne, avait été la secrétaire de Luchaire dans les années trente (elle s'annonçait fort simplement, d'ailleurs, disant : « de la part de Suzanne »). Tous les jours, aussi, il y avait l'appel du « cabinet du président »; ça me prit un petit bout de temps pour comprendre qu'il fallait comprendre Laval. Et puis, surtout, des voix embarrassées qui disaient : « De le part de Maurice... la SDN en 1935, il comprendra... », ou bien : « Une amie de sa sœur... » (ça, c'était encore plus clair : la sœur de Luchaire était mariée à un médecin juif).

Ce recoin était également un poste très privilégié, géographiquement parlant. Il donnait directement sur le petit sas conduisant au bureau de Luchaire. C'était un bureau somptueux, il y avait fait mettre des bibliothèques partout, garnies de toute la collection du Masque, il y disposait d'un cabinet de toilette avec toutes les commodités, et d'un très grand divan. Il recevait beaucoup durant l'après-midi. J'ai vu beaucoup de dames s'engouffrer rapidement par ces portes capitonnées au cours de ce début d'hiver 1940, certaines parce qu'elles avaient un mari prisonnier qu'elles essayaient de faire revenir (j'en ai même vu une revenir avec le mari... pour remercier, quelques semaines plus tard), j'en ai vu d'autres qui voulaient débloquer des autorisations pour quelque entreprise commerciale. J'ai vu aussi des hommes et des femmes avec lesquels — ça se sentait à leur angoisse avant de passer la porte — les choses dites ne seraient pas dites sur le grand divan, et que Luchaire raccompagnait jusqu'à la réception en leur tapant sur l'épaule et en leur promettant qu'il « s'en occuperait ».

Et c'était vrai, il s'en occupait. J'ai vu beaucoup de gens passer qui ne savaient pas que je les voyais, qui m'apercevaient peut-être fugitivement et qui se demandent aujourd'hui encore où ils m'ont vue pour la première fois ; j'ai vu très peu de tous ces gens faire quoi que ce soit pour Luchaire quand il a été condamné à une mort qu'il méritait sans doute... Le seul recours en grâce qui fut enregistré à l'issue de son procès fut celui que je forçai mon père à déposer, quand il revint en 1945. Mais j'anticipe... Pour le moment, je porte encore mes vêtements de lycéenne, j'ai un petit chignon noir bien convenable, de grosses responsabilités familiales qui m'effraient et en même temps me comblent de fierté, Mme Baudouin est très gentille avec moi, elle m'appelle « Petit » — c'est drôle, à part elle, il n'y a que Montand, des années et des années plus tard, qui m'ait appelée « Petit » dans ma vie...

Tous les gens qui travaillent dans ce journal sont très gentils avec moi. Ils font un journal qui devient vite ignoble, et ils sont tous très gentils. Ils commencent sur un ton distingué — le ton *Temps* — à écrire leurs premiers papiers antisémites et anglophobes, mais ils sont très gentils avec la petite Kaminker dont le père est à Londres. Et ça, ils le savent tous. Ils le savent parce qu'un jour, Luchaire m'a appelée dans son bureau, m'a fait asseoir et m'a dit solennellement : « J'ai une bonne nouvelle pour toi, je sais où est ton père... (*un temps*). Il est à Londres et il parle à la radio. » J'ai dû faire « Ah, mon Dieu! », j'ai dû être très mauvaise, alors Luchaire m'a dit : « C'est pourquoi tu es mieux ici qu'ailleurs. » Donc, le numéro « Papa a disparu » n'était plus de mise, ça simplifiait les rapports. D'ailleurs, à part deux ou trois ordures dont je ne dirai pas les noms parce que je ne suis pas une donneuse de noms, surtout quand les gens ont payé pour ce qu'ils ont fait, je n'ai pas le souvenir d'avoir rencontré aux *Nouveaux Temps* des gens qui croyaient vraiment à ce qu'ils écrivaient. On pourrait me répondre que, dans ce cas, c'étaient ceux-là les ordures... ce ne serait pas faux.

Pour moi, la fête, quand je n'avais pas été envoyée acheter les très coûteuses gerbes chez le fleuriste de luxe de la place de la Madeleine ou déposer en mains propres (!!!) le plan des tables pour le « Gala au profit de nos chers prisonniers » à l'Aiglon, chez Maxim's ou à la Fête foraine. la fête, disais-je, c'était quand Mme Baudouin souvent avant de prendre une communication qu'elle préférait que je n'entende pas, m'envoyait à la rédaction porter n'importe quoi. C'est là que je rencontrai Henri Jeanson pour la première fois, alors qu'il venait parler avec son vieux copain O. P. Gilbert de leur commune impossibilité de rester l'un rédacteur en chef d'*Aujourd'hui,* l'autre des *Nouveaux Temps;* c'est là que je rencontrai un homme très beau qui s'appelait Claude Blanchard et qui me dit : « Tiens! Qu'est-ce que je dois dire demain à votre père? » — il venait de Londres et y repartait le lendemain; et c'est là, dans le corridor très sinueux qui reliait la direction à la rédaction, qu'un collaborateur facétieux avait placé dans une encoignure deux cannes à pêche qui n'avaient d'autre raison d'être là que de faire dire à ceux qui passaient devant : « Tiens, deux Gaules... »

J'arrivais avec un papier dans la main, qui n'avait généralement aucune importance, et tous les types me demandaient des nouvelles de ce qui se passait « là-bas » — comme si « là-bas », c'est-à-dire la « direction », était à cent kilomètres — avec un certain mépris pour leur pourvoyeur de salaires, ce qui ne me plaisait qu'à moitié. J'avais un faible très chaste pour A.-M. Julien, chroniqueur de music-hall, qui ne venait qu'une fois par semaine apporter son papier et que je trouvais superbe, surtout parce qu'il avait été le Julien de *Gilles et Julien* et qu'il conservait la mèche « à la Marius » qui avait été son maquillage de scène dans les belles années passées. J'étais sûrement convoitée, mais respectée. Peut-être est-ce que je forçais ce respect par ma grande jeunesse, par mes responsabilités dont ils étaient conscients; en tout cas, pas un de ces types ne profita, comme on dit, de la situation. Il faut dire que j'étais mignonne, mais les temps, pour *nouveaux* qu'ils fussent, étaient différents de ce qu'ils sont aujourd'hui; de plus, je mourais de peur à l'idée de devenir la mère d'un troisième enfant. J'en avais déjà deux à faire vivre... plus une mère.

Comment se passait la vie à Neuilly?

SIMONE SIGNORET : Le froid — il fut terrible, ce premier hiver d'occupation — nous avait fait nous replier dans un minimum d'espace vital. On vivait beaucoup à la cuisine et dans la salle à manger qui avait été transformée en une sorte de dortoir pour nous quatre. Les petits frères allaient à l'école communale, je rapportais la paie. Je dus sortir les tapis d'Orient qui nous restaient quand il fut bien signifié à ma mère que nous étions saisis : il y en avait trois que j'ai vendus un très bon prix à une sorte de faux marquis qui fréquentait le journal. Ma mère accommodait les têtes de blettes, on écoutait Londres, on n'était jamais sûrs que c'était bien mon père dont on avait cru reconnaître la voix. On fêta Noël tous les quatre avec des tas de petites cochonneries très bon marché que j'avais achetées « Aux armes et cycles de St-Étienne », rue du Louvre, avant de prendre le métro ; j'en avais eu pour cent francs et ça allait de la décalcomanie au jeu de l'Oie en passant par le découpage « Retour à la terre » ; il y avait même un minuscule arbre de Noël pliant en ersatz de papier vert très clair, enfin trop clair.

Comme on nous avait coupé le téléphone, je prenais bien garde d'envoyer des pneumatiques à ma mère, que je tapais à la machine pour qu'elle soit fière de mes progrès, chaque fois que je sentais qu'il y avait de l'heure supplémentaire dans l'air. C'était généralement les soirs de ces fameux galas « au bénéfice de »... qui commençaient par réunir dans les salons des *Nouveaux Temps*, pour un verre, les invités de Luchaire ; ils arrivaient nantis de femmes en skuns, chapeautées très haut, chaussées des premières chaussures compensées de liège. On me demandait de rester un peu à côté du téléphone, ça n'était pas pour des raisons d'État mais simplement pour enregistrer les retards éventuels des convives. Zizi, qui était de toutes ces fêtes, ne manqua jamais de venir embrasser sa copine pauvre dans son recoin, elle était superbement habillée par Fath — je me souviens d'une robe à rayures transversales en pékiné noir et blanc ! Je ne voudrais pas abuser des références littéraires, mais, dans ces moments-là, on jouait Delly.

Si je disais tout à l'heure que j'envoyais des pneumatiques à ma mère pour qu'elle ne s'inquiète pas, c'est parce qu'elle s'inquiétait tout le temps, la pauvre, et il y avait de quoi ! Elle était à la fois consternée et rassurée que je travaille à ce journal. Elle administrait les 1 400 francs mensuels avec beaucoup de talent, et il lui en fallait ! On avait calculé ensemble qu'il me fallait 14 francs par jour pour payer mon métro et le repas de midi que je prenais Chez André, en face du journal. Je ne sais pas si André écoutait ce que disaient ses clients, mais, s'il le faisait, il a dû avoir à en raconter en 1945... Elle était angoissée par l'imminence de la saisie ; elle avait peur pour les petits frères qu'on s'est dépêché de faire baptiser protestants avec la complicité du pasteur Ebershold de Neuilly qui, très gentiment, antidata les certificats ; elle avait peur pour moi, peur de ma jeunesse et des tentations qui auraient pu me perdre. Là-dessus elle avait tort ; j'étais très très très sage. Précisément pour la raison que j'ai énoncée tout à l'heure : la trouille panique de me retrouver enceinte... Voilà pour ce qui se passait à Neuilly. Je continuais à voir mes copains et copines les dimanches, mais le cœur n'y était plus. Je travaillais, eux étudiaient ou faisaient semblant, quelques filles se marièrent. Si, parmi mes anciens compagnons d'adolescence, il y eut quelques velléités de « résister », je ne les perçus point à cette époque. A moins que ce ne soit mon appartenance à ce journal qui ait rendu mes copains méfiants : c'est possible mais peu probable, en tout cas jamais exprimé.

Vous êtes restée combien de temps aux *Nouveaux Temps?*

SIMONE SIGNORET : Huit mois. De septembre-octobre 1940 à mai-juin 1941. Cela s'est terminé par mon passage de la rive droite à la rive gauche, et par mon entrée au café de Flore.

3

SIMONE SIGNORET : Un soir de mars 1941, au lieu de prendre mon métro à Louvre pour Neuilly-Sablons, j'ai franchi la passerelle de l'Institut, j'ai remonté la rue Bonaparte et j'ai poussé la porte du Flore, parce qu'un gars m'y avait donné rendez-vous. Je ne savais pas qu'en poussant cette porte, je pénétrais dans un monde qui allait décider du reste de ma vie.

En fait, j'aurais pu aussi bien commencer à vous raconter mon histoire en vous disant : « Je suis née, ou plutôt, ce que je suis aujourd'hui, c'est quelqu'un qui est né un soir de mars 1941 sur une banquette du café de Flore, boulevard Saint-Germain, Paris 6ᵉ. » Enfant de Neuilly, passée grouillotte chez les « collabos », j'étais sans le savoir en train de franchir ma troisième frontière et de trouver enfin mon monde, celui que je cherchais inconsciemment depuis longtemps. Raconté comme ça, ça fait un peu pompeux ; ça le fera moins si je précise qu'en m'asseyant sur cette banquette historique, j'ai fait tomber la cloche de celluloïd qui protégeait les macarons sans noix de coco posés sur la table...

J'avais donc rendez-vous avec un gars. Deux jours avant, j'étais allée voir *la Main passe* au théâtre des Mathurins, grâce à un de ces billets de faveur que Mᵐᵉ Baudouin produisait parfois à la veille d'une générale. J'étais toute seule et très intimidée. Intimidée d'assister à une générale, et gênée d'y être toute seule. A l'entracte, dans le petit hall du théâtre, je relisais pour la cinquième fois le programme au milieu de gens qui parlaient très fort, en groupe et très à l'aise. Mais, sur les marches de l'escalier qui menait au balcon, il y avait un trio qui ne faisait pas de bruit et me regardait. Un jeune homme très beau, une jeune femme très belle, et Roger Blin qui m'avait tant impressionnée à l'Atelier. Ils me regardaient : la fille très gentiment, le jeune homme très gravement, et Roger Blin... pas tellement.

Pendant le dernier acte, la fille regardait le spectacle, Blin aussi, mais le jeune homme me regardait, et je devais le regarder aussi puisque je le voyais me regarder. A la sortie, sur le trottoir de la rue des Mathurins, la fille dit très fort : « Salut, à demain », et le jeune homme est venu vers moi, il a dit très simplement : « Où allez-vous? », j'ai dit : « Chez moi », il a dit : « Venez, on va boire un verre », et j'y suis allée. Quand, après trente-quatre ans d'une amitié souvent entrecoupée d'orages et de désaccords surtout idéologiques, il nous arrive de nous retrouver ensemble, au Flore par exemple, et qu'on nous demande où nous nous sommes connus, Claude Jaeger et moi trouvons plaisant de répondre gravement : « Sur le trottoir de la rue des Mathurins. » Ce soir-là, non seulement je l'ai suivi dans un bistrot voisin de la gare Saint-Lazare, mais, parce qu'il avait une belle tête, et de surcroît une bonne tête, je lui ai tout raconté. Tout. Mon père à Londres, que j'étais demi-juive, les petits frères et ma mère à faire vivre, *les Nouveaux Temps* et mes 1 400 francs par mois. Il écoutait. Il m'a raccompagnée jusqu'au dernier métro et de Saint-Lazare à Sablons j'ai fait le bilan de l'imprudence inexcusable que je venais de commettre. J'avais tort de m'inquiéter, la suite le prouvera.

Donc, après avoir renversé la cloche à faux macarons, m'être excusée auprès du patron courroucé que j'ai mis beaucoup de temps à tutoyer et à appeler Paul, j'ai regardé autour de moi. Le Flore était plein, et plein de gens qui avaient des visages et des habillements comme on n'en voyait ni à Neuilly, ni rue du Louvre. Qu'ils fussent très jeunes, moins jeunes ou vieillissants, ils se ressemblaient tous. Ils étaient en famille et j'étais la nouvelle. On était dans un bistrot mais les conversations n'étaient pas bruyantes, leur ton était grave; la lumière ambiante était déjà parcimonieuse, il y avait des livres et des brochures entre les verres de bière, tout le monde avait l'air de se connaître, il n'y avait pas un seul Allemand, mais on entendait des accents étrangers; les hommes portaient des vestes de velours côtelé, des pulls à col roulé, des impers crasseux, les cheveux un peu trop longs; les filles n'étaient pas maquillées, elles étaient peu nombreuses; personne n'était à la mode : ils étaient tous à leur mode.

La jeune femme belle, celle qui avait dit très fort : « Salut, à demain », était à une table, elle me souriait, elle souriait à la nouvelle, et elle souriait d'autant plus qu'elle savait comment la nouvelle était arrivée là. Elle est venue s'asseoir avec nous, je suppose qu'elle voulait en savoir un peu plus long sur la trouvaille de son copain. Elle s'appelait Sonia. Sonia Mossé, elle était formidablement gentille et je l'ai toujours vue souriante pendant les mois qui ont suivi, jusqu'au jour où je ne l'ai plus vue du tout parce qu'un matin la Gestapo l'a embarquée, elle et sa sœur, pour Drancy d'où elles ne revinrent jamais. J'ai dit son nom de famille, Mossé, mais ce soir-là j'aurais été incapable de dire les noms des gens que je rencontrais. Les gens passaient devant la table, disaient en tendant la main : « Fabien », ou « Roger », ou « Nina » ; je découvrais une société dans laquelle on ne dit pas forcément son nom de famille. Une société dans laquelle des acteurs disent qu'ils sont acteurs, même s'ils sont inconnus et chômeurs ; une société composée de peintres, de sculpteurs pour la plupart sans galeries... J'étais complètement « déplacée », et pourtant je venais de trouver ma place. Dans les contes de fées, il y a des citrouilles qui vous amènent chez Maxim's, mais il y en a d'autres qui vous déposent au Flore, chez des Princes qui sont beaux, intelligents, doués, généreux, drôles et pauvres. Quelle chance j'ai eue !

Vous en avez eu aussi précisément conscience ce soir-là ?

SIMONE SIGNORET : Non, je n'ai fait que le ressentir. J'étais intimidée, impressionnée, épatée, choquée et fascinée.

Et vous êtes revenue le lendemain...

SIMONE SIGNORET : Et le lendemain du lendemain. Au début, c'était avec Claude que j'avais rendez-vous, très vite ç'a été avec le Flore. Notre début d'idylle tourna très vite au compagnonnage, je n'étais pas prête et j'avais peur ; et comme il était très gentil, très amoureux d'une autre fille et très doué pour cette gravité du regard dont il use encore volontiers avec succès aujourd'hui, les choses devinrent vite très simples entre nous. On s'aimait bien et on se parlait. Il était beaucoup plus vieux que moi... il avait vingt-quatre ans ! Il me protégeait, il préparait mollement une entrée à la Cour des comptes tout en rêvant de devenir metteur en scène de cinéma.

Tout devient alors bizarre et complètement contradictoire. Une fille jeune, saine, équilibrée, ne peut pas venir finir ses journées sur les banquettes du café de Flore, parmi des gens qui sont tous un peu traqués, un peu juifs, beaucoup communistes ou trotskystes, antifascistes italiens, républicains espagnols, fainéants, rigolos, poètes dans la misère, partageurs de tickets d'alimentation, guitaristes ambulants (je pense à Crolla), touche-à-tout de génie ou bons à rien temporaires, quand elle a employé sa journée à passer les communications d'Abetz à Jean Luchaire ou à aider Mme Baudouin à compléter la liste des invités au Gala... C'est-à-dire que j'avais bien trouvé ma place sur la moleskine du Flore, mais eux, au Flore, où la collaboration était condamnée, commençaient à me la contester, parce que je travaillais là où je travaillais. La double vie entre la rue du Louvre et le Flore n'était plus possible.

Alors, au bout d'un peu moins de trois mois, forte de ce que je croyais avoir appris sur les banquettes du Flore à travers les conversations avec des acteurs ou des assistants-réalisateurs ou des auteurs tous plus ou moins chômeurs, je demandai audience à Luchaire et lui déclarai que je ne pouvais plus rester chez lui, que je m'en allais. Il m'a dit : « Et qu'est-ce que tu vas faire? » J'ai bluffé. J'ai répondu : « Du cinéma », il a souri. Alors j'ai enchaîné, sûrement pour être à la hauteur de mes nouveaux amis qui n'étaient pourtant pas là pour me voir : « De toute façon, je m'en vais d'ici, parce que je vais vous dire une chose, monsieur : vous serez tous fusillés. »

Il a rigolé, il m'a dit « bonne chance », il m'a embrassée et a ajouté : « Si tu as besoin de quelque chose, tu sais que tu me trouveras. » Il était veule, faible, corrompu, beau, généreux, et à l'époque, dans ma sévérité nouvelle, j'aurais dit lâche. Je ne peux plus le dire, sachant la façon dont il est mort devant un peloton d'exécution, la cigarette aux lèvres, en criant « Vive la France! », ce qui était complètement anachronique pour l'internationaliste qu'il se flattait d'être, mais sûrement très difficile à articuler quand on vient de refuser le bandeau sur les yeux et qu'on a probablement envie de s'évanouir devant des mômes commis d'office pour vous tirer dessus et qui tirent.

Vous venez de dire que vous aviez bluffé en déclarant à Luchaire que vous alliez faire du cinéma. Est-ce que vous vous bluffiez aussi vous-même?

SIMONE SIGNORET : Non, ça y était, j'avais cassé le tabou. La petite bête qui dormait en moi depuis très longtemps, pour ne pas dire depuis toujours, s'était bel et bien réveillée. Je voulais jouer, je le disais, il n'y avait plus de honte à ça. Avant, quand la petite bête dormait encore, voilà comme je pensais : tout le monde voudrait bien jouer, comme tout le monde voudrait bien être beau, riche et aimé, mais ce ne sont pas des choses à dire, ce n'est pas convenable, ça ne se fait pas. Aujourd'hui encore, j'ai beaucoup de mal à croire à la sincérité des gens qui affirment qu'ils n'ont jamais rêvé d'être acteurs dans leur jeunesse. Je les prends volontiers pour des menteurs, pour certains j'ai probablement raison. Donc, je ne bluffais pas. Je n'ai pas bluffé ma mère non plus. Je ne pouvais pas la bluffer. Depuis la découverte de mon nouveau monde, mes retours à Neuilly étaient de plus en plus tardifs, mes propos étaient différents, elle suivait de loin — elle ne mit jamais les pieds au Flore — les changements qui survenaient chez sa fille. J'évitais le mot « café » en parlant du Flore; à m'entendre, le Flore était une espèce d'endroit qui tenait de la cantine et du cénacle, où se retrouvaient des gens « formidables », « vachement intéressants ». Mon vocabulaire même commençait à changer, j'étais enthousiaste et évasive à la fois quand elle me demandait de préciser en quoi tous ces gens-là étaient justement si « formidables » et si « vachement intéressants ». Je mettais l'accent sur leur anticonformisme, qui se rapprochait du sien à l'époque de la brosse à dents japonaise, ça lui plaisait bien, mais je savais qu'elle aurait détesté ce « café » où tout le monde se tutoyait.

Comme je parlais de moins en moins de ce qui se passait au journal et de plus en plus de ce que j'avais découvert au Flore pendant l'heure que j'y passais avant de rentrer à la maison, elle n'a pas du tout été surprise quand je lui ai annoncé ma décision de quitter le journal et de « faire l'artiste ». Elle a même été formidable. Et sans guillemets! Malgré les embûches qu'elle prévoyait, elle a trouvé que ça valait le coup d'essayer, et n'a pas essayé de me décourager. Elle avait bien du mérite. Me laisser quitter les *Nouveaux Temps,* c'était se supprimer la petite sécurité mensuelle. Mais c'était aussi se réhabiliter. Elle me dit qu'elle me faisait confiance. Ça voulait dire qu'elle faisait confiance à la façon dont elle m'avait élevée. Elle avait raison. Et si je ne devais pas « tourner » tout de suite, en tout cas je ne tournerais pas mal... ça, elle le savait et me le dit aussi. C'est ainsi qu'en deux jours, je réglai mes problèmes avec ma famille et mon patron, et devins actrice en puissance et « floriste » à plein temps.

Actrice en puissance, ça se traduit comment?

SIMONE SIGNORET : Il faut bien le dire, dans ces premiers temps de première liberté, par pas grand-chose, sinon de traîner au Flore en me donnant à moi-même de bonnes raisons pour y traîner. Au lieu d'y passer le soir en coup de vent après le boulot et avant de rentrer à Neuilly, je pris l'habitude de faire comme tout le monde qui se retrouvait là, je peux dire qui VIVAIT là. Ça consistait à arriver vers midi, à aller déjeuner Chez Rémy, rue des Beaux-Arts, ou Chez Chéramy, rue Jacob, avec tickets et souvent à crédit, ou alors Au Petit Saint-Benoît, avec tickets et sans crédit. A revenir prendre un faux café à la saccharine au Flore vers 14 heures. A se balader dans le quartier entre 15 h 30 et 17 h 30, et à découvrir la place Furstenberg, une rue du Chat-qui-pêche, la cour de Rohan, ou à contempler le quai des Orfèvres, accoudée au muret du quai des Grands-Augustins. A réapparaître ponctuellement au Flore à 18 heures et à y retrouver ceux qu'on avait quittés à 15 h 30 quand ce n'était pas avec ceux-là qu'on était allé se balader. A prendre une limonade, une seule, qui va vous durer jusqu'à l'heure du dîner. Puis à rentrer à Neuilly par l'avant-dernier métro, culpabilisée par l'improductivité totale de la journée, et à tenter de l'enjoliver pour sa mère. J'avais bien tort d'être culpabilisée : j'étais en train de tout apprendre, en vrac, à entendre les autres raconter. J'avais le temps, maintenant.

« Eux » dont vous avez déjà parlé tout à l'heure, c'était qui, finalement?

SIMONE SIGNORET : C'était Roger Blin, Fabien Loris, Raymond Bussière, Leduc, Decomble, Mouloudji et Crolla, Frankeur, ce sont les premiers noms qui me viennent à l'esprit pour ce printemps 41, vous voyez que je ne vous cite pas des noms de stars. Il n'y avait pas de stars en cet endroit, mais tous pouvaient vous raconter le groupe Octobre et vous rejouer à mi-voix la *Bataille de Fontenoy* autour de la table, parce qu'ils l'avaient jouée dans les usines en 34, ou *Numance*, ou le *Tableau des Merveilles* que leur copain Barrault avait monté dans un grenier de la rue des Grands-Augustins. Ils fredonnaient « J'ai seize ans, t'as seize ans, à nous deux ça fait trente... », ils parlaient des « Croque-Fruits » qui n'étaient pas encore rentrés...

Les « Croque-Fruits »?

SIMONE SIGNORET : Leurs copains, Jean Rougeul et Sylvain Itkine, avaient fondé à Marseille une petite fabrique de « friandises » dont la matière première était, si ma mémoire est bonne, exclusivement basée sur l'utilisation des écorces de noix et d'amandes. La fabrique tournait avec quelques autres repliés du Flore en attente d'hypothétiques visas pour le Portugal ou le Mexique. Ils parlaient si bien de leurs copains que, dès que l'un d'eux, lassé d'attendre son visa, écœuré par la pâte d'écorce d'amandes et incapable de supporter plus longtemps l'exil, après avoir plus ou moins clandestinement passé la ligne de démarcation poussait la porte du Flore, moi, la nouvelle, je le reconnaissais avant même qu'il m'eût dit son nom. Itkine, je n'eus pas à le reconnaître, il ne réapparut jamais. Quand, après la guerre, j'ai revu *la Grande Illusion,* j'ai eu peine à m'imaginer que ce petit homme timide qui expliquait à Gabin-Maréchal, qui d'ailleurs s'en foutait, que « cette porte-là » était bien du XIVe siècle, était le même qui — comme on devait nous le raconter quelques mois plus tard — était mort sous la torture et sans parler dans la cave d'une Gestapo.

Tous ceux-là dont je viens de parler étaient les pauvres. Ils travaillaient peu, quelquefois même refusaient le travail. Comme Roger Blin, par exemple. On lui avait demandé de tourner à nouveau, avec un autre acteur, les scènes qu'il avait jouées avec Marcel Dalio dans *Entrée des artistes,* pour pouvoir ressortir le film sans le juif Dalio. Un vieil ami de Dalio avait accepté immédiatement de remplacer son vieil ami... mais, comme Blin refusait, l'affaire, si je puis dire, ne se fit pas... J'apprenais.

Et puis, surtout, j'apprenais Jacques, qui n'était pas là. Tous leurs souvenirs de rires, de tendresse, de vacances, de scandales courageux, de fêtes, c'était Jacques. On aura compris Prévert. Moi, je n'avais vu ni *Drôle de drame,* ni *Quai des brumes,* ni *le Crime de M. Lange,* mais avant même de le rencontrer enfin, en 1942 seulement, je pensais comme lui, je parlais comme lui, je riais aux mêmes choses que lui, je l'avais appris par cœur à travers ceux qui l'aimaient...

C'était ça, traîner au Flore et n'y pas perdre son temps. C'est aussi se retrouver assise tout à coup entre Picasso et Dora Maar, parce qu'ils connaissent un peu Jaeger et vous invitent à déjeuner tous les deux, parce qu'on est gentils, jeunes, beaux, désarmés, insolents, et fabuleusement impressionnés. Et du coup c'est se dire : « Merde! Je mange avec le charlatan! » C'est aller acheter du « jaune numéro... » (j'ai oublié) pour Soutine, qui n'ose pas entrer dans le magasin de couleurs de peur de se faire dénoncer par la marchande qui le fournit depuis toujours. Se tromper de numéro de jaune et se faire engueuler par un monsieur dont vous n'avez jamais vu les tableaux mais dont vous découvrirez après sa mort qu'il était un grand peintre. C'est rire aux larmes quand un Suisse italien, qui a les plus belles rides-cicatrices de l'humour, de l'angoisse et de la gentillesse, des cheveux bouclés et une canne, vous raconte comment il est en train de faire le buste d'une dame très riche mais si laide qu'il rapetisse la pièce tous les jours afin d'en amenuiser la laideur. C'est aller dîner aux Quatre Vents avec lui, son frère Diego et Jaeger, sur l'acompte que la dame en passe de devenir tête de Jivaro a déjà versé. Rerire aux larmes aux Quatre Vents et retrouver vingt-cinq ans plus tard, dans un somptueux Pent-House de New York, la même œuvre, qui a la taille d'un paquet de Marlboro, enserrée dans les ongles vernis d'une dame très chic qui vous explique qu'elle vient d'acquérir pour une fortune ce Giacometti qu'il est rarissime parce qu'il appartient à sa « période dépressive », celle qui le poussait à tout voir en... petit. C'est entendre de la bouche même du « charlatan », le lendemain du jour où il l'a prononcée, la réponse aux Allemands qui lui demandaient devant une reproduction de *Guernica :* « Ça, c'est vous qui l'avez fait ? — Non, ça c'est vous ! » Et rire aux éclats parce que c'est lui qui raconte, et non pas un truc qu'on lira plus tard avec gravité dans un bouquin sur l'Occupation. Et puis, un matin de juin, tandis qu'à la radio Léo Marjane chante « Ah, qu'il était beau, qu'il étant grand, mon amant d' la Saint-Jean », se faire expliquer par des gens soulagés que tout va changer maintenant, parce que l'URSS a été attaquée dans la nuit et que le pacte c'est fini.

A propos du pacte, qu'en aviez-vous compris en 39 ?

SIMONE SIGNORET : Rien du tout. Si Mme Samuel était restée toute l'année scolaire avec nous à Vannes, peut-être nous l'aurait-elle expliqué comme il le fallait. Plutôt que la photo de la poignée de main Ribbentrop-Molotov, c'étaient les superbes toques de fourrure des « Lottas de la courageuse petite armée finlandaise » qui m'avaient frappée... en 39 !

Sur le plan matériel, comment cela se passait-il pour vous ?

SIMONE SIGNORET : Il restait un peu des sous des tapis d'Orient vendus au faux marquis, j'ai liquidé quelques livres qu'on avait crus rares dans la famille et qui n'étaient pas toujours aussi rares qu'on l'avait cru, ça commençait à tirer, à la maison, on sauva quelques affaires que des amis de mes parents, les Bazaine, entreposèrent avant la saisie et la vente aux enchères à Drouot, et, finalement, l'expulsion fut exécutée dans les règles par le commissaire de police de Neuilly. Ma mère, très courageusement, décida d'accepter un travail de lingère à Valréas, en zone libre, dans un hôpital où on la logerait, elle et mes petits frères. Elle prit donc ses deux petits garçons sous le bras, un minimum de paquets, pour une fois, mais dont un contenait néanmoins un petit éléphant fait d'ouate enrobée d'un crochetage de laine gris : joujou artisanal s'il en fut, dans lequel elle avait dissimulé un vieux revolver de mon père qu'elle s'était refusée à livrer à la mairie en 40. Elle n'avait pas la moindre intention de s'en servir, mais, pas plus qu'on n'achète de brosses à dents à l'ennemi, on ne lui rend les armes...

J'étais triste qu'ils s'en aillent, en même temps j'étais soulagée. Triste parce que c'était la première fois qu'on se quittait tous les quatre, soulagée parce que je n'allais plus avoir à enjoliver. Je ne dis pas mentir, je dis bien *enjoliver*. Par exemple, enjoliver mon premier contact avec le métier, mon premier jour de cinéma, mon premier jour de figuration...

Grâce à une femme très gentille qui m'avait recommandée à un copain à elle, assistant opérateur, j'ai reçu un jour une convocation pour le studio de Saint-Maurice. Ça donnait à peu près ça : « Vous êtes priée de vous présenter au studio de Saint-Maurice à 8 heures. Décor : bar élégant. Costume : fourrures de printemps. Rôle : artiste de complément. Cachet : 120 francs. Signé : la Régie. Film : *le Prince charmant*. Production : Harispuru. »

J'ai pris mon métro à Neuilly, embrassée par ma mère et mes petits frères qui voyaient leur grande sœur partir faire du cinéma. A Château de Vincennes, j'ai attrapé l'autobus à gazogène, à Saint-Maurice j'ai demandé le chemin du studio, et à 8 heures précises je me suis trouvée devant le monsieur qui avait signé « la Régie » et qui m'a demandé ma carte de travail. Je l'avais oubliée... A l'époque, pour être figurante, je veux dire artiste de complément, il fallait avoir une carte du COIC (prononcez *coïque*) délivrée par la Propaganda Staffel et prouvant une aryenneté indiscutable. Il a eu l'air de me croire, il a constaté la totale absence des « fourrures de printemps » recommandées dans la convocation, il m'a dit : « On vous mettra dans le fond, pas de maquillage, c'est pas la peine, allez sur le plateau A. » Et sur le plateau A, j'ai passé la journée assise à la table du fond du « bar élégant » qui servait de décor aux amours de Renée Faure et de Jimmy Gaillard, les vedettes du film.

J'étais très triste de ne pas avoir été maquillée, c'était aussi bête et enfantin que ça! L'artiste de complément qu'on avait placé à ma table comme fiancé, mari ou cousin — même si on était dans le fond, il n'aurait pas fallu, à l'époque, que ce bar élégant eût l'air d'un bar à femmes seules — s'étonna de me rencontrer pour la première fois. C'était un professionnel, un vrai, il avait sûrement sa carte de travail et il entreprit de faire mon éducation. « Sans garde-robe — me dit-il en contemplant tristement le petit tailleur hiver-printemps-automne que j'avais traîné de Vannes à la rue du Louvre et du Flore au studio de Saint-Maurice — tu ne feras rien. » Lui, il avait tout : costume de chasse, smoking blanc, Spencer et Prince de Galles. De temps en temps, un grand jeune homme très beau disait : « Silence! Mesdames et messieurs les artistes de complément, à mon signal vous applaudissez. » Et comme mon faux mari, faux cousin, faux fiancé, obéissait très sérieusement aux consignes, j'applaudissais aussi à des choses que je n'avais pas vues, puisqu'on tournait alors le contrechamp de ce qui s'était tourné au moment où, justement, le très beau jeune homme avait dit : « Mesdames et messieurs les acteurs de complément peuvent quitter le plateau pendant une demi-heure. » A la fin de la journée de travail, j'appris que je « raccordais » et que j'étais reconvoquée pour le lendemain, « même heure, même costume ».

Dans le métro qui me ramenait vers Neuilly, ce soir-là, sans faire le crochet par le Flore, j'étais très perplexe à l'idée de raconter aux miens ce qu'avait été cette première journée de « cinéma ». Elle ne m'avait pas plu, cette première journée, et je ne savais comment la décrire. Alors, je l'ai probablement enjolivée : c'est ce que je voulais dire tout à l'heure...

Je ne crois pas qu'un seul d'entre nous — je veux parler des acteurs — ait été capable de faire face aux questions de sa famille, après son premier pas dans le métier qui va désormais être le sien. Si bête, incohérente, décevante, mécanisée qu'ait été cette journée passée dans le fond du « bar élégant » avec un figurant de métier qui n'avait aucun rapport avec mes copains du groupe Octobre, et encore moins avec ma mère, fine commentatrice de Proust, c'était ma première journée sur un plateau, et je ne pouvais l'expliquer en toute honnêteté. Parce qu'alors l'honnêteté eût été de dire : « C'est pas possible, c'est trop bête. » Au lieu de cela, j'ai enjolivé. J'ai dû dire que j'étais très fatiguée, qu'il fallait que je me lève tôt, le lendemain, puisque j'étais convoquée à nouveau, laissant sous-entendre que j'avais une participation telle au déroulement de l'action et de l'intrigue du *Prince charmant* que ma présence était devenue indispensable. Je m'étais méprisée d'être cet objet qui applaudit... à rien et qui touche 120 francs pour avoir applaudi, je me méprisais d'y retourner le lendemain, et je me méprisais de ne pas dire la vérité. Tournez ça comme vous voulez, c'est ce que j'appelle enjoliver.

Mais j'avais surtout enjolivé par omission. J'avais compris, dès ce premier jour passé au studio de Saint-Maurice, que les « oublis » de la carte du COIC ne pourraient se répéter indéfiniment. Ou j'aurais désormais affaire à des gens qui prendraient le risque de fermer les yeux et qui feindraient de me croire (c'était, croyez-moi, une certaine façon pour eux de « résister »), ou bien j'aurais affaire à des salauds qui m'empêcheraient de travailler, ce qui était pour eux une façon de collaborer... à la renaissance du cinéma français!

Vous ne pouviez vraiment pas obtenir cette carte du COIC?

SIMONE SIGNORET : Je n'ai jamais essayé de la demander. Conformément aux lois nouvelles, je n'étais que demi-juive. Mais je n'avais pas le certificat de baptême exigé pour passer convenablement la ligne qui vous situait du bon côté. J'avais bien été ondoyée, à Wiesbaden, par l'aumônier de l'Armée d'occupation (sûrement pour faire plaisir à ma grand-mère Signoret-Dubois-de-Poncelet), mais comme, en 1921, on n'avait pas jugé que ce certificat d'ondoiement était susceptible de devenir un jour une pièce capitale pour mon avenir, on n'avait pas rangé ce papier...

Vous auriez pu demander au pasteur Ebershold de vous baptiser protestante en même temps que vos petits frères...

SIMONE SIGNORET : J'aurais pu. Il l'aurait certainement fait. Je ne lui ai pas demandé.

C'était assez imprudent, non?

SIMONE SIGNORET : C'était imprudent, certainement pas malin, et surtout pas rationnel.

Vous auriez pu demander à Luchaire d'arranger les choses?

SIMONE SIGNORET : J'aurais pu. Il aurait sûrement été très efficace et très content de l'être. J'avais été trop bien placée, dans mon recoin des *Nouveaux Temps,* pour ne pas savoir ça.

Alors?

SIMONE SIGNORET : Si je veux me remettre dans la peau de cette fille que j'étais à l'époque, je suis incapable de répondre à cette question. La convocation au studio m'était parvenue au nom de Signoret. J'avais laissé tomber Kaminker, trop peu breton pour les vrais connaisseurs. Je jouais hypocritement avec le « Parente du grand Gabriel Signoret? — ... Un oncle... »; en cela je répétais le numéro de mystification de ma grand-mère sur les bancs de Neuilly. En même temps, je me baladais avec une vraie carte d'identité au nom de Kaminker.

C'était de l'inconscience?

SIMONE SIGNORET : Non. C'était un jeu. Pas héroïque, puisqu'il ne servait à personne. Il ne servait qu'à moi, par rapport à un ordre établi que je refusais complètement. Il ne puisait pas ses sources dans une quelconque appartenance à une communauté juive dont j'avais toujours tout ignoré. En tout cas, j'aimais mieux jouer ce jeu toute seule, sans témoins des échecs à venir que j'avais déjà entrevus après cette première journée de tournage.

Vous n'aviez rien commencé...

SIMONE SIGNORET : J'avais compris que, professionnellement, j'étais partante pour une compétition de slalom à laquelle on pouvait toujours s'inscrire, où l'on pouvait faire de son mieux pour éviter les mauvaises portes, voire même attraper les bonnes, mais qui, en bout de course, ne pouvait m'amener sur le podium. Parce que, pour monter sur le podium, il fallait le papier du COIC. Je vais essayer d'arrêter de parler de ce maudit papier, mais je pense quand même que, pour les mômes — et j'en connais plein qui veulent aujourd'hui jouer la comédie —, il est important de faire savoir que pendant quatre ans, sur notre territoire, le barrage n'était pas celui des exploitants, des metteurs en scène, des distributeurs, des producteurs, mais simplement, sans considération du talent potentiel, un barrage de flics qui se référaient aux lois allemandes. Bon, j'essaierai de ne pas radoter là-dessus, mais ça me sera très difficile. Parce que chaque fois que j'ai pu être « sur un coup », pendant ces quatre ans, je n'ai jamais pu décrocher autre chose que de la figuration, des silhouettes, ou des petits rôles non mentionnés au générique.

La silhouette marque-t-elle un progrès par rapport à la figuration?

SIMONE SIGNORET : La silhouette, c'est de la figuration parlante. C'est juste ce qui vient avant le « petit rôle ». C'est une phrase ou deux. C'est quelqu'un qui dit dans la foule : « Il fait chaud », ou « Garçon, payez-vous », au moment où la caméra suit la sortie de l'acteur principal et survole la table où vous êtes assis. Mais la silhouette, sur un plan concret, c'est la paie triplée à la fin de la journée de travail. Je ne suis pas la reine de l'anecdote professionnelle, mais je ne peux résister à la joie de citer cette fameuse réplique d'un producteur fameux, qui cumulait les charges de producteur, de régisseur et de comptable, et qui déclara à un artiste de complément qui lui faisait remarquer que son cachet n'était plus de 120 francs, mais de 500 parce qu'il avait fait un « parlant » : « Eh ben! t'as perdu une bonne occasion de te taire! »

J'ai vécu, survécu devrais-je dire, grâce aux silhouettes. A la fin de ma deuxième journée de figuration dans le bar élégant, la script, qui m'avait repérée — au passage, je signale que c'est toujours beaucoup plus bénéfique d'être repérée par la script que remarquée par le producteur — me dit : « Monsieur Boyer va faire un autre film tout de suite, on vous donnera une silhouette. » C'est comme ça que ça se passe au cinéma, pour peu que vous ne soyez pas trop bête, que vous vous teniez tranquille dans votre coin, et qu'on remarque que vous vous intéressez à ce qui se passe. Ça m'arriva dès ce deuxième jour parce que la clientèle du bar élégant s'était tellement réduite que nous n'étions plus que deux ou trois figurants-raccords, par conséquent plus intégrés à l'action, et que nous n'étions plus priés d'aller jouer dans la cour pendant que les grandes personnes travaillaient. J'ai regardé, et j'ai beaucoup mieux compris ce qui se passait. J'apprenais. Et comme ça devait se voir sur ma figure, c'est ainsi que j'ai décroché ma première silhouette.

C'était dans un film qui s'appelait *Boléro,* dont Arletty était la vedette. J'avais une phrase à dire en montant l'escalier de la maison de couture dans laquelle j'avais été engagée pour une journée, « silhouette-arpette, cachet 500 francs ». La phrase était la suivante : « Madame! La comtesse d'Arménise vous attend au salon », à moins que ça ne soit : « Madame la comtesse d'Arménise vous attend au salon. » Elle était dite à la cantonade. Ils m'ont trouvée marrante, j'étais d'autant plus marrante que je ne savais pas qu'Arménise était le nom du chef-opérateur et qu'on m'avait fait participer à un gag intime. Ils m'ont dit que je parlais juste, ce qui me fit plaisir. La carte du COIC « oubliée » était passée comme une lettre à la poste. Quant au salaire d'une journée de travail, comparé à mes 1 400 francs par mois au journal, il était pharamineux. Tout cela se passait au studio Pathé, rue Francœur. Et comme on m'avait trouvée marrante, on recommanda aux directeurs de la Maison Pathé de m'intégrer à une école qu'ils venaient de fonder, qui s'appelait le cours Pathé et dont la directrice était Solange Sicard.

Solange Sicard était une femme très gentille. Elle avait joué un peu chez Jouvet, elle boitait des suites d'une poliomyélite, elle n'avait jamais eu de succès, n'en était pas amertumée, c'était un bon professeur, pour autant qu'il y a des professeurs de comédie. Elle ne m'apprit pas comment il fallait faire les choses, mais elle m'apprit ce qu'il ne fallait jamais faire. Comme d'appuyer sur les verbes, par exemple. On ne doit pas dire « je vous *hais* », on doit dire « Je vous hais » : ça n'a l'air de rien, mais c'est très important. Elle m'avait immédiatement classée dans les comiques — à cause de mon défaut de prononciation qui m'a toujours fait chuinter les *ch* et les *j* — avec mes camarades de promotion qui s'appelaient Suzanne Flon, Jacques Dynam, Andrée Clément, André Valmy, Jacques Dufilho, Liliane Bert, et Hermantier. On travaillait deux fois par semaine. En ce qui me concerne, je n'ai jamais eu qu'une scène vraiment au point, en prévision d'auditions possibles devant des metteurs en scène en quête de nouveaux talents : c'était la scène du deuxième acte de *la Femme en blanc,* de Marcel Achard, que je « donnais » avec mon camarade Dynam. Et si j'ai employé ce mot *donner,* c'est que je n'ai pas le moindre souvenir d'avoir ressenti à l'époque que « jouer », ce fût autre chose que de savoir très bien son texte et de le « donner » dans les formes indiquées par le professeur. D'une drôle de façon, j'étais dans le même état d'esprit que le jour de la Saint-Charlemagne à Pasteur...

Quoi qu'il en soit, l'ambitieux projet de la maison Pathé consistait à créer une pépinière de talents à l'image de ce qu'avaient fait les grandes compagnies américaines et, bien entendu, la UFA en Allemagne nazie. La récompense, si on avait bien travaillé, devait se traduire par un contrat dont j'ai oublié le montant, et pour cause, qui devait vous assurer une petite rente, et surtout par des engagements dans les productions de la maison Pathé. Je n'étais sûrement pas très bonne dans *la Femme en blanc*, pour les raisons que j'ai indiquées, mais comme on était tous dans le même faux creuset, je ne devais pas être pire que les autres.

Je fus répudiée par la maison Pathé à cause de ma participation à la réalisation d'un court métrage pseudo-médical qui s'appelait, je crois, *Comment vaincre sa timidité,* dans lequel je faisais la copine-pas-timide de Liliane Bert, qui faisait la pauvre-trop-timide à qui rien ne réussissait. Le tout, réalisé rapidement dans un wagon de métro, avait demandé deux jours de tournage et devait faire sept minutes à l'écran. Il faut croire que la censure était vigilante, car la maison Pathé me fit savoir que j'aurais dû la mettre au courant de ma situation... Et que je devais bien comprendre que, dans ma situation, il ne pouvait en aucun cas être question de contrat, ni même d'appartenance au cours Pathé.

La mère Sicard donnait aussi des cours chez elle. J'y allai, elle ne me fit jamais payer un sou et j'y retrouvais les autres, dont certains avaient décroché le fameux contrat avec la petite rente. L'échec le plus cuisant et le plus triste de cette période, je vais vous le raconter maintenant, après quoi on passera aux bonnes choses. Louis Daquin m'a fait faire des essais pour *le Voyageur de la Toussaint*. On était six filles et sept garçons. Il n'a gardé que moi parmi les filles, et on m'a fait redonner la réplique aux sept garçons. Apparemment, c'était dans la poche, tout le monde sur le plateau considérait en fin de journée que j'étais engagée. Et, malgré tout ce que je savais, je m'étais mise à y croire moi aussi. Ça n'est pas défendu de rêver un jour! Mais Louis n'a pas été autorisé à m'engager, il m'a parlé de mes cheveux qui n'étaient pas assez bien coiffés, il était désolé, désarmé, il n'a pas osé me dire : « Dis donc, tu n'as pas les papiers, je ne peux pas te prendre... » C'était des choses qui ne se formulaient pas. Alors, j'ai hérité dans *le Voyageur de la Toussaint* d'un très joli petit rôle. Et c'était déjà drôlement gentil de sa part d'y avoir pensé!

Avant de raconter ce que j'appelais tout à l'heure les bonnes choses, je voudrais dire un mot sur le petit rôle, parce qu'après je risque d'oublier. C'est très difficile de jouer un petit rôle au cinéma. Au théâtre, c'est différent ; si vous ne jouez que Rosencrantz dans *Hamlet*, vous faites quand même partie d'un tout et vous avez vécu les semaines de répétitions, les pauses-café, et le trac de la générale. Au cinéma, c'est le contraire. Par exemple, vous jouez la cousine. Sur la convocation, vous avez pu lire : « Rôle : la cousine. Décors : repas de noces et ouverture du testament. » Depuis l'arrivée de cette convocation, vous rêvez de cette cousine que vous allez devoir être pendant un ou deux jours de votre vie à vous, sans rien savoir d'elle. Si c'est une cousine pauvre, si c'est une cousine aguichante, si c'est la cousine de la mariée, ou celle du marié, auquel cas peut-être est-elle amoureuse du marié, ou bien peut-être une cousine cupide qui sera très déçue à l'ouverture du testament. Enfin bref, vous rêvez de quelque chose dont vous ne savez rien puisque vous n'avez pas lu le scénario. Vous arrivez au studio, l'habilleuse de la production — c'est-à-dire pas l'habilleuse-vedette — vous accueille en vous disant : « Vous faites quoi? Ah! la cousine? Loge 4. » « C'est la cousine!... Allez au maquillage, mademoiselle! » Le chef maquilleur n'a pas le temps de s'occuper de vous, il s'occupe justement de sa vedette, il donne quelques instructions à son très jeune ou très vieil assistant qui vous barbouille légèrement, tandis que lui-même est en train de modeler très soigneusement le visage d'une dame ou d'un monsieur que vous ne reconnaissez pas tout de suite, pour peu que le maquillage ne fasse que commencer et que leurs cheveux soient encore sous mise en plis.

De temps en temps, il quitte son œuvre une seconde pour superviser d'un œil ce qu'on est en train de vous faire. Comme vous êtes morte de trac, vous ne parlez pas ; eux parlent de la projection de la veille, des extérieurs dont ils reviennent et de cette vache qui était si drôle quand elle est entrée dans le champ. D'autres acteurs arrivent, qui font partie de la famille, qui savent très bien de qui ils sont le père ou l'amant, et ils reparlent de la projection de la veille et de cette vache... irrésistible, tandis que vous continuez à vous demander au cou duquel vous allez devoir sauter tout à l'heure en criant joyeusement : « Ah Julien! je suis si heureuse que ce mariage se soit fait. Je te l'avais prédit, et tu le mérites... », et encore : « Pauvre tante Jeanne, elle t'aimait tant », qui sont les deux répliques qu'on vous a fait parvenir par pneu avec la convocation et que vous savez vraiment, mais vraiment *au rasoir*. Tout à l'heure, il faudra les dire à quelqu'un que vous ne tutoyez pas dans la vie, avec qui vous n'avez pas mangé à la cantine, qui ne connaît pas votre nom et qui s'est demandé au maquillage si vous étiez engagée pour faire la serveuse du lunch de mariage ou la cousine, jusqu'à ce que le chef maquilleur, en consultant sa feuille de service, annonce « la cousine ». Et on attend de vous que vous soyez « dans la peau », comme répètent les gens qui n'y connaissent rien (on n'est pas *dans la peau,* c'est votre peau qui devient l'enveloppe de quelqu'un autre) d'un membre d'une famille à laquelle vous n'appartenez doublement pas. Vous n'avez pas la moindre raison d'être contente de ce mariage, vous ne savez pas en quoi ce monsieur le mérite ; la tante Jeanne, vous ne savez pas qui c'est ; quant à votre cousin, il est assis dans son fauteuil pendant qu'on règle les lumières sur sa doublure, qui généralement se trouve être un acteur de complément avec lequel vous avez déjà travaillé et qui, par conséquent, vous tutoie...

Voilà pour le petit rôle. Je n'en ai pas joué beaucoup pendant ces quatre ans. Je n'en ai plus joué du tout après 1944. J'en vois se jouer tout le temps dans les films que je tourne, et même si je n'en ai pas l'air, je reconnais bien là les angoisses qui ont été les miennes, et les maladresses qui ont été les miennes. Ça n'est pas un bon truc de venir là avec un gros ouvrage philosophique sous le bras et de le déposer sur la table de maquillage pour faire croire qu'on s'en fout du cinéma, alors qu'on crève de trac et d'envie d'en faire. Ça vexe les saltimbanques qui n'ont pas fait de philo et ça fait sourire les intellectuels qui ont voulu devenir saltimbanques — ce qui ne veut pas dire qu'en devenant saltimbanques ils sont devenus idiots. Je le sais, je l'ai fait une fois, le truc du gros bouquin... pas deux!

Mais passons aux bonnes choses, maintenant... Les bonnes choses, ce sont des miracles!

Pourquoi des miracles?

SIMONE SIGNORET : Parce que, lorsque tout est bouché, c'est miraculeux de survivre. Et comme c'est grâce aux autres qu'on survit, c'est un miracle que de les avoir rencontrés. C'est un miracle de se faire embaucher pour la durée du tournage des *Visiteurs du soir* parce qu'il y a un type au Flore qui s'appelle Sabas et qu'il vous a envoyée voir Marcel Carné, qui est l'empereur du cinéma, et que Carné vous retient pour être une des quatre dames du château, ce qui veut dire que vous serez de tous les décors : la danse, le banquet, la chasse, habillée sur mesure, maquillée (enfin), figurante bien sûr, mais avec une espèce d'identité par rapport à l'action qui se déroule sous les yeux des familiers du château. C'est un miracle d'être emmenée en groupe dans le Midi avec un contrôle de groupe à la ligne de démarcation. Et c'est un miracle que Carné vous garde pour tout le film.

Pendant trois mois, j'ai été l'une des rares survivantes parmi tous ces figurants. Parce que Carné virait du monde après chaque décor : il nous mettait tous en rang, il passait devant nous comme un colonel et disait : « Vous, fini », « Vous, fini ». Moi, il me gardait. Nous n'avons été que trois à faire tout le film : Arsénio Fregnac, Madeleine Rousset et moi. Carné nous a gardés parce qu'il nous trouvait gentils et qu'on le faisait rigoler. Pendant les extérieurs, même lorsque je ne tournais pas, je me mettais dans un coin et je regardais. Pour la première fois, je côtoyais des stars! Je n'en perdais pas une! Et ce n'était pas n'importe qui : c'étaient Arletty, Jules Berry, Ledoux, Marcel Herrand.

On vivait à Vence. Les figurants habitaient la pension Ma Solitude, au bord de la voie ferrée, les stars habitaient le Grand Hôtel de Vence, sur la place, au milieu des platanes, qui a été démoli. Pour gagner un peu plus de sous, j'avais dit que je savais monter à cheval comme personne.

A part deux ou trois copains qui avaient pris ce boulot pour passer en zone libre, le gros de la troupe était constitué de figurants de métier, ceux qui ont la garde-robe... Arsénio était vraiment très drôle. Madeleine et moi — nous étions inséparables, tous les trois — profitions beaucoup de ses succès comiques. Arletty, Ledoux et Herrand étaient particulièrement gentils avec nous. Là aussi, le miracle a joué : à Paris, de tels rapports n'auraient jamais pu s'établir entre des figurants et des grands acteurs, comme dans cette toute petite ville de province ou dans les gorges du Verdon où l'on risquait sa vie sur le dos des chevaux de gardes mobiles. On mangeait très mal en extérieurs et ce n'était pas la faute de Paulvé, le producteur, mais celle d'un régisseur d'extérieurs qui faisait des économies qui ne tombaient pas dans nos assiettes en carton, mais dans sa poche. Il y eut une sorte de début de Potemkine le jour où les bassines de haricots furent renversées dans l'herbe d'un champ à Tourettes, parce que les dames et seigneurs du château y avaient trouvé des charançons. Jacques Le Breton, l'ingénieur du son, nous invita un dimanche, Arsénio, Madeleine et moi, à faire un tour à Saint-Paul-de-Vence. On a regardé de l'extérieur la cour de la Colombe d'or, on n'a pas osé entrer, on a mangé en face...

Un jour, on a vu débarquer un nouvel assistant, il était très doux, très timide, très poli avec les figurants, et nous très grossiers et très insolents avec lui. Il était italien et représentait la participation de la Scalera, coproductrice du film. Il s'appelait Michelangelo Antonioni. Au retour à Paris, pour le décor du banquet et du bal, dans la figuration parmi les pages, j'ai retrouvé Alain Resnais, Chaumette — qui était un « page parlant » — et Jean Carmet, un copain d'adolescence. Carmet était pensionnaire chez Herrand et Marchat et c'est ainsi que je me suis retrouvée engagée au théâtre des Mathurins, en qualité de « femme du peuple de Thèbes » dans une très mauvaise resucée d'*Œdipe* qui s'appelait *Dieu est innocent*. Je n'étais plus « dame du château » au salaire de 200 francs par jour à cheval et 170 francs sur pieds. Le salaire de « femme du peuple de Thèbes » était de 15 francs par jour, mais j'étais bien contente de faire du théâtre. Marchat jouait Œdipe; Balachova, Jocaste; Jandeline, Antigone; Claude Magnier, Étéocle ou Polynice; et Erno Crisa, Polynice ou Étéocle; l'abominable Vandéric, Tirésias, et Daniel Gélin, Eymon. Jouer une femme du peuple dans la foule de Thèbes, consistait surtout à psalmodier, avec quelques autres tragédiens peu nombreux étant donné l'exiguïté de la scène des Mathurins et la modestie du budget, des phrases dont la plus longue était : « Jocaste... la reine Jocaste est morte... Oh... Oh... Oh... » Les camarades tragédiens avec qui je psalmodiais s'appelaient Jean-Marc Thibault, Christian Duvaleix, Yvette Étiévant, Gilles Quéant, Jean Carmet (lui chantait en plus, une chanson de marin), et Arsénio qu'Herrand avait embauché en même temps que moi. Comme Œdipe n'est pas une histoire très rigolote, le plateau était toujours dans une pénombre quasi totale, un phonographe dissimulé en coulisse diffusait un disque intitulé *Grondements de foules* qui devait amplifier nos lamentations à vous faire croire qu'il y avait deux mille Thébains massés dans la rue des Mathurins, dont nous n'étions qu'une délégation. Il arrivait cependant que le régisseur distrait envoyât l'autre face du disque, qui s'intitulait *Bruits d'avion.* Mis à part le soir de la générale, peut-être aussi celui de la première et de la seconde, je ne me rappelle pas une seule représentation au cours de laquelle le petit peuple de Thèbes ne soit pas entré en scène pour se lamenter sans être mort de rigolade. Ça nous prenait dans l'escalier cinq minutes avant, ça ne nous lâchait plus sur le plateau, et ça continuait à la sortie. Sur scène, pourtant, on prenait de belles attitudes grecques, on se couvrait le regard de nos avant-bras, on baissait la tête en signe de deuil et d'humiliation, et on se marrait ! se marrait ! se marrait ! se marrait !

Un jour, je me suis trouvée bêtement dans la ligne du regard de Marchat, un peu après qu'il se soit crevé les yeux, il m'a vue, il n'a vu que moi. Tous les autres se marraient pareillement, mais c'est moi qu'il a vue. Comme il se donnait beaucoup de mal pour être crédible dans ce rôle écrasant — très mal écrit par un monsieur qui avait beaucoup d'argent et qui avait commandité ce spectacle qu'Herrand et lui n'avaient monté que pour pouvoir monter ensuite *Deirdre des Douleurs* de Synge —, je comprends très bien qu'il l'ait mal pris. C'est ainsi que je me suis fait remercier par le théâtre des Mathurins, ce qui m'a quand même un peu ennuyée. Je suis partie avec mes sandales de scène louées chez Galvin. Des sandales noires à lanières, en vrai cuir ; elles avaient figuré dans *Golgotha* de Duvivier et on affirmait que c'était celles-là mêmes que portait Gabin, qui a un très petit pied.

J'étais ennuyée, mais j'étais quand même très gaie : depuis la deuxième semaine de répétitions, je vivais pour la première fois ma vie de femme, avec Eymon-Gélin, au cinquième étage d'un petit hôtel de la rue Monsieur-le-Prince. On avait le même âge. On s'aimait beaucoup. On écoutait *Daphnis et Chloé,* on se passait un 78 tours de Bing Crosby. On allait peu au Flore, le Flore lui faisait un peu peur à l'époque. On marchait beaucoup dans les rues et on se planquait dans la bouche du métro Rennes quand on entendait arriver la patrouille allemande et qu'il était juste minuit. Il était très copain avec les putains qui habitaient les autres étages de l'hôtel. Aussi étaient-elles très gentilles avec moi, elles me prêtaient des chaussures les jours d'auditions. Elles étaient très tristes quand ça n'avait pas marché.

Comme on avait le même âge, Daniel et moi, j'étais trop vieille. J'ai alors rencontré Marcel Duhamel. Il m'aimait beaucoup, tout en étant éperdument amoureux de Germaine. Comme il m'aimait beaucoup, il me faisait participer à sa joie quand une carte de Germaine arrivait de zone libre. J'ai aimé Germaine à distance, sans la connaître, sans jalousie. Elle était la femme qu'aimait cet homme de quarante ans, qui me racontait le surréalisme, me faisait lire ses brouillons de traductions d'Henry Miller, mettait Fletcher Henderson et les Red Nichols sur le phono dès le réveil, racontait le voyage à Moscou du groupe Octobre en 1934, re-racontait Germaine, et m'entourait d'une tendresse, d'une protection paternelle et incestueuse dont j'avais sûrement besoin. Tout ça dans un dénuement matériel total. Mais c'était bien.

4

SIMONE SIGNORET : Pierrot Prévert fut le premier des Prévert à remonter à Paris. Avec un scénario de Jacques qui s'appelait *Adieu Léonard* et qui a été la plus grande « cache » de tous les sans-papiers du Flore.

Les stars, cette fois, c'étaient Charles Trenet, très malheureux de faire l'acteur, Brasseur et Carette. La star féminine, c'était Jacqueline Bouvier, charmante, drôle et belle. Et il y avait quantité de petits rôles, tous les petits métiers que Jacques aime tant : Blin faisait un Gitan, avec Vitsoris, un trotskyste grec qui se cachait à Paris. Moi je faisais une Gitane, j'étais toute frisée et je portais une belle robe. Je ne disais pas un mot, on fabriquait des paniers. Mouloudji jouait un ramoneur. Robert Scipion, qui n'inventait pas encore les mots croisés du *Nouvel Observateur,* faisait l'assistant et le planteur de Caïffa. Il passait en criant : « Caïffa! Caïffa! » Il y avait aussi une fille du groupe Octobre dont j'ai oublié le nom : elle était juive, son mari était dans un camp; elle avait laissé ses gosses à Paris pour venir faire ce film avec nous et gagner un peu de fric, elle pleurait tout le temps.

Dans l'équipe, nous avions un assistant-opérateur qui s'appelait Maréchal. Il avait une moitié de visage superbe, l'autre moitié complètement arrachée. La beauté et l'horreur. C'était un souvenir d'Espagne. Il avait été le héros d'un des épisodes de *l'Espoir*.

On nous a tous emmenés tourner à Dax, dans le Sud-Ouest. Il faisait beau, on travaillait : c'était une respiration. Mais c'était surtout le Flore en balade! Un coup de pot fantastique d'avoir cet âge-là, d'être avec ces gens-là, et dans cette production-là où il n'y avait pas la moindre discrimination entre figurants, acteurs, techniciens et vedettes. Brasseur et Carette n'arrêtaient pas de raconter des histoires. Carette en commençait une, Brasseur avait l'air de rire beaucoup, mais il préparait déjà la suivante. Quand à Trenet, il était le seul d'entre nous à avoir des sous. Il nous achetait des jambons de la région, sur lesquels on se jetait gloutonnement. Witta, la script, l'embêtait parce qu'il disait « tran-way » et qu'elle voulait lui faire dire « tram-way ». On s'asseyait dans l'herbe avec lui et il inventait des chansons. Il en inventait dix par jour, qu'il oubliait aussitôt. Il y avait aussi un Gitan — un vrai, celui-là —, un cousin de Django, bien entendu, qui s'appelait Camembert et qui jouait de la guitare. Dès que Trenet commençait à fredonner un air, Camembert enchaînait sur sa guitare. Entre les histoires de Brasseur et de Carette, l'humour de Jacqueline Bouvier, de Pierrot et de Lou Bonin, les petits concerts de Camembert et de Trenet, on était tout le temps au spectacle.

Nous sommes tous rentrés en train, j'étais dans le même compartiment que Carette, sa femme Ninette et Maréchal. A une demi-heure de Dax, le train s'arrête en rase campagne. Police allemande. Contrôle. Papiers. Carette a sorti sa carte d'identité, Ninette la sienne. Les Fritz ont regardé Maréchal : une gueule cassée, ça force le respect, ils ont claqué les talons en lui rendant sa carte. Ma carte à moi était toujours au nom de Kaminker. Les deux gars avaient une espèce de gros dictionnaire et ils commencent à chercher si le nom de Kaminker n'est pas dedans. Ça m'a paru long, très long, ça m'a paru durer plus d'une heure. Ninette et Carette regardaient le paysage. Maréchal ne me quittait pas du regard, il me fixait, il me tenait la main avec ses yeux... Les Fritz ont ouvert un deuxième dictionnaire. Puis ils l'ont refermé, ils m'ont rendu ma carte et ils sont sortis. On n'a pas échangé un mot, je n'ai même pas dit « ouf ». Maréchal me souriait, je lui souriais.

Les mois ont passé, un jour j'ai appris l'histoire de Maréchal, qui avait disparu tout à coup du cinéma. Il était parti au maquis et il est mort dans le Vercors, m'a-t-on dit. A cause d'un parachutiste anglais qui se cachait par là et qui a dû commettre des imprudences. Ils se sont fait prendre tous les deux par les Allemands et fusiller sur-le-champ. Les Allemands sont descendus jusqu'au premier village et ont annoncé : « Il y a deux corps là-haut. Allez les enterrer. » Les paysans ont enseveli les deux corps et ont seulement écrit sur leurs tombes : « Un blond » pour l'Anglais, « Un brun » pour Maréchal. La légende dit qu'un jour, deux femmes, qui ne se connaissaient pas, se sont rencontrées sur sa tombe et ont découvert qu'elles étaient deux dans la vie de Maréchal — de Maréchal qui ne disait jamais rien.

Sur le quai de la gare d'Austerlitz, ce soir-là, à l'arrivée du train de Dax, quelqu'un m'attendait. On a trop utilisé au cinéma les retrouvailles dans les gares pour ne pas craindre de tomber dans le cliché. Mais, si on les a tant utilisées, c'est parce qu'elles sont de très bonnes images. La timidité, la pudeur, la maladresse d'un homme et d'une femme qui se retrouvent après trois semaines de séparation, quand leur aventure a commencé trois jours avant le départ de la bonne femme et que chacun de son côté s'est demandé pendant ces trois semaines si l'autre pensait autant à l'autre que soi-même, c'est bien à jouer... mais c'est encore mieux à vivre. On avait pensé pareil, et c'est comme ça qu'on a commencé à vivre, Yves Allégret et moi, une histoire qui a duré six ans.

Vous avez été mariés six ans?

SIMONE SIGNORET : Non, on n'a été mariés qu'une année, la dernière, de 1948 à 1949. Une sorte de régularisation qui n'avait pas grand sens puisque le meilleur, accompli au milieu de difficultés énormes, était passé... Et ce meilleur, ce fut de s'aimer énormément, en végétant minablement, pour finir par s'en sortir ensemble, lui comme metteur en scène, moi comme actrice après la Libération.

Quand vous l'avez rencontré, il était déjà metteur en scène?

SIMONE SIGNORET : Il l'était, mais comme le seul film par lequel il aurait pu prouver qu'il l'était avait brûlé au laboratoire, il restait, pour les gens de cinéma des Champs-Élysées, le frère de Marc, l'assistant... Au Flore, il était Yves. Ancien du groupe Octobre, il avait fait un très joli court métrage intitulé *Prix et Profits, ou l'histoire d'une pomme de terre*. Il avait été l'un des quatre ou cinq jeunes gens à avoir servi de secrétaire à Trotsky, à Barbizon. Dans sa famille, il était mal vu. Moi, je n'étais pas vue du tout, sauf par ma tendre Nadine Vogel qui était à l'époque la femme de Marc et dont la sœur Marie-Claude Vaillant-Couturier venait d'être déportée à Auschwitz. Les seuls rapports que j'aie jamais eus avec la famille Allégret se traduisirent par la dégustation, dans la toute petite chambre de l'hôtel Saint-Yves que nous habitions, de conserves de foie gras soustraites le matin même aux réserves accumulées par la sœur Allégret, au troisième étage d'un superbe immeuble du XVIIIe siècle qui avait et a toujours l'avantage d'être situé juste en face de la terrasse du Flore. Allégret me déposait devant un café à la saccharine, me disait : « Je vais voir comment ils vont », traversait le boulevard Saint-Germain, réapparaissait dix minutes plus tard, sortait furtivement de sa poche une boîte de conserve, l'y remettait immédiatement et me disait : « Ils vont tous très bien. »

J'étais contente qu'ils aillent bien, parce que j'aime mieux que les gens aillent bien, même si je ne les connais pas. Je ne les connaissais pas, ils ne me connaissaient pas, et nous étions tous très discrets. Leur discrétion à eux demeura exemplaire. Ni la naissance en 1945 de mon premier enfant, ni sa mort à l'âge de neuf jours, ni la naissance de Catherine en 1946, ne les firent jamais sortir de leur discrétion naturelle.

Il faut dire que si la discrétion était de mise, de ce côté-là du boulevard Saint-Germain, elle l'était moins à la mairie du quartier. Le jour où j'ai pensé que Catherine était en âge de savoir qu'elle avait débuté dans la vie sous la rubrique « née de père inconnu », j'ai choisi de lui raconter les choses comme je vais vous les raconter. En 1946, la paix était revenue, mais les restrictions continuaient. Vers mon sixième mois de grossesse, un matin, je suis partie gaiement à la mairie de la place Saint-Sulpice chercher les tickets de supplément de beurre et de lait auxquels ma « situation intéressante » me donnait droit. En passant devant le commissariat de police, situé au rez-de-chaussée de l'édifice, je repensai à ce soir de mars1944 où, pris dans une rafle, on y avait passé quelques heures, Allégret et moi, et je me dis : « Quelle chance on a eue! Quelle chance que ce soit fini! » J'étais vraiment de très bonne humeur. Je portais un beau manteau écossais taillé dans une couverture que m'avait donnée Marcel Duhamel, en 1942, contre une autre couverture de fausse fourrure. Elle me faisait encore très bon usage... Au troisième étage se trouvait une grande salle avec des espèces de guichets derrière lesquels trônaient les dames chargées de la distribution des tickets. Elles portaient des chapeaux, elles étaient détentrices de trésors et nous faisaient la charité. Nous, les bonnes femmes à gros ventre, on faisait la queue, essayant d'évaluer à vue de nez le nombre de mois qui nous séparaient de nos délivrances respectives. Quand mon tour est arrivé, la dame patronnesse m'a dit : « Donnez-moi votre livret de famille. — Je n'ai pas de livret de famille. » Son « Alors, nous mettrons fille-mère » retentit très fort, pour le bénéfice de toute l'assemblée. Comme je n'étais ni abandonnée par un vilain monsieur, ni neurasthénique, j'ai répété : « Eh oui, fille-mère », avec un sourire qui sous-entendait : « Et jeune! et heureuse! et je t'emmerde, ma pauvre vieille. » Les mois qui suivirent, c'était devenu un jeu pour elle. Elle me repérait à cause de mon manteau écossais que je prenais soin de remettre chaque fois, pour voir... Et avant même que mon tour arrive, par-dessus la tête des autres bonnes femmes, elle me lançait très fort : « Alors! toujours pas de livret de famille? », et je lui disais : « Eh non! toujours fille-mère. »

Au huitième mois, je lui réclamai mes tickets de laine de layette. Ça parut lui causer un très grave problème. Elle consulta une autre bénévole, se pencha sur des dossiers, et finalement m'allongea quelques précieux J.K.2... qui allaient me permettre d'exercer mes talents de tricoteuse de brassières. Je m'engouffrai immédiatement, rue Saint-Sulpice, dans une mercerie sise entre deux librairies religieuses. La très vieille mercière regarda les tickets, puis mon ventre, puis disparut dans son arrière-boutique, y resta un bon moment et revint avec des écheveaux de laine... kaki! La laine kaki s'était beaucoup vendue pendant la guerre pour la confection des passe-montagne, de nos-chers-prisonniers, mais il faut croire que la guerre n'avait pas duré assez longtemps pour épuiser les stocks. J'ai remercié la mercière, j'ai repris mes tickets, j'ai remonté mes trois étages de mairie, j'ai rendu les tickets à Mme Fichini de Fleurville-Rosebourg, et je lui ai dit : « Je ne sais pas si j'aurai un garçon ou une fille. Je veux de la laine bleue, rose ou blanche, en tout cas je ne veux pas l'habiller déjà en soldat. » Et, sur cette belle réplique, je quittai la mairie du sixième arrondissement.

C'est avec une grande émotion que j'y remis les pieds, en la compagnie de Montand, quelques années plus tard, pour assister à la distribution des prix de l'école communale de la rue du Jardinet. Catherine y reçut le prix d'Honneur en récompense de son assiduité et des progrès accomplis pendant sa première année au jardin d'enfants...

Catherine a compris pourquoi elle était née de père inconnu?

SIMONE SIGNORET : Comme dans mon histoire il n'y a pas de méchants, bien sûr qu'elle a compris. Quand j'ai rencontré Allégret, il était marié et il avait un enfant. Il vivait séparé de sa femme depuis deux ans, il m'aimait, je l'aimais, je n'étais pas gloutonne de respectabilité légale, je ne lui ai jamais suggéré de divorcer. A l'époque, les lois étaient telles qu'un homme marié ne pouvait pas reconnaître un enfant adultérin s'il en avait déjà un, légalement conçu. Non seulement Catherine a compris, mais elle a plutôt aimé mon histoire, qui est la sienne.

J'ai été aussi bonne mère que possible. Je n'ai pas été pour elle la mère que ma mère a été pour moi : je n'ai pas été celle qui la réveille tous les matins et qui la couche tous les soirs. Parce que ce n'est pas possible dans notre métier. Quand je vous disais que j'ai été plus la mère de mes frères que la mère de mon enfant, c'est absolument vrai.

Quand j'étais absente, j'ai eu la chance exceptionnelle d'être remplacée par des femmes exemplaires que j'ai aimées parce qu'elles aimaient mon enfant, que mon enfant les aimait et que je n'ai jamais ressenti de jalousie. J'ai eu la chance que ma belle-sœur Elvire ait été la deuxième mère de Catherine et qu'elle le soit encore aujourd'hui. Catherine n'a jamais connu de mère-mère, sauf pendant les vingt et un premiers jours de son existence, quand je la nourrissais. C'était chaud, sa tête sur mon avant-bras, c'était chaud à point ; le lait qu'elle engloutissait toutes les trois heures, c'était paniquant ; le gramme perdu sur la pesée de la veille, c'était terrifiant ; les épingles de nourrice qui pouvaient s'ouvrir, c'était bouleversant ; ces mouvements des lèvres qu'on prend pour des premiers sourires jusqu'à ce qu'un jeune pédiatre, Raymond Mande, vous explique que ce ne sont probablement que de petites coliques... Enfin, c'était comme pour tout le monde, quoi !

Il s'en est fallu de très peu que je ne me laisse aller à cet état animal et contemplatif. Mais comme si, avec son arrivée au monde, elle avait en même temps apporté ce que j'attendais depuis si longtemps, un matin, après avoir préparé des biberons de secours, je suis partie faire des essais pour le premier vrai grand rôle de ma carrière. J'avais cru innocemment faire cet essai entre deux tétées. J'avais une robe empruntée à une copine, qui fut inondée du lait qui aurait dû être en train de s'écouler dans le gosier de ma belle enfant. Je suis rentrée à la maison cinq ou six heures après en être partie, Catherine avait déjà tâté de son premier biberon, et c'est comme ça que tout était déjà joué pour elle et pour moi.

A vingt et un jours, elle a hérité d'une mère qui n'était plus la même que celle qui lui donnait à téter la veille. Quand des étrangers vous engagent pour un rôle important dans un film, qu'ils vous ont sélectionnée très gravement parmi dix autres, vous cessez d'être une vraie mère. Vous devenez une professionnelle. Et votre nourrisson devient un enfant d'acteur. Si ses parents ont un peu le sens de la dignité, ils lui évitent les reportages pouponniers, généralement effectués le dimanche quand l'actrice pouponne enfin après une semaine de travail. Elle pouponne, mais elle pense aussi à la scène qu'elle aura à jouer le lundi, et elle a peur de cette cassure du dimanche. Elle pouponne, mais elle garde un œil sur son texte. Et elle regarde son enfant et découvre des progrès qui se sont accomplis sans elle pendant la semaine. Et elle se demande si elle n'est pas en train de rater quelque chose. Mais comme, le lundi, elle est toute contente de retrouver sa famille temporaire, elle ne se demande plus rien.

Catherine est ma fille, elle est la fille d'Allégret, à l'âge de trois ans elle est aussi devenue celle de Montand, elle a gazouillé sur les genoux de Gérard Philipe, elle s'est fait mettre du mercurochrome par Jacques Becker, elle s'est fait faire ses devoirs de vacances par Clouzot. Elle n'a rien connu des années de ratages et d'angoisses et de peur. Elle est née dans ce monde et, par conséquent, elle n'a jamais eu à passer par la période Harcourt-Hollywood. En entrant dans ce métier qu'elle fait formidablement bien, elle a eu à franchir tous les handicaps qui sont à l'opposé de ceux qu'ont à franchir les autres, ceux qui viennent d'ailleurs. C'est difficile et injuste d'être enfant d'acteur, demandez donc un peu à Romy Schneider, à Jane Fonda, à Claude Brasseur, et demandez-le à Catherine elle-même... Eh bien, j'en ai sauté du temps en attrapant un bout de cet écheveau de laine kaki! C'est sans doute parce que j'ai eu hâte d'arriver au 6 juin 1944...

Il ne s'est rien passé pendant ces derniers mois de l'Occupation?

SIMONE SIGNORET : Il s'en est tant passé que, dans quatre cents pages d'ici, je n'aurais toujours pas fini de raconter. Au cours de ces derniers mois, chaque journée était une aventure. Elle commençait au réveil et ne se terminait, bien, qu'au réveil du lendemain, si vous étiez entre-temps rentré chez vous. Ça, c'était le lot de toute la population. Y compris celui des collaborateurs qui sentaient venir la fin de la fête dans le même temps que la débâcle allemande se précisait. Ils commençaient à recevoir des avertissements. Les rafles se multipliaient. N'importe qui, sans aucune raison héroïque, pouvait se faire embarquer comme ça, par hasard. Tous les hommes en âge d'aller au STO avaient plus ou moins trafiqué leurs papiers. Tout le monde, alors, était en situation irrégulière. Des familles bien-pensantes et bien tranquilles qui, pendant les premières années d'occupation, avaient apprécié cet ordre et cette « correction » dont la France avait tant besoin... découvraient tout à coup que les Allemands étaient des sauvages, parce que leur propre fiston s'était fait ramasser à la sortie de Sciences-po, rue Saint-Guillaume, bloquée à cet effet à ses deux extrémités par les cars de la police française. (C'étaient les mères des mères qui ont tout à coup découvert, en 1968, en soignant les visages tuméfiés et les yeux aveugles de leurs fistons à elles, que la police, qu'elles ne croyaient destinée qu'à régler la circulation, pouvait aussi cogner, toutes proportions gardées...)

Dans le quartier, on revoyait des têtes qu'on n'avait pas vues depuis des années. Certains pensaient se cacher mieux dans la grande ville. Ils avaient quitté les villages dans lesquels, sous de faux noms, ils avaient résidé pendant de longs mois. Parce que l'épicier-milicien-sur-les-bords était devenu hargneux et épelait soupçonneusement le faux nom calligraphié sur la carte d'alimentation. A moins qu'il ne fût devenu papelard et n'ait signalé à quel point il s'était montré coulant au cours des mois passés... Ces deux attitudes également menaçantes les ramenaient dans la grande souricière. Ça sentait la fin. Et ça sentait la panique de ne peut-être pas vivre cette fin, simplement pour être allé bêtement chercher le pain. Alors, j'imagine ce que ça devait être pour les héros, les vrais.

Vous en avez connu?

SIMONE SIGNORET : J'en ai côtoyé beaucoup. Je ne savais pas qu'ils étaient des héros.

Vous avez été en contact avec la Résistance?

SIMONE SIGNORET : Il faudrait s'entendre sur le mot « résistance »... Je serais une menteuse si je m'attribuais un passé de résistante. Moi, j'appelle résistants ceux qui ont vraiment agi en toute conscience. Personnellement, je n'ai accompli aucun acte héroïque. Je n'ai pas fait de mal, ce qui n'est déjà pas si mal. Avec le recul, j'ai compris que j'avais été très souvent mêlée à des choses... On m'a fait faire des choses dont je ne connaissais ni les tenants ni les aboutissants. Je vous ai parlé de tante Claire, chez qui j'ai habité à Vannes en 1939-1940. En juin 1941, Jean, mon copain, son fils, a été arrêté par les Allemands à Nantes. Tante Claire m'a demandé de venir à Vannes, mais de m'arrêter d'abord à Nantes et de prendre deux valises dans un hôtel. Pour moi, ces deux valises renfermaient le linge, les livres et les affaires de Jean, qui était étudiant à Nantes. Quand je suis arrivée à Vannes, on a ouvert les valises : dans l'une il y avait des papiers, dans l'autre des balles de revolver. J'aurais été une héroïne si j'avais su que je trimbalais des munitions. Mais je l'ai fait en toute innocence — ce qui, avec le recul, est assez terrifiant! Je me souviens que ces balles de revolver, on en a fait des petits paquets qu'on est allé jeter dans la Rabine, une espèce de bras de mer qui pénètre dans la vieille ville de Vannes.

Tante Claire est morte à Ravensbrück. Moi pas. J'aurais pu, mais ç'aurait été un accident de parcours. Croiser sur le quai Voltaire Jean Painlevé, coiffé d'un béret basque, qui ne s'arrête pas et qui dit à

Allégret : « Salut, tu ne m'as pas vu », et découvrir après coup qu'il est un des chefs du réseau du Musée de l'homme, ce n'est pas résister. Et héberger pour la nuit Jaeger, qui décide à minuit moins le quart qu'il est trop fatigué pour rentrer chez lui, alors qu'il habite tout près, lui dresser un lit de camp sans poser de questions et trouver à sept heures du matin une petite note : « Merci, salut, à bientôt », le voir réapparaître après la Libération en colonel FTP responsable de toute la région M, tout l'Ouest de la France — ce n'est pas résister non plus. Déménager à la cloche de bois d'un hôtel-restaurant dont le patron est collabo, en y laissant un énorme drapeau, ce n'est pas résister. Et s'embarquer le 6 juin au soir, jour du débarquement, dans un train qui vous amènera en pleine campagne, loin de Paris, ce n'est sûrement pas résister non plus. Pourtant, ça s'appelait « prendre le maquis »...

C'était quel maquis?

SIMONE SIGNORET : Un maquis personnel. Un maquis Allégret. La Sapinière, une grande maison à Charmes-la-Grande, en Haute-Marne, inoccupée depuis des années, dans laquelle il restait des vestiges de ce qu'avaient été les vacances des enfants du pasteur Allégret — ils étaient six — durant les années vingt. Je n'ai jamais connu le pasteur Allégret, il était mort depuis longtemps. Je crois que je l'aurais aimé, sûrement qu'il aurait été moins discret à mon égard que la famille du boulevard Saint-Germain. C'était une maison abandonnée mais dans laquelle, visiblement, quelqu'un de bon et de généreux avait été le maître. En tout cas, il avait laissé dans ce tout petit village le souvenir du meilleur des hommes. Les maquisards, dans un premier temps, ce furent Serge Reggiani, Janine Darcey, Allégret et moi. Serge était encore italien à l'époque, et par conséquent déserteur, Allégret était recherché par le STO; Janine suivait Serge, et moi Allégret. Dans un deuxième temps, mais ce serait trop long à raconter (pardon Danièle, pardon Daniel, pardon Serge, Janine, pardon M. et Mme Reggiani, pardon le chien Reggiani), ce « maquis » s'est composé de nous neuf : les parents Reggiani avaient voulu retrouver leur fils et leur chien les avait suivis, Gélin était recherché par le STO et Danièle était nouvellement Delorme grâce à de faux papiers qui dissimulaient le nom de Girard. Son père était à Londres et sa mère, prisonnière à Compiègne depuis de long mois, avait été finalement déportée à Ravensbruck. Danièle était encore presque une enfant, j'étais la plus vieille de nous deux. Aujourd'hui encore, je suis la plus vieille, elle n'est plus une enfant, et le fossé ne sera jamais comblé. Elle reste ma cadette dont les connaissances et le sérieux m'épatent. Ça fait trente-deux ans que ça dure.

On n'avait pas un sou, ni les uns ni les autres. On vivait beaucoup sur des salades un peu sauvages qui continuaient à pousser dans ce qui avait été le potager. Les paysans du coin trouvaient que le fils du pasteur avait de drôles d'amis. Allégret, Gélin et Serge partaient en tournées de ravitaillement à vélo. Ça consistait à faire la conversation pendant deux heures avec des cultivateurs qui étaient surtout curieux de savoir qui étaient les dames... qu'on n'avait jamais vues avant, et qui était ce monsieur à accent italien qu'on avait rencontré au tabac. « Alors, comme ça, en vacances, monsieur Yves? »... Ils rentraient quelquefois avec des œufs, une fois avec assez de farine pour que Mme Reggiani exécutât une pastasciutta antimussolinienne...

On écoutait la radio. Dans un très vieil atlas, on avait redessiné les contours de l'URSS sur une carte de Russie. On essayait de repérer les villes reprises et dont les noms avaient changé. Pour le front de l'Ouest, c'était plus facile, Saint-Lô et Caen et Évreux, on connaissait. On a vécu la Libération de Paris à la radio, à Charmes-la-Grande. On riait, on pleurait, on s'embrassait, on était furieux d'avoir raté ça, on était bouleversé d'entendre les cloches de Notre-Dame, il a même failli se passer une sorte de tragédie à cause de *la Marseillaise* de Rouget de Lisle. La radio jouait tout le temps *la Marseillaise.* C'était le jour ou jamais. Serge ne supportait pas *la Marseillaise.* Chaque fois qu'il avait entendu *la Marseillaise* dans son quartier, elle était chantée par des salauds qui le traitaient de « macaroni ». Nous, on était carrément redevenus franchouillards, et on entendait bien écouter notre *Marseillaise,* et au besoin même la chanter en marquant bien le sens révolutionnaire des paroles du premier couplet (le second, c'est bien connu, personne ne le connaît). Cette superbe journée s'acheva un peu amèrement. D'autant plus amèrement que si les cloches de Notre-Dame avaient sonné, le clocheton de la petite église de Charmes-la-Grande, à part les heures et les demi-heures qu'il égrenait, restait résolument silencieux sur le plan patriotique. Les Allemands étaient toujours là. Ça n'était plus sur un atlas, mais sur une carte départementale qu'on devait suivre le déroulement de la Deuxième Guerre mondiale. On se battait ferme à Chaumont, à quelques kilomètres de là. On entendait le canon. Dans un village voisin, les Allemands avaient fait un petit massacre improvisé avant de s'en aller. On commençait à se dire qu'on aurait peut-être mieux fait de ne pas prendre ce maquis-là. Ils étaient si bien, eux, à Paris. Avec leurs brassards FFI et la police parisienne qui ne faisait plus peur. Elle avait même la Légion d'honneur.

Un matin, les garçons étaient partis au ravitaillement-renseignement. Nous, les filles, faisions le ménage. De la fenêtre du premier, en secouant mon chiffon, j'ai aperçu, tout en bas de la propriété, une drôle de voiture qui décrivit un huit avant de disparaître. On a entendu un grondement régulier. On a couru toutes les trois jusqu'à la route, située sur la gauche et que les arbres nous cachaient. La drôle de voiture était là. C'était la première jeep. Le grondement, c'était une colonne de tanks. Il pleuvait, il devait être onze heures du matin. Tous les types étaient en train de manger la même chose, une sorte de pâté orange, ils étaient bronzés, beaux, et pas du tout wagnériens... Il y avait des Gary Cooper, des Paul Muni, des Spencer Tracy, des John Garfield, des Donald Duck. Ils rigolaient. Au milieu des paysans, ils avaient vu surgir trois androgynes déguisés en mecs et parlant anglais...

Pourquoi des androgynes?

SIMONE SIGNORET : Parce que Serge nous avait coupé les cheveux très court à toutes les trois. Et qu'on se déguisait avec des surplus américains de la guerre de 14 qu'on avait trouvés dans le grenier. On avait même des bottines à lacets. On était singulièrement en avance sur la mode! On devait paraître insolites, sur cette route, dans ce tout petit village! Ils ont fait comme ma mère quatre ans auparavant, mais là, on ne jouait plus Barrès, c'était plutôt du Hemingway, ils ont dit : « Who are you? Are you peasants, or what? [1] » On en a ramené quatre à la maison. On leur a fait la conversation mondaine en attendant le retour des garçons qu'on voulait épater avec nos prises de paix. Eux, leurs vélos entassés sur l'arrière d'un Dodge, en ramenèrent aussi quatre qu'ils avaient croisés sur la route, peu avant leur arrivée au village. On parlait de tout ce dont on avait été sevrés pendant quatre ans. Louis Armstrong était-il encore vivant? Oui, mais Carole Lombard était morte, et Gershwin aussi. *Le Dictateur* et *Autant en emporte le vent,* c'était bien? Clark Gable était colonel! « C'est quoi, ce que vous mangiez, ce pâté rouge? — Des K. Rations, vous en voulez? » Oui, on voulait bien. Les K. Rations jouèrent le même rôle que jadis la bimbeloterie dans les pays qui possédaient de l'or. A ceci près qu'elles n'étaient échangées là contre rien... Si, échangées contre l'admiration qui se peignait sur les visages des indigènes devant

1. « Vous êtes qui, vous? Des paysans, ou quoi? »

l'ingéniosité de cet empaquetage huilé, imperméable, ignifugé, de la taille d'une cartouche de cigarettes, contenant tout ce qui peut nourrir, faire plaisir, soulager, rafraîchir et fortifier. Hormis le paquet de cinq cigarettes et le petit carnet de papier-toilette, tout — pâté, fromage, jus de citron en poudre, chocolat, bonbons acidulés et chewing-gums — portait sur l'emballage le taux exact de vitamines et de calories indispensables à la vie d'un citoyen américain. Les fabricants de pâtés, de fromages, de jus de fruit, de bonbons acidulés, de chewing-gums et de carnets de papier-toilette avaient tenu à ce que leurs boys sachent bien qu'ils s'associaient à l'effort de guerre. C'est pour ça qu'ils mettaient leur nom sur les emballages.

Nous, on était bien contents de retrouver le cercle rouge, blanc et vert sur les petits frères des paquets normaux de Lucky Strike. On s'émerveillait de faire une citronnade sans citron, et du café sans moulin, sans ersatz, mais avec du café. Gary Cooper était pasteur dans le civil, le lutrin de la salle à manger ne lui échappa pas. Donald Duck était communiste et croyait naïvement qu'il pourrait le proclamer longtemps. Il avait été à Moscou, Allégret aussi. Quelle année? Non, lui, c'était plus tard. Mme Reggiani mélangeait un peu les *thank you* et les *danke schön* en passant les flûtes de champagne...

Ils sont restés quelques jours dans le pays. Ils bivouaquaient, mais se précipitaient à la maison dès qu'ils le pouvaient, parce qu'on parlait anglais, qu'on était marrants, qu'on connaissait leur musique et leur culture. Le jour de leur départ, ils nous ont fait des cadeaux. Pas de la bimbeloterie : ils nous ont donné un camion Citroën de cinq tonnes qu'ils traînaient derrière eux depuis Saint-Lô — mais qu'ils n'aimaient guère : à l'usage, ils préféraient leurs Dodge! — et deux motos BMW qu'ils avaient piquées aux Allemands et qui ne les amusaient plus... Ils ont laissé tout ça sur la pelouse, ont dit : « You're wonderful people! », ont écrit leurs adresses, nous ont tous invités à New York, Pittsburg et Milwaukee, et ils sont partis.

Ils sont partis, et pendant un certain temps les autres sont revenus : on était en pleine poche d'Arnhem... On avait planqué le camion et les motos dans une grange. On allait les contempler. On n'y touchait pas. Et puis les autres sont finalement repartis pour de bon. Et pendant deux ou trois jours, on a vécu sans amis et sans ennemis — sauf un : un pauvre petit môme de quinze ou seize ans qui se cachait dans les bois. Il s'est fait cribler de balles par un commando local, ils s'étaient mis à vingt pour le descendre et le ramener à la mairie comme un trophée. Il est mort dans son uniforme trop grand, comme un petit chien.

Les Américains sont revenus. Pas les mêmes, mais les mêmes. Cette fois, ça y était, Charmes-la-Grande était libérée, le clocheton sonna la Victoire. Les drapeaux français hâtivement repliés la semaine précédente flottèrent crânement aux fenêtres des chasseurs de gibier. C'est alors que le maire entra dans notre vie.

Gary Cooper, Donald Duck et leurs amis, en nous laissant leurs cadeaux, nous avaient expliqué que la seule chose dont ils ne pouvaient disposer sous peine de représailles, c'était l'essence. De l'essence, il nous en fallait. On avait décidé de rentrer à Paris dans le cinq tonnes. On avait commencé à le meubler en roulotte. On jouait *Fracasse*. Avec le nouveau contingent américain, on a joué les naufrageurs de terre. Les feux culturels les attiraient à la propriété. On leur faisait garer leurs jeeps du côté de la cuisine. On leur parlait de Dos Passos et de Mae West dans la salle à manger. Les garçons s'excusaient une seconde, et à toute pompe, si je puis dire, aspiraient, à l'aide de tuyaux de caoutchouc, les premières gouttes roses de l'or texan qui remplissait rapidement des litres préparés à l'avance. Ils se rinçaient la bouche à l'évier, puis revenaient s'asseoir tranquillement. Au bout de quelques jours, on n'avait pas de quoi aller à Paris, mais on avait de quoi démarrer, en tout cas sortir la roulotte de la grange.

Comme ils étaient peu sérieux, les garçons n'ont pu résister à la tentation d'aller faire wron-wron-wron sur la route avec les motos. Juste pour voir comment ça marchait. Ça marchait fort bien. Tellement bien que tout le pays l'a su et que le maire est venu solennellement nous reprendre nos beaux joujoux qu'il appelait « des biens de guerre »... Non sans ajouter que c'était très vilain d'être devenu voleur quand on était fils de pasteur. Il n'a jamais voulu croire notre histoire de cadeaux. On s'est longtemps demandé sous quels fessiers haut-marnais avaient fini nos belles petites motos teutonnes, et à quel transport de betteraves avait servi notre camion, ce joyau du travail à la chaîne du prolétariat français en passe de devenir chariot de Thespis!!!

Alors, privés de moyens de transport en commun, le « maquis » de la Sapinière décida de rentrer par ses propres moyens. Les Reggiani de leur côté. Allégret, Danièle, Daniel et moi du nôtre. J'étais très enceinte : du petit garçon qui devait mourir à neuf jours. Je me suis mise sur le bord de la route, mon ventre bien en avant. Un monsieur s'est arrêté, j'ai fait signe aux autres qui étaient restés un peu en retrait. Le monsieur était de bonne humeur, il a rigolé. Il nous a ramenés tous les quatre à Paris. Voilà, c'est fini. Ç'a été long à raconter, 1940-1944. Ça a duré vingt ans.

C'était fini pour nous. Ce n'était pas fini pour ceux qui étaient dans les camps. Ce n'était pas fini pour les soldats. Ça commençait pour les collabos. Il y avait longtemps que c'était fini pour tous ceux qui y avaient laissé leur peau.

En 1959, un jour d'hiver-été californien, Montand a dit tout à coup : « Dans le fond, nous, on est des survivants! » On était à table, le serveur venait de déposer les verres d'eau remplis de glaçons, le tintement des glaçons, c'est le bruit de fond de tous les repas américains, et encore plus à Beverly Hills, Californie, où on n'entend pas de bruits de ville. On n'entend que des bruissements... Quelqu'un venait de parler des « *Mandareens...* de Simon de Biouvouare... ça ferait un beau film, surtout l'histoire d'amour en Amérique, parce que pour le reste... » Toutes ces histoires d'Occupation, c'était compliqué... On a très poliment expliqué que les *Mandarins,* ça se passait après l'Occupation... Vous êtes sûrs?... Oui, oui, on était tout à fait sûrs! De ce côté-là du monde, on pouvait confondre le temps de guerre et le temps de ses lendemains. Pour eux, « Hei Hi Hei Ho », c'était un truc qu'ils avaient peut-être entendu dans un film de guerre, ce ne serait jamais une colonne descendant les Champs-Élysées. De Brest aux faubourgs de Leningrad, on était les rescapés d'un malheur commun. Quand Montand dit : « Nous, on est des survivants », ça n'était pas que de nous deux qu'il parlait.

Les Anglais sont des rescapés des bombardements allemands, mais ils n'ont jamais entendu « Hei Hi Hei Ho » sur le Strand. Quant aux Américains, à part les Indiens et les nègres, ils ne sont ni des rescapés ni des survivants. Et c'est tant mieux pour eux.

Qu'est-ce qui se passe à votre retour du « maquis »?

SIMONE SIGNORET : Très vite, on a rencontré de vrais maquisards. Le colonel Claude Jaeger a commandé à l'ancien « réfractaire » Yves Allégret un documentaire sur la libération du Mans par les FTP. La France n'était pas encore entièrement libérée, il y avait des poches allemandes tout le long de l'Atlantique, et les FTP de Tillon ne se considéraient pas comme démobilisés. Il leur restait des armes, du peu d'armes qu'on leur avait parachutées. Ce n'est pas à moi, qui ne suis pas communiste, de me mêler de cette histoire, qui est d'ailleurs de l'Histoire tout court, mais il est de notoriété publique que les maquis communistes, vers la fin de la guerre, ne recevaient plus la marchandise. Elle tombait souvent à côté... André Dewavrin, ex-colonel Passy, et Jorge Semprun, ex-maquisard FTP, ont fort courtoisement vidé cette querelle il y a trois ans, ici même devant un bon feu de bois, au cours d'une conversation de trois heures à laquelle bouche bée assistaient Florence et Jean-Pierre Melville, Chris Marker, Mme Dewavrin, Colette Semprun, Montand et moi, et qui avait commencé avec cette phrase de Jorge : « Alors, Colonel, ces Stens, on les attend encore... »

Mais revenons-en au Mans. Les FTP nous emmenaient partout, chez les paysans qui les avaient cachés, dans les bois où restaient encore les traces toutes fraîches de leurs campements, sur les terrains qu'ils avaient balisés souvent pour rien. Ils parlaient beaucoup et c'était passionnant. Il n'y en avait qu'un qui ne disait jamais rien, l'air toujours triste. Eux, très gentils avec lui, ne le lâchaient jamais d'un pas. J'ai fini par leur demander qui c'était. « C'est un des nôtres, il s'est fait prendre, sous la torture il a parlé, mais il a pu nous faire savoir qu'il avait parlé. Alors, comme on a peur qu'on nous le descende, on le trimbale toujours avec nous. »

Le documentaire en question, dans lequel je faisais de temps à autre la script-girl — l'équipe entière se composait de cinq personnes — ne s'est pas terminé. Allégret a attrapé la diphtérie, ce qui est très original à quarante ans. On est rentré à Paris, j'ai accouché, puis j'ai perdu mon enfant qui est mort des suites d'une négligence monstrueuse, dans une clinique qui coûtait les yeux de la tête — enfin de notre tête à l'époque.

Allégret et moi avions toujours vécu dans des chambres d'hôtel ou dans des petits appartements meublés. Le dernier, celui qu'on avait quitté pour s'embarquer pour la Sapinière, était au 7 de la rue du Dragon. On l'avait loué pour presque rien, mais il y avait de bonnes raisons pour ça. C'était la boîte aux lettres d'un des plus gros réseaux de la Résistance. La Gestapo est venue deux fois y perquisitionner. Elle nous a trouvés, nous, et ça n'était pas nous qu'elle cherchait. Les nouveaux locataires dédouanaient la boîte aux lettres. Mais les nouveaux locataires en question n'étaient pas au courant. C'est Jacques Sigurd qui nous a tout raconté après la Libération. Il faisait partie de ce réseau, avait essayé de nous dissuader d'aller habiter au 7 de la rue du Dragon, mais comme il se refusait à donner la moindre explication, on l'avait envoyé balader. Quand je pense que c'est dans cette souricière qu'on dressait allègrement le lit de camp de Jaeger qui ne pouvait plus dormir deux nuits de suite dans le même endroit...

Après la Libération, on a continué à vivre dans des meublés pas chers On a fait un peu toute la rue Vaneau, le 54, le 52, et finalement on a trouvé un petit appartement au 56. C'était notre première maison à nous, avec des chaises à nous.

Professionnellement, qu'est-ce qui se passe pour vous?

SIMONE SIGNORET : J'ai joué le dernier petit rôle de ma vie. Dans un film qui s'appelait *le Couple idéal*, sous la direction de Rouleau. Je jouais une femme de chambre idiote qu'on envoyait voir si l'Obélisque était toujours à la même place. Et pendant l'été 1945, j'ai enfin joué mon premier rôle intéressant, très court mais très marquant, grâce au film d'Allégret qui s'appelle *les Démons de l'aube*. C'est en tournant *les Démons de l'aube* que j'ai aussi fabriqué Catherine. Le film est sorti huit jours avant sa naissance. Il m'a valu les essais « lactés » pour *Macadam*. Ça y était, c'était sur les rails! J'enchaînais : je ne concevais pas de faire un film sans en avoir un autre déjà signé dans la foulée... Dans *Macadam*, j'ai appris beaucoup de Jacques Feyder, de Rosay et de Paul Meurisse. J'ai fait un *Fantômas* dans lequel mon père était Marcel Herrand, j'ai tourné un film à Londres, *Against the wind*... qui ne bouleversa ni les Anglais ni les Français, mais qui fut un premier contact avec le cinéma anglais que je devais retrouver pour ma plus grande chance en 1958...

Vous parliez assez bien anglais pour jouer?

SIMONE SIGNORET : Oui! Mais j'ai complètement oublié de vous raconter mon séjour dans le Sussex, en 1937 je crois, dans une famille de gentlemen farmers. Des gens charmants, mais un peu escrocs sur les bords. J'étais la classique invitée payante (traduction littérale de *paying guest*) pour l'été. En trois mois, je devais posséder complètement la langue de Shakespeare à travers les mille petits détails de la vie quotidienne auxquels j'aurais à faire face en milieu étranger. Au bout de huit jours, je me débrouillai très bien. Ma correspondante s'appelait Audrey, elle avait mon âge, mais elle avait huit ans dans la tête et ne parlait qu'avec son poney Pixie. Ses parents étaient très loquaces, ce qui me rendait loquace. C'est alors qu'apparut une autre jeune Française dont les parents s'étaient saignés aux quatre veines pour l'envoyer apprendre l'anglais. J'avais mes huit jours d'avance. Quand elle voulait dire quelque chose, elle me demandait de le dire pour elle et de bien vouloir lui traduire ce qu'on lui répondait. Elle repartit comme elle était venue : je rentrai doublement bilingue. Audrey vint apprendre le français avenue du Roule, ne supporta pas plus de huit jours la séparation d'avec Pixie. Comme elle pleurait en anglais, je la consolais en anglais. Elle aussi repartit comme elle était venue, et voilà comment, dix ans après, je fus engagée sans problème pour jouer en anglais dans un film anglais. J'ai eu toutefois à désapprendre les principes de Solange Sicard. Voilà que tout à coup, pour être bien comprise, il me fallait appuyer sur les verbes. « Je vous hais », ça doit se prononcer « Je vous *hais* », à moins qu'il ne soit plus important que ce soit *Vous* que je haïsse préférablement à un autre, auquel cas c'est « Je *vous* hais », ou bien que le fait que « *je* vous haïsse » soit primordial, dans la mesure où c'est vraiment *moi* qui vous hais, ce qui doit se jouer « *Je* vous hais ». Ça paraît obscur, comme ça, mais tous les acteurs français qui auront tâté du film anglo-américain et du *coach* (Guide-à-jouer-dans-une-langue-qu'on-ne-connaît-pas-vraiment) m'auront comprise. C'est une langue économique que l'anglais : l'accent tonique tient lieu de code de la pensée et du cœur.

Pendant que j'accentoniquais à Ealing Studios, à Paris, Allégret et Jacques Sigurd (dont c'était le premier travail de scénariste) étaient en train de me préparer un beau cadeau...

Dédée d'Anvers? Ça a été un film très important pour vous?

SIMONE SIGNORET : En le tournant, je n'en ai pas eu conscience, je ne me doutais pas que le rôle qu'on m'offrait était un gâteau extraordinaire. Je n'avais pas idée non plus de l'énorme publicité qu'on pouvait en tirer, ça ne se faisait pas du tout à l'époque. Aujourd'hui, une fille peu connue qui ferait un film aussi important, avec un tel succès de critique et de public, aurait la couverture de tous les magazines! Ce qui serait d'ailleurs très dangereux pour elle!

C'est Sacha Gordine qui a monté *Dédée d'Anvers*. Il était toujours en train de chercher quatre francs cinquante pour faire cinq francs! Mais il aimait le cinéma! Il a eu envie de faire un film avec moi parce que je commençais à devenir intéressante à cause du succès de *Macadam*... J'avais tourné dans *Macadam* parce que le rôle de la putain était libre : il y aurait eu un rôle de laborantine ou de bonne sœur, j'aurais essayé de décrocher la laborantine ou la bonne sœur! Il se trouve que j'ai été bien dans le rôle de la putain. Pas aussi bien que je le croyais, d'ailleurs. J'ai revu *Macadam* récemment et je peux vous dire que ce que j'y faisais n'était pas extraordinaire. Mais j'étais la nouvelle tête; et ça, ça compte toujours...

Sacha Gordine avait le sens de ce qui était public, et il faisait des affaires. Il m'a donc proposé cette histoire tirée d'un bon vieux mélo. Allégret et Sigurd se sont mis au travail et ont écrit un très bon scénario, avec de beaux rôles pour Blier, Dalio, Pagliero, Marken, et un sublime pour moi. On a tourné, on a beaucoup ri, tous. Le film a eu un énorme succès, ce qui a permis à Sigurd et à Allégret de réaliser, avec Gérard Philipe, un projet qui leur tenait à cœur à tous trois depuis très longtemps : *Une si jolie petite plage*, qui n'a pas marché et qui est une sorte de chef-d'œuvre. Et je n'ai plus arrêté de travailler.

Comment avez-vous réagi au succès de *Dédée d'Anvers?* Quand vous êtes devenue la vedette d'un grand film à succès? Est-ce que cela a changé votre conception du métier?

SIMONE SIGNORET : Pas du tout. Enfin, ce qui a changé, c'est que je pouvais me dire : « Cette fois, ça y est. » Ce qui n'a pas changé — et qui n'a toujours pas changé chez moi — c'est une espèce de sentiment très curieux. Je me fais en moi-même le raisonnement suivant : « Ça a marché, je leur ai vendu ça, je leur ai fait croire que je savais le faire. Mais un jour, ils vont découvrir la supercherie, parce que je ne suis qu'un amateur. » Aujourd'hui encore, quand je commence un film pour lequel on m'a demandée, pour lequel on m'a déjà payée à la signature du contrat, je vous donne ma parole d'honneur que le premier jour, à la première minute où je deviens ce personnage pour lequel on m'a achetée en toute confiance, au moment où il va falloir que ce personnage donne sa voix qui est la mienne, sa tête qui est la mienne, et marche avec mes pieds, je pense : « Ce que je vais leur faire, ce n'est peut-être pas du tout ce qu'ils attendent... », et j'ai envie de leur dire : « Si ça ne va pas, on arrête, je rembourse... » Voilà ce qui me passe par la tête au premier jour du tournage. Maintenant c'est presque une routine, je sais qu'il faut que je passe par ce chemin-là. A chaque fois, et de plus en plus peut-être. Il y a presque une escroquerie morale à prétendre pouvoir jouer tel ou tel rôle, au nom de tous ceux que vous avez déjà joués, alors que chaque fois c'est autre chose, c'est différent... En tout cas, ce que m'a apporté le succès de *Dédée d'Anvers*, c'est de comprendre que je risquais d'être cataloguée dans les putains et que dès lors j'en avais pour deux, trois, quatre ans!

Ce que je n'ai pas compris — ça ne m'a même pas effleurée —, c'est que si les gens avaient tellement aimé Dédée, c'était en raison des malheurs de cette pauvre Dédée, si gentille, si généreuse, en fin de compte une victime totale de la société. Si je l'avais compris, je n'aurais plus joué que des personnages sympathiques. Je me serais privée de grandes joies. Et je l'ai si peu compris que c'est en toute innocence que j'ai abordé la Dora de *Manèges,* ce monstre, cette garce, cette menteuse, cette vraie pute sans trottoir et sans méchant souteneur que m'avaient mijotée Sigurd et Allégret. Les gens n'ont pas beaucoup aimé ce très beau film qui les dérangeait. Quant à moi... ils m'ont détestée. Pas les critiques, non, les gens... dans la rue! Encore une fois, pendant le tournage, Blier, Marken, Villard, les chevaux et moi... avons beaucoup ri. Et comme on n'était plus au temps des Mathurins, le metteur en scène ne pouvait plus nous vider.

Avant *Manèges,* j'ai également fait un film de Maurice Tourneur, *l'Impasse des deux anges,* avec Paul Meurisse, dans lequel Danièle Delorme jouait son premier petit rôle et Marcel Herrand celui de mon riche amant. Je suis allée à Zurich participer à une chose suisso-américaine qui s'appelle *Four Days Leave,* dont les insomniaques américains peuvent encore se régaler aujourd'hui sur le « Late Late Late Show » (traduisez : spectacle tard, tard, tard, sur une de leurs treize chaînes). Alex, le seul coiffeur de stars, star lui-même, qui avait bien voulu toucher à mes cheveux à l'époque maudite des silhouettes, et qui était naturellement devenu mon coiffeur attitré et resté mon copain, était du voyage à Zurich. C'était en 1949. On dévalisait les marchands de chocolat, de montres, d'imperméables et de vêtements d'enfants — il en avait deux, moi j'avais Catherine et Gilles. C'est drôle, j'avais oublié, mais en 1949, on était encore épatés par les oranges et les vêtements sans tickets.

Vous avez dit Gilles, qui était Gilles?

SIMONE SIGNORET : Le fils d'Allégret, qui vivait avec nous rue Vaneau depuis 1946. Il avait onze ans à la naissance de sa petite sœur. Pour moi, c'était comme un relais avec les « petits frères ». (Je ne reparlerai pas souvent de mon troisième petit frère, il est mort à vingt ans.) Les petits frères, après des années de Valréas, faux petits protestants auxquels ma mère s'était débrouillée pour faire apprendre le latin par le directeur de l'école libre de cette ville où elle était fausse-lingère à l'hôpital, étaient revenus à Paris. (Quand je dis qu'elle était fausse-lingère, je ne veux pas dire qu'elle était une mauvaise lingère... Je veux dire qu'elle jouait à la lingère entre deux lectures. J'étais allée les voir, un jour, à Valréas, pendant *les Visiteurs,* j'avais dormi dans une grande pièce blanche à haut plafond où ils vivaient tous les trois. C'était un peu comme être de nouveau avenue du Roule, mais il y avait le soleil et pas les Allemands — enfin, pas encore. J'avais eu l'impression qu'ils étaient là très à l'abri. Mais que ce n'était pas gai. J'envoyais des sous dès que je le pouvais. Là, avec la campagne des *Visiteurs,* j'en avais apporté beaucoup. Aujourd'hui seulement, je me rappelle que la Mère supérieure, apprenant que j'étais là, avait demandé à me voir, elle avait entendu dire que la fille de la lingère intérimaire était « artiste »... Oui, oui, je tournais un film à Nice... J'étais pratiquement venue entre deux plans... Comme elle n'avait jamais mis les pieds dans un cinéma, elle me prenait pour une star, elle a dû se demander ce que la mère d'une star et les petits frères d'une star faisaient chez elle... Ainsi donc, les petits frères et maman sont rentrés.) Les petits frères ont attrapé en marche les classes de Lakanal où ils sont devenus pensionnaires et se sont fait réprimander pour cacher dans leur pupitre la photo d'une actrice qui avait joué une prostituée dans *Macadam.* Je n'ai pas fouillé les bagages de ma mère, mais je suis sûre que le petit éléphant au revolver s'y trouvait encore...

En 1945, mon père avait réapparu en uniforme, après cinq années d'une absence qui l'avait conduit de Londres à Accra, d'Accra à New York, de New York à Londres de nouveau. Il retrouva sa belle enfant enceinte jusqu'aux dents des œuvres d'un metteur en scène qui n'avait encore rien tourné et qui, pour comble de malheur, était le frère cadet du colonel Allégret, son supérieur direct auprès du général de Gaulle. Décidément, j'accumulais les gaffes avec la famille Allégret! Sa belle enfant qu'il avait quittée vierge et lycéenne était actrice sans contrat, future fille-mère, et par-dessus le marché elle exigeait de lui qu'il déposât ce recours en grâce pour Luchaire, ce Luchaire grâce auquel, il faut bien le rappeler, sa petite famille avait pu subsister pendant quelque temps... J'ai toujours pensé que Claude Blanchard, en 1941, n'avait pas jugé nécessaire, en rentrant à Londres, de préciser à mon père où il m'avait rencontrée. Mon père est reparti pour New York, il a formé la plupart des interprètes de l'ONU avant de revenir diriger à Strasbourg ceux du Conseil de l'Europe. C'est un homme qui a été éminemment respecté et aimé par tous ceux qui ont travaillé avec lui. On s'est un peu ratés, lui et moi. Bien sûr, il a eu la joie de vivre les « triomphes », comme mon Oscar, mais nous n'avons jamais partagé les mauvais temps.

5

En quelle année avez-vous rencontré Montand?

SIMONE SIGNORET : Un 19 août, à Saint-Paul-de-Vence, à la Colombe d'or, vers 20 h 30. C'était un soir de relâche d'une tournée d'été. Il était avec son pianiste, Bob Castella, qui est toujours son pianiste, et avec son guitariste Henri Crolla qui n'est plus son guitariste. Il n'est plus le guitariste de personne depuis l'automne 1960. C'est le seul mort que je connaisse qui réussisse, de là où il est, à faire rire aux larmes et dans les larmes ses amis réunis.

Montand, en 1949, c'était déjà une des plus grandes vedettes du music-hall français. Vous y alliez, au music-hall? Vous l'aviez vu sur scène?

SIMONE SIGNORET : Allégret et moi sommes de grands amateurs de music-hall. On avait suivi Montand depuis ses débuts, mais de la salle. C'est Crolla qu'on allait voir en coulisse, parce qu'on était fier de notre petit copain du Flore qu'on avait jadis connu faisant la manche. Montand, on n'osait pas, sa loge était toujours pleine.

Où en étiez-vous personnellement?

SIMONE SIGNORET : J'étais une actrice « pour qui ça marche très fort ». Après *Dédée d'Anvers,* les Américains nous avaient fait des propositions, à Allégret et à moi. On venait de finir le tournage de *Manèges,* un voyage de reconnaissance à Hollywood était prévu pour l'automne. J'avais signé un contrat de quatre ans avec Howard Hughes, à raison d'un film par an à choisir d'un commun accord. A part ça, j'étais en vacances avec mes enfants, c'est-à-dire avec Catherine qui avait trois ans, et Gilles qui en avait quatorze.

Montand allait au cinéma?

SIMONE SIGNORET : Il allait énormément au cinéma. Il avait tout vu ou presque. Tout, sauf mes films. La première fois qu'il m'a vue jouer, c'est dans *Manèges*... on vivait ensemble depuis trois mois déjà. Il a toujours prétendu que s'il avait vu *Manèges* avant de me rencontrer, il aurait beaucoup hésité à tomber amoureux de cette « salope »... Des dangers de l'identification aux personnages, sur lesquels on reviendra sûrement !

Revenons à cette rencontre à Saint-Paul : Montand y vient dîner...

SIMONE SIGNORET : Et le lendemain il vient déjeuner, et le soir je descends à Nice pour l'entendre chanter, et il remonte à Saint-Paul, et je redescends à Cannes pour l'entendre chanter, puis il s'en va avec Crolla et Castella chanter ailleurs... et c'est déchirant. Voilà. Je ne veux pas tomber dans *Intimité* ou *Nous deux*. En quatre jours, il s'était passé une chose fulgurante, indiscrète et irréversible.

Pourquoi indiscrète?

SIMONE SIGNORET : Parce que cette aventure était tellement évidente qu'elle avait eu ses témoins. Les Prévert étaient là, tous les Prévert, les Pigaud étaient là, les Roux, toute la famille Roux était là, et Gilles était là, tous ils aimaient Allégret, tous ils aimaient Montand, tous ils m'aimaient. C'étaient des témoins, je ne voulais pas en faire des complices. Quand Allégret est revenu, je suis allée l'attendre sur la route. Je ne voulais pas qu'il entre au bar de la Colombe salué par : « Alors, monsieur Allégret, ce séjour à Paris, ça s'est bien passé?... Ici il a fait très beau temps... » J'ai été la première à lui dire qu'il s'était passé quelque chose.

Vous saviez déjà que c'était irréversible?

SIMONE SIGNORET : Je ne savais pas que ça durerait vingt-sept ans, mais ce qui s'était passé était irréversible, pour moi en tout cas, et je ne voulais pas qu'on joue là un vaudeville. Feydeau, c'est formidable! Ces imbéciles pompeux, ces ambitieux sans talents, ces bourgeoises idiotes et sans cœur méritent parfaitement les grandes rigolades que leur prodigue un public qui, la plupart du temps, ne réalise pas qu'il est en train de se regarder vivre. Il y a beaucoup de Français pour adorer les histoires qui, dans leur bouche, deviennent des « histoires de cul », ce sont les mêmes qui raffolent des histoires d'homosexuels qui sont, comme chacun sait, des « histoires de pédés »... Mais comme on n'était pas au Palais-Royal, personne n'a rigolé. Je ne savais pas encore qu'on allait autant pleurer, mais l'important était que personne ne rigole.

Qui pleurait?

SIMONE SIGNORET : Moi, surtout. Il n'y a rien de plus triste au monde que de faire du mal à celui à qui on ne veut que du bien, et d'être incapable de faire la seule chose qui arrangerait tout, c'est-à-dire de cesser d'aimer l'autre. C'est dérisoire d'essayer de s'accrocher à la raison. C'est effrayant de penser à l'autre qui n'est pas là et qui a peut-être oublié. C'est miraculeux de recevoir un coup de fil de l'autre bout de la France. C'est tuant de faire semblant d'aller bien et d'avoir tout le temps du chagrin. Enfin, c'était comme pour tout le monde quand ces choses-là arrivent.

Alors vous êtes partie?

SIMONE SIGNORET : Non. Pendant quelques semaines, on a vraiment essayé, tous les trois, de cicatriser. Ça n'a pas marché du tout. L'été était fini. On était tous rentrés à Paris. Dans un roman mondain, ç'aurait pu être un chapitre genre « Idylle sous les remparts »... Ça n'était pas idyllique du tout. C'était bel et bien la passion avec tout ce que ça comporte.

Et vous avez librement choisi de vivre la passion.

SIMONE SIGNORET : Je ne sais pas dans quelle mesure on est libre de choisir ce qu'on va vivre. Si j'avais rencontré Montand dans une ville étrangère, loin de mes familiers, des siens et de ceux d'Allégret, il n'y aurait pas eu de témoins, il n'y aurait pas eu ces regards qui décuplent tout. Je pense qu'il en va des histoires d'amour comme des engagements qu'on prend dans la vie, qui sont finalement aussi des histoires d'amour. J'ai eu un ultimatum de Montand. Il m'a expliqué que des dames qui venaient le voir l'après-midi, il en connaissait déjà; qu'il fallait que je fasse mes paquets et que je vienne vivre avec lui, ou bien ça n'était plus la peine, même de téléphoner.

Il n'était pas marié, il n'avait pas d'attaches?

SIMONE SIGNORET : Il était marié avec le music-hall et il avait le genre d'attaches dont je parlais à l'instant. Très jeune, il avait eu sa grande histoire avec Piaf. A vingt-trois ans, il avait été meurtri quand Édith n'avait plus voulu de lui. Elle n'a plus voulu de lui à partir du moment où, sur le plan professionnel, il était pratiquement devenu un égal. Au début, il était celui à qui on apprend quelque chose. Elle ne lui a pas tout appris, parce qu'il y a des choses que personne ne peut apprendre à personne, on les a en soi. Et puis, dès qu'il a commencé à voler de ses propres ailes et à choisir ses chansons lui-même ou à ne pas vouloir chanter celles qu'elle voulait qu'il chante, Édith l'a quitté. Comme il l'aimait, et aussi comme il aimait rire avec elle — parce qu'on riait bien et beaucoup avec Édith —, il avait été très malheureux très longtemps. Il ne l'était plus. Il était superbement disponible, et cette histoire lui est tombée sur la tête. La passion, ça occupe. Quand on chante tous les soirs, il vaut mieux n'être occupé que par le tour de chant. C'est très dérangeant pour le boulot, la passion.

Vous avez fait vos paquets?

SIMONE SIGNORET : J'ai fait un tout petit baluchon. J'ai fait beaucoup de peine à Allégret, à Gilles, moins à Catherine qui était trop petite et qui avait l'habitude de mes absences, j'ai dérangé les habitudes des copains. Quand vous changez de vie, vous changez leur vie. J'ai été jugée, condamnée, encouragée aussi, par des gens qui ne portaient pas à Allégret la tendresse qui était la mienne et qui l'est restée. C'est difficile et cruel et encore une fois indiscret de *refaire sa vie,* comme on dit. Tout se passe dans des larmes très chaudes. Et il faut singulièrement s'aimer pour faire décoller et voler ce drôle d'engin à deux places qui est une nouvelle vie commune. Malgré tout, contre tout et contre tous...

Quand Jean-Christophe Averty vient voir Montand à la maison, vient toujours le moment où il se tourne vers moi et me dit finement : « Celle-là, il la chantait à l'époque où tu étais *groupie...* » Les *groupies* suivent les chanteurs et les musiciens, elles sont généralement jeunes, jolies, sans occupations définies, et surtout parfaitement interchangeables. Quand je suis devenue la *groupie* de Montand, il chantait dans une boîte appelée le Baccara qui a disparu depuis longtemps et qui a d'ailleurs été la dernière boîte de sa carrière. C'est là que j'ai découvert l'énorme complicité qui existe entre le personnel serveur et le personnel artistique d'un cabaret. Il y a les clients et il y a les autres. Moi, forcément, je faisais partie des autres... Montand se préparait dans une petite baraque de contre-plaqué située au sous-sol, qui avait été prélevée sur le territoire des cuisines. Le décorateur-maison avait collé une étoile de papier d'argent sur la porte, punaisé quelques fanfreluches et capitons à l'intérieur. C'était la loge. Montand se chauffait la voix, Crolla se chauffait les doigts sur sa guitare, les serveurs hurlaient les commandes et les chefs s'engueulaient. Comme je voulais l'entendre chanter et que je ne pouvais décemment pas m'installer tous les soirs à une table, j'avais un arrangement avec le barman. J'attendais dans les coulisses-cuisines du sous-sol. Dès que ça allait commencer, un maître d'hôtel venait me chercher. Dans l'obscurité, je me glissais derrière le bar, et là, debout avec le barman, je faisais la *groupie.* A voix basse, pendant les applaudissements, on « les » comparait à « ceux » de la veille. Quand « ils » étaient mauvais, « ils » l'avaient été immanquablement aussi pour la limonade.

Après le spectacle, on ramenait Crolla chez sa *groupie* à lui. C'était « Crolette », enfin Colette. Ils habitaient place Dauphine, au City Hôtel, depuis qu'ils étaient mariés. Un soir, pendant la guerre, accoudée entre Blin et Loris au rebord du quai des Grands-Augustins, j'avais déclaré très pompeusement, en comptant les immeubles du quai des Orfèvres — il y en a seize, je crois — : « Un jour, j'habiterai une de ces maisons-là!... » En attendant, après avoir déposé Crolla, on faisait le tour de l'île de la Cité, on traversait la Seine et on rentrait à Neuilly... Dans le fin fond chic de Neuilly, pas le Neuilly du « Sabot Bleu », le Neuilly Saint-James. Quand même, il y avait cette remontée de l'avenue de Neuilly, la place du Marché, le feu rouge à la hauteur de la rue d'Orléans au bout de laquelle commençaient l'avenue du Roule et les souvenirs du lycée, et de l'expulsion, et du tournage de *Manèges...* Ce n'était pas un bon itinéraire pour des amoureux nouveaux!

Dans le coquet petit appartement meublé régnait une personne qui me terrifiait. Je ne sais plus son nom. Elle époussetait le piano blanc, faisait un peu de cuisine, répondait beaucoup au téléphone, annonçait à mi-voix à Montand, devant moi : « C'est encore Mlle Ghislaine », ou : « Qu'est-ce que je dis à Mlle Chantal?... » Elle venait travailler avec un chapeau dont elle aimait à souligner que c'était un cadeau de Mme Chose... « Monsieur se rappelle?... » Si j'avais été là « pour un moment », on aurait peut-être fait une paire de joyeuses copines, mais, à demeure, je gênais. Enfin bref, tant qu'à commencer quelque chose, j'avais envie de le commencer dans du neuf. Et Montand aussi. Un beau jour, un très beau jour, un type à qui on posait la question qu'on posait tout le temps à tout le monde — « Tu ne connais pas un appartement? » — a voulu faire le comique et nous a répondu : « Non, mais je connais une boutique... — Très drôle! Et où elle est cette boutique? — Quai des Orfèvres. » Une heure après, l'affaire était dans le sac. C'était une librairie, à côté du restaurant Paul, le libraire était un copain du lycée Pasteur que je n'avais pas revu depuis dix ans.

A l'entresol, il y avait un logement qui communiquait avec la boutique par un petit escalier intérieur. Au bout de la boutique, une porte condamnée. Derrière cette porte, deux petites pièces donnant sur la place Dauphine, dans lesquelles un monsieur négociait la vente de livres rares. On a fait le tour du pâté de maisons, on lui a proposé de nous céder sa petite officine, il a accepté, ne nous a pas fait de cadeaux, mais on s'y attendait. Il s'appelle Berggrüen, il est devenu depuis un très grand marchand de tableaux. Voilà comment, en une seule journée, on s'est trouvé notre « Roulotte », dans laquelle on vit toujours. Avec elle on commençait vraiment quelque chose. Elle avait tout pour elle : on était à la fois quai des Anciens-Orfèvres et place Dauphine. C'était juste, normal et moral.

J'ai récupéré Catherine, en même temps j'ai cessé d'être la dame dont l'ancienne concierge disait en me voyant passer devant sa loge : « Tiens, voilà la bonne femme du deuxième qui s'est tirée, elle vient voir sa petite... » Ma petite, elle a grandi dans la roulotte, joué sur les escaliers du Palais de Justice avec une bande de tireurs de sonnettes, dormi dans un lit qu'on repliait et dépliait côté Dauphine, comme on vous les décrit dans les magazines féminins en vous expliquant comment gagner de la place quand on n'en a pas beaucoup. Elle a fait ses premiers devoirs au rythme de la guitare de Crolla, du piano de Bob, de la contrebasse de Soudieu, de la batterie de Paraboschi et de la voix de Montand. Elle n'a rien connu de ces grands appartements aux corridors austères au bout desquels on découvre la nursery où des enfants attendent qu'on vienne leur dire bonsoir. Elle avait la chance d'être une petite fille, ou plutôt j'avais la chance de ne pas avoir ramené un petit garçon. Elle n'avait pas quatre ans, Montand n'en avait pas vingt-neuf, c'était inévitable... ils se sont aimés. Dans la roulotte, il y avait maintenant deux *groupies*.

Bon, la petite *groupie* va à l'école. Et vous, vous retournez au studio?

SIMONE SIGNORET : J'y vais moins régulièrement. Je ne suis plus cette actrice qui ne supportait pas l'idée de ne pas avoir un film signé au moment où elle en tournait un autre. Les gens ont dit que je « sacrifiais ma carrière »... Je ne sacrifiais rien du tout. J'étais simplement assez maligne pour ne pas sacrifier ma vie, et j'ai été assez maligne pour ne pas laisser échapper les bons films quand on m'en proposait. Voilà pour la légende du sacrifice...

Je découvrais encore un nouveau pays, celui du music-hall, et ça valait tous les *Four Days Leave* du monde, qu'ils se tournent à Zürich ou sur les bords du Nil! Ça me plaisait bien d'écouter les nouvelles chansons qu'on venait lui proposer, ça me plaisait bien de découvrir tous les mystères et les difficultés de cet artisanat dont je ne savais rien. Il y avait belle lurette que je savais lire un script, je découvrais la lecture d'une chanson, ce petit script de trois couplets. J'apprenais qu'une chanson réussie doit être « ronde ». J'apprenais que la place d'une chanson dans un tour de chant, et à plus forte raison dans un récital, est aussi importante que le montage d'un film. Depuis que ça marchait pour moi, j'avais toujours vécu au milieu de gens de ma discipline avec lesquels je discutais sur un plan d'égalité. Tout à coup, je vivais avec quelqu'un qui savait faire ce que je ne savais pas faire et que je ne saurais jamais faire. J'étais curieuse, éblouie, intimidée.

Pourquoi intimidée?

SIMONE SIGNORET : Quand Montand chante, il arrive très tôt dans sa loge. S'il doit chanter à 9 heures, il est au théâtre à 7. Mais déjà, depuis 6 heures de l'après-midi, où qu'il soit, il n'est plus là où il est. Il est ailleurs, et déjà tout seul. C'était très difficile à comprendre au début. Soudain, c'était comme s'il me quittait. Il était là mais il m'avait quittée. Ça m'a pris un bout de temps avant de comprendre qu'à partir de 6 heures il ne fallait plus parler. Il fallait être disponible, invisible, et surtout pas ailleurs.

Et puis c'est l'arrivée au théâtre vide. Des ouvreuses qui époussètent et se racontent leur vie, l'une du premier balcon, l'autre à l'orchestre. Le sous-sol bétonné, c'est le couloir des loges. Les toilettes à la turque fuient un peu. C'est le seul bruit qu'on entend. Je suis en train de vous raconter feu le théâtre de l'Étoile, qui est maintenant un garage et dans les coulisses duquel j'ai passé, au fil des années, plus d'heures que beaucoup de gens qui y ont chanté, dansé ou fait du trapèze volant... Car chaque fois que Montand s'y est installé, il y est resté pour six mois.

On entre dans la loge. Il y a le courrier. Des lettres de compositeurs amateurs, et beaucoup-beaucoup de lettres de bonnes femmes qui ne se doutent pas que l'homme qui a plaqué à 6 heures du soir la femme qu'il aime le plus au monde dans le moment, n'a aucune envie de savoir ce que sa voix a pu provoquer dans ce qu'elles appellent leur cœur. Je les lisais, ces lettres. Avec un mélange assez mesquin de jalousie et d'orgueil. Il y en avait de très belles. Des Bovarys qui lui parlaient littérature. Il y en avait de très directes, avec des photos très directes... Quand elles parlaient du répertoire, ça l'intéressait. Les photos aussi... parfois.

Peu à peu le couloir devient vivant, les musiciens arrivent les uns après les autres, tapent à la porte, entrent et rigolent. C'est la *quadrilla* qui vient voir le torero avant le début de la course. Il n'y aura de mise à mort de personne, parce qu'il n'y aura pas de taureau; mais il y a le risque de cette petite mort qu'est la mauvaise représentation. Quand le torero commence à revêtir son habit de lumière — en l'occurrence, une tenue de scène marron —, la « groupie-afficionada » se sent tellement inutile, tellement en trop, même si la *quadrilla* et le torero l'aiment beaucoup, qu'elle va faire un tour dans le couloir. C'est ça que je voulais dire à propos de la *timidité*. Et c'est vrai, aujourd'hui encore. Quand Montand met sa tenue de scène marron, il redevient le solitaire. Qu'on soit fait l'un et l'autre de tout ce que ces années nous ont apporté à l'un et à l'autre, ne change rien à l'affaire. C'est lui qui va rentrer, tout seul. Ce n'est pas par hasard que Chris Marker a appelé le film qu'il a tourné sur lui *la Solitude du chanteur de fond.*

J'ai eu une conversation extraordinaire avec Brel, un jour. Jacques Brel disposait d'une journée entière sur Radio-Luxembourg. Il pouvait faire ce qu'il voulait et il est allé interviewer une foule de gens. Dont moi. J'ai très vite compris qu'il m'avait choisie parce que j'étais la femme de Montand plutôt que pour ce que j'étais moi-même. Il m'a posé diverses questions sur divers sujets, mais, à la fin, je lui en ai posé une à mon tour. Je lui ai demandé : « Comment doit être, à votre avis, la femme d'un homme qui fait du music-hall? » Il m'a répondu : « Il n'y en a pas, ça n'existe pas. — Mettons que, dans une société idéale, il y en ait une : comment faut-il qu'elle soit? » Il me l'a définie à peu près comme ça : il faut qu'elle soit là avant, sans qu'on la voie; il faut qu'elle soit dans la salle pendant le tour de chant; il faut qu'elle soit là à la fin, mais qu'elle disparaisse au moment où les gens arrivent dans la loge; il faut qu'elle rentre vite, vite à la maison, qu'elle fasse à manger, qu'elle soit sur le palier quand son bonhomme arrive, en train de faire : « Bravo, bravo, c'était encore mieux qu'hier!... » Il avait raison, cette femme-là n'existe pas. Je n'ai pas été cette femme-là. Je l'ai été à moitié. D'abord, je ne rentrais pas faire la cuisine... Ensuite, c'était enrichissant pour moi d'être épatée, intimidée. Angoissée pour l'autre, fière de l'autre. J'avais *choisi* d'être *groupie,* je n'avais pas été recrutée. J'avais un métier que je choisissais de ne pas faire. C'était passionnel, passionnant et drôle.

Pourquoi drôle?

SIMONE SIGNORET : Parce qu'on rigolait beaucoup dans les coulisses en béton armé du théâtre de l'Étoile, une fois la corrida terminée. J'avais été plaquée à 6 heures du soir, mais à 11 heures et quart il me revenait. Il me revenait pendant les saluts : il « les » remerciait courtoisement, eux criaient « une autre »... le rideau se fermait, se rouvrait, pendant le petit temps de fermeture c'était moi qu'il regardait, c'était à moi qu'il souriait. Ils criaient très longtemps « une autre »... la lumière revenait dans la salle, ils faisaient : « Oooooooh! » On retrouvait la loge, il y avait encore un petit moment bizarre pendant lequel je sentais que j'avais intérêt à ne parler que si on m'interrogeait. Et puis la détente venait, la rigolade commençait. Il faudrait encore quelques centaines de pages pour raconter ce qu'étaient les après-spectacles du théâtre de l'Étoile. La loge devenait la cabine des Marx, ça s'est su si vite que les copains qui jouaient ailleurs se dépêchaient de se démaquiller pour arriver à temps et rattraper le gag de la veille. Si vous ne me croyez pas, vous pouvez vous renseigner auprès de MM. José Artur, François Périer, Bernard Blier, Roger Pigaud, Serge Reggiani, Jacques et Pierre Prévert, entre autres, qui sont des gens sérieux et dignes de foi.

Vous n'étiez pas frustrée de ne pas jouer?

SIMONE SIGNORET : Pas du tout. Je n'ai jamais été frustrée de ne pas jouer dans les périodes où je ne joue pas. Par contre, quand je joue, rien d'autre ne m'intéresse. Ce qui revient à dire que si j'avais joué tout le temps, je ne me serais jamais intéressée à rien ni à personne. J'ai essayé d'aller contre cette vérité que je ne détenais pas encore. J'ai tourné quelques jours dans *la Ronde* d'Ophüls, le sketch avec Reggiani, et celui avec Gérard Philipe dans lequel il était génial et pour lequel la critique l'a insulté. Je tournais, mais je regardais l'heure. J'ai fait aussi *le Traqué,* un policier de Frank Tuttle. Comme c'était la période Baccara, je me couchais à 3 heures du matin, je me levais à 7, je bâillais, et je guettais l'arrivée de Montand qui venait me chercher au studio et n'aimait pas du tout son nouveau rôle d' « amant de l'actrice »... J'ai aussi fait une chose qui s'est appelée *Ombres et Lumières,* dans laquelle je jouais une pianiste folle victime de traumatismes dans la grande montée du Concerto de Tchaïkovski — les Soviétiques ont adoré. C'était d'ailleurs le seul film qu'ils avaient vu de moi quand nous sommes arrivés à Moscou en 1956. Dans le fond, à ce moment-là, c'était plutôt en tournant que j'étais frustrée. Le cœur n'y était pas, et j'avais la tête ailleurs.

Vous ne deviez pas aller en Amérique à l'automne 1949? Qu'est-ce que c'était que ce contrat de quatre ans dont vous avez parlé?

SIMONE SIGNORET : Les Américains, après la Libération, dépêchaient vers l'Europe des *talent-scouts* (dénicheurs de talents...) qui étaient chargés de rabattre sur Hollywood tous ceux qui étaient susceptibles de venir renouveler le stock du cinéma américain. Toutes les compagnies avaient leur agent. La proposition était toujours la même : « Contrat d'exclusivité de sept ans. » Montand lui-même l'avait signé en 1948 avec la Warner; il s'était aperçu très rapidement, en le faisant tardivement relire puis sérieusement traduire, qu'il venait de se lier pieds et poings pour sept longues années pendant lesquelles il serait un employé payé à la semaine, pour faire ce qu'on déciderait pour lui, voire même pour ne rien faire du tout. Il avait dénoncé son contrat, Warner lui avait intenté un procès, ça avait fait pas mal de bruit à Paris. Il y avait un fameux télégramme de Montand à Warner qui, à l'époque, avait coûté 50 000 francs anciens, tellement il était explicite. Pour des raisons parfaitement fausses et démagogiques, cette affaire Montand-Warner avait pris un petit caractère politico-chauvin qui fut très rapidement exploité. « Montand dit *non* aux Américains et refuse les dollars... » C'était ça, le ton des journaux. Les vraies raisons étaient d'ordre artistique, et si la guerre froide avait déjà commencé, elle n'était pas encore déclarée officiellement. Il ne disait pas *non* à l'Amérique ni aux dollars, il disait « Merde » à Jack Warner, comme il avait dit « Merde » au patron de l'ABC qui ne voulait pas faire accorder le piano.

Moi aussi, de mon côté, j'avais été « talentscoutée ». *Dédée* avait très bien marché à New York, mais j'avais systématiquement refusé toute possibilité d'engagement pour sept ans, toute possibilité d'exclusivité, à la Paramount, à la Metro et peut-être à la Fox, je ne sais plus. Je n'étais pas plus intelligente que lui, mais je parlais et lisais l'anglais, et j'étais peut-être mieux conseillée. Quoi qu'il en soit, un « scout » plus opiniâtre que les autres, Charlie Feldman, qui était un très grand agent, se présenta avec la seule proposition raisonnable, que j'acceptai. En fait, elle était mirobolante. Un contrat non exclusif pour quatre films, à choisir d'un commun accord entre Howard Hughes et moi, et à remplir en quatre années. Howard Hughes, je ne le connaissais pas, je savais qu'il construisait des avions, je savais aussi qu'il avait produit des films dans lesquels les actrices avaient de beaux rôles. Le voyage à Hollywood de l'automne 1949, je ne l'ai jamais fait. Sans Montand, vous ne m'auriez pas fait aller de la porte de Vincennes à la porte d'Asnières. Alors l'Amérique, vous pensez... Je me suis excusée, j'ai promis que ce n'était que partie remise. Monsieur Hughes était patient, il m'attendrait... En fait, il m'a attendue très longtemps. En 1950, Montand et moi avons tous les deux signé l'Appel de Stockholm... L'Amérique, pour nous, c'était terminé.

6

L'Appel de Stockholm passait pour un texte d'émanation communiste?

SIMONE SIGNORET : C'était un texte pacifiste émis par le Conseil mondial de la paix, qui exigeait l'interdiction des armes nucléaires. Il y avait des communistes dans le Mouvement de la paix. Il y avait énormément de non-communistes aussi. Des pasteurs, des curés, des grands bourgeois, des ouvriers et des intellectuels. C'était un grand *non* à la bombe atomique. Quand les gens refusaient de le signer, la bonne question à leur poser c'était : « Alors, vous, comme ça, vous êtes *pour* la bombe atomique? » Ils n'osaient pas répondre « Oui », ils répondaient qu'ils ne faisaient pas de politique... Ils mentaient, puisque c'était justement en faire que de ne pas vouloir se mettre mal avec les Américains, les seuls à l'époque à posséder cette bombe et à l'avoir utilisée. C'était difficile de dire : « Ah! moi j'aime bien! » en regardant des photos d'Hiroshima! Alors, c'était difficile de ne pas signer ce papier...

Le Figaro a mené une enquête auprès des gens qui avaient signé l'Appel de Stockholm...

SIMONE SIGNORET : Oui. Il y a eu des réponses extraordinaires. Celle du regretté Maurice Chevalier, qui disait à peu près : « Je ne l'avais pas lu, je ne l'ai pas fait exprès! Si je l'avais lu, je ne l'aurais pas signé... » Fernandel, lui, l'avait signé pour « faire plaisir au chef-opérateur ». C'est François Périer qui a eu la réponse la plus belle, la plus intelligente et la plus digne : « Vous me dites que ce texte est une émanation du communisme. Je ne me suis pas posé la question. Je l'ai lu, il m'a paru extrêmement intelligent et intéressant. Moi qui suis chrétien, j'aurais préféré qu'il émanât du Vatican. Malheureusement, ce n'est pas le Vatican qui m'a proposé de le signer. »

Le Figaro vous a interviewés?

SIMONE SIGNORET : Non.

Vous étiez communistes?

SIMONE SIGNORET : Non. On était d'accord avec eux sur beaucoup de choses. Pratiquement sur tout. Mais on n'a jamais appartenu, ni l'un ni l'autre, au parti communiste.

Comment se fait-il que tout le monde vous ait crus membres du Parti?

SIMONE SIGNORET : Parce que c'était une époque où envoyer un démenti à un journal qui vous « traitait » de communiste — j'emploie exprès des guillemets —, c'était avoir l'air de se disculper d'une accusation. Nous ne considérions pas que c'était une faute d'être communiste. Les communistes que j'avais rencontrés pendant la guerre, dont je ne savais pas toujours, à l'époque, qu'ils étaient communistes, étaient des gens que je respectais. En 1950, pendant que l'Amérique faisait la guerre en Corée, nous, nous faisions la nôtre au Vietnam, je veux dire en Indochine — au Tonkin, quoi! Et le marin communiste Henri Martin était en prison à Melun pour avoir refusé de pointer les canons de son bateau dans une direction qui n'était pas celle pour laquelle il s'était engagé volontaire en 1944... Ce n'était plus le Japon! La militante communiste Raymonde Dien s'était couchée à dix-neuf ans sur les rails de la gare de Saint-Nazaire pour empêcher un convoi d'armes d'être acheminé. A cette époque, dans les manifestations et au quartier Latin, c'étaient les communistes, la CGT et les étudiants de l'UNEF qui se faisaient matraquer. Des vieux mots comme mutins, mercenaires, empire colonial, lois scélérates, pain des travailleurs, or de Moscou, redevenaient à la mode, suivant qu'on lisait une presse ou l'autre. Les surlendemains ne chantaient plus. Ils étaient épiques... et moi je venais de découvrir la condition ouvrière!

A partir du Flore, j'avais vécu dans un milieu dit « de gauche » et m'y trouvais très bien. Mais je n'avais jamais eu de contact avec ce qu'on appelle la classe ouvrière. Je ne la connaissais, en fait, que par ce que je pouvais lire et par ce qu'on pouvait m'en dire. J'étais le type même de « l'intellectuelle de gauche », avec ce que cela comporte d'un peu ridicule, mais aussi de généreux. Curieusement, ma rencontre avec Montand a été ma première incursion dans le monde ouvrier, dans ce qu'on appelle le monde du travail, dans le prolétariat, pour ne pas dire le sous-prolétariat. Toute vedette qu'il soit, Montand sort d'abord de sa campagne de Florence, puis d'une enfance sous-prolétarienne dans le lumpen du Midi. Il avait deux ans quand son père antifasciste a émigré. Les Livi sont arrivés en France ne parlant pas le français, ils ont échoué à la Cabucelle, dans la banlieue de Marseille, à côté de quoi Aubervilliers, c'est Neuilly-sur-Seine!

Si Reggiani à Paris était un petit « Macaroni », Montand, à la Cabucelle, était un petit « Babi » qui apprenait le français; en même temps qu'un peu d'arménien, d'arabe, de grec et d'espagnol avec ses petits compagnons de jeux dont les pères et mères étaient les compagnons de travail de ses propres parents. Le travail, c'était celui qu'on offre à la main-d'œuvre étrangère, il n'était pas loin de la maison. Les sirènes de l'usine à gaz, de la boyauderie, et celles des docks servaient de chronomètre à tout le quartier. Quand Montand m'a amenée là, c'était la première fois que je m'asseyais à une table parmi des gens qui tous avaient travaillé en usine au moins pendant une grande partie de leur vie. Quand les copains du quartier ont entendu dire qu'il était là avec sa « fiancée », ils ont voulu voir, et une fois faits les commentaires d'usage sur les contraintes imposées par la réussite et la vie à Paris où il n'y a jamais de soleil... c'est de leur boulot qu'ils ont parlé. Et leur boulot, c'était celui que Montand ne faisait plus, qu'il aurait dû logiquement être encore en train de faire avec eux si, par une bizarrerie de la nature que je ne m'explique toujours pas, il n'avait compris tout jeune et tout seul que Fred Astaire, c'est beaucoup plus formidable que ce qu'on croit, que Trenet c'est de la poésie, que Prévert existe! Quant à moi, avec mon papa qui sifflait *l'Appel de Siegfried,* avec mon grand-père et ses couchers de soleil, avec mes bonnes lectures et Neuilly et le Flore, et même avec les départs en extérieurs, très tôt le matin, qui nous confondent un instant avec la classe ouvrière (parce qu'on passe justement devant le quai du Point-du-Jour au moment où elle s'engouffre derrière les grilles), eh bien, moi, je remettais les choses en question.

Ça se passait à quelle époque?

SIMONE SIGNORET : Ça s'est passé dès qu'on a commencé à vivre ensemble. C'est la première chose que Montand a voulu faire : me présenter à sa famille. On a beau être naturalisé, quand on aime une femme, on la montre à sa mère, à son père et à ses amis. Ça se fait encore en Toscane et à Florence. Ailleurs aussi.

Vous saviez, en signant l'Appel de Stockholm, que ça vous barrait l'entrée aux États-Unis.

SIMONE SIGNORET : Oui, à ce moment-là, la guerre froide avait été officiellement déclarée.

Et Howard Hughes, toujours patient?

SIMONE SIGNORET : Peu auparavant, Feldman m'avait envoyé sa collaboratrice, Minna Wallis, une pionnière d'Hollywood, qui avait été secrétaire dans les studios à l'époque où c'étaient encore des verrières. Elle a lutté pied à pied avec moi pour essayer de me ramener avec elle en Amérique. Elle nous a vus vivre ensemble, Montand et moi, en vacances à Saint-Paul. En bonne scoute, elle a discuté pendant deux jours, et puis, comme la chèvre de Monsieur Seguin, elle s'est rendue. Elle nous a embrassés tous les deux, s'est payé un jour de vacances pendant lequel elle nous a expliqué qu'on avait bien raison de ne pas se séparer, même pour une journée. Des « love stories » comme la nôtre, elle en avait vu tant et tant qui étaient mortes à cause d'Hollywood! Elle allait se faire engueuler en rentrant, mais ça valait la peine, on était des « wonderful people »... Ça me rappelait quelque chose... Et elle est partie. Après avoir signé l'Appel de Stockholm, je me suis souvent demandé si elle ne se serait pas fait engueuler beaucoup plus sérieusement en ayant réussi à me ramener avec elle...

Vous m'avez demandé tout à l'heure si on était communistes, je vous ai répondu non. Je vous ai dit qu'on était d'accord avec eux sur pratiquement tout. Maintenant, je vais vous dire pourquoi on n'était pas communistes; enfin, pourquoi on n'était pas entrés au parti communiste alors que tout le monde nous y croyait inscrits. Tout le monde sauf les communistes — du moins ceux qui savaient décrypter dans leurs journaux ces subtilités qui faisaient de nous « nos amis Yves Montand, Simone Signoret... », comme il y eut ensuite « notre ami Gérard Philipe... » et enfin, très rapidement, « nos amis Yves Montand, Gérard Philippe, Simone Signoret... ». Les amis ne sont pas des « camarades », mais enfin ce sont des amis, et quoi de plus précieux que des amis, surtout quand ils ne proclament pas qu'ils ne sont pas des « camarades »?

On n'est pas entrés au parti communiste parce qu'on était souvent atterrés par ses positions culturelles. Montand n'était plus métallurgiste, il se rappelait les revendications des métallurgistes. Je n'étais pas fille de mineur, mais je comprenais les revendications des mineurs, en tout cas mieux qu'avant. Mais notre truc à nous, c'était la culture, mineure ou majeure, qu'on juge le cinéma et la chanson des arts mineurs ou majeurs. Nous, dans les ciné-clubs, on avait vu ou revu *Tchapaïev*, ou *l'Enfance de Maxime*, vu *les Treize*, ou *la Dernière Nuit* (je ne vais pas tomber dans le piège de parler de *Potemkine*) et on s'était fait une certaine idée du génie « soviétique » qu'on se gardait bien d'appeler le génie russe : c'était normal, tous les films que je viens de citer avaient été réalisés en Union soviétique... Et puis, tout à coup, alléchés par une critique des *Lettres françaises* ou de *l'Écran français*, on se fourvoyait dans une projection d'une heure et demie qui semblait en durer huit, dans laquelle il n'y avait pas trace de génie soviétique, encore moins de génie russe. On n'aimait pas, on s'inquiétait, peut-être qu'on avait le goût déformé. La peinture non plus, on n'aimait pas. Enfin, celle qu'il était préconisé d'aimer. Fougeron... on n'a pas aimé.

On en parlait avec des communistes. Ils étaient patients et compréhensifs. Bien sûr, nous, on ne pouvait pas comprendre. « Une chanson sur les mineurs, c'est très important... — C'est important si c'est une bonne chanson sur les mineurs, répondait Montand. — C'est mieux si elle est bonne, répondaient-ils, mais ce qui est important, c'est qu'elle parle des mineurs... Luna-Park, c'est amusant, mais croyez-vous vraiment que le temps soit à la rigolade? La classe ouvrière a autre chose à faire le samedi que d'aller sur le scenic-railway... *C'est si bon*, c'est marrant, mais c'est drôlement américain comme rythme, hein? — Oui, c'est plutôt américain, c'est beau le rythme américain... C'est les nègres qui ont inventé le rythme américain... — *Sanguine, joli fruit*, un peu érotique, non? — Vous ne faites jamais l'amour, vous, au Parti? — Ah! Ah! qu'il est drôle!... » En tout cas, avec *Quand un soldat*, ils pouvaient dire bravo! parce que chanter *Quand un soldat* (interdit à la radio) à l'Étoile, en pleine guerre d'Indochine, devant des salles pleines où il y avait toujours un ou deux, voire même toute une rangée de provocateurs qui cherchaient la bagarre, oui, c'était pas mal. Trouver toutes les affiches passées au goudron par des petits nervis à Mantes-la-Jolie, un jour de récital, ça n'était pas extrêmement agréable. C'était d'autant moins agréable que justement dans la même semaine, la mort d'André Gide avait été évoquée brièvement dans *l'Huma* par un lapidaire : « André Gide n'est pas mort, il l'était déjà », qui m'avait fait avoir une discussion orageuse avec ceux-là mêmes au nom de qui Montand se faisait barbouiller ses affiches. Hemingway aussi avait eu droit à ses petites retombées jdanoviennes : « Si c'est pas honteux de perdre son temps et son talent à raconter un vieux bonhomme et un poisson, quand il y a tant à dire sur le maccarthysme. » Tout ça n'était pas faux, Gide avait écrit les *Retouches* et Hemingway se taisait, mais moi qui les avais lus tous les deux et complètement, je trouvais que c'était y aller un peu lestement. C'était probablement mon origine bourgeoise qui me donnait mauvais esprit...

Un jour, à la porte de Vincennes, lors d'un grand meeting du Mouvement de la paix qui s'adressait aux femmes du monde entier, Gérard Philipe était venu dire *Liberté,* Montand avait chanté *Quand un soldat,* je ne me rappelle plus ce que Danièle Delorme avait fait, et moi je m'étais écrit un petit texte très simple (je ne suis pas une fine diseuse, et je ne sais pas chanter), un genre de salut à toutes les mères, les fiancées, les femmes, les sœurs, les filles, les cousines (ça se faisait beaucoup à l'époque) du monde entier. Ça comprenait les Françaises, les Russes, les Chinoises, les Coréennes, les Vietnamiennes et les Américaines... Dans le compte rendu de *l'Huma,* le lendemain, les Américaines avaient bêtement sauté. C'était une coquille, me fut-il répondu. C'était plutôt un trou qu'une coquille. Je n'avais pas lu : « Arimécaines » ni « Sacriamines ». Je n'avais rien lu du tout. C'était bête, de surcroît, car j'avais fait un triomphe dans la salle avec mes Américaines. Eux avaient bien compris ce que je voulais dire quand je le leur avais dit.

> Ça ne vous faisait aucun chagrin de savoir que vous ne pouviez plus y mettre les pieds, en Amérique?

SIMONE SIGNORET : On se disait : « C'est dommage, on ne verra jamais Broadway, on ne verra jamais danser Fred Astaire, on ne rencontrera jamais Henry Fonda, on ne saura jamais comment c'est fait, Hollywood, ni le Golden Gate, ni le pont de Brooklyn, on ne connaîtra jamais tout ce que le cinéma américain a pu représenter pour tous les gens de notre génération et de notre métier. Mais c'était à ce niveau-là. Avec bonne humeur, on avait fait une croix dessus. Tout redevenait simple. Il y avait les bons et les méchants. Les méchants, c'étaient ceux qui avaient la bombe atomique et qui vous interdisaient de venir chez eux si vous n'aimiez pas leur bombe. On n'allait pas leur dire tout à coup qu'on l'aimait pour avoir un visa. Restaient les souvenirs des libérateurs souriants, les beaux spectacles des alliés, Russes, Anglais, Américains et Français, dans le Paris de 1945...

Les autres avaient raison. Ils étaient pauvres, ils avaient perdu pres de vingt millions d'hommes, leurs enfants étaient morts de faim dans des villes assiégées, les nazis avaient joué au tir au pigeon avec des nouveau-nés et s'étaient fait photographier pendant qu'ils le faisaient. Stalingrad avait résisté, brûlé, vaincu. Ils avaient mis le feu à leurs récoltes, en Ukraine, pour faire reculer l'ennemi : c'était sûrement vrai, on l'avait vu dans *Pourquoi nous combattons*... Et les communistes français étaient le Parti des Fusillés. Je vous le dis, tout redevenait simple, croyait-on. C'était simpliste.

Vous n'entrez toujours pas au Parti?

SIMONE SIGNORET : Non, on est fiancés, mais on n'épouse pas. Écoutez, je ne vais pas faire à mon tour ce récit des années staliniennes pendant lesquelles des tas de gens de bonne foi ont été trompés, utilisés, mystifiés, au point de se méfier de leurs réactions les plus naturelles en les jugeant eux-mêmes subversives et contre-révolutionnaires. Il y a plein de bons livres là-dessus. De moins bons aussi. Des amertumés, des déchirants. Ce sont des livres d'anciens militants qui ont tout perdu le jour où ils ont perdu la foi. Nous, on est tombés de très haut en 1956, avec le rapport « attribué à Khrouchtchev ». Mais enfin, Staline, pour moi, ça n'avait jamais été complètement papa-gâteau... J'avais gardé de mauvaises habitudes de mes mauvaises fréquentations anarcho-floréo-trotskisantes. Ce que venait de révéler Khrouchtchev, c'était un coup de poignard au cœur de tous ceux qui n'avaient jamais douté, ou qui n'avaient jamais voulu admettre qu'ils doutaient, ceux qui avaient avalé les « blouses blanches », « le traître Tito et sa clique », « Claude Bourdet, agent de l'Intelligence service », « Nizan, indicateur de police », « Sartre à la solde de l'impérialisme », « Marty et Tillon, flics ». Par ailleurs, c'était un baume au cœur de certains militants qui s'étaient fait exclure pour n'avoir justement pas voulu avaler certaines couleuvres qui étaient des serpents-pythons. Nous, on en avait avalé quelques-unes, recraché quelques autres. Après tout, nous étions libres, même de nous tromper. On a cru à des choses auxquelles on a bien fait de croire. Essayer de sauver les Rosenberg, c'était indispensable, et c'était indispensable de mépriser ceux qui ne voulaient pas signer. On a cru aussi à des choses auxquelles il n'aurait fallu jamais croire, exactement à la même époque. Contresigner le texte que Paul Éluard avait été amené à croire qu'il fallait écrire au moment de l'affaire Kalandra à Prague et qui disait : « J'ai trop à faire avec des innocents qui crient leur innocence pour m'occuper des coupables qui clament leur culpabilité », ce n'était pas indispensable, tellement pas indispensable que ça s'est avéré monstrueux et criminel.

Et croire Jaeger qui vous explique qu'il faut signer, ça n'était pas indispensable, même si c'était croire quelqu'un qu'on respecte. Ça ne devrait pas suffire. Affirmer qu'il n'y a pas de camps en Union soviétique en se référant aux *Lettres françaises* qui sont en procès avec Kravtchenko parce qu'il a écrit un livre qui les dénonce, c'est de la naïveté et de l'ignorance. Par contre, savoir qu'en Amérique la Commission des activités antiaméricaines poursuit des gens parce qu'ils ont, un jour de 1936, donné cinquante cents à une quête pour l'Espagne républicaine, jette en prison dix scénaristes d'Hollywood parce qu'ils refusent de coopérer avec la Commission, de dénoncer leurs amis et de dire si oui ou non ils ont été communistes un jour de leur vie; savoir que Dashiell Hammett, l'auteur de *la Clef de verre,* du *Thin Man* et du *Faucon maltais,* est en prison pour les mêmes raisons; savoir que Lillian Hellman, l'auteur des *Petits Renards,* ne peut plus travailler parce qu'elle a refusé de répondre aux questions du sénateur MacCarthy — disant qu'à l'école, la première chose qu'on lui avait apprise en tant que citoyenne américaine, ç'avait été de ne pas dénoncer ses petits camarades —, savoir tout ça, c'est se tenir au courant de l'actualité, pas celle des ragots ni des on-dit. Celle que publie la presse américaine et que diffuse la télévision, braquée en permanence sur les « accusés » de Washington. Apprendre qu'Élia Kazan s'est payé une page entière du *New York Times* pour dénoncer soixante-dix de ses anciens copains, c'est aussi se tenir au courant de l'actualité, et c'est avoir envie de vomir d'avoir aimé ses films.

Voilà. C'était la guerre froide. Il n'était pas indispensable non plus d'avoir une carte du Parti pour savoir ces choses. Il y avait celles qu'on savait, celles qu'on ne savait pas. Celles qu'on ne savait pas étaient les plus horribles. Et les vrais coupables étaient ceux qui les connaissaient et les cachaient. Comme il y a longtemps que je n'ai pas fait de références littéraires, je vais m'en payer une tout de suite : « Celui qui ne sait pas est un ignorant, celui qui sait et qui se tait est un malfaiteur » (*Galilée,* Bertolt Brecht).

> Brecht aussi est passé devant le Comité des activités antiaméricaines pendant son exil en Amérique...

SIMONE SIGNORET : Oui. Il y a un disque de son interrogatoire. On lui pose des questions extraordinaires : « Connaissez-vous un certain Kurt Weill?... Vous est-il arrivé de parler politique avec lui? » Et aussi : « Pour quelles raisons avez-vous quitté l'Allemagne en 1933? »

Ses réponses n'ont pas aidé les investigateurs, il est rentré peu après à Berlin-Est, où d'autres aventures l'attendaient.

Voilà. Je viens de vous expliquer pourquoi on n'était pas communistes, et pourquoi on n'était pas anticommunistes.

Quand vous faites le bilan de cette époque, que pouvez-vous en dire?

SIMONE SIGNORET : Qu'elle a été parfois difficile, mais formidablement enrichissante. Difficile, en particulier, à cause des tracasseries d'une certaine presse. On me voyait périodiquement « vendre *l'Huma-Dimanche* en manteau de vison » ou bien, c'était pire, « envoyer ma bonne la vendre et surveiller de loin si elle la vendait bien »... Je me faisais faire des « bleus de chauffe chez Hermès »... Ça, c'était moins bête, parce que, après tout, les jeans que portent toutes les petites jeunes filles de la bonne société d'aujourd'hui ne sont rien d'autre que des bleus de chauffe américains.

De quelle presse voulez-vous parler ici?

SIMONE SIGNORET : Je ne lui ferai pas de publicité... (Dans une autre presse, c'était le boycottage. Mais là, comme je ne veux pas faire de boycottage, je vous dirai *Match.*) Je ne vais pas revenir sur les affiches de Montand passées au goudron, les boules puantes, les gaz lacrymogènes au théâtre des Célestins, une fois, à Lyon. Ni sur les provocations, les lettres de menaces. Des tracasseries, quoi!

Et les aspects enrichissants?

SIMONE SIGNORET : C'était tout le reste, et ce fut beaucoup. Moralement, artistiquement et — je ne vous laisserai pas le dire à notre place — matériellement aussi. Moralement et artistiquement, parce qu'on était bien avec nous-mêmes, on était libres. On avait la chance d'être Français. A Paris, il n'y avait pas MacCarthy, ni Jdanov. Montand chantait ce qu'il voulait. Comme on ne vivait pas dans une bulle de savon, mais sur une grosse boule où il se passait plein de choses, ça le rendait plus difficile encore sur le choix des chansons, qu'elles soient comiques, poétiques ou « engagées », comme on dit maintenant. Pour être dignes des opinions qu'on avait, il fallait se garder à droite et se garder à gauche. Rien qui puisse flatter les réacs, rien qui puisse tomber dans le populisme ou la démagogie. Comme c'était du beau boulot, ça marchait. Et quand ça marche, ça rapporte beaucoup de bravos, de « Oooooooh » lorsque le rideau ne se rouvre pas à la fin, et forcément... beaucoup d'argent. Le public était très mélangé. Le public populaire, Montand l'avait, parce qu'il est par définition un chanteur populaire. Les chanteurs populaires sortent du populo, très rarement de la rue d'Ulm... C'est joli, quand un chanteur populaire fait siffler aux gens sur leurs vélos la mélodie des *Saltimbanques* d'Apollinaire. Les autres, il les avait aussi : quand c'est bon, ils ne sont pas rancuniers...

C'est ce personnage-là que Clouzot est venu chercher pour *le Salaire de la peur*. J'emploie exprès le mot personnage : pour jouer Mario, Clouzot est venu chercher à la fois l'homme Montand et le Montand de music-hall. Être une personnalité de music-hall, c'est le contraire d'être acteur, c'est être soi, dans un costume à soi, avec l'aide d'un bon répertoire choisi par soi, de bons musiciens choisis aussi par soi, et d'éclairages réglés par soi. Prétendre amuser, émouvoir, captiver un public qui vient vous voir dans *Vous*.

Montand avait déjà fait une expérience avec *les Portes de la nuit*. A vingt-trois ans, il avait remplacé Gabin pour lequel Jacques Prévert avait écrit ce très beau rôle de quadragénaire. Ni l'amitié, ni le talent de Jacques et de Carné n'avaient pu tirer de lui autre chose que le pâle reflet d'une personnalité : la sienne. Pas celle du personnage. Il aimait beaucoup le cinéma pour y aller, mais il avait décidé de ne plus jamais souffrir devant une caméra. Il refusa à Clouzot, Clouzot s'accrocha. Montand lui fit promettre que si ça n'allait pas, il pourrait partir. Clouzot promit. Montand se mit alors à travailler des scènes d'Anouilh.

Ça se passait à la Moutière, chez Carrère, où on s'était installés tous les quatre, Georges, Véra, Montand et moi. Dans l'après-midi, Montand passait son audition devant Clouzot comme un jeune homme qui débarque de sa province au cours Simon... et vers dix-huit heures il partait pour le théâtre de l'Étoile où il chantait à bureau fermé. C'était un bon arrangement... Je n'ai jamais vu Clouzot aussi heureux que durant cette période où il avait à la fois la femme qu'il aimait, un scénario qui devenait admirable et un élève attentif qui, par ailleurs, triomphait sans que lui, Clouzot, y fût pour quelque chose.

Gabin refusa l'autre rôle, parce qu'il pensait que son public ne voudrait pas le voir jouer « un lâche » et Vanel, qui n'avait pas tourné depuis longtemps, fut engagé après des essais auxquels il se plia volontiers. C'est comme ça qu'il fit le *Salaire* et devint notre ami.

Le Salaire se tourna entièrement en Camargue. J'avais suivi. Véra et moi faisions les rayons des Dames de France de Nîmes. On brodait des espadrilles de petites perles de jais. On allait au tournage et on se baignait dans le Gardon glacé, à cent mètres d'une pancarte qu'on n'avait pas vue et qui annonçait : « Danger, poliomyélite ». On vivait au « Toto-Hôtel », c'est-à-dire dans un hôtel dont le patron s'appelait Toto. Clouzot exigeait de lui qu'il assistât aux projections. Vanel et Montand s'achetaient des piles d'assiettes au Prisunic, qu'ils cassaient pendant le dîner au cours de fausses querelles provoquées par des réflexions du genre : « Moi, j'ai fait cent un films et ce n'est pas un godelureau de café-concert qui va m'apprendre mon métier! – Moi, jouer avec les acteurs du muet, ça me fatigue... » Les assiettes volaient et le père de Toto faisait l'inventaire de la casse, croyant compter la sienne. Les pompiers de la ville prêtèrent leurs tuyaux et leurs lances pour une embuscade tendue sur le chemin qui menait aux extérieurs... Tout le monde avait quatorze ans. Ils étaient en train de faire un très grand film, et moi de passer des vacances formidables. Je me disputais beaucoup avec Clouzot, mais ça faisait partie du programme. Il aimait bien. Et quand par hasard je n'étais pas agressive assez vite, il provoquait. Ça partait généralement avec un « pauvre Brasillach... si fin, si délicat... — Si fin et si délicat qu'il travaillait à *Je suis partout!...* », et ça nous faisait la soirée.

Je viens de dire que je passais des vacances formidables. En fait, je prolongeais des vacances, puisque je n'avais pas travaillé depuis un an et demi. Au moment où Montand avait signé pour *le Salaire,* j'avais de mon côté signé pour *Casque d'or,* avec Jacques Becker. Et c'est ainsi qu'un matin de l'été 1951, je fus priée de regagner Paris pour faire mes essayages de costumes, de coiffures et de maquillage pour le film.

Vous connaissiez bien Becker?

SIMONE SIGNORET : Au Flore, en 1942, parmi les gens dont on parlait et qui n'étaient pas là, il y avait un autre Jacques que Prévert, c'était Jacques Becker. Marc Maurette, qui avait été avec lui l'assistant de Renoir, disait souvent : « Ah! tu verras quand Jacques reviendra. » Jacques est revenu « de prisonnier », comme on disait. Maurette m'avait fait convoquer pour un petit rôle dans le premier film que Becker a tourné à son retour, *Dernier Atout.* Avec mon papier bleu à la main, je m'étais présentée à l'heure indiquée dans un bureau du boulevard Malesherbes. Au bout d'un petit corridor, il y avait une immense pièce en rotonde et au fond de cette pièce, quatre hommes assis à un bureau. Ils se ressemblaient. Tous les quatre avaient des moustaches, ce qui était étrange pour l'époque. Pas plus qu'il n'est possible de savoir à qui on va avoir à sauter au cou quand on joue un petit rôle, le Jacques Becker de Maurette n'était discernable. Il y avait au moins dix mètres à franchir avant de se retrouver devant le bureau à quatre têtes. Je les franchis dans un silence total. Et puis quelqu'un qui bégayait un peu me dit : « Vous, vous venez pour quoi? » Je montrai ma convocation. « Moi, je vous ai convoquée? — C'est Maurette qui... — Vous avez fait quoi? — Rien, monsieur... — Eh bien, allez au Conservatoire, et quand vous aurez fait quelque chose, revenez me voir. » Je refranchis mes dix mètres, mon papier à la main. A peine avais-je atteint la porte qu'il me dit : « Retournez-vous. Vous, vous devez être photogénique... » (*Fin de l'acte* I.)

(*Acte* II.) Je suis à Vence dans la troupe des *Visiteurs* et, par un jour de bruine, Blin et Decomble, qui tournent dans *Dernier Atout* à Nice, m'appellent à la pension Ma Solitude et me disent : « Viens passer la journée avec nous à Nice. » Et je prends mon car, et j'arrive à Nice, et je vais à leur tournage, et Becker me voit et il me dit : « Comment, vous êtes à Nice et vous ne m'avez pas téléphoné! — Pourquoi je vous aurais téléphoné? — Mais enfin, ma chère Gaby... — Comment avez-vous dit? — Vous n'êtes pas Gaby?... — Non, je suis la fille à qui vous avez conseillé le Conservatoire, je ne suis pas Gaby, je ne suis pas allée au Conservatoire, mais vous êtes drôlement plus gentil avec Gaby, qui n'a pas beaucoup de talent, qu'avec une inconnue dont vous ne savez rien. »

(*Acte* III.) Les années passèrent... Entre 1946 et 1949 je rencontrai Jacques, ça marchait bien pour moi, ça marchait bien pour lui. On n'était pas des amis, je veux dire qu'on n'était pas les amis qu'on devait devenir par la suite, après le travail en commun. L'anecdote de notre première rencontre était évoquée à l'issue de projections privées où l'on se retrouvait parfois. Ça relançait la conversation (surtout si le film n'était pas bon) dans le bar où l'attaché de presse avait convoqué quelques silhouettes bien parisiennes. Tout ça pour dire que Jacques et moi, quand j'avais signé *Casque d'or,* on ne se connaissait pour ainsi dire pas.

C'était un beau sujet. Plein de gens avaient voulu le tourner. Renoir, et Duvivier avant-guerre, et Allégret y avaient songé. On me le proposa avec Becker : peut-être y eut-il dans ma tête un peu d'esprit de revanche au souvenir de ma visite boulevard Malesherbes? Quoi qu'il en soit, j'avais signé un contrat et il me fallait rentrer.

Le matin du jour de mon départ, j'avais accompagné toute l'équipe du *Salaire* à Las Piedras, le faux village, à trente kilomètres de Nîmes. A 3 heures de l'après-midi, j'ai commencé à dire au revoir à tout le monde, et puis Montand m'a raccompagnée à la voiture. Je sanglotais. C'était la première fois qu'on se quittait depuis deux ans. J'ai sangloté pendant les trente kilomètres du retour à Nîmes. J'ai fait mes paquets en sanglotant, j'ai inondé les joues de tous les membres de la famille Toto en leur faisant mes adieux, j'arrivai à la gare en pleurant, le train pour Paris s'arrêta, je contemplai le beau sleeping dans lequel ma place était réservée. Je ne pleurais plus. Je ne suis pas montée dans le train, le train est reparti et j'ai eu pendant cette minute-là la plus forte impression de liberté de toute mon existence.

Quand l'équipe m'a retrouvée à l'hôtel, j'ai été fêtée comme une héroïne. J'étais la plus grande amoureuse de tous les temps! On n'avait jamais vu ça! Mon agent, Paulette Dorisse, à qui j'avais téléphoné en lui disant qu'elle dise n'importe quoi, mais que rien ne me ferait rentrer, n'avait jamais vu ça non plus! Mais elle, elle l'entendait dans un autre sens. Même Clouzot, qui aurait été capable de tuer une actrice qui lui aurait fait ce coup-là, abandonna Brasillach pour un soir et but à la santé d'un grand amour. C'était la fête au « Toto-Hôtel ».

Le lendemain matin, j'étais un peu moins à l'aise. Je m'attendais à des appels téléphoniques courroucés, comminatoires ou procéduriers. De Las Piedras, j'appelai le « Toto-Hôtel » : « On n'a pas téléphoné pour moi? — Non, madame, personne. » Et puis, le soir vers 9 heures, Toto est venu annoncer à table : « Monsieur Becker vous demande au téléphone. » Tout le monde a fait : « Eh... Eh... » Je reverrai toute ma vie ce téléphone à manivelle situé derrière le bureau de la réception. Jacques me dit : « Tu as bien raison, on n'a qu'une vie; une histoire d'amour, ça se soigne tous les jours comme une plante. — Merci, Jacques, tu es gentil, tu n'es pas trop embêté? — Non, non, pas du tout, je vais m'arranger... » Et il a cité deux noms de filles qui pourraient me remplacer.

Alors, le lendemain, j'ai pris le train pour Paris. Je suis rentrée, et bien m'en a pris : je suis rentrée pour faire un film qui est peut-être le plus beau de ma vie. Jacques m'attendait à la gare, il m'a emmenée chez le coiffeur pour me faire platiner les cheveux en m'annonçant qu'il viendrait me chercher à midi et demi pour vérifier la couleur. Après on irait déjeuner, après on irait voir les costumes, après on irait commander les chaussures. Il avait fait un plan de travail tel que je ne pouvais plus m'échapper, ni physiquement ni moralement. C'est après la décoloration que se situe l'épilogue de la pièce en trois actes que j'ai racontée tout à l'heure. Jacques se penchait sur les racines de mes cheveux comme Louis Pasteur sur son microscope, quand je lui dis : « Tu ne dis pas bonjour à la dame qui est à la table à côté, Jacques? — Je ne la connais pas... — Mais si, Jacques, regarde bien... c'est Gaby. »

Pendant le tournage, je n'ai pas eu conscience de l'importance de ce film. D'abord, on ne sait jamais si on est en train de faire une chose qui sera vraiment exceptionnelle. On espère toujours, mais on n'en sait rien. Et puis, Jacques était quelqu'un qui ne faisait peser sur le tournage aucun cérémonial de faiseur de chef-d'œuvre. Son mot, c'était : « Aujourd'hui, on va bien s'amuser. » Et c'était vrai, on s'amusait. Il avait dégotté pour les extérieurs, qu'on a tournés à Annet-sur-Marne, un café-hôtel dans lequel nous habitions, lui et Annette Wademand, Serge, moi et quelques autres, dans des chambres qui n'avaient pas l'eau courante, mais de très belles cuvettes de faïence, et qui donnaient sur un jardinet potager au bout duquel se trouvaient les « commodités ». Le reste de la troupe était logé dans un vrai hôtel. Cette idée nous sembla saugrenue pendant vingt-quatre heures, mais elle nous apparut lumineuse dès que nous eûmes endossé nos costumes. Marie et Manda étaient mieux là que dans un quelconque « Grand Cerf ». Et comme Jacques aimait Marie et Manda, il s'amusait lui aussi à se passer de salle de bains.

Je pourrais vous raconter pendant des heures comment ce film a été fait dans l'amour, la joie, l'amitié et l'humour. Je crois que ça se voit quand on le voit. Mais je préfère vous parler de ce qui m'est arrivé, sur le plan de mon métier : ça a été ma première confrontation avec ce qu'on appelle le dédoublement. Je n'avais rien lu sur le dédoublement. Il n'y a pas très longtemps que j'ai lu ce que Diderot, ce que Stanislavski ont écrit sur les acteurs. Mais, dans *Casque,* il m'est arrivé une chose très étrange. On avait déjà tourné pendant trois semaines en extérieurs. Quand il fallait un peu de brouillard, on avait un peu de brouillard; quand il fallait un peu de soleil, le soleil était là. C'était miraculeux. Et puis, un lundi — c'est important, le lundi : dans le tournage des films, la remise en route est toujours difficile après la dispersion du dimanche —, dans un terrain vague de Belleville, on se préparait à tourner la scène où Marie vient à la recherche de Manda, qui travaille chez l'ébéniste, que jouait Gaston Modod. Elle envoie le cocher du fiacre lui porter un billet. Manda sort de la boutique et elle le rencontre sur le terrain vague. Ils se dirigent vers une petite cabane lorsque apparaît la fiancée de Manda, que jouait Loleh Bellon.

Il est 8 heures du matin. On se fait maquiller dans un petit bistrot que la production a loué pour le tournage, au milieu des conversations classiques du lundi : « Qu'est-ce que t'as fait hier? — J'ai dormi. — Moi, je suis allé au cinéma », etc. Vraiment, rien ne rappelle ce qu'on s'apprête à jouer. Je monte m'habiller dans la chambre à coucher de la patronne du bistrot. Mon habilleuse habituelle était malade, la dame qui la remplaçait n'était absolument pas au courant des raccords de costume. Elle m'habille, elle me met mon corset, elle me passe les affaires que je lui indique au fur et à mesure. Dans le film, j'avais deux paires de bottines : une paire de bottines superbe en daim gris garni de vernis noir et une autre, très ordinaire, en chevreau marron. L'habilleuse me tend les belles chaussures et je lui dis : « Ah non, celles-là, je les mettrai ce soir. — Pourquoi? On tourne de nuit? — Non, non! ça ne fait rien... » Je me suis aperçue que j'étais en train de m'habiller dans la chambre à coucher d'une patronne de bistrot que je ne connaissais pas, devant un terrain vague de Belleville, pour aller dire à Manda, c'est-à-dire à mon ami Serge Reggiani : « Viens ce soir, je t'attendrai à l'Ange Gabriel »... Et que ce n'était pas moi que j'habillais — moi la femme de Montand, la mère de Catherine —, c'était Marie qui pensait déjà à ce qu'elle mettrait le soir pour sortir avec Manda... une scène qu'on a tournée trois semaines plus tard aux studios de Billancourt, où l'Ange Gabriel n'était pas encore construit...

Ça m'a paru très étrange. Je découvrais qu'il m'arrivait des choses que je ne recherchais absolument pas, pour lesquelles ni ma volonté ni mon cerveau n'étaient entrés en fonction. J'étais par conséquent quelqu'un d'autre. Ça m'a frappée et je me suis dit : « C'est donc ça qu'ils appellent le dédoublement! C'est là-dessus qu'on a écrit des tonnes de littérature! » Je n'en ai rien dit à personne, mais c'était la réponse à toutes les questions naïves qu'on nous pose souvent : « Comment faites-vous pour pleurer? » ou bien : « Il vous en faut de la mémoire pour retenir tout ça! » Alors que ce n'est pas difficile d'apprendre un texte (s'il est bon), parce que ce sont les mots mêmes que dirait le personnage dans la situation où il est. Et que ce n'est pas difficile de pleurer quand on est malheureux : si mon personnage est malheureux, il pleure, je pleure.

Dans la progression de mon métier, *Casque d'or* a été une étape. J'ai découvert que, finalement, on ne sait rien de ce métier et qu'il n'y a rien à en apprendre. Plus on vieillit, moins il faut en avoir la science. Il y a deux écoles : les acteurs qui vous expliquent qu'ils savent très bien comment ils feront les choses, qu'ils ont assez d'expérience pour savoir éviter tel ou tel écueil; et l'autre méthode, qui est de n'en avoir aucune. C'est la mienne. Je ne l'ai pas choisie, je n'ai pas décidé que c'était une méthode, mais c'est la seule qui me convienne. Il y a presque un besoin chez moi de ne pas réfléchir, de ne pas analyser.

Pendant le tournage, vous avez donc besoin de quelqu'un qui pense et réfléchit à votre place, à savoir le metteur en scène?

SIMONE SIGNORET : Il n'y a que lui qui compte! On ne peut jouer que comme ça, et c'est le grand luxe : s'apporter soi-même avec ce qu'on espère qu'on saura faire — j'insiste sur le manque de certitude — et, surtout, s'apporter dans un rôle qu'on n'a pas choisi soi-même. Au point où j'en suis de ma vie et de ma carrière et de mon métier, si je découvre un livre où il y a un très beau personnage de femme dans lequel j'ai la possibilité de me projeter, je renonce par avance à le jouer. Il faut que l'idée vienne d'ailleurs; il faut que quelqu'un d'autre y ait pensé pour moi, que quelqu'un m'ait choisie, m'ait rêvée, même si c'est un cauchemar, même si c'est pour jouer un monstre.

Quand vous avez vu, pour la première fois, le film fini, qu'est-ce que vous en avez pensé?

SIMONE SIGNORET : J'ai pensé que Jacques nous avait bien rêvés en pensant à nous tous, Serge, Dauphin, Bussière et tous les autres. Et qu'il nous avait fait faire, je crois, un chef-d'œuvre. Malheureusement, à part moi, mon mari, quelques bons amis et quelques très rares spectateurs anonymes, le gros de l'intendance n'a pas suivi. Le film a été un échec total. Je ne garde jamais les critiques, donc je ne peux pas citer exactement, mais les *Cahiers,* qui s'appelaient peut-être encore *la Revue du cinéma,* dénoncèrent la vulgarité du dialogue et des images; et Georges Sadoul, qui l'avait bien aimé dans un premier temps, avait été amené à refaire sa critique dans *les Lettres françaises,* la semaine suivante, pour fustiger l'inconsidération de Becker qui l'avait poussé à faire un film dirigé contre la classe ouvrière. Depuis quand un honnête charpentier pouvait-il finir sur l'échafaud alors que son devoir eût été de militer syndicalement au lieu d'aller se fourvoyer chez les voyous de barrière? Pour les autres, le film était un film muet sans intrigue ni suspense. Serge était trop fluet, ils auraient voulu un balèze (les producteurs aussi), c'est-à-dire que toute la fragilité apparente de Manda, qui dissimule une force intérieure bouleversante, leur avait complètement échappé. Les costumes de Mayo, si vrais, ne les séduisirent pas. Ils étaient habitués aux reconstitutions adaptées, aux guêpières 1950, façon corset, qui rendent aujourd'hui invisionnables la plupart des films tournés à ce moment-là sur l'Époque 1900. Jacques le savait, il ne voulait pas déguisés. Il ne voulait pas de chienlit (à l'époque, ça voulait encore dire « mardi-gras »). Serge, avec sa moustache, son pantalon de velours côtelé et sa veste en coutil noir, était bien en avance, il avait le costume que portent les mômes qui lisent *Libération*. Il avait surtout le costume tel qu'il avait été exactement relevé dans *le Petit Journal illustré*.

Avant Paris, le film sortit à Bruxelles. Je crois que c'était une astuce publicitaire. J'étais à Bruxelles avec Montand qui donnait un récital. La presse belge (ils étaient une douzaine) s'est fait projeter le film un matin dans un énorme cinéma de la place de Broucker. Montand, Crolla, Bob et moi, on s'était mis aux mezzanines pour essayer d'entrevoir les réactions des premiers spectateurs étrangers au film. Ils changeaient de position, ils parlaient, bâillaient. Comme le patron avait très gentiment installé un petit buffet dans le hall, pour après la projection, ils ont été obligés de me voir. Ils avaient l'air navrés et ne disaient rien. J'ai dit : « Vous n'aimez pas? » Ils ont hoché douloureusement la tête. Un seul prit son courage à deux mains et dit : « C'est faible... C'est bien faible. »

Casque d'or, présenté en grande première mondiale à Bruxelles, resta quatre jours à l'affiche. Et, pour une fois, Paris suivit Bruxelles, qui avait donné le ton. Serge, après *Casque d'or*, est resté cinq ans sans tourner.

Jacques était très triste et ne comprenait pas. Il était amoureux de son film. *Casque d'or*, c'est un grand chant très simple à la gloire de l'amour et de l'amitié. On avait tous été en état de grâce pendant le tournage. Jacques était amoureux d'Annette, et son amour de l'amour passait dans ses images. Moi, j'étais amoureuse de Montand, et Manda en profitait, et comme Manda c'était Serge, c'était délicieusement incestueux de faire semblant de s'aimer autrement, alors qu'on s'aimait si bien depuis si longtemps. Et Jacques nous aimait tous. On avait passé huit semaines à « s'amuser », passionnellement, et les gens ne comprenaient pas notre film.

Puis des rumeurs nous arrivèrent de l'étranger. A Londres, *Golden Mary* était salué comme un chef-d'œuvre; à Rome, *Casco d'oro* faisait une fortune; à Berlin (je ne sais plus comment ça s'appelait), de même. Enfin, on était reconnus. On n'avait pas été les victimes d'une aberration collective. On avait bel et bien fait un beau film. J'ai eu avec *Casque d'or* mon premier trophée étranger, le British Film

Academy Award. C'est l'Oscar anglais, c'était en 1952. Il aura fallu dix ans pour que *Casque d'or* ressorte dans un cinéma à Paris. Jacques est mort avant d'avoir connu cette joie.

Après le tournage du film, il était né entre nous une amitié à trois qui a été primordiale pour Montand et moi. Jacques vivait chez nous à la campagne, même quand nous n'y étions pas. Il y avait eu Annette; il y eut Françoise Fabian, c'est à Autheuil qu'ils se marièrent. Dans cette grande maison, il y a aussi deux lampes bancales auxquelles on ne touche pas, celles que Jacques a bricolées un jour de pluie sur deux grosses bouteilles et qui d'ailleurs étaient déjà bancales à l'issue de leur confection. Un objet maghrébin qui tient de l'amphore et de la cafetière géante, rapporté à la fin du tournage d'*Ali-Baba,* dont il disait lui-même qu'il serait interdit aux plus de huit ans... Un disque quarante-cinq tours d'une chanson qu'il avait découverte, *Une petite laitue avec de la mayonnaise,* qui a presque été un tube l'hiver dernier...

Un dimanche de novembre 1959, Bob nous a appelés à Hollywood pour nous dire que Jacques était mort. Le soir, quand je me suis couchée, la pendulette qu'il m'avait offerte s'est arrêtée. Je ne l'ai pas donnée à réparer. Un jour, elle est repartie toute seule. Croyez-moi ou ne me croyez pas.

En 1973, tandis que je tournais *Rude journée pour la reine,* le film de René Allio, *Casque* a fait encore une fois sa rentrée à Paris. Arlette Chosson, qui joue la fille enceinte dans le film d'Allio, et qui fait partie de la troupe de Vincent et Jourdheuil, est allée le voir avec ses copains. Le lendemain, elle est arrivée bouleversée par le film et elle a dit : « Ce que c'est beau! Ce que c'est beau! C'est brechtien! — Pourquoi brechtien? — Parce que c'est beau. — Alors, tout ce qui est beau c'est brechtien? — Oui. — Shakespeare c'est beau, donc c'est brechtien? — Oui... » Je pense que Jacques aurait ri. Nous étions certes loin d'Auguste Renoir et de Toulouse-Lautrec, mais, à la réflexion, il aurait probablement bien aimé.

Pendant les huit semaines du tournage de *Casque d'or,* nous nous sommes écrit et téléphoné tous les jours, Montand et moi. Jacques m'a laissée aller quelquefois à Nîmes. Je prenais le train de nuit le samedi soir, arrivais au petit matin et repartais le dimanche soir pour être sur le plateau à l'heure, le lundi. Une fois, on s'est croisés : Montand ne m'avait pas trouvée au téléphone et je ne l'avais pas davantage trouvé au « Toto-Hôtel ». Il a pris sa voiture pour venir me surprendre... alors que je roulais déjà dans le train pour Nîmes. On était très malheureux d'être séparés, mais, étrangement, ça ne nuisait pas à nos travaux. Quoi qu'il en soit, à la fin de *Casque d'or*, je décidai de ne plus faire mon métier. Et je l'annonçai à la presse.

Les gens ne comprenaient pas. L'insuccès du film ne m'avait pas « dévalorisée » comme ç'avait été le cas de Serge, pour les raisons les plus injustes que j'expliquais tout à l'heure. On me demandait. Et je refusais. Je voulais être là où Montand était. Je voulais aller me balader en tournée avec lui et les musiciens. J'étais redevenue *groupie*. Et je serais peut-être aujourd'hui une vieille ex-*groupie*, ex-actrice, et probablement ex-Mme Yves Montand, si un petit incident d'ordre ménager n'avait éclaté dans la roulotte, au cœur d'une paisible journée.

Montand, il est formidable dans les grandes circonstances. S'il y a le feu, c'est lui qui trouve l'eau ; et si vous perdez votre sang, il saura vous faire un garrot. Il est l'homme des grandes occasions. Disons que dans les petites occasions, il lui arrive d'être un peu difficile, pour ne pas dire pénible. Ce jour-là, je tricotais comme aime à le faire une épouse effacée et comblée. Il répétait, et ça n'allait pas exactement comme il voulait. C'est alors qu'il s'avisa de la disparition d'un petit bout de papier qu'il avait posé sur le piano, auquel on n'aurait jamais dû toucher, sur lequel il avait noté des choses de première importance... Tout à coup, voilà qu'on avait égaré la Dépêche d'Ems, le bordereau attribué à Dreyfus ! On le retrouva, il avait voyagé du piano au meuble sur lequel est posé le téléphone. Je ne sais qui était responsable de ce transfert. Lui probablement, puisque ces notes étaient destinées à un parolier auquel il avait dû les téléphoner le matin. Toujours est-il que, le bruit des aiguilles à tricoter aidant, j'ai agacé mon mari. Il m'a contemplée un moment et a dit : « Tu fais quoi ? Tu es là, tu tricotes... — Je suis là parce que je suis bien, si je n'étais pas là, je serais en train de travailler. — Travailler, c'est vite dit. Pour travailler, il faut qu'on vous demande. »

Il y avait dix-huit mois que je ne travaillais pas. Je n'avais aucun mérite. Je n'avais aucun souci matériel. Tout ce que j'avais refusé, je l'avais refusé avec la sérénité des gens qui n'ont pas faim, qui n'ont pas de problème pour payer leur loyer. C'est ça, le luxe. Je sais que très peu d'actrices ont pu se le payer, ce luxe-là. Un seul refus m'avait coûté : *Thérèse Raquin*. Quand les frères Hakim m'avaient proposé le rôle, j'avais verbalement accepté, à condition que Marcel Carné fasse la mise en scène. C'était pendant le tournage de *Casque d'or*, avant ma grande décision d'abandonner le métier (Hakim était coproducteur de *Casque*). A *Thérèse* j'avais donc dit « oui », et puis j'avais dit « non », et dans les fichiers des frères Hakim comme dans celui très bien tenu de Marcel Carné, je devais être classée sous la rubrique « Emmerdeuse qui ne sait pas ce qu'elle veut ».

« ... Pour travailler, il faut qu'on vous demande? Je pourrais être en train de tourner *Thérèse!* — Pour *Thérèse,* ils ne te voulaient pas vraiment, d'ailleurs, il paraît que c'est X... qui va le faire. » Comme c'est un truc qui fonctionne toujours très bien avec moi, je me suis levée, j'ai roulé consciencieusement mon ouvrage, planté parallèlement mes aiguilles à tricoter et pris un temps fou pour aller jusqu'au téléphone. J'ai cherché studieusement le numéro de la production. Je le connaissais par cœur. Je me disais : il va m'arrêter. Il lisait le journal. Lentement, j'ai composé le numéro ; je ne joue pas au poker, mais ça doit être comme ça, les gros coups que Montand raconte après ses parties. J'ai dit : « C'est moi, Robert, je veux bien faire *Thérèse.* » Je m'attendais à tout, par exemple : « C'est trop tard, ça ne nous intéresse plus, Carné est fâché, Mlle X... a signé son contrat... » Mais si Robert Hakim a jamais eu la voix d'un séraphin, il l'a eue ce jour-là en me répondant : « Je suis bien content, signons demain. » J'ai raccroché. J'ai dit : « Tu vois. »

Je revenais de très très loin. Nous allions pouvoir nous déchirer à nouveau pendant les absences, nous retrouver et constater le miracle de retrouvailles sans faille. J'étais redevenue celle qui est là parce qu'elle en a envie. J'avais échappé au sort d'être celle qui est là parce qu'elle ne saurait pas où aller si elle n'était pas là. Avec *Thérèse,* je retrouvais Carné à qui je racontai tout ce qu'il avait ignoré de notre vie de figurants à Vence. J'aimais bien Vallone. Vallone m'aimait bien, j'aimais Montand, et Vallone respecte les femmes d'Italiens qui aiment leur mari...

Je m'aperçois que je viens de parler deux fois de suite de mon « mari ». Nous nous sommes mariés en décembre 1951, mais nous avons gardé l'habitude de compter nos années de mariage à partir du 19 août 1949. C'est à la mairie de Saint-Paul que notre copain Marius Issert nous a unis. Mon témoin était Jacques Prévert, poète ; celui de Montand, Paul Roux, aubergiste-propriétaire de la Colombe d'or. Ce fut une toute petite noce. Les invités étaient : la famille Prévert, la famille Roux, André Verdet, la famille Pagnol, c'est-à-dire Marcel, Jacqueline ex-Bouvier et Frédéric, leur petit garçon (il avait sept ans, était éperdument amoureux de moi ; il avait cassé tous les disques de Montand — ils étaient en cire à l'époque — dans la discothèque de ses parents. Un jour que nous déjeunions chez eux, il avait tapé sur la tête de mon fiancé à coups de marteau, par-derrière. Pendant le repas de noces, qui était servi dans le bar de la Colombe, il dessinait des plans qu'il appelait des « plans de chipement », destinés à préparer mon enlèvement après ce qu'il appelait « ce mariage de con »...). Il y avait aussi une femme très discrète et très gentille qui était là avec son mari : Jeanne David, plus connue sous le nom de Deanna Durbin, qui avait été la plus grande vedette du cinéma américain pendant son adolescence et la mienne. Il y avait le tisserand du village. Il y avait Michelle la Cambraisienne. Et il y avait Catherine.

Ce jour-là, les colombes ont fait une chose qu'elles ne font jamais : elles sont entrées à l'intérieur et l'une d'elles est venue se poser sur ma tête, elle a déployé ses ailes, c'était exactement le dessin que Picasso avait fait pour le Congrès de la paix, on a trouvé que c'était un bon présage. C'est à ce moment que le chauffeur-copain de Picasso est arrivé avec un exemplaire de *Verve* sur la page de garde duquel il y avait un dessin et des bons vœux multicoloriés avec les premiers stylos-feutre qu'on ait jamais vus en France. Le dessin et le compliment étaient signés Pablo Picasso et Françoise Gillot. Aucune ambiguïté : le dessin était de lui et le compliment de Françoise, elle écrivait déjà. Un jour, il n'y a pas si longtemps, on a bien soigneusement détaché la page de garde et on l'a fait encadrer. C'est le seul original de Picasso qu'on ait dans la maison, il est involable parce que invendable. Il est à nos deux noms, daté du 22 décembre 1951.

On voyait Picasso quand il avait envie de nous voir. A l'époque, c'était la période Vallauris, des délégations entières d'emmerdeurs lui rendaient la vie impossible et l'empêchaient de travailler. On le savait, il nous le racontait. Il était drôle et cruel, pas méchant, cruel mais juste. Il imitait très bien les importuns : les femmes du monde ou les « camarades » qui avaient tendance à lui taper sur le ventre et à le prendre pour un illustrateur pas très sérieux de la propagande du parti communiste. Il montait souvent à Saint-Paul avec Françoise, Claude et Paloma. Il savait qu'à Saint-Paul, il trouverait Prévert, Paul Roux qu'il aimait beaucoup, et nous. Braque aussi, parfois, et c'était un miracle d'être assis là, à la même table que ces deux hommes si beaux et si différents. Le petit taureau attaquait le grand Normand, se faisait raconter le bleu des oiseaux du plafond du Louvre. Je dis bien : raconter. Comme je pourrais raconter un scénario. C'était un jeu, un jeu qu'ils jouaient depuis plus de cinquante ans. Mme Braque ne participait pas au jeu. Elle n'aimait pas Picasso. Elle aimait à rappeler comment c'était elle qui préparait ses goûters, à Paulo, quand il était petit, parce que c'était un enfant quasiment abandonné. Elle n'aimait pas le tapage qui entourait la légende Picasso. Elle préférait le silence de Braque. Elle préférait la peinture de Braque. En fait, elle n'aimait que la peinture de Braque. Le seul dont elle parlait avec tendresse, c'était Modigliani. Elle l'avait connu quand elle était modèle. Elle disait : « Comme il était beau Modigliani... » Jusque dans les années cinquante, ça paraissait encore agacer Braque. Elle ne parlait jamais de la peinture de Modigliani, elle parlait de sa tête.

Picasso montait souvent à la Colombe, c'est pourquoi j'ai dit tout à l'heure qu'on le voyait quand il en avait envie, lui. Parfois il nous emmenait à l'atelier. Je m'y suis toujours sentie embarrassée. C'était terrifiant de dire « c'est beau » à quelqu'un qui sait que tout ce qu'il touche, couleur, papier mâché, plâtre ou fer, est immédiatement converti en sommes d'argent dans l'esprit des gens qui regardent. Ça aussi, il le savait. Il prenait un grand plaisir à comparer les comportements de ceux qu'il invitait. Une fois, ç'a été très gai. Il était en train de sculpter la chèvre. On pouvait encore reconnaître le guidon de vélo qui avait servi aux cornes, les deux calebasses d'osier qui faisaient le thorax, la nervure centrale d'une branche de palmier en guise d'épine dorsale, la boîte de conserve éventrée à l'endroit du sexe, et deux gourdes de terre cuite comme mamelles. Il avait commencé à l'enduire de plâtre, quatre bûches malingres la maintenaient sur ses pattes. Si j'ai dit que c'était gai, c'est que ça n'était en rien solennel, ce n'était pas fini, accroché, en montre. C'était déjà une chèvre et c'était encore un jouet fabriqué par un enfant dont les parents ne sont pas clients du Nain Bleu.

Il avait toujours du fusain dans ses poches et s'amusait à dessiner des fresques et des corridas sur le mur blanchi de la maison qu'habitaient les Prévert. Le mistral et deux orages les effaceraient deux jours après... Il arrivait sans prévenir et c'était la fête. Il ne nous serait jamais venu à l'idée de débarquer chez lui, mais il aurait jugé inconcevable de ne pas nous trouver quand il avait décidé de monter.

En 1957, à notre retour des pays de l'Est, il nous a appelés et on est descendus à la Californie, cette grande maison de super-Cannes. La chèvre en bronze était dressée sur la pelouse. Comme c'était une vieille copine qu'on avait vue naître, elle ne nous impressionna pas. Nous sommes restés de longues heures : il voulait savoir, il était grave, et Montand raconta. Duncan, le très grand photographe américain, préparait son bouquin, *The private Life of Pablo Picasso*. Dans les grandes demeures hollywoodiennes qui abritent toujours un ou deux Picasso, on trouve aussi toujours le bouquin de Duncan. On est dedans et les propriétaires de ses tableaux, qui ne l'ont jamais connu, sont un peu jaloux. Et c'est bien moral.

Si Saint-Paul et la Colombe d'or reviennent périodiquement dans ce récit, c'est que c'est notre troisième maison. Peut-être même, si l'on suit l'ordre chronologique, notre première, puisque c'est là que nous nous sommes connus. Il y a des gens qui s'aventurent à faire des pèlerinages sur les lieux de leur première rencontre. Ils ont parfois des surprises. A la place du petit tabac où ils avaient partagé leur premier café crème, ils découvrent une laverie automatique... A nous, rien de cela ne peut arriver. On n'a jamais cessé d'aller à Saint-Paul. Les changements, on les a vécus. Cette grand-rue qu'on avait connue déserte s'est progressivement transformée en rue marchande, c'est la vie... Mais la Colombe n'est pas devenue pour autant un Sofitel. La Colombe est restée ce qu'elle était, et même si Picasso, Braque et Paul Roux ne doivent plus jamais deviser sous le gros figuier de la terrasse, ils ne sont pas loin. Si la Colombe n'avait pas existé, peut-être que la grand-rue n'aurait pas réussi dans le commerce, et sans doute Aimé et Marguerite Maeght n'auraient-ils pas eu l'idée de créer la Fondation dans les Hauts-de-Saint-Paul. Je sais que, dans l'esprit des gens qui ne sont jamais venus en cet endroit, cette Colombe d'or sonne un peu comme hôtel Crillon. Je ne crois pas qu'au Crillon, l'on voie beaucoup la famille Crillon. A la Colombe, il y a la famille Roux.

Quand on a connu Francis, il avait dix-sept ans; François, son fils aîné, en a aujourd'hui vingt-deux. On a vécu la vie des Roux, ils ont vécu en partie la nôtre. Paul Roux a été le témoin de Montand à mon mariage, Montand a été celui de Francis quand il a épousé Yvonne. Pierrot, le barman, a versé ses premières grenadines à Catherine, à l'époque où sa tête n'arrivait pas encore à la hauteur du bar, il les verse maintenant à Benjamin, l'enfant de Catherine. Titine Roux, Mme Paul, continue à vamper des petits garçons et des petites filles aux démarches encore vacillantes avec un « Ainsi font font font les petites marionnettes » très lent et très cristallin; son éternelle robe noire (en fait, elle en a sept exactement semblables...) paraît les rassurer. C'est le seul hôtel quatre étoiles dans lequel le bar soit aussi une buvette de village. Il y a beaucoup de gens qui croient que la Colombe est à nous. Elle n'est pas à nous. Elle appartient bien à la famille Roux. Mais nous, au milieu de cette famille-là, on se sent chez nous.

La vraie troisième maison est à nous. C'est Autheuil. C'est en 1954 que Montand l'a achetée. Je dis bien Montand. « Il y en a des *Battling Joe* et des *Feuilles mortes* là-dedans », aime-t-il à rappeler quand il la contemple. Il la contemple souvent. Moi aussi. Parce que, aujourd'hui encore, on s'étonne de sa beauté et de ses proportions, on s'étonne surtout qu'elle soit à nous. Les salles pleines du théâtre de l'Étoile et la vente des disques ont permis ce miracle. Elle représente le symbole du luxe, mais pas dans le sens où on entend généralement ce mot lorsqu'on parle d'une maison. Elle est le symbole d'un certain luxe, qui consiste à pouvoir acheter quelque chose avec le fruit d'un travail et non pas à travailler pour pouvoir acheter quelque chose. C'est ça, le luxe. C'est une notion très importante. Je rencontre beaucoup de gens qui disent : « Je fais ce film, ça paiera la maison de campagne... » Autheuil a été acheté avec les sous gagnés par un artisan qui s'exploite lui-même en ne produisant que des choses qu'il aime. Le fin du fin, c'est quand ce travail s'effectue devant un public qui aime ce que vous aimez lui offrir.

Autheuil est une grande maison. En 1954, ses quatre-vingt-neuf kilomètres de Paris la remisaient au bout du monde. Comme elle était grande et lointaine, elle était abordable. A cinquante kilomètres de Paris, la même aurait coûté le triple. Elle a été meublée de « bons meubles », qui ne sont pas de « beaux meubles », mais qui sont très beaux — tous les amateurs de brocante m'auront comprise. C'est une maison d'été, d'hiver, d'automne et de printemps. C'est le contraire de la roulotte, parce que plein de gens peuvent y vivre et y travailler sans se gêner ni même se rencontrer, sauf aux heures des repas, ou pas du tout s'ils n'ont pas faim, ce qui ne leur arrive jamais. C'est très vite devenu une maison communautaire dans laquelle on rit beaucoup, où l'on travaille très sérieusement. Elle se prête aux grandes parties d'« ambassadeurs » ou d'« assassins » aussi souplement qu'aux répétitions d'un récital, à l'écriture d'un scénario ou d'un roman. C'est une bonne vraie maison où tous ceux qui sont passés repassent. Quand on l'avait trouvée si grande, le jour de la visite, on ne savait pas que, bien souvent, elle serait trop petite pour le nombre des convives. Il y a toujours eu beaucoup d'enfants à Autheuil, maintenant il y a les enfants des enfants.

Déjà, pour Catherine, c'était la maison de campagne comme en avaient mes petites camarades de Neuilly et comme n'en avaient pas les petits copains de Montand à la Cabucelle. Pour Benjamin, c'est Autheuil-Georges-et-Marcelle. En 1954, Georges et Marcelle étaient très jeunes. Marcelle faisait la cuisine dans la roulotte. Georges travaillait aux Halles et s'ennuyait de la campagne. Encore une fois, on a fait les choses à l'envers, c'est-à-dire à l'endroit. On n'a pas cherché des gens pour s'occuper de la maison après l'avoir achetée ; on aimait bien des gens qui aimaient bien la campagne et on a emmené Georges et Marcelle faire la deuxième visite à Autheuil avant de l'acheter. Ils ont bien aimé. On a acheté. Et c'est comme ça que, pour Benjamin, et beaucoup d'autres, Autheuil c'est aussi Georges et Marcelle. Je pense que José Artur, dans *Micro de nuit*, a beaucoup mieux raconté Autheuil que moi.

C'est à Autheuil, où presque toute la troupe était venue passer un week-end, que Raymond Rouleau a fait la première mise en place des *Sorcières de Salem,* bien avant les vraies répétitions. *The Crucible* — c'est son titre anglais — s'était joué sans grand succès à New York. Son auteur, pratiquement inconnu en France, était lui-même un « sorcier de Washington » banni par MacCarthy. Nous ne connaissions de lui et de sa pièce que ce que nous en avaient raconté nos amis Jules Dassin et John Berry, autres sorciers réfugiés en France. Ils parlaient toujours de faire venir le texte de la pièce à Paris, ne le faisaient jamais. Nous savions que le *Crucible* était l'histoire des Rosenberg dissimulée avec une clarté évidente sous celle de John et Elizabeth Proctor, eux-mêmes victimes de la répression d'une autre église, en 1692, à Salem, Massachusetts. De temps en temps, on rappelait à John Berry qu'il avait encore oublié d'écrire à Arthur Miller et il disait : « Je le ferai demain. » Mais de Brooklyn où il vivait alors et dont il ne pouvait sortir parce qu'on lui avait retiré son passeport, Miller confia sa pièce à son agent littéraire, et c'est ainsi qu'un jour, Elvire Popesco nous contacta au sujet « d'une pièce, cherrrr Monsieur, chèrrrre Madame, d'un Anglais que je connais pas le nom, ça parrrrle de diables et de poupées, j'ai pas lue, mais trrrès jolie traduction serrrra prête semaine prrrochain, et que je serrrrais heurrrreuse que vous lisez, et moi de la monter. »

C'est avec toute l'affection et l'admiration que je porte à Popesco que j'essaie de l'imiter. Il fallait beaucoup d'imagination pour faire un rapprochement entre ce qu'elle disait de la pièce et ce que nous en savions. Cependant, il s'agissait bien du même objet. On le constata peu après, en lisant un mot à mot fort bien fait, qui arriva chez nous par le truchement d'A.-M. Julien. Il l'avait « emprunté » dans la loge de Popesco et, pour parler net, avait essayé de s'en approprier les droits. Ce fut un petit incident de parcours. Elvire et Julien s'expliquèrent, tombèrent dans les bras l'un de l'autre et s'allièrent finalement pour coproduire le spectacle. De Brooklyn, Miller avait posé une condition : il désirait que sa pièce fût adaptée par Jean-Paul Sartre ou par Marcel Aymé — personne d'autre. Il fallait d'abord demander à Sartre et, seulement en cas de refus, demander à Aymé. Sartre refusa. Ou plutôt, Jean Cau, qui était son secrétaire à l'époque, refusa sans que Sartre ait lu la pièce. Marcel Aymé refusa lui aussi. Il détestait l'Amérique et ne voulut pas lire la pièce. C'est grâce à une excellente comédienne qui, elle aussi, avait entendu parler du *Crucible*, et surtout du rôle d'Abigaïl, qu'il finit par la lire. Il accepta, le *Crucible* devint *les Sorcières de Salem*, et Abigaïl fut jouée par Nicole Courcel (ce n'était pas la comédienne en question). Popesco et Julien engagèrent Raymond Rouleau. Les répétitions étaient prévues pour le mois d'octobre, on était en juillet.

Je m'apprêtais à m'apprêter pour cette grande épreuve. Je n'avais pas remis les pieds sur une scène depuis que j'avais été chassée de celle des Mathurins dans les sandales de Gabin-Ponce Pilate, et j'avais très peur à l'avance. J'avais aussi fait promettre à Rouleau qu'il ne me ménagerait pas. Si je ne « faisais pas l'affaire », il n'aurait pas à s'embarrasser du fait que j'étais devenue une « vedette de cinéma » pour me remplacer, le cas échéant. J'étais dans ces pensées — et dans mon jardin d'Autheuil — lorsque Marcelle m'annonça : « Monsieur Clouzot vous demande au téléphone. »

Mes rapports avec Clouzot, depuis *le Salaire de la peur*, avaient suivi des cours divers. En m'appelant pour *les Diaboliques*, Clouzot obéissait à des motivations qui n'étaient pas celles qui l'avaient poussé à prendre Montand pour *le Salaire*. Je ne l'avais jamais épaté et mon talent, si j'en avais, ne l'avait jamais frappé. Il avait considéré *Casque d'or* comme un « non-film », m'avait scientifiquement démontré comment ç'aurait pu devenir un film si lui, Clouzot, l'avait mis en scène à la place de Jacques... et si Martine Carol l'avait interprété. Moi, j'aimais bien Martine Carol, qui était une fille très gentille, et je lui avais conseillé de refaire *Casque*. C'était ça, le ton de nos conversations. On se disputait, on se réconciliait. Véra arbitrait ou mettait de l'huile sur le feu, ça dépendait de son humeur. Comme ils avaient découvert la Colombe, ils y vivaient en permanence depuis la fin du *Salaire*. Ça nous permettait d'entretenir ces relations ambiguës et agressives qui, dans le fond, nous amusaient beaucoup.

Clouzot est un grand metteur en scène. C'est aussi un homme qui peut tout apprendre, l'élève le plus appliqué du monde. Je l'ai vu apprendre la canasta dans des livres, puis y jouer mieux que personne, surtout mieux que moi qui n'ai jamais osé lui avouer que je n'avais rien compris à ce qu'il m'avait expliqué. Je l'ai vu apprendre la peinture dans des traités, et ensuite peindre. Je l'ai vu lire des ouvrages de tauromachie, et si je ne l'ai pas vu descendre dans l'arène, c'est que ça se passait en Espagne, mais il y est bel et bien descendu, chez Luis Miguel Dominguin. Il ne savait pas nager, il a appris, à quarante-cinq ans, dans la piscine d'Eden Roc, avec le maître nageur, en compétition avec des bambins de trois ans. Dix jours plus tard, il plongeait du grand plongeoir dans la Méditerranée. Puis ce fut la plongée sous-marine, sur le tas si j'ose dire. La musique vint ensuite. Il n'était plus question d'écouter une symphonie de Beethoven sans suivre la partition, à moins de vouloir passer pour un sauvage. Le dernier apprentissage que je lui ai connu fut celui de Dieu. Comme je l'ai perdu de vue il y a exactement neuf ans, et pour de bon cette fois, je ne sais où il en est maintenant... Tout ceci pour dire que Clouzot est un homme honorable dans le sens le plus shakespearien du terme.

En répondant « oui », par ce bel après-midi de juillet 1954, à son offre de jouer dans *les Diaboliques,* je savais que je ne me préparais pas des jours sereins. Je n'imaginais pas que j'allais en baver comme j'en ai bavé pendant seize semaines. Clouzot venait me chercher parce qu'il avait besoin de moi pour le rôle. Il avait surtout besoin d'une actrice qui ne fût pas une étrangère pour Véra. Elle n'était pas comédienne du tout et il préférait qu'elle travaille avec une copine... en famille, quoi!

C'est lui qui voulait faire tourner sa femme?

SIMONE SIGNORET : Non, c'est elle qui voulait tourner. Sur Véra Clouzot, on pourrait écrire trois volumes. Elle était drôle, insupportable, généreuse, folle, malheureuse et capable de rendre les gens malheureux; elle était très malade aussi; je l'ai adorée et détestée et, curieusement, elle me manque. C'est elle qui voulait tourner tout en se faisant croire que c'était lui qui l'y forçait. On était bien en famille, mais on n'était pas chez les Fenouillard, on était chez les Atrides! Dans le fond, on se connaissait trop. Les gens devraient se découvrir dans le travail. C'est ce qui s'était passé avec Jacques. C'est ce qui s'est passé pour moi avec tous les metteurs en scène avec qui j'ai travaillé et retravaillé. On a tous des défauts qui n'apparaissent pas toujours aux compagnons de travail. On les garde pour chez soi, quand on est soi, pas un « personnageailleurs ». Eh oui, elle-moi, l'autre, pas moi-moi.

Donc, Clouzot se méfiait de mes vilains défauts et moi des siens. J'avais peut-être d'autres défauts sur le plateau, mais ce n'était pas ceux auxquels il s'attendait. Ça rompait tout l'équilibre qui doit s'établir entre un metteur en scène et une interprète. Il m'était arrivée de dire « merde » à Clouzot, à table, au « Toto-Hôtel ». Il ne me serait jamais venu à l'idée de lui dire « merde » sur un plateau qui était le sien. Mais ça, il ne l'avait pas compris, et sa façon de me faire savoir qu'ici on n'était ni à la Colombe ni au « Toto-Hôtel » prouvait qu'il ne l'avait pas compris. Bref, tout était faussé.

La tension devint extrême du jour où il me dit très méchamment : « Je n'aurais jamais dû vous laisser lire la fin du scénario. » Il avait dit là une chose formidablement intelligente et c'est moi qui ne l'ai pas comprise. J'ai assez dit combien le tournage avait été pénible pour assumer complètement le blâme à partir de ce moment-là. La femme que je jouais était une coupable, une tueuse, et la complice de son amant, que jouait Paul Meurisse. Elle prétendait être l'alliée du personnage que jouait Véra. J'avais malgré moi tendance à la jouer en coupable, alors que tout le suspense tenait au fait que le public devait la croire innocente jusqu'aux deux dernières minutes du film. Quand il m'a dit ça, je l'ai mal pris. J'ai eu tort. Je le répète, je ne savais pas ce que je sais aujourd'hui. Après la tension, ce fut l'enfer et puis l'apocalypse quand arriva une lettre recommandée du théâtre Sarah-Bernhardt exigeant ma présence pour la deuxième semaine de répétitions des *Sorcières de Salem.* J'avais signé un contrat de huit semaines avec Clouzot, on entrait dans la quinzième semaine de tournage. On en fit seize. Il ne m'en paya que huit. Il avait très bien préparé un contrat que j'avais lu très mal. Je commençai à répéter le soir *les Sorcières* pour rattraper mes camarades qui avaient quinze jours d'avance sur moi. Je passais directement de la tueuse à la puritaine de Nouvelle-Angleterre, sans transition, pour être à nouveau la tueuse le lendemain matin aux studios de Saint-Maurice où mon metteur en scène, sa femme et moi-même ne nous adressions plus la parole. Heureusement, il y avait Meurisse et Vanel sur le plateau. Et Jean Renoir sur le plateau d'à côté. Il faisait *French Cancan.* C'était la récré, eux s'amusaient bien. *Les Diaboliques* firent une fortune, Véra eut sa couverture de *Match.* Georges Sadoul, moins chatouilleux sur la noirceur du sujet que sur les atteintes à la classe ouvrière qu'il avait décelées dans *Casque d'or,* fit une critique dithyrambique. Il a rectifié cependant, dans sa rubrique de fin d'année, en déplorant « la présence de notre chère Simone Signoret dans un film aussi immoral ». Mais tout cela n'eut lieu que beaucoup plus tard. Je veux dire : quelque temps après. On jouait déjà *les Sorcières* depuis des mois.

Monter *les Sorcières* avec Montand et moi dans les rôles de Proctor-Rosenberg, en pleine guerre froide, dans un théâtre immense, était une idée qui tenait de la folie roumaine d'Elvire et du sens des affaires de Julien. La folie roumaine consistait à penser qu'un chanteur de music-hall et une vedette de cinéma seraient capables de jouer une tragédie. Le sens des affaires consistait à penser que Montand-Signoret, ça faisait une belle affiche qui risquait d'attirer du monde. La vraie bonne idée, ce fut de demander à Rouleau de faire la mise en scène. Celle-là fut de nous. Ce premier mot à mot très bien fait, nous l'avions lu une nuit, au retour de l'Étoile, au lit, en nous passant les pages l'une après l'autre. A 5 heures du matin, on avait fini. On était bouleversés. Bien sûr qu'on avait envie de dire « oui » dès le lendemain matin à Elvire et à Julien. On leur dit : « Oui, à la condition que Rouleau mette en scène. » Cette condition sous-entendait que Rouleau eût vraiment envie de nous diriger. Que nous n'ayons pas l'air de « vedettes » qui se paient un metteur en scène. Ce fut bien clair dès la première rencontre : Rouleau aimait la pièce et aimait ce risque à courir avec des débutants célèbres. A partir du moment où il accepta, il devint le patron de cette entreprise qui devait nous conduire à jouer pendant un an un spectacle admirable. C'est à lui et à Lila de Nobili qu'il nous faut dire merci, tous autant que nous sommes qui avons participé à l'aventure des *Sorcières*.

Il faut dire que je fus incroyablement aidée et protégée. Sur scène, je ne « projette » pas. J'ai été habituée à réduire les effets au maximum, à tout faire passer dans un regard ou dans un geste. Tout à coup, j'ai trouvé que le Sarah-Bernhardt, c'était très grand! Le rôle de Mme Proctor était beaucoup moins difficile que celui de Nicole Courcel, par exemple, qui avait à hurler, à se déchaîner. Mme Proctor, c'est une puritaine très digne, qui n'élève pas la voix. C'était un rôle où mes qualités de cinéma pouvaient être utilisées si l'on s'y prenait bien. Et ils s'y sont très bien pris. Lila, par exemple, a plafonné le décor du II. Elle m'a bâti une petite caisse de résonance. Ça n'a l'air de rien, mais c'est très important. Tous les autres étaient à l'aise sur une scène. Moi pas. Les costumes de Lila, simples et authentiques, m'aidèrent à bouger. Ils étaient seyants, non pas dans le sens flatteur, mais parce qu'ils étaient bien sévères et quotidiens comme doivent l'être ceux d'une fermière qui travaille à la maison et aux champs. Ces notions de travail et de campagne étaient une des lignes maîtresses des indications de Raymond pendant les répétitions. Cette pièce était un énorme plaidoyer contre l'intolérance. Pendant quatre actes, il allait se débattre de thèmes graves : des thèmes sociaux, métaphysiques, sexuels. Il savait déjà que nos costumes, quand ils seraient prêts, nous donneraient des allures de personnages de l'école hollandaise. Il combattait d'avance le danger qui nous guettait de nous comporter comme sur des gravures élégantes. Pendant deux mois de répétitions, tous les jours, il insistait sur le fait que tous ces gens étaient des paysans pauvres, nouvellement venus d'Angleterre sur un sol qu'il leur fallait défricher. Le choix de Pierre Mondy pour jouer le pasteur puritain, ascétique, dur dans ses croyances et déchiré au moment du doute, fut un coup de génie de Raymond, exactement pour ces raisons-là. Un autre aurait fait appel à un acteur au physique de mystique, un grand maigre inquisiteur aux gestes onctueux. Avec Pierrot, râblé, sain, ouvert et jovial, l'apparition de l'Inquisition était d'autant plus effrayante qu'elle avait un côté bon enfant. Et quand l'Inquisiteur réalisait trop tard qu'il avait affaire à un Proctor innocent, c'était un brave homme qui s'écroulait, terrifié de s'être trompé. Nicole Courcel, blonde, fraîche, ronde à l'époque, l'air d'une franche paysanne, pour jouer Abigaïl, la noirceur, le mensonge et la passion amoureuse, tel fut l'autre coup de génie de Raymond.

Une autre ligne maîtresse, au cours des répétitions, était le rappel constant des formes d'intolérance que nous autres Français avions pu constater pendant l'Occupation. Raymond se servait beaucoup de cette étoile jaune qui, du jour au lendemain, avait fait son apparition sur le cœur des Juifs. A ceux qui jouaient les juges, il parlait des tribunaux d'exception. Il parlait des lettres anonymes qui s'amoncelaient sur les bureaux de la Gestapo. La mise en scène de Rouleau, c'était aussi une formidable imagerie politique. Bien entendu, la référence aux Rosenberg était elle aussi constante.

Nous étions dix-sept sur le plateau et je crois que très peu avaient une conscience politique. Raymond n'était pas allé puiser systématiquement chez les acteurs de gauche. Il avait pris ce qu'il y avait de meilleur. Et on ne peut pas dire que, jusqu'en mai 1968, la race des acteurs se soit découvert un goût profond pour les causes et les engagements politiques... Un jour, quelqu'un demanda si Miller viendrait pour la générale, et quand Rouleau expliqua qu'il ne pouvait pas sortir d'Amérique pour des raisons qui étaient exactement celles que nous allions jouer pendant quatre actes, ça provoqua une surprise quasi unanime. Cet exemple montre à quel point cette troupe homogène et convaincante était faite de gens qui, dans la vie de tous les jours, se tenaient bien loin des événements politiques. Ce qui n'a d'ailleurs aucune importance. J'ai connu des acteurs de gauche qui étaient d'irréprochables militants mais qui n'étaient pas toujours de bons acteurs. Et il y a de vilains réacs qui sont de prodigieux comédiens. En tout cas, pour Montand et moi, la conviction profonde que nous avions à l'époque de l'innocence des Rosenberg était un support qui n'avait pas de prix. Je pouvais être Elizabeth Proctor parce que je croyais Ethel Rosenberg innocente. Je savais aussi que la vraie Mme Proctor s'appelait Mary et que Miller lui avait donné le nom d'Elizabeth pour que les deux initiales des Proctor soient J et E, comme Julius et Ethel.

J'avais toujours refusé de lire les lettres d'Ethel Rosenberg en public quand, juste après leur mort, on avait organisé des « galas » — eh oui, c'est comme ça que ça s'appelle — pour venir en aide à leurs enfants et perpétuer leur souvenir. J'avais refusé, je savais pourtant que j'aurais fait un triomphe. J'aurais été proprement admirable, car je ne peux pas lire les *Lettres de la maison de la mort* sans être bouleversée, tellement bouleversée que j'aurais sûrement bouleversé mon auditoire. On m'aurait applaudie parce que j'aurais bien fait mon travail d'actrice. Quand on participe à un gala, on va chez le coiffeur, on se choisit la petite tenue bien sobre, et puis on fait des essais de micro, et d'éclairage, on fait son métier, quoi! Et si on est très bien, on se taille un succès personnel. Dans ce cas-là, je me le serais taillé avec un matériel qui était encore chaud : la vie de quelqu'un qui vient d'être assassiné. Personne ne m'a jamais comprise quand je m'en expliquai. Comme je ne voulais pas laisser penser que j'avais peur de me compromettre en ne participant pas aux galas, je venais lire une très belle lettre de Zola que Roger Pigaud m'avait signalée. Elle s'intitule *Lettre à la jeunesse*. Elle m'a énormément servi dans ma vie, chaque fois que j'ai été associée à ce genre de manifestation. Elle n'a pas vieilli d'une virgule, elle a été écrite au moment de l'affaire Dreyfus. Elle est malheureusement encore utilisable, dans tous les pays du monde. Enfin, presque tous.

Je n'avais jamais lu les lettres d'Ethel en public. Je les avais lues pour moi toute seule. Et c'est parce que je les avais lues que je pouvais sans honte donner à Elizabeth Proctor l'émotion qu'elles provoquaient chez moi. Je n'en avais besoin qu'au quatrième acte, puisque, jusque-là, Elizabeth Proctor, en puritaine exemplaire, s'interdit de laisser filtrer la moindre lueur de la passion et de la tendresse qui la brûlent intérieurement. Raymond avait une bonne image pour ça : « Elle est comme ces desserts enrobés de glace blanche à l'intérieur desquels il y a une crème au chocolat bouillante. » (Je ne sais où il avait mangé ça, mais, sur moi, ça avait bien fonctionné...) Donc, avant le IV, j'avais été de glace. Mais au IV, pendant la scène d'adieu entre Proctor et sa femme — qui est aussi leur première scène d'amour après des années d'un mariage gâché par leur puritanisme et ses frustrations à elle —, il me la fallait, mon émotion. Elle mit du temps à m'arriver. Je crois qu'elle m'arriva huit jours avant la générale. Il ne restait plus qu'à la retrouver, saine, honnête, profonde, chaude, sincère, pour trois cent soixante-cinq représentations.

La générale fut un triomphe. Un triomphe pour la pièce et pour l'adaptation de Marcel Aymé, pour le travail de Raymond et de Lila, pour la troupe, avec cependant des triomphes personnels très marqués pour Montand, qui avait passé la frontière music-hall/théâtre, et pour Nicole et Mondy. Moi, j'avais passé mon examen de passage cinéma/théâtre avec mention bien. Pas le prix d'excellence. La critique fut unanimement louangeuse, de Gauthier dans *le Figaro* à Claude Roy dans *l'Huma-Dimanche*. Nos copains respiraient, ils nous avouèrent alors — Jacques Becker, Gérard Philipe, François Périer, Bernard Blier, Pierre Brasseur, José Artur, Danièle Delorme, Serge Reggiani et les autres — qu'ils avaient tremblé depuis notre décision de jouer ensemble cette pièce difficile, sombre et engagée. En cas d'échec, nous n'en serions pas sortis vivants. En cas de demi-succès, on aurait eu quand même l'air de minables qui veulent faire la leçon. Le fameux succès d'estime ou le salut au « courage de deux grands noms qui ont voulu tenter une expérience qui est tout à leur honneur, mais... », aurait été une vraie catastrophe, surtout pour l'équilibre de la vie dans la roulotte de la place Dauphine. Rien de tout cela n'arriva. C'était le triomphe, le vrai. La folie roumaine avait payé, le sens des affaires aussi. Nicole eut sa couverture de *Match*. Elle ne l'avait pas volée.

Vous pensez que le public faisait le rapprochement avec les Rosenberg?

SIMONE SIGNORET : L'affaire Rosenberg avait quand même remué le monde entier. Le pape lui-même avait essayé d'intervenir auprès d'Eisenhower. Raymond avait eu soin de nous faire jouer la scène du IV les mains enchaînées. Le baiser que me donnait Montand-Proctor en m'emprisonnant les épaules de ses chaînes, avant d'aller se faire pendre, était la copie conforme d'une photo du baiser de Julius à Ethel qui avait paru dans toute la presse.

J'ai dit assez combien l'image de ce couple nous a aidés à jouer cette pièce en toute bonne foi. Au risque de me répéter, je dirai que nous ne l'aurions peut-être pas jouée aussi bien si, à l'époque, nos consciences avaient été plus troublées par le drame des autres, de l'autre côté du monde. Aux Rosenberg, on avait dit : « Avouez, vous aurez la vie sauve. » Ils n'avouèrent pas et furent électrocutés. Aux autres, à Prague par exemple, on disait : « Expliquez-nous comment vous êtes coupables, et demandez-nous la mort. » Et on la leur donnait. Dans cette période abominable de la vie américaine, Julius et Ethel Rosenberg furent les seuls condamnés, exécutés sans preuves. De l'autre côté, il y en a beaucoup qui sont morts pour avoir fourni les preuves d'une culpabilité dont ceux qui les jugeaient savaient qu'elle n'existait pas.

Je viens d'être grave, le sujet s'y prête. Les réflexions que je fais aujourd'hui n'étaient pas les nôtres à l'époque. On était tous heureux d'avoir réussi notre coup, comme sont heureux les acteurs d'une pièce qui fait le plein tous les soirs. Marcel Aymé, qui m'avait beaucoup intimidée au départ, avait pris l'habitude de passer au théâtre tous les deux jours pour nous voir, comme ça. Enfin il parlait. Il était drôle et tendre.

Il était politiquement concerné par les problèmes de la pièce?

SIMONE SIGNORET : Il était concerné par les problèmes de tout le monde. C'était un homme libre. Pendant l'Occupation, il avait eu des copains un peu encombrants. Il avait été « épuré » à la Libération, puis, quelques années plus tard, proposé pour la Légion d'honneur. Il avait renvoyé le papier qu'on lui demandait de remplir soigneusement, pour préciser ses mérites, avec cette brève mention dont il était assez fier : « Monsieur le Président de la République, votre médaille, vous pouvez vous la carrer dans le train. » Il admettait que son travail d'adaptateur lui avait été facilité par le superbe mot à mot sur lequel il avait travaillé. Marcel Aymé ne parlait pas un mot d'anglais, s'en flattait et n'avait pas essayé de dévoyer la pièce par des trouvailles à lui qui auraient pu trahir la pensée de Miller. Il avait simplement mis en forme, avec son talent, la pensée d'un autre. Il avait cependant fait une tentative, en introduisant Mme Proctor dès la fin du premier acte, alors qu'elle n'était prévue qu'au début du II. Je crois que c'était pour m'éprouver. Lorsque je le rencontrai pour la première fois, je lui demandai la raison de ce changement et, paupières baissées, il me répondit : « Je croyais que les dames actrices, quand elles sont des vedettes, préfèrent annoncer leur arrivée par une apparition à la fin de l'acte I. » Je le détrompai. A partir de ce moment, des dialogues chaleureux, entrecoupés de longs silences, s'établirent entre nous.

A la troisième représentation, Sartre vint voir la pièce. Il entra dans la loge — « la loge de Madame Sarah » — en déclarant : « C'était pour moi, pourquoi n'ai-je pas fait l'adaptation? » On lui conseilla de mieux surveiller son secrétariat.

J'ai dit qu'on avait joué la pièce un an, c'est vrai ; en fait, on l'a jouée trois cent soixante-cinq fois pendant deux périodes de six mois. A l'époque, Sarah-Bernhardt recevait le théâtre des Nations pendant l'été. Et c'est pendant cet été-là, en 1955, avant la reprise de l'automne, que je m'en allai faire mon premier tour dans un pays de l'Est. Très exactement à Berlin-Est. Plus précisément à Babelsberg, l'ex-Hollywood hitlérien.

7

Wolfgang Staudte, qui avait réalisé le premier film allemand de l'après-guerre, *Les assassins sont parmi nous*, entièrement tourné dans les ruines encore fumantes de Berlin, et dans lequel Hildegard Knepf était prodigieuse, était venu nous chercher à Paris, Bernard Blier et moi, pour tourner *Mère Courage* de Bertolt Brecht. La maison productrice était la DEFA, c'est-à-dire la République démocratique allemande. Bernard serait le cuisinier et moi, Yvette, la putain française. Tous les autres rôles seraient interprétés par la troupe du Berliner Ensemble, avec bien entendu Helene Weigel (Mme Brecht) dans le rôle de Courage. Le Berliner avait joué *Mère Courage* à Paris, et avait remporté un triomphe. En fait, le Berliner Ensemble était une des meilleures troupes du monde, et les Allemands de l'Est avaient eu bien de la chance que Brecht, à son retour au pays natal, eût choisi leur côté plutôt que l'autre. Comme il n'y avait pas de Mur à l'époque, les générales du Theater am Schiffbauerdamm étaient les plus courues des deux Allemagnes. Brecht était des deux côtés, mais le Berliner de l'Est était prestigieux et mon copain Bernard et moi n'étions pas peu fiers d'aller travailler avec ces gens-là.

La DEFA disposait de gros moyens, comme les productions d'État en ont dans les pays socialistes. Ils avaient produit quelques bons films, comme *Rotation* de Staudte, *Der Untertan*, du même, d'après Heinrich Mann, mais aussi de grandes fresques terriblement jdanoviennes. Rien de tout cela n'est jamais sorti des circuits internes. Avec *Mère Courage*, ils voulaient élargir leur marché, et pour élargir leur marché ils avaient fait appel à des noms connus à l'Ouest Bernard et moi étions connus en Allemagne de l'Ouest, et connus ensemble. *Dédée* et *Manèges* avaient été des grands succès. Il faut croire que la DEFA faisait confiance au goût de ses compatriotes occidentaux. J'avais été, si je puis dire, engagée les yeux fermés. En Allemagne de l'Est, personne ne m'avait vue, dans rien. J'étais complètement inconnue. Pas plus les films d'Allégret que ceux de

Becker, de Carné ou de Clouzot n'avaient été jugés dignes d'être présentés au public de la RDA. Il allait enfin pouvoir me découvrir à l'occasion de mes débuts en langue allemande. Il y avait un mois que je piochais mon texte. L'allemand que j'avais appris de la quatrième à la première comme deuxième langue, me revenait assez bien pour pouvoir apprendre intelligemment. Bernard, quant à lui, comptait beaucoup sur les réminiscences de son « temps de prisonnier ». Je partis la première en train.

Le train passa un coup dans l'Ouest, un coup dans l'Est, repassa dans l'Ouest pour repasser dans l'Est. En gare de Berlin-Ouest, qui n'était pas ma station, je me mis à la portière. Sur le quai, j'aperçus un monsieur très sympathique qui courait comme un fou. Dans une main, il tenait une grande gerbe de fleurs, dans l'autre une pancarte avec mon nom et ma photo. C'était le plus gros distributeur de films de Berlin-Ouest. Il venait me souhaiter la bienvenue sur la terre allemande. Il insista sur le fait que le peuple allemand dans son entier était content que je vienne participer à une œuvre écrite par le plus grand dramaturge allemand. Il ne connaissait pas bien les gens de la DEFA, mais ils étaient sûrement très très gentils. Surtout, que je n'hésite pas à l'appeler si quelque chose n'allait pas... Il me donna sa carte, mes fleurs, le train repartit, roula quelque temps pour s'immobiliser définitivement dans la grande gare de Berlin-Est.

Une délégation m'attendait, composée du directeur général du studio et des représentants du ministère de la Kultur, avec des œillets rouges à la main. Les acteurs français détestent les œillets. C'est une superstition stupide et tenace. Mille anecdotes se racontent dans les coulisses et sur les plateaux de cinéma qui attribuent à l'œillet fatidique envoyé par la rivale la chute dans le trou du souffleur ou le bide d'une générale. Il est temps que ce soit dit : il y a de par le monde des tas de gens qui se saignent aux quatre veines pour offrir des œillets, comble du luxe dans les pays peu ensoleillés, à des Français ingrats qui, à la vue de la fleur en question, ne pensent plus qu'à l'enrouement qui va les rendre aphones ou à l'avion qui va capoter. Ils avaient donc des œillets, ils souriaient, contents de contempler enfin, en chair et en os, une personne qu'ils n'avaient jamais vue au cinéma. Parmi tous ces officiels, il y avait aussi une femme, Rosaura Revueltas, vedette mexicaine du *Sel de la terre*, film dont je reparlerai. Elle était là, je pense, pour essayer de promouvoir le film.

Au moment des tractations, on m'avait fait choisir très courtoisement : Voulais-je des marks de l'Ouest? Non, je voulais des marks de l'Est. Voulais-je vivre sur le Kurfürstendamm, à l'Ouest, pendant le tournage? Non, je voulais vivre à l'Est. Tant qu'à aller travailler à l'Est, je voulais vivre la vie de l'Est. C'est ainsi qu'on me véhicula jusqu'à Babelsberg. Babelsberg, c'était le Beverly Hills du temps où l'Hollywood allemand était régi par l'UFA. Maintenant, c'était la DEFA. Les villas des stars de l'UFA et des grands industriels du régime nazi avaient été attribuées aux artistes, écrivains et metteurs en scène de la RDA. La plus grande et la plus belle, qui avait été la résidence de Siemens, était devenue une *Gästehaus* — traduisez « pension de famille ». Elle était située dans la ruelle chic, donnait sur le lac, disposait même d'un petit port particulier. Il y avait une table d'hôte où se réunissaient les pensionnaires : des acteurs dont certains venaient de l'Ouest pour travailler à la DEFA. Fräulein Erika, qui était très marrante, tenait lieu d'intendante, de maître d'hôtel et de téléphoniste.

En arrivant ce premier soir, je demandai le numéro d'Autheuil. J'y avais laissé, pour quatre semaines, Montand, Catherine, Becker, José Artur et les Périer. Ils m'avaient vue partir avec beaucoup de chagrin, mais aussi avec un certain soulagement. La remise en route de mes notions d'allemand (je voulais vraiment arriver en sachant mon texte au rasoir) leur avait quelque peu gâché leurs vacances. J'étais « mignonne, consciencieuse », et j'en avais de la chance d'aller jouer du Brecht dans le texte! Alors, va vite le jouer, et reviens-nous, l'ayant joué. « Nous, te donner la réplique dans une langue qu'on ne connaît pas, on n'en peut plus! » C'était un peu ça, le ton à Autheuil, avant mon départ. Je voulais donc rassurer ma petite famille comme on le fait après un long voyage au-delà des frontières lorsque Fräulein Erika me fit savoir que, de la Gästehaus, on ne pouvait appeler que Berlin-Est! Je dois dire qu'un quart d'heure plus tard, tout était arrangé. Je ne sais pas qui Fräulein Erika avait alerté après l'évidente surprise que j'avais manifestée en découvrant que j'étais coupée de mon monde. J'appelai donc Autheuil. Et, pendant tout mon séjour là-bas, j'ai pu appeler qui je voulais, où je voulais.

La ruelle chic où était située la Gästehaus était barrée par une clôture de bois. Elle empêchait les passants d'accéder aux rives du lac qui se trouvait au bout du chemin, à environ cent mètres. Elle avait été élevée à une dizaine de mètres avant de parvenir à l'entrée de la Gästehaus, si bien que, pour pénétrer dans la pension, il fallait passer cette petite frontière. Elle avait son douanier, en la personne d'un jeune policier du peuple à l'intention duquel on avait aménagé une très jolie petite guérite et à qui on avait donné comme compagnon un très beau chien-loup. Si j'avais été une lectrice assidue de la propagande anticommuniste, en arrivant là, ce soir-là, j'aurais été comblée. Je n'étais pas cette personne-là. Je comprenais. J'avais traversé Berlin-Ouest et j'avais traversé Berlin-Est. A l'Ouest, j'avais vu les lumières, le néon, j'avais vu les reconstructions. Je savais que c'était les Américains qui les avaient assurées. A l'Est, j'avais eu le temps de voir que ce n'était pas gai. Ça ne me dérangeait pas. Après tout, les Russes n'avaient ni les raisons ni les moyens de faire les mêmes cadeaux que les Américains. Les ex-nazis, qu'une géographie imprévisible avait transformés tout à coup en militants socialistes, n'avaient qu'à payer. J'avais tenu à vivre à l'Est parce que, d'une façon très infantile, je croyais vraiment que dans tout ce bloc oriental à propos duquel on recevait tellement de brochures, mal coloriées mais néanmoins luxueuses, tout s'échangeait, se troquait. Je pensais trouver là des ananas chinois acquis par le troc du charbon polonais, des belles lunettes Zeiss échangées contre du blé ukrainien, du caviar russe contre de l'uranium hongrois. Alors, le petit mur de bois, je le justifiais, même s'il me dérangeait. A deux kilomètres de là, il y avait l'Ouest : ils étaient vigilants et ils avaient raison. Et puis, à Babelsberg, on allait se régaler avec un beau scénario, un bon metteur en scène, de bons acteurs ; et c'est dans cet esprit que je réceptionnai mon vieux camarade Bernard Blier qui avait lui aussi opté pour la vie à l'Est, le temps du film.

Et le travail commença. Bernard et moi, nous tombâmes amoureux en même temps de notre metteur en scène. Il adorait les acteurs et avait de bonnes raisons pour ça. Il était fils d'acteur et avait joué lui-même dans sa prime jeunesse. Il avait même joué parmi les élèves du professeur Unrat, dans *l'Ange bleu,* et aimait bien raconter comment tous ces faux collégiens avaient vu grandir l'anxiété de Jannings devant l'importance qu'allait prendre le rôle de Lola, alors qu'il avait cru naïvement être le seul personnage intéressant de l'action. Staudte vivait à Berlin-Ouest et travaillait aussi bien pour la DEFA que pour la Bavaria. Il nous avait engagés, nous, parce qu'il nous avait vus jouer. Il avait aussi recruté Max Douy, le décorateur des films de Lara. Sur les immenses plateaux superbement équipés, Max avait construit des décors beaux, étranges et désolés, des décors de guerre, de toutes les guerres.

La troupe du Berliner nous raconta sa vie. Elle ne ressemblait en rien à ce que nous connaissions. Les acteurs étaient complètement pris en charge. Le mot chômage n'existait pas dans leur vocabulaire. Il leur arrivait de répéter une pièce pendant six mois, voire même neuf, si Brecht en décidait ainsi. Ils avaient à leur disposition des cours de musique, de danse, de mime. Bien sûr, ils jouaient ce qu'on leur donnait à jouer, mais comme c'était généralement du Brecht, ils étaient très contents. Ils auraient cependant aimé être mieux connus à travers le monde. Les films qu'ils avaient parfois tournés n'étaient sortis qu'à l'Est. A l'Ouest, un garçon comme Peter Schalle ou un homme comme Geschoneck auraient été d'énormes vedettes de cinéma.

Le monsieur qui était distributeur à l'Ouest se manifesta très rapidement. La presse cinématographique de l'Ouest désirait nous rencontrer, Bernard et moi, pour connaître nos impressions sur les premières journées de travail... à l'Est. On accepta, à la condition que la presse cinématographique de l'Est pût se joindre à la conférence. Ils acceptèrent, et c'est une date historique dans la petite histoire des deux Allemagne. Pour la première fois depuis la scission de 1949, des journalistes des deux Berlin purent côte à côte poser leurs questions — ailleurs qu'aux festivals de Cannes ou de Venise — en plein Berlin-Ouest, dans les salons du Kempinski. Ce fut très gai, très chaleureux. Les premières questions concernèrent bien entendu les raisons de notre exigence : pourquoi les avait-on réunis? On leur répondit qu'on n'avait pas deux cerveaux, un pour l'Ouest et un autre pour l'Est, et que par conséquent, nos réponses à leurs questions seraient les mêmes pour les deux parties. Leurs questions vinrent, elles n'étaient ni perfides ni dangereuses. C'était le genre de questions que posent les journalistes de cinéma à des acteurs de cinéma.

Ensuite, on est allé dîner avec les Staudte, on a traîné un peu, on a repris notre autoroute qui traversait par deux fois les deux zones et on est arrivé « chez nous », à Babelsberg. Il était un peu plus de minuit. Le jeune policier du peuple, suivi de son gros toutou, sortit de sa guérite et refusa de nous ouvrir la porte verrouillée du petit mur de bois. Alors, tout l'allemand que Bernard avait appris en Silésie lui revint en mémoire. Ce n'était pas du Brecht. Il hurlait dans la ruelle chic, on pouvait même distinguer quelques mots de français dans son discours : « ... fait ch... pendant quatre ans, ces c...-là, couvre-feu de m... » Quelques fenêtres s'éclairèrent. Fräulein Erika vint parlementer derrière la porte verrouillée. Le jeune héros du peuple accepta finalement de laisser rentrer se coucher chez eux les héros de la réconciliation Est-Ouest.

L'affaire avait fait quelque bruit dans la ruelle et dans les alentours. Ses échos dépassèrent d'ailleurs les limites du quartier. Le lendemain, le ministre de la Kultur nous fit savoir combien il était navré de cet incident qui ne se reproduirait plus. Bernard fit cependant ses paquets et émigra à l'Ouest, au Kempinski dont il avait pu la veille entrevoir les agréments. Je restai. J'avais une bonne chambre, je m'étais fait des copains parmi les pensionnaires, j'étais près du studio. Et j'essayai de continuer à comprendre.

Ce que je compris moins bien, ce fut l'arrêt du film. On nous fit savoir un beau matin que Helene Weigel ne voulait plus tourner. Toutes les actrices qui avaient joué Courage de par le monde furent contactées. Aucune n'accepta de la remplacer. Il me restait des scènes à tourner. Les scènes avec Courage, je les tournai sans partenaire. La script lisait les répliques de Weigel et le chef opérateur me demandait de ne regarder ni trop haut ni trop bas, parce qu'on ne savait pas quelle serait la taille exacte de la nouvelle Courage.

Il n'y eut jamais de nouvelle Courage. On était en 1955. Staline était bien mort, mais beaucoup de choses n'étaient pas réglées pour autant. Je devais découvrir par la suite que la vie de Brecht n'avait pas toujours été facile dans ce pays où son insolence honnête et son courage lui faisaient parfois écrire des choses qui déplaisaient.

J'avais fini de jouer Yvette. Je rentrai chez moi pour reprendre *les Sorcières*. La veille de mon départ, le ministre de la Kultur me reçut très longuement. Il tenait une fois de plus à s'excuser pour tous ces incidents! Il nous était reconnaissant du fait que ni Bernard ni moi n'avions ébruité l'aventure de la porte verrouillée. Il faut dire qu'à l'époque, un titre dans le genre « A l'Est, deux acteurs français ne peuvent pas rentrer chez eux après minuit », ça faisait un bon scoop... Et il voulait aussi me dire que je ne devais pas garder un mauvais souvenir... qu'ils débutaient et commettaient les erreurs des débutants. Et que je revienne un jour, quand je voudrais, et que je n'hésite pas à leur proposer des sujets, j'étais la bienvenue, quand je voulais. Ça ne tomba pas dans l'oreille d'une sourde. C'est grâce à ces derniers mots que fut signée peu après la coproduction Borderie-DEFA pour le tournage des *Sorcières de Salem,* prévu pour le mois de juillet de l'année suivante. L'année 1956.

Dès les premiers jours du succès de la pièce, on avait pensé à la possibilité d'en faire un film. Je ne crois pas que, sans l'apport de la DEFA, on y serait arrivé. Les tractations se firent à Paris. C'était un peu l'histoire du pâté d'alouette. Les Allemands fournissaient le cheval. Ils se chargeraient des extérieurs, de la figuration, des gros décors et bien entendu des chevaux, de tout ce qui coûte le plus cher. Borderie nous mettait dans la corbeille de mariage, mais comme Montand et moi avions accepté d'être en participation, son beau geste était symbolique. Raymond fut engagé comme metteur en scène. Et Sartre comme adaptateur. Marcel Aymé comprit fort bien que, pour tourner des personnages que nous avions joués si longtemps, la fraîcheur d'un nouveau dialogue était indispensable. La date fut fixée en fonction de notre programme. On finissait de jouer la pièce en décembre. J'avais signé avec Buñuel un film à tourner au printemps, au Mexique, et Montand avec de Santis, un film en Italie dès la fin des représentations. Rarement avait-on vu une affaire de cinéma se régler aussi vite, et aussi simplement, pour un projet qui ne prendrait corps que des mois plus tard.

Les dates de début et de fin de tournage étaient capitales. Depuis un an et demi, Montand avait signé, par l'entremise de l'Agence littéraire et artistique, pour une grande tournée de récitals qui devait se mettre en route à la fin octobre 1956, et l'emmener en compagnie de sa femme, de ses sept musiciens et d'un couple de régisseurs éclairagistes, d'abord un mois en Union soviétique (Moscou-Leningrad-Kiev), puis pour une semaine dans chaque République socialiste. L'Agence littéraire et artistique est — et est peut-être encore — le seul organisme habilité à traiter des tournées à l'Est. C'est l'Agence littéraire et artistique qui s'était chargée des tournées de la Comédie-Française, du TNP et de l'Opéra et, depuis deux ans déjà, avait œuvré au rapprochement culturel entre l'Est et l'Ouest. Un des responsables de cette Agence est Georges Soria. Il est agent et écrivain. Les écrivains pensent qu'il est un agent, et les agents trouvent que c'est un écrivain. Quoi qu'il en soit, c'est lui qui avait mis sur pied cette longue tournée qui ne pouvait souffrir aucun décalage. Une journée de voyage était prévue entre chaque étape.

A la fin des entretiens entre la DEFA, Rouleau et Borderie, il était bien entendu que le film devait à tout prix être terminé au plus tard à la mi-octobre. Et c'est dans ces termes que tout le monde se sépara. « Prosit! — A la vôtre! » répondit Borderie qui venait de conclure une très bonne affaire.

La mort en ce jardin n'est sûrement pas le plus grand film de Buñuel, mais ces trois mois de tournage au Mexique ont compté pour moi, Michel Piccoli et Charles Vanel, comme des vacances inoubliables. Peut-être aussi pour Georges Marchal mais, comme je ne l'ai plus guère revu, je n'ai pas eu l'occasion de radoter avec lui comme je le fais aujourd'hui encore avec Charles et Michel, ou avec Colette Crochot, la script. D'abord, il y avait Buñuel; tous les acteurs qui ont travaillé avec lui l'ont déjà dit avant moi : passer sa journée avec Don Luis, ce n'est pas aller au travail, c'est s'amuser. Un peu comme aller s'amuser avec Becker, un peu comme rire avec Picasso. Et puis il y avait Oscar. Oscar Danciger, le plus russe des producteurs mexicains, après avoir été le plus russe des producteurs français, après avoir été le plus russe des émigrants, le plus russe des charmants russes — je pense à Kessel et à Tola Litvak, tous trois savent fredonner « Kalitka, la petite grille au fond du jardin... » Et puis il y avait mes deux complices, Vanel et Piccoli, et des mystifications énormes, et des batailles à coups de verres d'eau, qui devinrent des seaux d'eau. Enfin il y avait le Mexique. Je défie qui que ce soit de ne pas tomber amoureux du Mexique — je ne parle pas des paysages, je parle des gens. J'ai l'air folklorique en parlant comme ça : tant mieux, le folklore a quelquefois du bon, quand il exprime son sens réel, c'est-à-dire quand il s'applique au mot « peuple ». J'irai même jusqu'à dire *pueblo*. Et vive la fête des morts, même si ce jour-là ça pétarade dans tous les coins de la ville et qu'on a très mal à une dent, qu'on n'a d'ailleurs plus parce qu'elle vient d'être arrachée par un arracheur-réfugié-politique un peu maladroit... Et vive le petit cireur de souliers de onze ans qui vous refuse le verre de limonade que vous voulez lui payer, sous prétexte qu'il est un homme et qu'une dame ne saurait payer pour les hommes. Et vive le Mexique qui n'avait pas d'ambassadeur de Franco. Et vivent les grands chapeaux, les trompettes et les guitares des Mariachis que vos amis vous amènent le jour de votre départ, qui vous jouent *la Gondoleria* et qui vous font pleurer. « Que viva Mexico! »

C'est dans le fracas des pétards, les claquements de talons des danseurs de bambas, les airs de guitare et à deux pas de la prison où l'assassin de Trotsky menait paraît-il grande vie, que nous parvint la rumeur d'un rapport, non pas « attribué à Khrouchtchev », mais signé Khrouchtchev. Il fut largement commenté par de vieux républicains espagnols, copains de Buñuel, qui se réunissaient régulièrement pour se raconter la bataille de Téruel : c'étaient des anciens du POUM, de la FAI ou du parti communiste. Ils se racontaient leur guerre perdue depuis dix-huit ans et depuis dix-huit ans se querellaient affectueusement autour de quelques verres de tequila. Ce jour-là, beaucoup de choses de leur passé trouvaient des explications, et même des justifications. Staline n'était pas ce que certains avaient cru, Staline était bien ce que d'autres avaient dit qu'il était. « Que viva Krúchev! »

A l'autre bout du monde, dans les Abruzzes et la neige, Montand profitait des commentaires italiens. Là non plus, le rapport n'était pas « attribué à », mais bel et bien *firmato* Khrouchtchev. L'équipe était en grande partie communiste et comme Gramsci avait écrit : « Seule la vérité est révolutionnaire », les *compagni* trouvaient que le *compagno* Khrouchtchev avait eu le courage des vrais révolutionnaires. Je n'y étais pas, mais Montand me le raconta.

Je revins du Mexique, il rentra des Abruzzes. On était prêts à attaquer *les Sorcières*. On était même de fort bonne humeur. On allait aborder les pays de l'Est avec une autre optique, les mystères et les ambiguïtés n'existaient plus. L'amertume d'avoir été trompés pendant tant d'années était compensée par la satisfaction d'avoir eu quelquefois raison, en n'avalant pas certaines couleuvres dont j'ai parlé plus haut. Grande fut cependant notre surprise en découvrant qu'à Paris, les réactions des communistes français n'étaient pas exactement les mêmes que dans les autres pays : à Paris, le rapport était « attribué à »... et son contenu contesté.

Pour le tournage des *Sorcières*, c'est une armée de Français qui investit la *Gasthaus*. Fräulein Erika était toujours là. Le mur de bois avait disparu de la ruelle chic. Les Rouleau avaient amené leurs enfants; nous, nous avions amené Catherine. Toute la maison était à nous. Nous, ça voulait dire : Claude Renoir, le chef opérateur, et son équipe; Mylène Demongeot qui reprenait au cinéma le rôle de Courcel; Alex, pour nos cheveux et nos barbes à tous; mais pas de maquilleur : Raymond, Lila et Renoir nous voulaient absolument crédibles en puritains du XVIIe siècle, qui ne connaissaient ni la poudre de riz ni les faux cils. A Sarah-Bernhardt non plus, d'ailleurs, personne n'était maquillé, les éclairages se chargeaient de nous embellir quand c'était le moment. Il y eut certains matins frileux sur les bords de la Baltique, où un petit coup de plumeau de Monique — la femme d'Alex, « maquilleuse-accompagnant-son-mari-en-extérieurs-avec-interdiction-d'exercer » — aurait redonné à cette pauvre Mme Proctor, qui avait tant d'ennuis, un peu de cette joie de paraître qui nous effleure toutes quand la caméra vient tout près. Il n'y eut jamais de coup de plumeau ni de traits de crayon au-dessus de nos yeux pas plus qu'au-dessous. Pas une once de rimmel. On était comme on était à sept heures du matin. Comme étaient et sont encore les paysans qui n'ont plus vingt ans quand ils partent au travail.

Le scénario de Sartre était un scénario sartrien, complètement fidèle à la pièce de Miller. Il avait d'ailleurs été le fruit d'une longue correspondance entre Miller et Sartre pendant le temps de la préparation. Miller n'avait toujours pas de passeport. (Il n'allait pas tarder à le récupérer, mais ceci est une autre histoire... une histoire d'amour.) Sartre n'allait pas en Amérique. Ils se parlaient donc par écrit. Le scénario de Sartre approfondissait la vraie situation historique et sociale dans laquelle se trouvaient ces pionniers de Nouvelle-Angleterre. Tous ensemble étaient arrivés pauvres, et déjà, en quelques années, les barrières sociales s'étaient peu à peu dressées dans cette communauté entre les anciens pauvres et ceux qui l'étaient demeurés. Il y avait ceux qui avaient choisi la bonne terre, et ceux qui étaient tombés sur la mauvaise. Il y avait ceux qui travaillaient plus que les autres. Il y avait ceux qui étaient honnêtes et ceux qui l'étaient moins. Bref, il y avait eu très vite les notables et les autres. Tout cela était dit ou sous-entendu dans la pièce de Miller. Elle avait fasciné les gens parce que l'action racontait en quatre actes un drame abominable dont les prémices avaient été indiquées en paroles. Maintenant, il fallait *montrer*. On sortait des trois murs des décors. On allait les voir, ces champs plus ou moins étendus suivant qu'ils appartenaient aux pauvres ou aux riches. On allait pénétrer dans cette église dont on parle tout le temps dans la pièce, et s'apercevoir que, là aussi, déjà, les riches avaient leurs bancs, les pauvres les leurs, et les nègres leurs places désignées tout au fond, dans une loggia, debout avec les chiens...

La figuration noire était fournie par des étudiants africains inscrits à l'université de Leipzig. Ils étaient très contents à l'idée de faire un peu de cinéma — jusqu'au moment où Raymond, très courtoisement, les pria de prendre leurs places au milieu de quelques grands chiens. Ils protestèrent et quittèrent l'église-décor pour se concerter dans la grand-rue de la petite ville de Salem que Lila avait entièrement reconstituée en plein air, à vingt kilomètres du studio. De leur concertation, il ressortait qu'ils avaient quitté leur soleil natal pour les brumes de Leipzig afin d'étudier la chimie, les sciences politiques, l'allemand et surtout le marxisme, mais certainement pas pour se retrouver avec des chiens, dans des costumes réduits à l'état de haillons, debout derrière des Blancs assis et correctement vêtus. Alors commença une longue explication par Raymond des textes de Miller et de la philosophie de Sartre, qui déboucha sur de vibrantes déclarations anti-apartheid, pour revenir au point de départ : à savoir que le film qu'on tournait était justement une pierre apportée à l'édifice qui s'élevait dans le monde entier, grâce à la bonne volonté des hommes et des femmes de bonne volonté, de toutes races et de toutes couleurs, de toutes confessions et de toutes philosophies, contre toutes les intolérances où qu'elles se manifestent, etc. On était à l'ONU... Les étudiants africains n'étaient pas des imbéciles. Ils acceptèrent de reprendre leurs places en faisant remarquer, non sans quelque ironie, que, contrairement à ce qu'on pouvait penser, ils savaient lire, et qu'une lecture du scénario, avant d'accepter de quitter Leipzig, aurait certainement fait gagner du temps à la production.

La figuration blanche était fournie par des citoyens de la République démocratique allemande. Elle était nombreuse : la DEFA faisait très bien les choses, et Borderie avait tout lieu de s'en réjouir. Ces messieurs-dames de la petite ville de Salem arrivaient en car le matin. Ils étaient ponctuels, dociles et ne posaient jamais de questions incongrues. Ils n'intervenaient que pour coopérer dans la mesure de leurs moyens. Les jours de grande foule, Raymond usait volontiers d'un mégaphone pour diriger sa petite armée. Alors, dans la grande plaine allemande, on entendait sa belle voix s'élever pour réclamer le silence : « *Ruhe bitte... Konzentration...* » (traduction abrégée et littérale de son expression favorite : « Allons, mes enfants, un peu de concentration, je vous en prie. »)

Vint le jour où il fallut pendre Proctor, Rebecca Nurse et Martha Correy. Les charpentiers de la DEFA avaient construit un grand gibet, bien solidement, comme fait pour durer. Les accessoiristes avaient préparé des sangles en harnais pour Montand, Jeanne Fusier-Gir et Marguerite Coutand-Lambert. Un fil invisible reliait le harnais au gibet pour que ni mon mari, ni notre vieille petite Jeanne, ni la paisible Marguerite ne se retrouvent bêtement et vraiment pendus quand on retirerait les tabourets sur lesquels ils étaient montés pour se faire passer la corde au cou. Toute la population de Salem était réunie et suivait les répétitions. Les sangles tenaient, on pouvait y aller, Raymond réclamait sa chère « *Konzentration* », lorsqu'il y eut dans la foule d'abord comme un bruissement, qui devint vite discussion.

Raymond réclama une seconde fois « *Ruhe bitte... Konzentration...* » Un porte-parole s'avança alors en s'excusant. Il voulait absolument que Herr Rouleau fût mis au courant d'un léger différend qui l'opposait, lui, à six de ses *Genossen* (le *Genosse* est le collègue de travail en Allemagne de l'Est, le *Kamerad* est le compagnon d'armes). Voilà : ils n'étaient pas d'accord sur la façon dont les pieds de Montand, qui étaient nus, jouaient leur dernière scène après l'enlèvement du tabouret. Les pieds de Montand n'exécutaient pas correctement ces derniers soubresauts saccadés qu'on observe couramment chez le pendu après qu'il a rendu l'âme. Il s'excusait auprès de Herr Montand, mais il serait heureux d'aider, en lui montrant avec ses mains à lui, comment devaient jouer les pieds de Proctor. Les six autres *Genossen* étaient eux aussi désireux d'aider à ce que cette pendaison fût inattaquable sur le plan de la véracité. Malheureusement, leurs pendus à eux n'avaient pas tous eu exactement le même comportement. D'où la discussion.

Quatorze mains se mirent alors au service de l'art, de la technique et de la vérité. Elles se raidissaient. Leurs doigts s'écartaient. Certaines se croisaient et ressemblaient, l'espace d'un éclair, à des papillons, jusqu'à ce que toutes, chacune à sa façon, et selon son rythme propre, atteignissent enfin un gracieux abandon qui signifiait que, cette fois, c'était bien fini. Les conseillers techniques finirent par regagner leurs places. Personne parmi la population française de Salem ne pouvait vraiment les départager. Rouleau opta pour un amalgame de sept méthodes, ne redit pas « *Konzentration* ». Il dit : « Moteur! » Et enfin Proctor fut pendu, correctement, comme doivent se faire pendre tous les pendus de par le monde.

Tout ça prenait du temps. Les électros et les machinos de la DEFA étaient remarquables de sérieux et d'efficacité mais, souvent, il fallait traduire ce que voulait Claude Renoir. Ça prenait du temps. Raymond s'entêtait parfois à vouloir indiquer à un canard ou à un cheval — allemands l'un et l'autre — ce qu'il attendait d'eux. Bien qu'il le fît en allemand, il n'était pas toujours compris aussi vite qu'on l'eût souhaité. Catherine nous fit la varicelle; Montand, Demongeot et moi, nous nous relayâmes pour les séances de talcage, suivant qu'on tournait ou qu'on ne tournait pas. Quand on tournait tous les trois, Fräulein Erika talquait très gentiment à notre place. Tout le monde n'habitait pas la *Gasthaus,* les transports entre Berlin-Est et Babelsberg étaient compliqués. Ça prenait du temps. Borderie avait compris qu'on pouvait tourner beaucoup plus de choses importantes avec les moyens fournis sur place, que ce qui avait été prévu au début des négociations. Des séquences prévues pour Paris, en studio, furent tournées aux studios de la DEFA. C'était plus économique, mais ça prenait du temps. Des acteurs prévus pour Paris se retrouvaient tout à coup à Babelsberg, ça avait pris du temps à organiser. Mais on ne voyait pas le temps passer parce qu'on riait énormément. Ça n'est pas indécent de rire quand on est en train de tourner une tragédie. C'est en riant beaucoup à propos des mêmes choses de la vie qu'une troupe qui tourne un film grave retrouve la gravité au moment de la donner à l'histoire qu'elle raconte. Si on ne rit pas ensemble dans un film, on ne peut pas non plus faire pleurer ensemble.

On ne voyait donc pas le temps passer, et on avait bien tort. On rigolait beaucoup, et on avait bien raison. On n'allait pas rigoler encore très longtemps, Montand et moi. Octobre 1956 arriva. Le film n'était pas fini. J'ai assez dit combien la date de départ pour cette tournée gigogne dans les pays de l'Est était inamovible.

On avait fini par épuiser toutes les ressources de la DEFA : les chevaux, les foules, les grands espaces et les sables blancs de la Baltique dans lesquels on trouvait encore de l'ambre. Fräulein Erika nous vit partir tous un matin. On s'embrassa; c'était un peu triste. La *Gasthaus* allait retrouver son calme. Nous, nous allions retrouver Paris et les studios de la rue Francœur. Il nous restait à tourner les scènes les moins coûteuses sur le plan des décors et de la figuration, mais les plus difficiles à jouer. Très vite, il devint clair que jamais, au grand jamais, on n'aurait fini à temps pour permettre à Montand de faire face à ses obligations contractuelles concernant la tournée.

Alors, du bureau de Borderie chez Pathé, un après-midi, déguisés en Proctor, Montand et moi au téléphone, on cassa le morceau à Soria : il fallait repousser la tournée d'au moins un mois. Ça voulait donc dire : tout chambouler. Un peu comme bouleverser tous les horaires sur un réseau ferroviaire. Deux heures plus tard, les Russes appelaient de Moscou. Ils étaient très embêtés, mais ils comprenaient. Ça allait être compliqué, mais, surtout, qu'on finisse notre film tranquilles. Tout le public soviétique attendait Montand comme il avait attendu la Comédie-Française et le TNP. Ils allaient s'arranger. On poussa un grand soupir de soulagement. On pouvait continuer à travailler. On n'avait plus à dire à Raymond : « Dépêche-toi, il faut qu'on finisse. » Ça se passait aux alentours de la deuxième semaine d'octobre; nous devions donc être prêts à partir dans la deuxième semaine de novembre. On pouvait sereinement attaquer les scènes les plus déchirantes du film. On les attaqua.

On était très pris à la fois par nos personnages et par des soucis aussi futiles que de penser aux manteaux et aux bottes fourrées qu'il nous fallait trouver pour affronter le grand froid moscovite. On ne suivait pas l'actualité internationale avec une attention soutenue. Vers la mi-octobre, les Polonais se révoltèrent. Les journaux circulaient sur le plateau. Nous revenions tous d'Allemagne de l'Est et chacun avait son opinion sur ce qu'il avait aimé ou détesté du régime socialiste. Les Allemands qu'on avait côtoyés là-bas ne parlaient jamais de leur rébellion à eux, à Potsdam, quelques années auparavant. Elle avait été matée en un rien de temps. C'était vrai que la police avait tiré sur les ouvriers, ça faisait partie de ces erreurs du passé dont Khrouchtchev avait si bien parlé... Au demeurant, à Babelsberg, on parlait très peu politique, on parlait cinéma.

Sur le plateau des *Sorcières*, à Paris, rue Francœur, on parlait aussi beaucoup cinéma. Tout à coup, on ne parla plus que de la Pologne. Il y eut trois jours de grande inquiétude. Finalement, les Polonais gagnèrent la partie : les tanks russes n'entrèrent pas à Varsovie, Gomulka réapparut et avec lui l'espoir d'une liberté nouvelle à laquelle le rapport « attribué à » semblait leur donner droit. Tout le monde respira. Les Français aiment les Polonais, et les Polonais ont bien du mérite d'aimer encore les Français qui les ont si froidement laissés tomber en août 1939...

Le plateau redevint donc la maison des Proctor, et la « roulotte », le soir, une salle de répétitions. Montand n'avait pas chanté depuis deux ans. C'était épuisant pour lui d'être Proctor toute la journée, et Montand chantant, dansant une bonne partie de la nuit. On commençait à maudire sérieusement les canards et les chevaux allemands qui avaient fait s'accumuler les heures de retard en n'obéissant pas à Raymond. C'était leur faute si on en était là — ou plutôt si on était encore là au lieu de se trouver déjà à Moscou.

Et puis novembre vint. Je le dis gravement. Novembre 1956 a secoué le monde, a tué à Budapest et à Suez, a désenchanté des millions de braves gens et enchanté un bon nombre de salauds. En ce qui nous concerne, Montand et moi, novembre 1956 est le mois le plus triste, le plus absurde, le plus cruel et le plus instructif de nos vingt-sept années de vie commune.

Budapest éclata sur le plateau, si je puis dire, dans les dernières heures du mois d'octobre. Dès la première semaine de novembre, c'est dans le monde entier que Budapest flambait. Budapest flambait parce que les Russes y avaient fait entrer leurs tanks pour mater ce que certains appelaient une révolution, d'autres une contre-révolution, et qui n'était peut-être ni l'une ni l'autre au départ. En quelques jours, les bataillons français se formèrent. Les défenseurs des « révolutionnaires » hongrois remontèrent les Champs-Élysées, conduits par Georges Bidault, Me Tixier-Vignancour et Me Biaggi, pour déposer une gerbe au Soldat inconnu à la gloire de la révolution. Les défenseurs de l'armée soviétique, dont les chars tiraient sur les Hongrois, défilèrent sur les Grands Boulevards en criant : « Le fascisme ne passera pas ! » Ils étaient tous persuadés qu'ils avaient raison, chacun à sa façon. Ils réglaient leurs comptes. Les uns rappelaient que la Hongrie avait été l'alliée de l'Allemagne hitlérienne jusqu'à la fin de la guerre. Les autres citaient quelques vers de Petöfi, le grand poète révolutionnaire, qu'ils avaient lus dans *Match* la semaine précédente et pour la première fois de leur vie. Si on avait aimé les Polonais quinze jours auparavant, maintenant on adorait les

Hongrois. Il y avait à Paris deux bataillons de choc. Leurs objectifs étaient nets, leurs larmes étaient des larmes de crocodile.

Les seuls à verser de vraies larmes furent ceux qui essayaient de comprendre et qui ne comprenaient pas. C'était le troisième bataillon. Celui des emmerdeurs : les intellectuels de gauche. Ce n'était pas un bataillon, une escouade tout au plus. Ceux-là parmi lesquels il y avait Sartre, Vercors, Claude Roy, Gérard Philipe, Roger Vailland entre autres, et qui, dans un manifeste, « déniaient le droit de s'indigner de ce qui se passait en Hongrie à ceux qui n'avaient pas élevé la voix l'année précédente quand on avait écrasé le Guatemala ».

Il y avait de grandes réunions du Mouvement de la paix, dont nous faisions partie; il s'est alors produit un éclatement au sein du Mouvement. Je n'oublierai jamais ce dimanche après-midi, dans une salle de conférences qui se trouve être, étrangement, la maison où a été descendu Philippe Henriot pendant l'Occupation. Il y avait beaucoup de monde. Vercors, qui commençait à préparer son livre, *PPC* (Pour prendre congé), a fait un discours superbe dans lequel il parlait des potiches. Il expliquait qu'il avait été une potiche pendant très longtemps, et content d'être une belle potiche exhibée dans les occasions particulières; il avait été une bonne potiche pour les Rosenberg, mais maintenant, il sentait qu'il n'allait plus pouvoir continuer à faire la potiche... Nous aussi, on avait souvent été de belles potiches, qui s'étaient d'ailleurs parfois placées toutes seules sur des étagères où elles faisaient très bien... On pensait exactement comme Vercors, seulement nous, dans cette assistance, ce dimanche-là, on était bien les seuls à être placés dans la situation qui était la nôtre.

Je mesure ce qu'il y a d'indécent à parler de nos personnes dans un moment aussi tragiquement historique. Nous, on était déchirés, tristes, tristes et déchirés, mais, avant tout et par-dessus tout, on était très emmerdés... Voilà!

Le film n'était pas fini, on était donc « trouvables ». Il suffisait de se rendre rue Francœur pour nous trouver. Le plateau sur lequel on essayait de « jouer la comédie » — pour ne pas dire la tragédie — devint très vite une salle d'attente pour délégations de donneurs de conseils qui nous coinçaient entre deux plans. Cette tournée à l'Est, signée depuis un an et demi, avait profité d'une publicité très large et très flatteuse dès qu'elle avait été annoncée. Tout le monde savait qu'on devait partir, alors tout le monde s'occupait de nous faire partir ou de nous faire rester. Curieusement, les querelles des deux bataillons de choc se cristallisaient sur nous. Sennep, à la une du *Figaro,* avait dessiné Khrouchtchev téléphonant du Kremlin et donnant cet ordre :

« Envoyez les tanks sur Paris pour qu'Yves Montand puisse chanter. » La veille, l'Olympia avait cédé aux menaces d'un commando fasciste qui avait promis de mettre le feu à la salle si Montand passait dans un gala d'Europe nº 1, qui devait lui servir d'ultime répétition en public. Coquatrix était venu s'expliquer avec Delanoë, rue Francœur, et c'est revêtu de son costume de Proctor que Montand fut prié de ne pas revêtir son costume marron pour la soirée, mais de rester chez lui. Montand exigea d'Europe nº 1 que cette station passe un communiqué toutes les heures afin qu'il fût bien clair que ce n'était pas lui qui se dégonflait. Europe nº 1 accepta, je dois le dire.

Les musiciens aussi venaient beaucoup sur le plateau. Ils avaient été engagés depuis très longtemps, pour une tournée qui devait durer quatre mois. Déjà elle avait été repoussée d'un mois, ils avaient refusé beaucoup de boulots afin d'être libres pour Montand. Ils étaient peinés de la situation dans laquelle il se trouvait, mais : qu'est-ce qui allait se passer? Ils étaient engagés et payés par Montand. En francs français. Alors que Montand était payé en monnaies des pays de l'Est. C'était plus une tournée de prestige qu'une tournée lucrative. Personne ne s'était alors douté qu'elle tournerait à la tournée tragique... Ils n'étaient pas très chauds, mais ils pensaient qu'après tout, un contrat est un contrat. Et, à propos de contrat, ils avaient décidé de doubler leurs cachets si Montand décidait de partir... C'était peut-être une façon de le pousser à ne pas partir. Mais, bien entendu, si Montand décidait de ne pas partir, il leur devait quand même leurs cachets simples, prévus pour les quatre mois...

Un matin, je me réveillai avec une idée qui me parut lumineusement intelligente. C'est le 7 novembre. Je le sais parce que c'est le 7 novembre que se fête la révolution d'Octobre à l'ambassade d'URSS — dont sortaient justement Louis Aragon, Elsa Triolet et sa sœur Lily Brik, quand ils sonnèrent à la porte de la « roulotte » pour répondre à l'invitation pressante que je leur avais faite le matin même. C'était ça, mon idée. Voir très vite Aragon et lui demander d'intervenir auprès des Soviétiques pour que la décision de remettre la tournée à plus tard, quand les choses se seraient calmées, émane d'eux. Je venais en effet de découvrir qu'ils avaient annulé les départs de tous leurs artistes pour des capitales étrangères dans lesquelles ils risquaient d'être exposés à la colère du public. S'ils étaient conscients de ces dangers pour les leurs, ils devaient l'être tout autant pour ceux qui allaient venir chez eux. Les murs de l'ambassade de la rue de Grenelle ont beau être très épais, il était impossible que les attaques auxquelles Montand avait à faire face à Paris ne soient pas parvenues aux oreilles de l'ambassadeur d'URSS. Et puisque Aragon en sortait justement, je lui demanderais d'y retourner et d'être à son tour ambassadeur. L'ambassadeur d'un homme auquel on imposait la discipline d'un militant d'un parti auquel il n'appartenait pas.

Quelles étaient vos relations avec Aragon?

SIMONE SIGNORET : Pendant toutes les années durant lesquelles j'ai vécu avec Allégret, les Aragon ne me reconnaissaient pas. On me présentait à eux, ils avaient toujours l'air de chercher dans leur mémoire... mais non, vraiment, ils ne voyaient pas... Quatre ou cinq fois de suite, en trois ans, il leur arriva de ne pas me « remettre ». J'étais un peu triste, parce que, si Aragon ne m'avait pas vu jouer, moi j'avais lu et relu tout Aragon. Dès que j'ai vécu avec Montand, je suis tout à coup devenue digne d'être reconnue en ma qualité de femme du grand chanteur populaire et en ma qualité d'artiste dramatique. Un jour, je lui ai demandé pourquoi, pendant tant d'années, il avait si souvent semblé ne pas me reconnaître. Les yeux brillants de malice bleue, il m'expliqua que c'était justement parce qu'il me reconnaissait qu'il ne voulait pas me connaître. Je vivais avec un homme qui avait été secrétaire de Trotsky en 1935, il ne pouvait se permettre de serrer la main de la compagne d'un trotskyste. Comme c'était un jour où l'humeur était plaisante, on avait fait le compte des mains qui doivent se serrer ou ne pas se serrer dans Paris.

On ne voyait pas Aragon tout le temps, mais on le voyait, surtout à la faveur de manifestations culturelles auxquelles il lui arrivait de solliciter le concours de l'un d'entre nous, quand ça n'était pas des deux.

Ils entrèrent donc. Il était tard. Lily Brik, qui était venue de Moscou pour passer quelques jours de vacances automnales auprès de sa sœur Elsa et de son beau-frère Louis, était très déçue par l'atmosphère qui régnait dans les rues de Paris. Il paraissait que le cocktail à l'ambassade n'avait pas revêtu l'éclat qu'il avait connu les années précédentes. Beaucoup de personnes invitées avaient renoncé à venir sabler la vodka et manger le bon caviar qu'elles avaient appréciés en d'autres circonstances. Bref, le voyage de Lily à Paris était décevant. Elsa demanda du thé, elle était enrhumée. Tous ces événements la déchiraient et Aragon admettait que la situation était grave. C'est alors que j'y allai de mon couplet sur la mission que je voulais lui confier. Lui seul pouvait dire à Vinogradov, l'ambassadeur, d'envoyer un câble à Moscou pour leur expliquer la vraie situation dans laquelle Montand se trouvait et leur conseiller de prendre une décision le déchargeant de la responsabilité d'avoir coûte que coûte à faire face à ce contrat. Montand, extrêmement fatigué par le tournage et les répétitions, était monté se coucher. Les beaux yeux bleus d'Aragon s'attristèrent. Il comprenait, bien sûr, mais il n'était qu'un poète français qui ne pouvait en aucun cas se mêler des affaires soviétiques... Oui, bien sûr, il appartenait aussi au Comité central du parti communiste français et il savait très bien que nous n'étions ni l'un ni l'autre au Parti... Bien sûr, tout cela était tragique, mais, face à la réaction, il fallait rester fort... En bref, il ne pouvait se charger du message. D'ailleurs, l'eût-il pu qu'il ne l'eût pas fait... Parce que Montand n'avait qu'une solution : il fallait qu'il parte. Il le fallait, un point c'est tout. Il y eut un grand silence. Elsa et Lily, qui avaient dû en voir d'autres dans leur vie de citoyennes soviétiques, ne disaient rien. Moi, j'avais envie de pleurer. C'est alors qu'Aragon, à la faveur de je ne sais plus quelle association d'idées, se lança dans une longue causerie sur Claudel, le poète-ambassadeur bien connu.

J'ai complètement oublié ce qu'il disait de Claudel. Je n'écoutais pas. Mon coup avait raté. Montand était bien tout seul. Personne ne lui donnerait un coup de main. Les Aragon s'en allèrent, non sans dire : « Allons, bon courage et bon voyage. »

A la télévision, les images sur Budapest en flammes et les interviews des gens qui avaient passé la frontière étaient diffusées à une cadence beaucoup plus répétée que celles concernant ce qui se passait à Suez. L'enlèvement à Alger de Ben Bella et de ses quatre copains était considéré comme une excellente plaisanterie. Le sourire de l'hôtesse de l'air et le grand rire du pilote qui s'étaient chargés du détournement d'avion s'étalaient sur les écrans et dans les journaux. Pedrazzini, reporter à *Match,* se faisait tuer à Budapest et Jean Roy, reporter à *Match,* se faisait tuer à Suez. A Paris, les deux bataillons de choc se définissaient de plus en plus. Jamais dans l'histoire du spectacle on n'avait vu un chanteur-de-music-hall-acteur et une actrice-de-cinéma-pas-chanteuse être l'enjeu d'un tel rapport de forces.

Vous en parliez avec Sartre?

SIMONE SIGNORET : Sartre nous disait : « En partant, vous cautionnez les Russes; en restant, vous cautionnez les réacs. » Ça, on le savait. Mais lui, contrairement à Aragon, ne conseillait pas. On était submergés de lettres de menaces et de lettres d'encouragement. Les premières étaient ignobles et volontiers scatologiques. Les secondes souvent irritantes de sectarisme borné. Les seuls rapports normaux avec les gens, c'est sur le plateau qu'on les avait, parmi ceux avec lesquels on travaillait depuis de longs mois et qui avaient suivi heure par heure l'évolution de cette impossible situation.

Un jour de la mi-novembre, le plus célèbre jeune marié du monde fit son apparition rue Francœur. Arthur Miller venait enfin faire la connaissance des Proctor. Il ne les trouva pas gais. Il n'était pas gai non plus. Les intellectuels de la gauche américaine n'avaient aucune raison d'être gais. On se rencontrait pour la première fois, pourtant c'était un peu comme des retrouvailles. Depuis deux ans, on vivait avec des personnages qu'il avait inventés : alors, lui, Montand et moi, on se connaissait déjà très bien. Il n'était pas gai, mais il était beau et chaleureux, il passa la journée avec nous et repartit pour Londres retrouver Marilyn qu'il promit de nous amener si nous devions ne pas partir.

Finalement vous êtes partis. Qu'est-ce qui a emporté la décision?

SIMONE SIGNORET : La fameuse goutte d'eau qui fait déborder tous les vases. Montand avait signé un contrat pour tourner *Modigliani* avec Max Ophüls. Le film devait se faire au retour de la tournée. Deutschmeister, le producteur, appela Montand un matin et lui mit le marché en main : « Si tu pars chanter là-bas, tu ne fais plus le film. Mes distributeurs et les exploitants m'ont fait savoir que, dans ce cas, ils ne voulaient pas d'un film dans lequel tu serais. » Je ne tenais pas l'écouteur; du fond de la pièce je regardais Montand, il écoutait, il était très grave et très calme, puis il a dit : « Je n'étais pas sûr de partir, mais maintenant c'est très simple : je pars. » Voilà.

C'est à Leningrad, deux mois plus tard, qu'on a reçu un télégramme de Gérard Philipe demandant à Montand s'il devait accepter de jouer Modigliani. Montand lui répondit qu'il fasse comme il le sentait. On était à Belgrade quand on apprit la mort d'Ophüls, en mars 1957. C'est finalement Becker qui tourna ce qui devait s'appeler *Montparnasse 19*. Le scénario était de Jeanson. Quant à Deutschmeister, aujourd'hui disparu, il fut le producteur de *Normandie-Niémen*, la première coproduction franco-soviétique.

Donc, on partait. C'était décidé. Le tournage se termina et c'est autour d'un petit apéritif de fin de film que tout le monde se dit adieu.

Il ne nous restait plus qu'à faire les paquets, à trouver enfin les bottes et les manteaux fourrés qui avaient cessé d'être notre sujet favori de conversation depuis le début de cet abominable mois de novembre. Ce qui aurait dû être un joyeux shopping devint une horrible corvée. Les gens, dans les boutiques, savaient tous qu'on ne partait pas pour l'Alpe d'Huez... Il y a vraiment des moments dans la vie où la bonne expression populaire « C'est pas écrit sur ta figure » perd tout son sens et tout son charme. M. Capobianco, à qui je tiens à rendre hommage, me confectionna deux paires de bottes fourrées en un temps record. Il vint me les essayer à la maison, et essaya de me consoler. J'en avais bien besoin. Je pleurais tout le temps. Catherine avait dix ans, elle avait beaucoup ri avec nous à Babelsberg, elle avait du mal à comprendre pourquoi, tout à coup, tout était si triste à la maison. J'ai été voir la directrice de l'école communale de la rue du Jardinet, une vraie directrice d'école comme on en rencontre dans les romans du XIXe siècle, qui me promit qu'elle veillerait à ce que Catherine ne soit pas en butte à des tracasseries. Elle me promit aussi de lui permettre de rester à la maison s'il devait y en avoir... Elle m'embrassa et nous souhaita bon voyage. J'y allai de ma larme. Plus je pleurais, plus Montand était calme et résolu. La semaine qui précéda le départ, la maison ne désemplit pas. C'était un peu comme la maison d'un grand malade, où défilent des gens qui viennent aux nouvelles ou croient avoir trouvé le médicament qui guérit. C'était tuant. Tout était tuant, la sollicitude des uns et la haine des autres. Un soir, Montand s'installa devant une feuille de papier et nous rédigeâmes une lettre ouverte à Obratzov, le directeur du Théâtre des marionnettes de Moscou. J'en ai retrouvé le texte, le voici :

Paris, le 3 décembre 1956.

Mon cher Obratzov,

Vous avez été l'un de ceux qui, avec Moisseïev et les ballets de Moscou, ont le plus contribué au rapprochement culturel de nos deux pays et par conséquent à la détente, ne serait-ce que par le succès que vous avez rencontré à Paris.

Vous avez d'autre part — et ceci me concerne personnellement -- permis au public soviétique de me connaître, et si on fredonne en URSS les chansons que je chante, je sais que c'est à votre parrainage que je le dois.

C'est donc à vous que j'ai choisi d'écrire cette lettre

Ce que je voudrais que vous sachiez aujourd'hui, c'est le trouble profond dans lequel le drame hongrois a plongé un grand nombre de Français, et en particulier bien des membres du Mouvement de la paix, qui est la seule organisation dans laquelle je milite.

Beaucoup de Français qui ont tenu bon devant l'énorme et monstrueux appareil de la propagande antisoviétique, et qui l'ont prouvé en ne donnant aucune adhésion publique à cette propagande, se sont néanmoins posé des questions, s'en posent encore.

Je suis parmi ceux-là.

Aujourd'hui, à l'issue du Conseil national extraordinaire du Mouvement français de la paix, si des divergences d'opinions subsistent parmi les militants sur l'interprétation à donner aux événements hongrois, alors que l'unanimité absolue s'est faite contre la poursuite de la guerre en Algérie et contre l'aventure de Suez, nous avons tous ensemble, nous militants de la paix de toutes opinions politiques, de toutes confessions religieuses et philosophiques, que nous soyons intellectuels ou manuels, pris la résolution solennelle d'empêcher par tous les moyens le retour à la guerre froide, et par conséquent à la possibilité de la guerre tout court. C'est pourquoi, en ce qui me concerne, je suis heureux de vous demander d'annoncer au public soviétique mon arrivée prochaine; j'aiderai ainsi dans mon domaine, j'en suis sûr, à maintenir et développer les échanges culturels qui sont une contribution à la consolidation de la paix.

A bientôt donc, mon cher Obratzov. Bien à vous.

Yves Montand.

La lettre parut le lendemain dans *l'Humanité, le Monde* et *France-Soir*. C'était notre seul recours pour nous définir à la fois devant nos concitoyens et devant les Russes.

La veille du départ, j'achevais de préparer les bagages. La grande malle-armoire était pleine de « très bons petits numéros », comme on dit dans les maisons de couture. A cette époque, j'étais futile et j'avais vraiment de quoi m'habiller pour toutes les circonstances. Puisque l'Ouest allait à l'Est, l'Ouest se devait d'y paraître avec ses attraits. On sonna, c'était Claude Roy. Il passait souvent, il était exactement dans la même situation que nous. Lui non plus n'était donc pas d'une folle gaieté. Il avait cependant cet air malicieux de quelqu'un qui vous prépare une petite surprise. Voilà : il voyait bien qu'on avait beaucoup de bagages, mais, maligne comme j'étais, j'arriverais bien à y caser quelques fromages de chèvre et quelques paquets de Gauloises. C'était pour Ehrenbourg : « Tu sais combien Ehrenbourg aime les fromages de chèvre et les Gauloises... Personne n'est jamais parti de Paris pour Moscou sans apporter des fromages de chèvre et des Gauloises à Ehrenbourg... Et même si les circonstances sont un peu particulières, il y a des traditions qui doivent être maintenues... » Comme il voulait me faire rire, je crois me rappeler qu'il ajouta que ça entrait dans le cadre des fameux échanges culturels... Après tout, c'était grâce à Ehrenbourg que les Soviétiques avaient enfin eu accès à la peinture de Picasso, ça valait bien quelques fromages...

Mais ce n'était pas ça, la vraie surprise. La vraie surprise, ce fut cette phrase qu'il lâcha au moment de s'en aller : « Il y a quelques jours, dans un salon parisien où votre départ était très vivement commenté, Aragon, qui était là, a simplement laissé tomber ces mots : " Je trouve ce voyage très inopportun. " » Claude m'embrassa et s'en fut. Je venais quant à moi de prendre l'immeuble sur la tête, comme on dit chez Jean Cocteau. J'ai appelé chez Aragon toutes les heures jusqu'à minuit. Je voulais quand même lui dire merde avant de partir. Son téléphone ne répondit pas.

Le lendemain matin, on a embrassé Catherine qui partait pour l'école. Le rendez-vous avec les musiciens était aux Invalides. Il y avait des copains qui voulaient nous dire au revoir. C'était de leur part une grande marque de courage. Il y avait là Périer, José Artur, R. Pigaud, Rouleau, Lila de Nobili, Danièle Delorme, Yves Robert, Francis Lemarque et Hubert Rostaing. Un type merveilleux, qui s'appelle Jean Roire, qui est communiste et dirige Le Chant du monde. Un peu de famille et c'est tout.

La presse était là?

SIMONE SIGNORET : Il y avait des gens de *France-Dimanche*... Sans y être invités, ils ont pris le car avec nous jusqu'à Orly. Une jeune femme voulait son reportage jusqu'au bout. Je n'ai pas oublié son nom... Le comique de notre situation lui donnait un fou rire qu'elle partageait bruyamment avec son photographe. C'est la dernière image que j'ai emportée de Paris. Une femme qui rit et qui se moque de gens tristes dont elle ne sait rien. Cette image-là, et la petite phrase d'Aragon, n'allaient pas me lâcher de tout le voyage.

Air France nous transporta jusqu'à Prague. L'escale devait durer une heure, elle dura la nuit. C'est dans un hôtel très éloigné de la ville qu'on nous fournit le boire, le manger, le gîte et des explications qui, pour être météorologiques, n'en étaient pas moins fumeuses. Du côté du Jazz Band — dont c'était le premier voyage à l'Est — les questions commençaient à se faire pressantes à l'adresse du chef de l'expédition, j'ai nommé Georges Soria. Comme il n'est jamais pris au dépourvu, il développa la théorie de la prudence dans l'air, qui est une des grandes qualités des lignes d'aviation des pays de l'Est. On n'est jamais trop prudent. C'est vrai, reconnut toute la compagnie qui commençait seulement à se détendre. Le lendemain matin, un bel avion de l'Aéroflot nous prit à son bord pour nous conduire à Moscou. Un nouveau contretemps le fit se poser à Vilnius, capitale de la Lituanie. L'escale devait durer une heure, elle en dura sept.

Il y eut là aussi des explications météorologiques?

SIMONE SIGNORET : Bien sûr. Mais, était-ce la gentillesse de l'accueil à bord? Ou l'absence de snobisme de l'hôtesse de l'air, sans uniforme, proposant en tablier un peu de « tchaï » qui infusait dans un samovar? Ou l'arrivée dans cet aéroport qui avait plutôt l'air d'un grand château tolstoïen? En tout cas, la détente qui s'était amorcée la veille au soir s'installa pour de bon. On était partis, à tort ou à raison, mais on était partis. C'est-à-dire qu'à compter de maintenant, les regards qu'on allait croiser ne seraient plus des regards de juges. Les juges, ce serait peut-être nous, mais de ce que nous allions découvrir. Ces sept heures furent sept heures de récréation. On en avait bien besoin. Il y avait dans l'aéroport de Vilnius de grandes chambres aménagées pour le repos des voyageurs en transit. Une crèche pour les enfants en transit. Des tables chargées de nourriture et de boissons. Et partout le portrait de Lénine assis dans un fauteuil recouvert d'une housse blanche. Soudieu, le contrebassiste, demanda qui était cet homme. Avant d'être le contrebassiste de l'orchestre, Soudieu avait été celui de Django. Il n'aime et ne connaît que la musique et la mécanique. Ce fut le déclic de la vraie détente. Enfin, on pouvait rigoler à nouveau. Crolla me fit en chinois une interview pour un grand journal de Pékin, Parboschi drumma avec les fourchettes de la table, Azzola sur son accordéon rejouait les airs tziganes qu'il avait appris, « petit Italien » de Paris, déguisé en blouse de satin bouton-d'or, avec des Russes blancs de Montmartre. Bob Castella considérait avec joie sa troupe qui retrouvait sa bonne humeur. Soria téléphonait...

Au cours de ce transit, on ne vit pas beaucoup d'autres transitaires. Peut-être étions-nous sans le savoir chez les VIP's. Peut-être pas. Il y avait cependant un très gentil rouquin qui nous photographiait. Il était de Vilnius et travaillait pour le journal local. Grande était la joie du peuple soviétique de nous voir arriver enfin, disait-il. Comme je ne comprenais pas le russe, il usa du yiddish. Je savais assez d'allemand pour le comprendre. Il prenait ses photos, nous apportait des pâtisseries et paraissait avoir à nous dire quelque chose qu'il ne dit jamais.

Quelques heures plus tard, en pleine nuit, avec un mois et un jour de retard, nous atterrîmes enfin à Moscou. Trois cents journalistes nous attendaient sur le terrain : les Russes et les correspondants de toute la presse étrangère, les actualités, la télé et la radio. Au discours de bienvenue que prononça Obratzov, dans lequel il mentionnait la lettre de Montand, Montand répondit en répétant les termes de sa lettre, en insistant sur les questions qu'il y avait lieu de se poser et qu'il ne manquerait pas de poser pendant son séjour. Obratzov répondit qu'on y répondrait... Nous prîmes là notre baptême de discours officiels dans cette langue que nous ne comprenions pas et qui est la seule au monde à transformer en poème-chanson-d'amour des propos qui, une fois traduits, sont généralement aussi plats qu'ailleurs. Mais, cette nuit-là, sous les projecteurs, on pouvait voir des larmes dans les yeux blanc-bleu d'Obratzov, et ce qu'il disait n'était pas plat. En fait, Obratzov était bien l'artisan de l'énorme popularité de Montand en URSS. Il était venu un jour en tournée à Paris avec son Théâtre de marionnettes, le plus célèbre du monde, il avait vu Montand à l'Étoile, avait emporté tous ses disques et les faisait chanter par ses poupées. C'est ainsi, et pas autrement, que Montand a commencé à être populaire là-bas. Pas du tout pour des raisons politiques. Gérard Philipe était populaire à cause de *Fanfan la Tulipe* bien avant la tournée du TNP et les Soviétiques sifflaient l'air des *Grands Boulevards* bien avant d'avoir vu *le Salaire de la peur*.

Et vous, est-ce qu'ils vous connaissaient ?

SIMONE SIGNORET : Ils ne m'avaient vue que dans *Ombres et Lumières*... en train de me débattre avec mes traumatismes grâce au concerto de Tchaïkovski. Non, j'étais connue pour être la femme de Montand.

Pour en revenir à Obratzov, lui savait fort bien ce que ça représentait pour nous d'avoir finalement décidé de venir, il était parmi ceux dont une tournée mondiale venait d'être ajournée...

Un cortège d'énormes « Zim » nous embarqua tous pour nous conduire à notre hôtel. On traversa Moscou, il neigeait, il devait être deux heures du matin, c'était surprenant de voir tant de fenêtres éclairées presque toutes en orange. L'hôtel, le *Sovietskaïa,* est un palace de marbre où descendent les chefs d'État. On nous donna l'appartement du couple princier : salon, salle à manger, piano à queue et quelques réfrigérateurs. Les musiciens, Nino le régisseur et sa femme Maryse s'appelaient à travers les longs couloirs pour s'épater mutuellement devant des chambres qui n'avaient rien à voir avec celles des hôtels de tournée. La gardienne de l'étage nous souriait. Nos quatre interprètes nous expliquèrent le fonctionnement des rideaux, des robinets et du téléphone. Ils avaient noms Nadia, Sacha, Slava et André. Ils parlaient un français parfait. Les trois garçons étaient à l'université de Moscou, ils avaient vingt ans. Nadia avait été l'interprète de la tournée du TNP ainsi que de la « Semaine du cinéma français » conduite par René Clair quelque temps auparavant. Ils allaient vivre avec nous un mois et demi. Ils étaient drôles, intelligents, gentils. C'était des Oscar Danciger, des Tola Litvak, des Kessel.

J'ai dit tout à l'heure que nous n'allions plus rencontrer de regards de juges. C'était vrai, mais c'est aussi faux. Pendant ce mois et demi passé en URSS, nous avons rencontré des regards russes et je ne vais pas refaire un numéro folklorique sur la chaleur, la tendresse, la passion qu'on trouve dans ces regards-là. On a également rencontré cette grande tristesse qui en dit beaucoup plus long que tout ce qu'on ne dit pas. Et comme il y avait encore beaucoup de choses qui ne se disaient pas, il y avait beaucoup de ces regards tristes. Et aussi quelques regards de juges. Ceux-là semblaient nous dire : « En venant, c'est nous que vous avez trahis. » Il fallait être extrêmement vigilants pour les découvrir, ces regards-là, ils appartenaient rarement aux visages des gens qui nous entouraient, on les a croisés dans la rue, dans le métro, quelques-uns à l'université de Moscou et deux que je n'oublierai jamais, à l'usine Litchatchov. Il fallait être extrêmement vigilants pour les dépister, et la vigilance ne nous vint qu'au bout de quelque temps seulement.

8

Le lendemain de notre arrivée, en nous couchant après une première journée moscovite dont chaque heure avait été programmée, nous savions déjà une chose : Moscou était une des rares villes du globe où l'on ne parlait pas de Budapest. C'est à la faveur du déjeuner pris avec un des ministres de la Culture qu'on s'en aperçut. Les quelques officiels qui se trouvaient là croyaient sincèrement que les problèmes que nous avions connus n'étaient dus qu'à notre position par rapport aux bombardements franco-anglais sur Le Caire... Quant à ce qui s'était passé à Budapest pendant quelques jours... tout ce qu'ils en savaient, c'est que « le calme était maintenant revenu », traduisait Nadia. Le quiproquo fut éclairci et le déjeuner un peu gâché. On parla cinéma. Il se gâcha un peu plus quand j'eus demandé où l'on pouvait voir *le Sel de la terre* dans Moscou. *Le Sel de la terre* avait été écrit par Michael Wilson et Paul Jarrico, tous deux en exil à Paris depuis un an pour antimaccarthysme; il avait été filmé par Herbert Biberman, un des « dix de Hollywood » à avoir fait de la prison pour refus de répondre devant la Commission des activités antiaméricaines. *Le Sel de la terre* était sorti dans toutes les grandes villes du monde, y compris à New York. C'était un petit film tourné clandestinement en 1953 à la frontière mexicaine. Il fut reconnu comme un chef-d'œuvre. Je savais qu'il avait été acheté par les Russes. Je voulais simplement savoir où on pouvait le voir.

Ma question plongea le « Monsieur Culture » dans un grand désarroi. *Le Sel de la terre,* traduisait Nadia... *Le Sel de la terre,* répétait le ministre. Il partit cependant téléphoner et revint au bout de quelques instants nous annoncer qu'il était sur la piste de la copie. Elle n'était justement pas projetée en ce moment... elle devait être au doublage. En somme, on préférait ne pas donner à savoir aux Soviétiques qu'il y avait en Amérique des gens courageux et qui prenaient des risques. Doublage ou pas doublage, Moscou était une des rares villes du globe où l'on ne projetait pas *le Sel de la terre.* Telle était la deuxième conclusion.

La troisième nous concernait directement, ou plutôt concernait directement Montand. En sus des récitals pour lesquels il lui faudrait chanter tous les soirs pendant deux heures, tout un programme de visites « chantantes » avait été établi. Ils voulaient tout nous montrer : écoles, usines, kolkhozes, universités et, bien sûr, à la fin des visites, quelques chansons pour ceux qui ne pouvaient pas venir aux concerts seraient les bienvenues. Ce qui revenait à dire que Montand et les musiciens allaient travailler sans répit. Ça serait fatigant, à coup sûr, mais probablement intéressant. Ce ne fut pas intéressant, ce fut passionnant ; pas fatigant, mais exténuant ; et instructif aussi.

Instructif, par exemple, de se balader dans les ateliers des fonderies Litchatchov, revêtus de nos beaux atours parisiens, conduits par le camarade responsable de l'usine. Les femmes et les hommes qui travaillaient là nous regardaient, nous souriaient. Un peu goguenards, ils contemplaient le camarade responsable qui parlait, parlait, parlait, et leurs sourires disaient : « Essayez quand même de ne pas croire tout ce que ce gugusse va vous raconter. » Un visage ne souriait pas, ce fut le premier de ces regards particuliers dont je parlais tout à l'heure. Et c'était celui d'une femme. Le second, ce jour-là, ce fut celui d'un grand métallo qui travaillait une pièce ; il nous contempla tous autant que nous étions, l'un après l'autre. Puis il nous tourna résolument le dos et reprit une nouvelle pièce. une main placée en écran devant son visage. Comme on l'interrogeait, « Gugusse » nous fournit une réponse qu'on n'aurait pas osé mettre dans la bouche du méchant contremaître dans un mauvais film tourné en 1936 : « Vous savez bien comment ils sont, on leur donne des masques, mais ils ne veulent pas les mettre. » On était en plein dans « c'est pas la peine de leur faire des salles de bains, ils mettront le charbon dans la baignoire ». On n'aima pas beaucoup « Gugusse ». Mais une heure plus tard, dans la grande salle des machines, sur des plates-formes de camions rangées côte à côte, Montand donna son concert à onze heures du matin — c'est dur de chanter à onze heures du matin — devant tous ceux qui avaient pu entrer : ils étaient des milliers. On avait oublié Gugusse. Après tout, où étaient-elles, de par le monde, les usines sidérurgiques où l'on amène sur place aux ouvriers les attractions qui font courir les beaux quartiers ? (Salut, Aragon !)

Les beaux quartiers couraient. La première, à la salle Tchaïkovski (trois mille cinq cents places) fut, aux dires des habitués des premières moscovites, la plus brillante qu'on ait connue depuis celle de la

Comédie-Française. Toutes les ambassades étrangères étaient représentées. Seules les places de l'ambassadeur de France, M. Dejean, et de sa dame restèrent inoccupées. Ils étaient eux-mêmes si occupés qu'ils ne prirent pas le temps d'envoyer l'excuse bidon : « Madame Dejean, souffrante, est désolée, mais ne pourra pas assister... » Rien. Les deux meilleures places au milieu de l'orchestre restèrent vides. Elles se voyaient de partout, surtout des balcons où s'entassaient des gens debout qui avaient quand même réussi à entrer.

Il y avait beaucoup d'uniformes dans la salle, et un léger froid parcourut l'assistance militaire au moment où Montand attaqua *Quand un soldat*. Comme les chansons étaient traduites en russe sur le programme, on pouvait, de là où j'étais, entrevoir quelques têtes aux cous cernés de drap couleur framboise suivre le déroulement de ce qui se racontait dans cette chanson dont le rythme martial n'annonçait pas la chute, résolument antimilitariste.

Les beaux quartiers se procuraient des places. Les bas quartiers faisaient la queue. Elle serpentait toute la journée autour du grand bloc au centre duquel s'élève la salle Tchaïkovski. Maïakovski, en bronze, surveillait le piétinement des « fans » qui se gelaient, bien en rang, pour obtenir une place. Le ministère de la Culture avisa, et c'est au stade Ouljniki, qui peut contenir vingt mille personnes, que le récital de mon mari se transporterait pour quatre représentations consécutives.

Vingt mille personnes, dont au grand maximum deux mille reçoivent les subtilités de votre interprétation. Trois mille les perçoivent. Les quinze mille autres font confiance à leurs copains et à la sono. Elle était admirablement équipée. Vingt mille personnes pendant trois jours et qui vous aiment, vous aiment, vous aiment. Il faut être singulièrement bien équilibré et peu doué pour la mégalomanie pour sortir intact de pareille épreuve. Des enfants naissaient dans le fin fond de la Sibérie, on recevait des télégrammes nous annonçant qu'ils avaient été prénommés Yvesmontand. Ça doit peut-être les embarrasser maintenant, à l'Université, après les avoir fait si bien voir à la communale. Il y eut même des jumeaux qui eurent le bon goût d'être une fille et un garçon, la fille fut prénommée Simone et le garçon Yves. Nadia m'emmena au GOUM, je fis l'emplette de deux timbales d'argent et les fis graver. Les deux phrases en caractères cyrilliques étaient, bien entendu : « Pour Yves de la part de Simone », « Pour Simone de la part d'Yves ». Ce beau geste, qui n'est pas sans rappeler ceux des grandes familles qu'on rencontre dans les romans édifiants, fut abondamment célébré dans la presse et filmé par la télévision... Où que vous soyez aujourd'hui, Yves et Simone qui allez avoir vingt ans, tata Simone et tonton Yves vous disent « *Sdrastvouï-tié* ».

Puisque nous nous trouvions au GOUM, j'en profitai pour faire un petit tour dans le « magasin spécial ». Un vieux monsieur me fit apprécier différentes qualités de zibeline. C'était un très vieux spécialiste de la zibeline. Il n'était pas gâteux du tout; tout en soufflant sur les poils de cet autre or sibérien, il se plut à m'initier. Je n'avais jamais vu de zibeline de ma vie; j'appris. J'appris par exemple que c'était dans cette qualité-là que « notre gouvernement fait tailler un long manteau du soir offert à la reine d'Angleterre, alors que, dans cette qualité-ci, c'est à la maharani de Kapûrthala que notre gouvernement a offert une grande étole »; quand on arriva à la « grande cape offerte par notre gouvernement à la princesse Liliane de Rethy... », je savais tout sur la zibeline. J'en achetai quelques peaux, elles ne furent pas « offertes par notre gouvernement ». Elles le furent par mon mari qui, je le rappelle, était payé en roubles.

Il était payé en roubles pour chanter le soir. En fait, il chantait pratiquement toute la journée, les musiciens jouaient toute la journée, et moi je faisais de la « figuration intelligente » à leur côté. On nous emmenait partout; et partout, quand nous arrivions, quelqu'un entonnait la chanson à la mode, *Ami lointain.* L'ami lointain c'était Montand, la chanson est très jolie, c'était le Sinatra russe qui l'avait écrite : il s'appelait Bernès, il était très beau et on l'aimait beaucoup.

Partout aussi on nous donnait des spectacles. Dans les écoles, les enfants savaient chanter et savaient danser. C'étaient eux qui faisaient le lever de rideau, on les applaudissait et ils nous applaudissaient de les applaudir. C'est un geste que je n'ai vu faire qu'en URSS. C'est un très joli geste.

Dans les kolkhozes aussi, les gens savaient chanter et savaient danser. Bien sûr, nos arrivées inopinées dans certains d'entre eux n'étaient peut-être pas aussi inopinées qu'on voulait bien nous le faire croire. On débarquait toujours dans des fermes modèles qui se trouvaient justement par hasard sur la route qui nous ramenait en ville après une expédition dans quelque usine lointaine. C'était la grande joie dans le kolkhoze bourdonnant de travail culturel... Comme par hasard, le groupe folklorique était justement en train de répéter le spectacle du mois. Mais, après tout, il est d'autres pays où les visites-surprises sont tout autant programmées...

« Kolkhoze toujours », disait Crolla à Paraboschi qui lui répondait : « Moscou pas comme un prunier »; plus tard, nous allions avoir droit à « Kiev qui fait froid », « Warszawa comme vous voulez? » à Varsovie, et « ça Sofia comme ça » en Bulgarie.

Slava, Sacha, André et Nadia s'étaient complètement intégrés à nous. Il faut bien le dire, si en novembre on avait beaucoup pleuré, en décembre, tous les treize, on a bien ri, et souvent. On a aussi beaucoup parlé. Ils n'avaient pas toutes les réponses à nos questions, mais nous en avions aux leurs. Les leurs avaient fusé, dès le premier jour. Elles étaient d'une telle naïveté qu'elles prouvaient que rien n'avait transpiré à Moscou de ce qui s'était passé dans les villes du monde entier au cours de la fameuse première semaine de novembre. Rien. Ces trois jeunes universitaires et cette jeune femme, cultivés, intelligents, parfaitement bilingues, et qui connaissaient notre littérature, de François Villon à Vercors, étaient tout aussi ignorants de l'affaire hongroise et de ses répercussions qu'auraient pu l'être leurs arrière-grands-pères marchant avec des chiffons aux pieds en guise de chaussures. C'était vertigineux : ils écoutaient ce qu'on leur expliquait, ils avaient les larmes aux yeux en réalisant qu'ils faisaient partie d'un peuple qui, en ce moment même, était haï d'une bonne partie de l'humanité pour de bonnes et de mauvaises raisons. On le leur avait caché. Ils le découvraient et ils en avaient beaucoup de peine.

Avec Sacha, Slava, André et Nadia, on a beaucoup parlé. Avec Ehrenbourg aussi. On lui avait livré ses fromages et ses Gauloises bleues dans son appartement. Mais à lui, on n'apprenait rien : l'éclatement du Mouvement de la paix, même s'il s'était passé près du métro Solferino, avait quand même fait « boum » jusqu'à la rue Gorki.

Et puis il y avait les autres. Les autres étaient formés d'un groupe de gens très affables et très mondains. Ils n'avaient le regard ni triste ni justicier. C'était ce groupe qu'on retrouve dans tous les pays du monde dans le sillage des gens dans le vent, tant qu'ils sont dans le vent... Des acteurs, des metteurs en scène, des écrivains : ils étaient toujours sur notre chemin, dans les corridors et le grand hall de marbre du Sovietskaïa ou dans le petit salon de la loge du théâtre Tchaïkovski, ou encore au restaurant Praga. C'était le groupe des beaux quartiers, celui qui ne faisait pas la queue pour avoir des places. Avec ceux-là, on devisait... on ne parlait pas. Et Obratzov, avec lequel on aurait peut-être pu parler, était parti en tournée avec sa troupe pour Leningrad.

C'est alors qu'il se passa quelque chose qui n'aurait probablement pas pu se passer ailleurs dans aucun autre pays. Montand et les musiciens avaient réintégré la salle Tchaïkovski après quatre représentations au grand stade. Au Sovietskaïa, un jour à midi, une surprise nous attendait. Notre ami Joris Ivens était là avec sa femme. Pour le plus pur et le plus grand cinéaste révolutionnaire de cette génération, l'année 1956 n'avait pas non plus été une année facile. Il allait à Pékin, était là en transit. A la même table, il y avait Georges Sadoul et sa femme. Sadoul avait été fait docteur *honoris causa* par l'université de Moscou et était venu se faire introniser sur place. Tout à coup, dans cette immense salle à manger, on était chez Lipp. Je demandai finalement à Sadoul s'il comptait faire une troisième critique de *Casque d'or*, à la lueur des réflexions que lui avait peut-être inspirées la lecture du rapport « attribué à... » En rigolant, il dit qu'il y songeait. On reparla de quelques mauvais films soviétiques de l'époque jdanovienne qui nous avaient tous fait beaucoup souffrir. Surtout lui, admettait-il, quand il lui fallait les critiquer. Joris raconta le tournage de *Komsomols*, son premier film tourné en URSS en 1932. On parlait, on était bien, et au dessert Rutha Sadoul m'invita à l'accompagner le soir même au Bolchoï où elle allait voir danser sa grande amie Plessetskaïa. Tous les soirs, j'avais accompagné Montand au théâtre ou au stade; pour une fois, j'irais au Bolchoï et le retrouverais ensuite au Tchaïkovski.

On était déjà allés un soir au Bolchoï tous les treize ensemble. Paraboschi avait trouvé que *le Lac des cygnes* en son entier, « ça balançait pas terrible », Oulanova n'avait pas dansé ce soir-là mais elle était venue nous saluer dans l'énorme loge officielle qu'on avait mise à notre disposition. C'est une toute petite femme habillée comme une gouvernante anglaise. C'était alors la plus grande danseuse du monde et Paris lui avait fait l'affront, quelques années auparavant, de la laisser venir et de lui interdire l'Opéra parce que Diên Biên Phû était tombé. Sartre avait alors composé dans le *Libération* de l'époque la manchette restée célèbre : « Dans un an, Oulanova dansera toujours et M. Laniel ne sera probablement plus président du conseil. » Elle s'en souvenait très bien...

Pour cette deuxième soirée au Bolchoï, je choisis de porter mon beau tailleur de velours noir de chez Hermès, j'accrochai à mes oreilles et à mes poignets des choses très sobres, mais de très bonne qualité. C'est emmitouflée et chapeautée de vison pastel que je traversai Moscou avec Rutha Sadoul, au fond d'une énorme Zim à rideaux de satin gris. J'avais toujours cru que ces voitures à rideaux étaient des inventions de cinéastes américains, spécialistes de films antisoviétiques.

On donnait ce soir-là une chose qui s'appelle *la Fontaine de...* — j'ai oublié de quoi. L'argument était extrait d'une nouvelle de Pouchkine, que nous n'avions lue ni l'une ni l'autre, mais comme Pouchkine avait puisé ses sources dans le folklore polonais et que Mme Sadoul est polonaise, je comptais beaucoup sur elle pour m'expliquer au fur et à mesure. Le rideau se leva sur un groupe déguisé qui commença à danser, très bien d'ailleurs. A voir leurs bérets carrés, leurs bottes et la forme de leurs sabres, aucun doute n'était possible : on était bien en Pologne. Mme Sadoul allait certainement s'y retrouver. Un quart d'heure après le début du spectacle, elle ne s'y retrouvait toujours pas, mais tous ces gens dansaient si bien que ça n'avait pas tellement d'importance de ne rien comprendre à une intrigue qui semblait très passionnelle et néanmoins patriotique. C'est vers la fin de ce premier tableau incompréhensible que la danseuse étoile fit son entrée. Elle était superbe. Nous étions un peu loin de la scène, mais on y voyait suffisamment pour que Mme Sadoul retrouve chez Plessetskaïa dansante la grâce qui la distinguait à la ville. Elle lui paraissait plus grande. Mais c'était normal. A mi-voix, je lui racontai ma surprise d'avoir trouvé Oulanova si petite dans la vie.

A l'entracte, Rutha Sadoul demanda à une ouvreuse de lui indiquer le chemin des loges. Elle voulait féliciter son amie. Je le lui déconseillai, les danseurs comme les chanteurs ont besoin des entractes pour récupérer et se détendre. Rutha ne m'écouta pas. Elle voulait voir son amie. Tout de suite. Alors l'ouvreuse commença un grand discours dans lequel il y avait énormément de « niet » et qui se termina par le mot Kiev. En clair et en français, ça devenait : « C'est la doublure qui a dansé; la Plessetskaïa, ce soir, elle danse à Kiev. »

Ça nous a fait beaucoup rigoler et nous sommes allées nous rafraîchir et manger des pâtisseries dans une grande galerie dorée, parmi des familles d'ouvriers, de paysans, d'intellectuels et de fonctionnaires. Les entractes sont longs en URSS. On a le temps de lire sur les visages la connivence de ceux qui ont le droit de partager les mêmes plaisirs.

Le deuxième acte allait commencer, sans Plessetskaïa et sans sous-titres, lorsque la porte de la petite baignoire où nous nous étions rassises s'ouvrit sans bruit et, tandis que le grand lustre de cristal s'éteignait, j'entrevis le visage de notre petit André. Derrière lui se tenait, droit et pâle, « Monsieur Culture ». Il fallait que je rentre immédiatement au Tchaïkovski. C'était très grave. Je m'excusai auprès de Mme Sadoul. Je pensai à un malaise de Montand, au feu, à une mauvaise nouvelle de Paris... A tout, sauf à ce qu'ils voulaient me faire découvrir après m'avoir cependant rassurée.

J'ai ironisé tout à l'heure sur les visites-surprises. Sans doute ai-je eu tort. Devant l'entrée des artistes se tenaient deux policiers. C'est tout. Je pénétrai derrière le plateau, Montand chantait devant une salle pleine mais, pour la première fois depuis notre arrivée à Moscou, l'immense avant-scène, du côté droit de la salle, était occupée. Les rideaux pareils à ceux des Zim étaient toujours restés résolument fermés jusque-là. A présent, ils étaient ouverts, et dans l'ordre dans lequel on les a toujours vus sur les photos officielles, Khrouchtchev, Molotov, Mikoïan, Boulganine et Malenkov applaudissaient la fin d'une chanson.

Des coulisses où j'étais, j'avais trois spectacles à contempler : Montand de dos, eux dans leur avant-scène et une partie du public. Le public, lui, avait deux spectacles à contempler : Montand sur scène et ces cinq hommes dans leur avant-scène. La plupart d'entre eux les voyaient sans doute pour la première fois de leur vie en chair et en os, en tout cas de si près.

A la fin du récital, ils se levèrent tous les cinq pour applaudir. Toute la salle se leva pour applaudir. Un coup Montand, un coup l'avant-scène du praesidium. Montand salua. Entre deux rideaux, il eut le temps de me dire : « T'as vu? » en s'épongeant avec la serviette que je lui tendais. Après l'ultime rideau, il y eut le « Ooooooooooooooooh! » de déception qui se prononce partout de la même façon. Comme à l'Étoile ou à Melun, Montand courut jusqu'à sa loge. A Moscou, comme à l'Étoile ou à Melun, c'est dans les corridors qu'on attrape des chaud et froid en sortant de scène. La quadrilla et la *groupie* suivirent, comme d'habitude. « Monsieur Culture » frappa à la porte et annonça que les camarades du Soviet suprême de l'URSS nous attendaient. Avant même qu'on ait pu commenter l'événement, Montand lui répondit qu'il les attendait, lui, dans sa loge. Qu'on lui laisse le temps de se frictionner. Alors, « Monsieur Culture » expliqua qu'un petit souper avait été préparé dans le théâtre. Il venait simplement nous transmettre l'invitation. Les camarades du Soviet suprême savaient qu'un artiste doit se détendre après l'effort. S'ils ne venaient pas, c'était pour ne pas déranger. Ils allaient patienter, qu'on prenne notre temps.

On s'attendait à la visite protocolaire dans la loge, poignées de main échangées pour l'objectif, c'est-à-dire sans se regarder jamais. Au besoin, à la bourrade paternelle immortalisée par les caméras. Tous ces gestes qui fixent à jamais des moments pendant lesquels rien de réel ne se passe ou ne se dit jamais.

Au lieu de ça, on nous proposait un petit souper. Le mot petit souper a un côté frivole. En suivant un responsable du théâtre vers ce petit souper, nous ne savions pas, Montand, Nadia et moi, que nous allions tous trois vivre les heures les plus passionnantes de nos existences respectives de chanteur-acteur, traductrice et actrice, les choses étant ce qu'elles étaient de par le monde en ce mois de décembre 1956.

Ils nous attendaient tous les cinq sur le pas de la porte d'une salle à manger aménagée derrière l'avant-scène officielle. Ils se présentèrent l'un après l'autre par leur nom, comme si on ne savait pas qui ils étaient. Boulganine en tirant sur sa barbiche, pour être conforme à son image de vieux pépé débonnaire; Khrouchtchev rigolard, Molotov sinistre, Mikoïan souriant et oriental et Malenkov très triste. Ils dirent leurs noms, nous dîmes les nôtres et Nadia le sien. « Monsieur Culture » ne dit rien.

Une table était dressée. Neuf couverts étaient prévus. Le compte était bon : eux cinq, « Monsieur Culture », Montand, Nadia et moi. Il n'y avait pas de photographe, pas de caméra de télé. Et s'il y avait des micros, je jure que tout ce qui fut enregistré cette nuit-là valait son pesant de vérité et de bonne foi. Et dans les questions qui furent posées, et dans les réponses qui furent données de part et d'autre.

La table était étroite et longue. Nadia était assise à un bout, entre « Monsieur Culture » et Malenkov. Mikoïan était à l'autre bout, entre moi et Molotov. Montand et moi faisions donc face à Molotov, Khrouchtchev, Boulganine et Malenkov.

Je ne peux pas dire que les cinq premières minutes furent extrêmement détendues. Mikoïan parla le premier. Nadia traduisit. Tout le monde autour de la table convint que c'était un très beau récital. Montand remercia, je souris. Il fut un peu question du climat rigoureux qui devait nous surprendre, venant de régions si tempérées... On en était au borchtch. Mikoïan porta son premier toast de la soirée. Je crois qu'il était à la gloire de l'amitié entre les peuples. Ou à celle de la paix dans le monde. Toujours est-il que c'est après ce toast que tout commença.

Ça commença et ça dura trois heures. Trois heures pendant lesquelles on n'entendit que la voix de Khrouchtchev, de Montand, la mienne, et surtout celle de Nadia qui traduisait à une vitesse extraordinaire, à la fois ce que disait Khrouchtchev et ce que nous disions. Les quatre autres restèrent résolument muets. Ils acquiesçaient parfois à un propos de Khrouchtchev, ou riaient à une de ses plaisanteries, ou à l'une des nôtres. Elles ne furent pas nombreuses.

C'est Khrouchtchev qui déclencha la discussion :

— Alors, ça n'a pas été facile pour vous de venir chez nous?

— Ce n'est pas extrêmement facile de venir chez **vous** en ce moment, Monsieur Khrouchtchev!

— A cause des pressions fascistes?...

— Non, à cause de ce qui s'est passé à Budapest, Monsieur Khrouchtchev... Les fascistes, ça les a plutôt enchantés, ce qui s'est passé à Budapest... Mais laissons les fascistes...

Et on leur a parlé des autres. De tous les autres dont ils semblaient ignorer l'existence. Et d'abord on a parlé de nous. C'est là que mes beaux atours et mes breloques m'ont bien servie. Avec honnêteté, nous avons essayé de nous définir. De leur expliquer que les sympathies que nous avions souvent manifestées pour les options communistes, quand elles nous paraissaient justes, étaient des mouvements de cœur dans lesquels n'entrait aucun intérêt personnel. Mon beau tailleur très cher et mes beaux bijoux, dis-je en tâtant mon velours, en désignant mon bracelet de brillants et mon chapeau de vison pastel, c'est avec de l'argent gagné en pays capitaliste que je les avais achetés; Montand enchaîna en décrivant sa belle maison d'Autheuil, fruit d'un travail qu'il faisait librement. Il insista sur le fait qu'il était seul maître de son choix. Ce qui revenait à dire qu'en ce qui nous concernait personnellement, on n'avait vraiment pas à se plaindre du régime capitaliste, mais que ce n'était pas une raison pour penser qu'il était parfait pour beaucoup d'autres. On était des sentimentaux, pas des fins politiques. Et comme on était des sentimentaux, c'était nous, d'abord, que les images de l'Armée rouge tirant dans les rues de Budapest avaient choqués. Nous et beaucoup d'autres qui n'étaient pas des fascistes et qui avaient très mal compris notre départ, qu'on aurait d'ailleurs volontiers ajourné. Comme eux-mêmes avaient ajourné ceux de leurs propres artistes. « Non, ça n'était pas facile de venir chez vous en ce moment, Monsieur Khrouchtchev. »

Nadia avait traduit ces choses presque en même temps que nous les formulions. Elle aurait pu finir nos phrases. On avait déjà eu la même conversation avec elle, souvent reprise.

Alors, Khrouchtchev voulut nous expliquer. Et Khrouchtchev nous refit le rapport « attribué à... ». Il fallait bien sûr remonter à Staline pour comprendre la situation des Républiques socialistes, en particulier celle de la Hongrie. Il expliqua Rakosi le stalinien et ses erreurs staliniennes. Puis il parla de la Pologne et raconta comment Staline avait complètement liquidé le parti communiste polonais et certains Espagnols en exil à Moscou. Il mima Beria. Il parla des camps — il tapait sur la table en scandant « seize millions de morts » — et aussi la déportation prévue pour les juifs d'URSS dans un État où on les aurait concentrés. Nadia traduisait. Elle revivait son enfance et son adolescence. Moi, je regardais Khrouchtchev, et je regardais beaucoup Molotov qui ne regardait personne. Et dans mon œil, on devait pouvoir lire cette question : « Et vous, qu'est-ce que vous faisiez pendant ce temps-là? » Khrouchtchev y répondit avant même que j'aie eu la chance de la formuler : « Je vois très bien ce que vous pensez, dit-il en pointant son doigt vers moi par-dessus la table. Vous pensez : Vous, qu'est-ce que vous faisiez pendant ce temps-là? Je ne pouvais rien faire, parce que faire quoi que ce soit contre Staline, c'était le faire contre le socialisme. »

C'est alors que Mikoïan porta le deuxième toast de la soirée en l'honneur du camarade Khrouchtchev qui avait eu le courage de dire la vérité au monde, pour le bien du socialisme. *Za vaché zdarovié!*

C'était sans doute vrai, mais est-ce que Monsieur Khrouchtchev était bien sûr qu'en envoyant l'Armée rouge à Budapest, il faisait du bien au socialisme?

— Oui, répondit Khrouchtchev, nous sauvons le socialisme de la contre-révolution.

— Mais, dit Montand, Tito aussi vous l'avez pris autrefois pour un contre-révolutionnaire et un traître.

— Erreur du passé, répondit Khrouchtchev.

— Il n'y a donc pas erreur possible du présent?

— Notre armée est à Budapest parce que les Hongrois nous ont appelés au secours.

— Le peuple?

— Oui, le peuple qui veut être protégé contre les fascistes hongrois et les agents de l'impérialisme.

— Et si c'était plutôt le peuple qui s'était cru autorisé à réclamer plus de liberté, dans le socialisme nouveau que vous lui avez promis, Monsieur Khrouchtchev, et qu'on ne l'ait pas compris?

— C'est vous qui ne pouvez pas comprendre, répondit-il en souriant.

— Alors, nous sommes beaucoup à ne pas comprendre!

Et on leur a raconté Paris, novembre 1956. Pas nos misères à nous, pas le commando de l'Olympia, pas *Modigliani.* Mais le désarroi de certains militants du parti communiste, qui se faisaient quand même casser la gueule ou insulter pour les défendre, eux. L'éclatement du Mouvement de la paix qui leur avait fait perdre dans le monde entier des milliers de vieux compagnons de route. En une semaine, ils avaient cessé de n'être que les héros de 1917 et les vainqueurs de Stalingrad. Ils étaient aussi devenus, aux yeux de certains, des tankistes dans une colonie. Aux yeux de certains qui trouvaient très difficile de justifier des actes qui ressemblaient à ceux qu'ils avaient l'habitude de condamner quand ils étaient commis ailleurs. Justement parce qu'ils étaient de bons compagnons de route.

Nadia traduisait. Sans intonation.

Et je jure qu'ils nous écoutaient. C'était avec un soulagement extraordinaire qu'on pouvait dire en face aux représentants du plus grand parti communiste du monde ce qu'on avait essayé de dire à des militants communistes français qui nous répondaient : « Je ne veux pas faire d'antisoviétisme. » C'était plus sain d'en faire directement avec le Soviet suprême.

Leur façon d'écouter nous donnait à penser deux choses, et deux choses contradictoires.

Ou bien on était en train de les informer, et c'est ce que leurs regards semblaient indiquer. Ce qui revenait à dire que leurs informateurs officiels avaient omis de le faire. Et c'était grave. M. Vinogradov, par exemple, savait fort bien qu'il fallait faire quelque différence entre les positions de Jean-Paul Sartre et le geste de petits réacs qui avaient maculé les murs de son ambassade, rue de Grenelle à Paris. Et si M. Vinogradov n'avait pas fait savoir à Moscou la vérité sur ce qui s'écrivait à Paris ailleurs que dans des journaux à vocation antisoviétique, ou sur ce qui se disait dans des cercles et des salons qu'il fréquentait beaucoup, on pouvait penser que M. Vinogradov n'avait pas fait son travail. C'était difficile à croire. Surtout si on pensait au nombre de M. Vinogradov qui, dans ce cas-là, n'avaient pas fait non plus leur travail dans toutes les capitales du monde entier.

Pourtant, à l'énoncé de certains noms célébrés en URSS pour leur talent, leur honnêteté et leur antifascisme notoire, ils paraissaient surpris. Ils se concertaient. Gérard Philipe, et Vercors, et Claude Roy, et Roger Vailland, tous ceux-là s'étaient manifestés contre l'intervention. Nous ne les dénoncions pas en les citant. Nous transmettions des messages qui semblaient avoir été égarés dans des valises diplomatiques. Pourquoi avait-on voulu leur faire croire que seuls les fascistes s'étaient manifestés et que le reste de l'humanité les approuvait? Ils écoutaient.

Alors restait l'autre hypothèse. Ils savaient tout ça et ça leur était complètement égal. Ils avaient à faire fonctionner un pays de plus de deux cents millions de citoyens soviétiques. C'était beaucoup de travail. Les désenchantements des sympathisants du monde occidental et les désespoirs de certains de leurs compagnons de l'Est les laissaient froids. Et peut-être n'osèrent-ils pas nous dire la phrase qu'on méritait : « Vous autres, les intellectuels de gauche, vous nous emmerdez ! » C'était la phrase qu'on avait déjà entendue à Paris. C'était celle qui concluait toujours les discussions avec les gens du parti communiste. Ils ajoutaient généralement : « Vous avez fait un bout de chemin avec nous, mais on saura se passer de vous. »

Non, cette phrase, Khrouchtchev ne nous la dit pas, et Nadia n'eut pas à la traduire. Par contre, elle eut à traduire celle de Montand. Elle précisait bien que sa venue n'était en rien un cautionnement, même si elle avait pu en donner l'impression. Khrouchtchev sourit et le remercia de sa franchise. Prenant ses compagnons à témoin de son admiration pour cette vertu qui était la seule valable par les temps qui couraient, on entendit beaucoup de *spassiba* et de *pravda*.

Mikoïan saisit cette occasion pour porter un troisième toast (c'était des petits verres et je crois qu'il s'y buvait beaucoup d'eau). Cette fois-ci, ce fut au papa d'Yves Montand, à sa maman, à son frère et à sa sœur. Il savait l'histoire de cette famille italienne chassée par le fascisme et émigrée en France pour le plus grand bonheur des mélomanes qui trouvaient en l'artiste émérite Yves Montand, chanteur français, l'alliage parfait de deux cultures latines venues de deux pays qui avaient toujours été deux grands amis du peuple soviétique... Nadia traduisait, tout le monde applaudissait, tout le monde souriait. Sauf Molotov.

Pendant deux heures et demie, il s'était dit des choses très dures autour de cette table. Après le dernier toast, un ange passa.

C'est alors qu'on entendit la voix de « Monsieur Culture ». On l'avait complètement oublié, celui-là. Il avait dû s'ennuyer ferme pendant tout ce temps-là. Ou alors, au contraire, avait-il pensé qu'avec nous on ne s'ennuyait jamais... s'il s'était souvenu de sa chasse à la copie du *Sel de la terre* qu'on lui avait imposée en plein déjeuner, deux semaines auparavant. Quoi qu'il en soit, une chose était sûre : avec nous, on pouvait difficilement manger tranquille.

C'était à moi qu'il s'adressait. Il voulait savoir si j'avais des projets cinématographiques. C'était une question pertinente de la part d'un ministre de la Culture.

C'est alors que Khrouchtchev dit qu'il avait lu quelque part qu'on m'avait proposé de tourner *Madame Bovary* en coproduction avec l'URSS. Je lui dis qu'en effet, quelques mois auparavant, on m'avait fait cette proposition, mais que je l'avais refusée en remerciant. A mon avis, les coproductions n'avaient de raison d'être que pour raconter des histoires qui concernaient des personnages de nationalités différentes. Je n'aurais pas pu être Emma Bovary mariée à un docteur Bovary russe. Il fallait que tout soit français dans *Bovary*, même les vaches, ajoutai-je finement — ce qui fit s'esclaffer mon auditoire, sauf mon mari qui sourit poliment. Il connaissait mon numéro sur les coproductions. « Monsieur Culture » hocha la tête, prit un grand temps et soupira : « Ah, *Bovary*... Balzac! »

Je regardai Nadia. Elle était cramoisie. Ses yeux me suppliaient : « Ne dis rien, ne dis rien, ne dis rien. » Je crois qu'elle avait plus peur en cet instant qu'en traduisant les dangereux propos qui s'étaient échangés tout à l'heure. Elle, Nadia, qui savait par cœur des pages et des pages de Stendhal, de Victor Hugo, justement de Balzac, et incidemment de Flaubert, était devenue un témoin gênant. Le seul parmi eux qui sembla réagir, curieusement, fut Molotov. Il considéra un long moment son ministre de la Culture puis, pour la première fois, il me regarda vraiment.

Mais, puisqu'on parlait littérature, Montand et moi avons demandé pourquoi les *Thibault* n'avaient jamais été publiés en russe. Ils ne connaissaient pas. Ils allaient s'informer. Nadia épela Martin du Gard en cyrillique à l'intention de « Monsieur Culture » qui prit note.

Il était tard. Il y avait maintenant des friandises sur la table. Je suis incapable de me rappeler les plats qui avaient défilé entre le borchtch et ces petites cerises enfarinées de sucre, ces massepains à la cannelle. Khrouchtchev se leva et porta un toast. Un toast à nos divergences de vues, qui s'effaceraient certainement, et aussi à la joie qu'il avait éprouvée à justement confronter ces divergences de vues ailleurs que dans des salles de conférences ou par l'entremise d'émissaires officiels. Nous étions des *Tchélavek* et il nous en remerciait. Il était chaleureux comme un Jean Renoir, malicieux comme un clown Popov.

Et puis, Montand se leva. Il s'excusa, il n'était pas un grand expert en toasts. Il voulait simplement les remercier d'avoir permis, à lui et à sa femme, de dire ici des choses qui, dites ailleurs, auraient peut-être servi de mauvaises causes. Il était venu en URSS, cela n'avait pas été facile, comme il l'avait dit au début du repas. Il était sûr, maintenant, qu'il avait eu raison de venir, ne fût-ce que pour avoir eu le privilège de vider son cœur. Il les remerciait d'avoir rendu cela possible en nous invitant à une réunion aussi peu protocolaire. Il n'avait pas été complètement convaincu par les arguments de M. Khrouchtchev. Il espérait que les nôtres leur avaient appris quelque chose. Il les remerciait d'être venus l'écouter chanter, et il levait son verre au peuple et au public soviétiques. « *Za vaché zdarovié!* »

Tous les convives applaudirent.

Mikoïan me tendit un petit verre de cognac arménien et me pria de faire mon toast.

Je me levai, je dis que mon mari avait parlé pour moi et que je me contenterais de lever mon verre à la « pravda », pas au journal *la Pravda*... à la pravda tout court. Ça les fit rire énormément.

On avait bu à la vérité. On se sépara, il était près de quatre heures du matin.

Avant de m'endormir, je repensai à tous ceux qui nous avaient jugés à Paris. Et aussi à tous ceux qui nous avaient poussés à partir. Et à la caricature de Sennep, et à une photo qui avait paru dans toute la presse soviétique : elle était très belle, on était tous deux, dans une troïka, emmitouflés dans des couvertures de fourrure, je riais aux éclats tandis que Montand me désignait quelque chose au loin. Elle avait également paru dans la presse française, mais avec une légende : « Regarde cette fumée, là-bas, Simone, c'est Budapest qui flambe... » Elle avait paru deux semaines après notre départ. Je repensai à ce papier du correspondant de *l'Huma* à Moscou, un très gentil papier, sur notre arrivée à Moscou, mais qu'André Stil, rédacteur en chef, avait cru bon de chapeauter d'un « Yves Montand déclare : Ici, j'ai trouvé des copains ».

Et je pensai au méchant fou rire de la fille de *France-Dimanche,* et bien entendu je pensai à Aragon. Je pensai aussi aux autres. Au groupe des emmerdeurs dont nous avions été les porte-parole pendant ces trois heures. Je crois qu'ils auraient été contents. Montand, avant d'éteindre, fit le bilan : « Maintenant, on sera mal avec tout le monde, mais qu'est-ce qu'on se sent bien avec nous-mêmes ! »

(Il y a quelques années, je lus dans *le Figaro littéraire* qu'après un premier tirage épuisé de deux cent mille exemplaires, la traduction russe des *Thibault* de Roger Martin du Gard était à la réimpression. Et comme je suis incorrigiblement sentimentale, en même temps que je lisais cette information, j'entendais la voix de Nadia épelant. Si je l'avais eu sous la main, j'aurais mis le disque de Bernès, *Ami lointain*...

Quand bien même ils n'auraient rien retenu d'autre de ce qu'on leur avait dit ce soir-là, on n'avait pas complètement perdu notre temps, ni eux le leur.)

Je viens de raconter le morceau de résistance de ce séjour à Moscou. Ce qui va suivre risquera de paraître fade en comparaison de cette confrontation qui, dès le lendemain matin, devint « la » conversation du Tout-Moscou.

Tout le monde savait que nous étions restés avec eux trois heures. Et tout le monde voulait savoir ce qui s'était dit. Tout le monde : ça allait de l'ambassadeur de France à Ehrenbourg, en passant par les correspondants de presse étrangers, des mondains de Moscou à Soria (il avait raté ça, s'étant trouvé ailleurs qu'au Tchaïkovski la veille au soir), du vieux portier barbu du Sovietzkaïa qui avait pris l'habitude de me baiser les deux mains quand je rentrais à l'hôtel, au chef-électro du théâtre qui avait l'humour de tous les grands chefs-électro de tous les studios et de tous les théâtres du monde. Alors, je vais essayer de résumer.

A l'ambassadeur de France, qui se manifestait pour la première fois depuis deux semaines qu'on était là, on fit savoir qu'on le rappellerait à notre retour de Kiev.

Au correspondant américain de l'UP, qui se trouvait être un de nos anciens voisins de la place Dauphine, que je me plaisais à appeler « Gringo » par tendresse pour le Mexique, nous dîmes que la conversation avait été très intéressante.

On rassura et certainement déçut les mondains en leur affirmant qu'il n'avait jamais été question d'eux.

A Soria, on dit qu'il n'aurait peut-être pas apprécié ce que nous avions dit.

Au vieux portier, on ne dit rien, on lui sourit.

Au chef-électro, qui nous demanda si on avait pu parler, on dit oui.

A Ehrenbourg, on raconta le dîner. Il nous avait dépêché sa secrétaire à l'hôtel. Elle était porteuse d'un message qui nous conviait à déjeuner à la campagne, dans la datcha des Ehrenbourg, à quatre-vingts kilomètres de Moscou, pour le surlendemain. Quand je dis nous, je veux dire nous deux. Seuls.

La secrétaire d'Ehrenbourg était une très belle femme. Elle avait vécu à Paris jusqu'à l'âge de dix-sept ans avec sa mère qui était une Russe blanche. A Paris, elle était tombée amoureuse du socialisme. Alors, elle avait quitté Paris et était arrivée à Moscou. Trois semaines après son arrivée, elle était arrêtée et déportée en Asie centrale. Elle avait fait sept ans de camp, sans jamais savoir pourquoi on l'avait arrêtée. Elle venait d'être réhabilitée. C'était la première victime des

« erreurs du passé » avec qui nous ayons parlé. Sa foi socialiste n'était absolument pas ébranlée. Elle se demandait même si Khrouchtchev avait eu raison en désillusionnant si brutalement tout un peuple qui n'avait pu accomplir ce qu'il avait accompli qu'à travers sa foi en Staline. Elle avait perdu les plus belles années de sa vie dans un camp, mais elle n'envisageait pas d'aller passer celles qui lui restaient à vivre ailleurs que dans sa patrie.

A Ehrenbourg, on a donc raconté le dîner. On ne lui apprenait pas grand-chose sur le fond. Il connaissait notre position et il connaissait celle du praesidium. Par contre, sur la forme, c'était tout autre chose. Comme on lui décrivait la courtoisie et le côté bonne franquette des débats, il nous arrêta d'un grand éclat de rire et nous raconta l'histoire suivante. Quelques jours avant le petit souper-surprise, une dame très bien, militante du Mouvement de la paix, était venue spécialement de Belgique, à ses frais, pour essayer de rencontrer Khrouchtchev et lui dire exactement les mêmes choses que nous. Elle avait fini par obtenir une audience. Il ne l'avait pas laissée placer un mot, l'avait grossièrement flanquée à la porte et pratiquement expulsée du territoire. Mais ça, ils étaient très peu à le savoir dans Moscou...

Ehrenbourg était très drôle. Il avait longtemps vécu à Paris, maniait un français parfait et cet argot parisien suranné qu'emploient les étrangers qui ont vécu à Paris avant-guerre et qui appellent un vélo une bécane. Il avait des expressions bien à lui pour désigner certaines choses, par exemple : « On m'a fait une petite coupe de cheveux de texte dans mon dernier volume... » disait-il pour expliquer la disgrâce dans laquelle il se trouvait de nouveau, « mais momentanément », ajoutait-il. « Je suis toujours retombé sur mes pattes, et même quelquefois sur mes mains... Nous autres, écrivains soviétiques, si nous sommes encore vivants, c'est que nous sommes les plus grands acrobates du monde... Nous tous... sauf Pasternak. » C'était la première fois de notre vie que nous entendions ce nom-là.

Alors, Ehrenbourg nous raconta Pasternak, le plus grand poète soviétique, le plus grand traducteur de Shakespeare, le seul à avoir refusé de céder à Staline, et le seul à qui Staline n'avait osé toucher. Il n'était pas publié, mais il était vivant. Il vivait retiré, mais non pas oublié. « Il est le seul d'entre nous qui mérite le respect. » Et puis Ehrenbourg nous raconta comment Staline l'avait réveillé, lui, Ehrenbourg, une nuit au téléphone, pour lui donner l'instruction de réemployer le mot « nazi » dans un feuilleton politique à propos duquel on lui avait précédemment donné pour instruction de désigner les nazis sous le nom d'Allemands, et comment, par là même, il avait su avant tout le monde que le pacte avait vécu.

Et puis il raconta aussi comment Staline les avait tous convoqués un jour au Kremlin pour une communication urgente : « Il n'y a que deux façons d'écrire. Il faut écrire comme Shakespeare ou comme Tchekhov. Moi, je ne suis pas écrivain, mais si j'étais écrivain, c'est comme Shakespeare que j'écrirais. A vous, je vous donne le conseil d'écrire comme Tchekhov. Vous pouvez disposer. »

Ehrenbourg était drôle, désenchanté et lucide. Sa femme était lucide, désenchantée et drôle, et deux petites vieilles dames juives qui ne disaient rien contemplaient leur frère cadet sans le talent duquel elles n'auraient probablement jamais vécu dans cette jolie datcha.

Aux murs, il y avait de beaux tableaux, des Picasso et des Miró. Et aussi des tableaux de jeunes peintres soviétiques qui n'avaient jamais été accrochés dans aucune exposition. Je jetai un coup d'œil sur la bibliothèque et sortis des rayons un petit livre intitulé *Paris*. C'était des photos faites à Paris et publiées en Union soviétique vers 1933, à l'époque où Ehrenbourg était correspondant des *Izvestia*. On y voyait des petits enfants misérables traînant un cabas dont dépassaient une bouteille de vin rouge et un pain, des clochards couchés sur des bouches de chaleur, des prostituées dans le quartier des Halles, un triste coin d'Aubervilliers et des mendiants, beaucoup de mendiants.

Je lui demandai si vraiment pour lui, à l'époque, Paris ça n'était que ça. « On faisait tous des petites omissions, chérie, nous, les acrobates... » Et comme il était drôle, tout le monde a ri.

La Maison des écrivains à Moscou est logée dans un ravissant hôtel particulier. C'est l'ancienne demeure d'un grand-duc. Si, comme on l'affirme, ses salons ont été témoins d'abominables orgies jusqu'en Octobre 1917, un soir de décembre 1956, ils l'ont été d'un abominable scandale.

Depuis une semaine déjà, nous avions accepté une invitation à nous rendre, après le spectacle, à une réception offerte par la Maison en question. La Fatalité ou le Diable voulut que cette réunion fût prévue pour le lendemain du déjeuner chez Ehrenbourg... Au porteur de l'invite, Montand avait bien précisé qu'il ne chanterait pas. Il chantait le matin, l'après-midi et deux heures le soir. Il était content de faire des heures supplémentaires pour ceux qui ne pouvaient venir au théâtre, mais il ne voulait pas en faire pour ceux qui y passaient pratiquement toutes leurs soirées. Il faut dire que le porteur en question faisait partie du fameux groupe qu'on trouvait toujours sur notre chemin. Il s'était esclaffé : pour qui les prenait-on? On nous invitait. On nous invitait à boire et à manger un petit quelque chose après le travail et aussi, à l'occasion, à échanger quelques idées (« contre quoi? » aurait ajouté Jacques Prévert s'il avait été là). Non... Montand l'avait mal compris, il n'était pas question d'autre chose que d'une rencontre culturelle et amicale entre gens de bonne compagnie, surtout pas d'un concert de plus. Les musiciens étaient assurément les bienvenus s'ils voulaient se joindre à nous. Entendu, merci, à la semaine prochaine.

Une fois arrivés dans ce qui devait devenir pour nous la « Maison des acrobates », quelle ne fut pas notre surprise de nous retrouver installés illico sur une estrade. Sur l'estrade, il y avait des chaises, un piano et un micro. Et devant l'estrade, nos hôtes, les écrivains émérites, installés quant à eux dans des fauteuils. Ils attendaient que ça commence. Quelqu'un dans l'assistance nous tourna un compliment. Puis, pour nous honorer, la basse Petrov vint sur l'estrade leur chanter quelques grands airs; puis ce fut le tour d'une diseuse de nous honorer en leur chantant des mélodies françaises du XIXe siècle. Il était tard, Montand avait faim. On applaudissait, tout en se demandant ce qu'on faisait là.

La diseuse était une très très vieille diseuse. Elle avait dû captiver des générations successives d'auditoires, peut-être même dans ce même salon du temps du grand-duc. Elle était bien décidée à nous offrir à tous un « encore » lorsque quelqu'un suggéra qu'elle se repose un peu. Elle fut extraite de l'estrade avec respect et précaution. C'est alors que quelques voix, d'abord, puis l'assistance entière se mirent à scander : « Yves Montand, une chanson... Yves Montand, une chanson... » Je me levai, pris le micro et essayai d'être à la hauteur de cette réputation de charme et d'humour qui nous auréole, nous Français, dans les capitales du monde entier... Je leur demandai de ne pas insister, de le faire pour moi. Si jamais il cédait, c'était sur moi que ça retomberait... Il était fatigué... et quand il était fatigué, c'est moi qui me faisais engueuler... J'étais sûre qu'ils comprendraient. « Bravo! bravo! Ah! Ah! qu'elle est drôle!... Une chanson! Une chanson!... »

Montand s'est levé, a fait signe à Bob qu'on avait placé à côté de nous sur l'estrade. Bob est allé au piano, Montand a pris ma place au micro. Il a chanté un demi-couplet et puis il s'est arrêté. Il a dit : « Allez, les enfants, barrons-nous. » Dans un mouvement rapide et souple, il est allé ramasser Bob sur son tabouret, au passage m'a fait lever de ma chaise et nous a catapultés au bas de l'estrade. Alors seulement, il les a insultés. Très vite, il a amalgamé leur muflerie présente, leurs lâchetés passées et probablement à venir. Il leur a dit qu'il n'avait pas lu la plupart de leurs livres, mais que le seul fait qu'eux soient là vivants, à leurs âges, lui suffisait pour savoir qu'il n'aurait plus jamais envie de les lire. Il leur a demandé des nouvelles de Pasternak, il les a traités de sales vieux plumitifs, de courtisans, de démagogues opportunistes et pour conclure de sales cons!

Tout fatigué qu'il était, sa voix sortait comme elle sort toujours dans la colère et l'indignation. Elle sortait très bien, et ça faisait beaucoup de bruit. Il n'était plus question d'échanges d'idées. Ils étaient pétrifiés. Tous étaient très cultivés et comprenaient le français. Ils ne comprenaient cependant pas pourquoi ce grand jeune homme si gentil leur disait des choses aussi grossières.

Soria était là. Il avait raté le petit souper, n'avait pas été prié au déjeuner Ehrenbourg. Il avait été, en tant qu'écrivain, l'agent de cette petite soirée. Il ne nous suivit pas dans notre fuite. Il demeura parmi ses frères en littérature, et probablement leur expliqua comme les grands artistes sont aussi parfois de grands enfants capricieux...

En 1962, chez Lipp, on a découvert comment cet épisode avait ce soir-là réjoui un autre Moscou. Celui de jeunes écrivains-poètes qu'on ne trouvait jamais sur notre chemin, jamais dans le grand hall du Sovietskaïa, jamais au restaurant Praga. Nous ignorions leur existence, ils n'ignoraient pas la nôtre. Et pour cause. Ils écrivaient des pamphlets dans lesquels ils se moquaient de nous et de nos fréquentations. Et puis, après le scandale chez les acrobates, ils se mirent à écrire des poèmes qui étaient aussi des pamphlets et dans lesquels les comiques, ce n'était plus nous. Bien traduits autour d'une choucroute à six ans de distance, ces pamphlets et ces poèmes, c'était triste et c'était rigolo.

L'année 1956 se termina en apothéose. Dans la grande salle Saint-Georges du Kremlin, une petite fête fut donnée pour trois mille personnes. Il y en avait 2 991. Cette assistance était formée de tout ce que Moscou comptait d'ambassadeurs étrangers, de savants, de ministres, de fonctionnaires, de militaires, d'artistes et de héros réhabilités. Et puis il y avait nous : Montand, Crolla, Castella, Paraboschi, Soudieu, Azzola, Nino, Maryse et moi. Nadia, Slava, André et Sacha réveillonnaient en famille.

Au cours de ce banquet, les plus grands artistes d'URSS se

produisirent sur une estrade placée derrière la table du Comité central, mais face aux trois mille convives. Oistrakh père et fils jouèrent du violon au milieu des bruits de fourchettes, et des danseurs de chez Moisseïev faisaient des bonds prodigieux tandis qu'on passait les volailles. J'avais l'impression d'avoir déjà vu ça quelque part... Bien sûr, parbleu, quand j'étais « dame du château » dans *les Visiteurs du soir.*

Au douzième coup de minuit, les grands lustres s'éteignirent. J'embrassai mon mari dans l'obscurité, une main vint se poser sur mon épaule, la lumière revint. Nikita Khrouchtchev, car c'était lui, me fit lever de ma chaise et m'embrassa sur la bouche devant ses 2990 invités. Il serra les deux mains de Montand dans les siennes. D'un pas de sprinter, il alla récupérer à une table l'ambassadeur de Chine qu'il ramena triomphalement à la table du Soviet suprême. Comme à la campagne, on se serra un peu et l'ambassadeur de Chine s'assit entre Khrouchtchev et Mme Fourtzeva. Du fin fond de la salle, on vit arriver, tout rougissant, le maréchal Joukov, hier encore en disgrâce, précédé d'un émissaire. Il s'assit lui aussi à la table familiale, en bout de table cependant.

Ni le Chinois contestataire, ni le général turbulent ne nous firent part de ce qu'ils avaient pensé en cette nuit du 1er janvier 1957. Si hétéroclite qu'elle pût paraître, cette sélection fut ainsi opérée : un compagnon de Mao, un maréchal de l'Armée soviétique, un chanteur français et sa dame avaient été publiquement pardonnés d'avoir eu mauvais esprit ; ou bien publiquement remerciés d'avoir eu bon esprit. Ça pouvait vouloir dire l'un et l'autre. Comprenne qui veut !

Vers trois heures du matin, Khrouchtchev et Boulganine dansaient dans un petit salon de la salle Saint-Georges. Ils tapaient des pieds et s'accroupissaient sur leurs talons comme de jeunes paysans d'Ukraine. Un cercle d'ambassadeurs du monde occidental frappaient dans leurs mains, comme au Schéhérazade, pour les encourager.

A notre arrivée en train à Leningrad, Pierre le Grand nous attendait sur le quai. Il était venu avec Alexandre Nevsky, Ivan le Terrible et un député de la Baltique : Nicolas Tcherkassov, le plus grand acteur soviétique de son temps, voulait nous accueillir dans sa ville. Et c'était bien sa ville. Il en était député au Soviet suprême. Il était aussi le fils d'une vieille dame et le père d'un jeune garçon que ni ses titres ni sa gloire n'avaient pu sauver de la mort, pendant le siège de Leningrad, qui avait duré neuf cents jours Tous les deux étaient morts de faim, comme les autres, c'est-à-dire comme un million de gens.

A Leningrad, il y a les plus beaux palais, les plus beaux musées, le plus beau fleuve, les plus beaux ponts. Il y a Saint-Pétersbourg et Petrograd et Leningrad, et c'est superbe. Il y a aussi l'hôtel d'Angleterre. C'est là que nous logeâmes, tous les treize. C'était la première fois que Nadia, Sacha, Slava et André cohabitaient vraiment tout à fait avec nous. A Moscou, ils rentraient chez eux après le travail. A Leningrad, qu'ils découvraient en même temps que nous, on rentrait tous ensemble à « doma » après le concert. C'est à l'hôtel d'Angleterre qu'Essenine s'était ouvert les veines et avait écrit le dernier poème de sa vie. C'était en 1925. Assis par terre dans le salon de notre appartement princier, après un dernier verre et juste avant d'aller se coucher, l'un d'eux, je ne sais plus lequel, dit que c'était peut-être sur cette moquette-là que le sang d'Essenine avait coulé. Et tous quatre, en russe et en chœur, récitèrent le poème du jeune fou dont les derniers vers disent :

Dans cette vie mourir n'est pas nouveau,
Mais vivre n'est certes pas chose plus neuve.

A quelques kilomètres de l'entrée de la ville, sur la droite, le long de la route qui mène à l'aéroport, un petit panneau de bois peint en noir porte une inscription peinte en blanc. C'est la borne. La borne du kilomètre que les nazis n'ont jamais pu dépasser. La verste qu'ils n'ont jamais pu franchir. Sur le côté gauche de la route, faisant face au panneau, commence une étroite forêt de jeunes arbres, plantés à distance régulière. Elle s'étend tout en longueur à perte de vue. Un arbre par mort. Une forêt d'âmes.

C'est en allant prendre notre avion pour Kiev qu'on découvrit la forêt d'âmes. La semaine à Leningrad avait été bien différente de celles passées à Moscou. Les mondains et les acrobates locaux ne s'étaient pas montrés. Peut-être y en avait-il moins à l'ombre de l'Ermitage qu'à celle du Kremlin. On avait eu droit aux visites dans les usines, bien sûr, avec petit concert, bien sûr, mais je me rappelle surtout les visages d'enfants. Peut-être à cause de la maison des pionniers avec son parc à attractions, ses toboggans, et plein de petits mômes très gais qui parlaient français et qui étaient insolents avec les moniteurs, que ça faisait rigoler. Il y avait eu un dîner chez les Tcherkassov. Dans ma serviette, j'avais trouvé une paire de boucles d'oreilles du XVIe siècle que Mme Tcherkassov y avait dissimulée pour moi. Un copain de Tcherkassov avait chanté au dessert *Kalitka* (et non pas *Kalinka*). C'était la chanson que Piccoli, Marchal et moi faisions chanter à Oscar Danciger au Mexique. Et Tcherkassov, qui était en train de tourner *Don Quichotte* et se levait très tôt le matin, avait tenu quand même à nous raccompagner à l'hôtel d'Angleterre. « Ici, chez nous, les invités doivent être reconduits jusqu'à leurs lits. » Nicolas Tcherkassov est mort il y a une dizaine d'années. C'était un empereur.

Leningrad était une vieille ville avec des fantômes et des survivants. Kiev était une ville toute neuve. Ses survivants l'avaient rebâtie. Il restait quelques vestiges de ce qu'avait dû être la vieille capitale de l'Ukraine, rasée à quatre-vingt-dix pour cent. On avait survolé les kilomètres de cette terre qui, des années auparavant, n'était plus qu'un gigantesque incendie allumé par les Ukrainiens eux-mêmes pour repousser l'ennemi. La ville traversée offrait le spectacle anachronique des vêtements traditionnels des passants et de la blancheur des grands immeubles d'architecture stalinienne qui ramenait tout de nouveau à la guerre.

Montand chanta à l'Opéra. Et puis dans un kolkhoze, dans une école de danse. Je voudrais savoir ce qu'est devenue cette petite fille de douze ans qui dansait si bien et qui était si belle... A Kiev, on était très loin de Paris et très loin de Moscou. Kiev-qui-fait-froid, disait Crolla. Les rires sonnaient moins fort. C'était la dernière semaine de la tournée. Sacha, André, Nadia et Slava étaient pensifs, pour ne pas dire « pas gais ». Leurs vacances laborieuses tiraient à leur fin.

Comme nous étions rentrés « en ville », l'ambassadeur de France nous pria de nouveau à l'ambassade. Nous y sommes allés prendre deux doigts de porto, la veille de notre départ, le matin vers onze heures et demie. Mme Dejean nous attendait dans le salon de ce très-bel - hôtel - particulier - dans - lequel - se - déroulaient - paraît-il - jusqu'en- Octobre-1917-des-orgies-qui... etc. Elle était justement en train de feuilleter un numéro de *Théâtre de France*. Et elle en était justement à la page où Montand-Signoret, photographiés par Thérèse Le Prat, étaient John et Elizabeth Proctor. La vie diplomatique est jonchée de coïncidences auprès desquelles *Nadja*, c'est l'almanach Vermot.

Avions-nous fait un beau voyage? Elle espérait que nous avions aimé Leningrad, la Venise du monde oriental... Monsieur l'Ambassadeur fit son entrée. Il me baisa la main et entraîna mon mari dans un coin du salon en annonçant qu'il préférait laisser ces dames à leur bavardage. J'en entendis assez pour comprendre que Monsieur l'Ambassadeur s'informait de ce qui s'était dit au cours du petit souper. Des choses très intéressantes, disait mon mari, qui n'est pas un informateur du Quai d'Orsay.

Monsieur l'Ambassadeur me ramena mon mari et interrompit le bavardage de ces dames. Il voulait qu'on sache combien lui et sa femme avaient été tristes d'avoir été obligés de nous ignorer. Ah! si seulement on était arrivés maintenant, en janvier, les choses eussent été plus simples... Mais cette idée de débarquer en décembre!... C'était inopportun au possible! Eh oui! on avait déjà entendu ça quelque part (sacré Aragon, va!). Maintenant, tout était tassé. Ça avait mal commencé... Mais tout est bien qui finit bien, et il voulait quand même que Montand sache qu'avec ces six semaines de récitals à travers ce grand continent, il avait fait beaucoup pour le prestige de la France. Il pensait que c'était la moindre des choses que de le lui faire savoir avant son départ.

M. Dejean n'est pas un mauvais homme et il a une bonne tête. Mme Dejean est une femme charmante et elle est très belle. En les quittant, nous nous sommes dit — et je crois que nous le leur avons dit — qu'on aimait mieux être à notre place qu'à la leur.

Quelques officiels s'étaient levés de fort bonne heure pour nous offrir le dernier toast avant notre départ dans les salons de l'aéroport. Il était cinq heures du matin.

André, Sacha, Slava et Nadia firent leur travail. Ils traduisirent *mir* (paix), *spassiba* (merci), *rabota* (travail), *daragoy* et *daragaya* (cher et chère) et *Za vaché zdarovié* (à votre santé). Ils traduisirent des discours dans lesquels nous reconnaissions les mots clés des mots creux. Ils étaient tristes. Nous aussi. Comme des amants à qui on vole indiscrètement et officiellement les derniers instants avant la séparation.

Il faisait très froid quand nous sommes montés sur cette passerelle. Nous nous sommes retournés une dernière fois pour leur dire, ou plutôt leur faire signe : « A bientôt! » Pendant la première heure de vol, je pensai aux minuscules stalactites et stalagmites qui risquaient de leur souder les deux paupières, mais comme les larmes sont chaudes, je me dis qu'elles fondraient.

Notre destination était Varsovie. Cet avion était un avion-salon. Comme Soria, occupé par d'autres tâches, nous avait perdus de vue depuis notre départ pour Leningrad, il n'était pas du voyage. A Varsovie, c'était son adjoint, Roger Boussinot, qui nous réceptionnerait.

Les questions de Crolla, Soudieu, Paraboschi, Azzola, Nino et Maryse, Castella et les nôtres, à Montand et à moi, sur les raisons qui nous faisaient voyager en avion-salon, ne se posèrent donc qu'entre nous. La camarade steward qui passait les tasses de *tchaï* ne comprenait pas le français. Les fauteuils étaient des fauteuils garnis de pompons, comme ceux de l'hôtel d'Angleterre. Il y avait un petit coin pour lire et un petit coin pour jouer aux cartes. On n'avait jamais vu un avion comme ça. On convenait que c'était un bel « avionnet » et que c'était drôlement drôle d'avoir un avion pour nous tout seuls, avant d'arriver à « Warszawa-comme-vous-voulez ».

L'avionnet fit escale à Vilnius. Le photographe rouquin était là. Avec son petit garçon et les photos qu'il avait prises de nous à l'aller. Il avait toujours l'air d'avoir envie de dire des choses qu'il ne disait pas. Les photos étaient des photos... mais c'était gentil d'avoir pensé à nous les apporter, surtout quand on songeait que notre avionnet n'était inscrit sur aucun vol officiel (à ça, on n'a pensé que bien longtemps après).

Quelques heures plus tard, l'avionnet se posait sur le terrain de Varsovie. A la tête que faisaient les gens venus nous réceptionner, on a compris qu'il y avait quelque chose qui clochait. L'avionnet était un des appareils du praesidium...

C'était la suite du baiser du 1er janvier dans la salle Saint-Georges. On n'atterrissait pas à Varsovie. On arrivait sur Varsovie... directement du Kremlin.

Warszawa-comme-vous-voulez?... Pas tellement. Ça allait si peu comme on voulait que Paraboschi s'abstint pendant quelque temps de nous servir ce désopilant calembour.

Les Polonais, socialistes, socialisants et antisocialistes, ont deux choses qui les unissent depuis toujours : ils détestent les Allemands et ça remonte à bien avant Hitler; ils détestent les Russes, et ça remonte aux Romanov en passant par Staline pour aboutir à Khrouchtchev. La dernière visite de celui-ci à Varsovie n'avait pas laissé un bon souvenir. Elle datait d'octobre, ç'avait été une visite-surprise... Elle coïncidait avec l'encerclement de Varsovie par les troupes soviétiques « appelées au secours du socialisme ». Khrouchtchev n'avait pas salué Gomulka, prétendant qu'il ne savait pas qui il était. Il s'était comporté comme un tsar chez des serfs. Les Polonais n'étaient plus des serfs, ils étaient des socialistes, ils ne voulaient plus d'occupants, même si c'était au nom du socialisme. Ils le firent comprendre avec courage et intelligence. C'est comme ça que Varsovie n'était pas devenue Budapest et que Khrouchtchev était remonté dans son avion.

Alors, apparaître souriants à la passerelle du même gadget de l'air que celui qui avait déposé Khrouchtchev en octobre, c'était inopportun... encore un coup. Surtout le jour de l'élection de Gomulka. Il prenait enfin sa revanche officielle et bien méritée après dix ans de disgrâce pour déviationnisme titiste.

Notre interprète était très gentil. Et très discret. C'est au bout de quelques heures seulement qu'il se décida — en s'excusant de se mêler de ce qui ne le regardait sûrement pas — à demander à Montand pourquoi il avait exigé de toucher ses cachets en dollars or?!!!

Nous nous sommes alors rendu compte que l'hostilité ressentie dès notre arrivée n'était pas due uniquement à la qualité particulière de cet avion. L'avion venait couronner une campagne très scientifiquement menée dans la presse polonaise. On leur avait dit, et ils avaient écrit, et par conséquent ils avaient cru que toute la tournée à l'Est était payée en dollars-or. On ne leur avait rien dit, et ils n'avaient rien écrit, et par conséquent ils ne savaient rien des divers incidents du séjour à Moscou. Rien de novembre à Paris. Rien de la lettre à Obratzov. Alors, pour eux, on était des gens sans problèmes. On était là pour prendre du fric après en avoir pris beaucoup aux Russes, et avant d'aller en prendre beaucoup d'autre dans les autres démocraties populaires. Et pas n'importe quel fric. Montand était le naufrageur de l'économie polonaise en même temps qu'il était le meilleur copain de Nikita, qui lui prêtait son avion personnel. Voilà où on en était à notre premier jour à Varsovie.

Et tout fut à recommencer. D'abord et très vite, démentir les bobards, contrats à l'appui. Après, on s'occuperait des problèmes idéologiques. Montand exigea qu'on imprime dans la presse les sommes qu'il allait toucher en zlotys. S'ils nous avaient pris pour des salauds, maintenant ils allaient pouvoir nous prendre pour de dangereux demeurés. Ils étaient bien payés — ou plutôt mal payés — pour savoir que leur monnaie était difficilement convertible où que ce fût.

Dès le lendemain, l'atmosphère était différente. On vit venir vers nous des gens qui voulaient s'expliquer. Ils avaient quand même vaguement entendu parler du petit souper, et — c'était bien normal —

pensaient qu'il ne s'y était rien dit d'autre que ce qui se dit d'habitude dans les petits soupers... Comme nous n'avions pas de témoins ni de copie de l'enregistrement (possible), ils furent bien obligés de nous croire sur parole. Ils étaient furieux que Khrouchtchev n'ait pas raconté sa visite-surprise. Il est vrai que, s'il avait insisté sur la liquidation du parti polonais par Staline, il avait été très discret sur les événements d'Octobre. Et nous aussi, parce qu'on était conditionnés par Budapest. Eux, les Polonais, Budapest ne les intéressait pas tellement. Ou plutôt, ça ne les intéressait que dans la mesure où ça illustrait ce qu'ils avaient su éviter à Varsovie. Pour ce qui était du destin de la Hongrie en tant que démocratie populaire, ils tenaient à rappeler qu'il n'y avait pas d'amalgame possible entre les deux passés. Mis à part le fait que la Hongrie comme la Pologne avait souffert sous les tsars, ils n'oubliaient pas que la Hongrie avait été le premier pays fasciste du monde, sous le régent Horthy, et l'alliée indéfectible de Hitler jusqu'aux dernières heures de la Deuxième Guerre mondiale. Eux avaient été les victimes absolues du nazisme, il ne fallait pas tout mélanger. Ils comprenaient que le monde entier plaignît la Hongrie. Ils ne comprenaient pas que le monde entier ne célébrât pas davantage la victoire des socialistes polonais. On était en janvier, c'était le printemps de Varsovie. Ils revenaient sans cesse sur ces journées d'Octobre (je nous revoyais, nous, sur le plateau des *Sorcières*, rue Francœur, égoïstement rassurés quand on avait lu que « tout était arrangé à Varsovie »). Ces quelques jours d'Octobre, ils avaient besoin de les raconter, et de raconter aussi les dix années qui les avaient précédées. Ils parlaient, parlaient, parlaient, ils n'étaient plus agressifs puisque nous n'étions plus accusés. Ils étaient passionnels et passionnants.

Ces conversations se déroulèrent à notre hôtel, dans des restaurants, dans un appartement, ainsi que dans la loge de Montand. Ceux qui ne savaient où le trouver en ville venaient carrément au théâtre où il fallait tout de même bien qu'il aille faire son métier, à partir d'une certaine heure. Ils ne venaient pas toujours pour entendre le récital. Ils venaient pour parler. Ils parlaient pratiquement jusqu'à l'heure du lever du rideau. Puis Montand les vidait gentiment en leur montrant l'heure. Ils comprenaient et disaient qu'ils reviendraient reprendre la conversation après le spectacle. Finalement, pendant cette semaine à Varsovie, chanter finit par correspondre, pour Montand, à une sorte d'entracte... entre deux conversations. Je ne sais comment il faisait pour tenir le coup. Il chantait, et il chantait bien, les salles étaient pleines : le dernier soir, le public, après le dernier rideau, lui chanta

Stolat! Stolat!, qui doit être l'équivalent du *For he is a jolly good fellow* qu'on vous chante à Londres quand on vous aime bien.

Les zlotys servirent à payer l'hôtel, ainsi que le portrait en pied d'une charmante adolescente, la comtesse Potocka, contemporaine de Marie Walewska. Henry, notre interprète, m'avait emmenée au magasin d'État. C'est la brocante nationalisée. La jeune comtesse est accrochée à Autheuil, elle y joue le rôle d'une lointaine ancêtre... Les zlotys qui restaient... restèrent. Ils dorment encore dans une enveloppe. Ils attendent notre retour depuis dix-neuf ans.

En quittant Varsovie pour aller à Berlin-Est, nous avions l'impression de quitter des Polonais heureux. Ils aimaient Gomulka qu'ils venaient de porter au pouvoir par quatre-vingt-treize pour cent des voix. Il échappa quand même dans la conversation que, « malheureusement, sa femme était juive ». Mais, comme dit l'autre, *nobody is perfect*.

Je disais tout à l'heure que Kiev est loin de Paris et loin de Moscou. A Varsovie, pendant cette semaine de l'élection de Gomulka, on était loin de Kiev, près de Paris, près de Moscou, de Londres, de New York et du Vatican. Mais j'ai tellement parlé des Varsoviens que je n'ai pas parlé de Varsovie.

Varsovie, rasée et reconstruite avec ferveur, pierre après pierre, tout comme avant, disait Henry en me montrant la place polychrome. Pendant des mois, des équipes d'architectes polonais avaient relevé sur des documents historiques les détails les plus minutieux qui, une fois réunis, leur avaient permis de rendre à leur ville une des plus charmantes places du monde entier. Les petites maisons, vertes et roses et ocre, avaient repoussé à leur place exacte. Une équipe, différente sans doute, avait doté la ville martyre d'un gratte-ciel. C'est ou la Maison des journalistes ou celle de la culture, j'ai oublié. Ses plans aussi avaient été conçus après de longues recherches dans le passé architectural polonais... C'était la copie conforme et servile de l'université de Moscou. Et nous n'allions pas tarder à la retrouver un peu partout. Comme on retrouve un peu partout des arènes de Nîmes et des arcs de triomphe du Capitole. Il y avait aussi dans Varsovie, à l'époque, une espèce de très grand terrain vague. C'était, ou plutôt ç'avait été, le ghetto.

Nous n'avons pas vu la Pologne au cours de cette semaine de janvier 1957. Nous avons vu des Varsoviens. Pour la première fois depuis un mois et demi, on avait rencontré des gens qui parlaient fort dans la rue et dans les bistrots. Ils étaient insolents, gais, agressifs, charmeurs, fiers et libres.

Rien ne semblait avoir changé en Allemagne de l'Est depuis notre dernier séjour. Montand passait dans un énorme théâtre dont j'ai oublié le nom. Un soir, il donna son récital au Schiffbaum, c'est-à-dire au Berliner Ensemble. Helen Weigel et la troupe nous firent une petite fête. Brecht était mort depuis six mois et les deux Allemagnes lui avaient fait ensemble des funérailles nationales. De là, les bras pleins de gerbes d'œillets rouges, nous avons tous pris le train pour Prague.

A la frontière tchèque, deux messieurs, des œillets rouges plein les bras, montèrent dans notre compartiment. Si à Leningrad on raccompagnait les hôtes étrangers jusqu'à leurs lits, ici, en Bohême, on les accueillait dès la porte du pays.

Ils venaient nous souhaiter la bienvenue, mais aussi, pour joindre l'utile à l'agréable, profiter des quelques heures de voyage pour faire part à Montand du programme établi pour la semaine. Il allait chanter dans une très grande salle, et ils étaient heureux d'annoncer qu'il ne restait plus une place libre. Voilà. C'était vraiment très aimable à eux d'avoir pris la peine de faire tant de kilomètres dans un sens, et maintenant dans l'autre, pour annoncer cette bonne nouvelle... Il y avait sûrement autre chose. Eh oui! Deux petites requêtes. La police tchèque, d'une part, et l'armée tchèque de l'autre, auraient vivement souhaité que Montand leur consacrât séparément deux galas supplémentaires... Était-ce envisageable? Ils semblèrent douloureusement déçus, pour ne pas dire tragiquement emmerdés, quand Montand expliqua doucement qu'il n'avait jamais jusqu'ici donné de galas pour la police ou pour l'armée de quelque pays que ce soit, et qu'il n'allait sûrement pas changer ses habitudes en arrivant à Prague. Je demandai pour ma part si la police tchèque, en s'offrant ce gala, comptait en même temps y inviter Mme Slanska. Je ne savais pas, à l'époque et dans ce train, qu'à Prague il y avait encore des noms qui ne se prononçaient pas. Même si c'était des noms de victimes des « erreurs du passé » dûment reconnues comme telles.

Leurs regards terrifiés annonçaient ce qui allait se confirmer les jours suivants. A Prague, on ne serait pas à Varsovie. Ils ignorèrent ma fine plaisanterie et parlèrent alors d'une vague possibilité de concert à Bratislava. Les populations de Slovaquie s'étaient plaintes d'être tenues à l'écart de cette manifestation culturelle. Ils nous firent un petit cours de géographie ethnique d'où il ressortait qu'il était bien difficile de contenter tout le monde à la fois. Ils parlaient de la Slovaquie comme certains parlent ici de la Bretagne. Comme Montand avait toujours chanté pour les Bretons, il n'avait aucune raison d'exprimer vis-à-vis des Slovaques les mêmes restrictions que celles qu'il avait exposées à l'instant. Mais rien n'était encore décidé, nous dirent-ils, on verrait...

Le train roulait, il ne se disait plus guère que des banalités. Cependant, il venait de se passer quelque chose d'extraordinaire et de déterminant, sans qu'aucun de nous deux s'en aperçût. Il m'a personnellement fallu attendre l'année 1969 pour reconstituer le puzzle et faire enfin s'emboîter deux pièces maîtresses. Et il m'a fallu attendre 1974 pour avoir la confirmation de ce que je découvris en 1969 et avais voulu ignorer en 1966.

Les deux pièces maîtresses, c'était ces deux noms propres prononcés à quelques secondes d'intervalle. Le nom de la femme de Slansky et celui de la ville de Bratislava.

J'avais prononcé le nom de Mme Slanska. Ça vous avait des relents d'humour noir varsovien. Ils avaient réagi par un silence terrifié. Ils avaient parlé de Bratislava. Je n'avais absolument pas réagi. Bratislava, ça ne me disait rien du tout : avant qu'ils ne nous l'expliquent, je ne savais même pas où se trouvait Bratislava.

Eux savaient très bien où se trouvait Bratislava et ils savaient aussi très bien que j'avais des attaches à Bratislava. Eux le savaient; moi pas encore, dans ce train.

Je devais le découvrir le lendemain. J'avais une cousine à Bratislava. A Neuilly-sur-Seine, on n'avait jamais tenu la comptabilité des colatéraux d'Europe centrale. Il était parfaitement normal que j'ignore l'existence de ma cousine de Bratislava. Elle me téléphona dès le lendemain de notre arrivée à Prague, à l'hôtel Alkron.

Elle s'exprimait en anglais. Elle m'expliqua brièvement par quelle filiation, du côté de ma grand-mère paternelle, elle était ma cousine. Elle avait lu dans la presse de Bratislava que Montand allait venir donner un récital, elle se réjouissait beaucoup de nous rencontrer. Je lui dis que rien n'était encore décidé, elle parut surprise... C'était officiellement annoncé. Elle espérait beaucoup nous voir. Il y avait quelque chose de tellement pressant dans la façon dont elle comptait absolument nous rencontrer qu'en raccrochant mon téléphone, je la classai parmi les inévitables emmerdeuses qui, se découvrant des liens de parenté avec des gens célèbres, veulent briller dans leur quartier. Elle m'avait dit son nom. Je l'oubliai. J'oubliai aussi très vite le coup de fil.

L'hôtel Alkron était la plaque tournante du monde de l'Est et de celui de l'Ouest. Le hall et le restaurant étaient toujours pleins de correspondants de la presse étrangère et de journalistes tchèques, de gens en transit sur le chemin de Pékin, ou de retour de Moscou, d'industriels des pays de l'Ouest, d'écrivains et d'attachés d'ambassade. Le hall de l'Alkron, c'était le Flore, le Fouquet's et l'Algonquin de New York... mais je ne le savais pas encore. Le hall de l'Alkron était aussi un territoire très difficile à traverser sans se faire accrocher par des gens qui n'avaient généralement rien à vous dire, mais qui voulaient vous voir de près.

Montand chantait dans une très grande salle; ce n'était pas un théâtre, c'était une salle de congrès. Nous n'avions plus revu les porte-parole de la police et de l'armée. Ils avaient dû faire leur rapport et nous ne devions pas être très bien notés. En tout cas, le troisième soir, je crois, Montand ne chanta pas. Un coup de téléphone très bref et extrêmement cavalier lui fit savoir vers six heures du soir que la salle n'était pas libre. Le gouvernement en avait besoin pour une séance exceptionnelle... S'il le voulait, il pouvait chanter ailleurs. Non, Montand ne désirait pas chanter ailleurs... il ferait relâche. Le lendemain, il retrouva la salle, mais personne ne nous fournit aucune explication. Personne non plus ne reparlait de Bratislava. Depuis Berlin-Est, c'était un autre collaborateur de l'Agence littéraire et artistique qui veillait sur nous, M. Lenoir, mais à lui non plus on ne fournit aucune explication.

Dans la journée, nous faisions beaucoup de rencontres. A l'université, les étudiants en cinéma nous avaient demandé de venir. Ils étaient très marrants et très vivants. Ce sont eux qui, par la suite, devaient donner au monde le cinéma tchèque — celui de Forman, Pesser, Kadar — et ce sont eux qui, plus tard, m'ont rappelé cette visite qui les avait marqués alors qu'ils n'étaient que des adolescents. Jiri Trnka, dans son petit studio, nous montra quelques films d'animation qui avaient du mal à sortir... Il me fit cadeau d'une des vedettes du *Songe d'une nuit d'été,* une petite chèvre de bois qui tient encore très bien sur ses grêles pattes de bouleau, dans une vitrine à Autheuil où elle voisine avec des œufs de Pâques russes, des angelots mexicains et des flûtes bulgares. Il espérait qu'avec Shakespeare joué par des marionnettes il aurait moins de difficultés qu'avec des sujets contemporains.

On a dîné un soir avec Nazim Hikmet; peut-être parce que c'était le soir de la relâche improvisée, Montand a oublié ce dîner, ce qui lui fait déclarer dans le film de Chris Marker qu'il n'a jamais rencontré Nazim Hikmet dont il chante *Comme un scorpion, mon frère* (je donne cette précision parce que je ne veux pas me faire prendre en flagrant délit d'invention). Nous avons dîné à l'Alkron. Nazim Hikmet était beau, immense, il avait fait des années de prison en Turquie parce qu'il était ce qu'il était : le plus grand poète révolutionnaire de son pays et de sa génération. Il parlait très très fort dans cette salle à manger. Il parlait de la liberté, et aussi du manque de liberté. Il était en partance pour Moscou où il allait se plaindre de quelque chose. Il tenait beaucoup à ce que tout le monde fût au courant. L'écrivain tchèque qui l'accompagnait se demandait visiblement si ce petit repas... était une bonne idée.

On a déjeuné un jour à l'ambassade de France, dans un superbe palais baroque. J'ai oublié de dire que depuis les deux doigts de porto chez les Dejean, à Moscou, le feu vert avait été visiblement donné depuis le Quai d'Orsay, et que les ambassadeurs de tous les pays que nous allions traverser se montrèrent toujours accueillants et chaleureux. L'ambassadeur de France en Tchécoslovaquie avait de très belles tapisseries de Lurçat et nous raconta l'embarras des dirigeants tchèques en visite quand ils découvraient que Lurçat, dont ils détestaient le non-réalisme socialiste, était un vieux militant du parti communiste français.

La semaine tirait à sa fin. Un soir où Montand s'informait du récital de Bratislava, dont on n'avait plus reparlé, quelqu'un dit que, décidément, pour Bratislava, ça ne s'arrangeait pas. Trop compliqué... Trop fatigant aussi, l'aller et retour. Les Slovaques comprendraient... Parfait.

Le lendemain matin, la cousine de Bratislava téléphona. Elle venait de lire dans la presse slovaque que Montand avait décidé de ne pas venir chanter à Bratislava. C'était très dommage, disait-elle. Je dus lui expliquer que ce n'était pas sa décision à lui, mais que c'était trop compliqué, trop fatigant, l'aller et retour. J'ai dû lui répéter ce qu'on nous avait dit. Elle insistait sur le fait que c'était vraiment dommage. « *It's too bad, it's too bad* », murmurait-elle. Sa voix était très triste. Alors je lui affirmai que ce n'était que partie remise, ou quelque chose dans le genre : « Nous nous rencontrerons bien un jour... » Elle dit : « Peut-être... »

En raccrochant, je me dis que nous allions sans doute rater une très belle ville en n'allant pas à Bratislava, mais qu'échapper au dîner de famille que ma cousine de Bratislava avait sûrement organisé, ça avait ses bons côtés. Et c'est la conscience parfaitement tranquille que nous avons quitté Prague où cette semaine avait vu se dérouler des tas de choses, les unes plaisantes, les autres inexplicables et surtout inexpliquées.

Un jour de 1966, à Londres, alors que je m'apprêtais à aller souffrir dans le rôle de Lady Macbeth — et faire souffrir aussi quelques puristes de la langue shakespearienne... — le téléphone de mon chevet grelotta comme il le fait dans les appartements du Savoy Hotel. Mrs. Sophie Langer me demandait... Mrs. Sophie Langer dit qu'elle est votre cousine de Bratislava... Neuf ans après m'avoir ratée dans son pays d'origine, la voilà qui réapparaît à Londres, pensai-je. Je pris la communication, annonçai d'emblée que je travaillais beaucoup... Elle savait, mais elle était à Londres avec sa fille, elle aimerait que nous nous rencontrions enfin. Rendez-vous fut pris pour le lendemain, à trois heures.

J'étais, pendant cette période, d'un égocentrisme monstrueux. Je faisais quelque chose que ma vanité ou mon inconscience m'avait poussée à faire. Je ne le faisais pas très bien (nous reviendrons sur l'aventure *Macbeth*) et je n'étais disponible qu'à moi-même. J'avais autant besoin de ma cousine de Bratislava que du pape s'il avait sollicité une audience. Je ne m'intéressais qu'à moi, c'est-à-dire à Lady M., et je remâchais ce texte toute la journée. C'était la première fois de ma vie que ça m'arrivait, et je n'ai rien oublié de ces semaines où j'ai été absente du monde comme tous les gens que je méprise si facilement quand je les accuse d'indifférence.

Ma cousine était très belle. Sa fille était gracile et charmante. Elles étaient à Londres parce que la petite avait obtenu de faire un séjour au pair dans une famille anglaise. Bravo, bravo, disais-je en répétant dans ma tête les phrases que j'aurais à restituer plus tard sur la scène du Royal Court. A part ça? A part ça, ma cousine voulait quand même me raconter sa vie. Elle et son mari, jeunes socialistes tchèques, avaient quitté le pays après l'invasion nazie, ils avaient vécu en Amérique, en exil pendant la guerre, s'étaient dépêchés de rentrer au pays dès 1945 pour aider à construire le socialisme. Son mari, Oskar Langer, avocat, avait été arrêté pour déviationnisme, comme beaucoup d'autres, vers 1952... Elle allait continuer quand je lui dis — non pour l'interrompre, mais pour montrer mes connaissances, je suppose — : « A New York, il aurait sûrement eu des ennuis aussi. »

Elle s'arrêta de parler. Je lui demandai de continuer son histoire. Elle me dit que ce n'était plus la peine. Elle finit de boire son thé, fit signe à sa fille, s'excusa de m'avoir dérangée et quitta mon petit appartement douillet, non sans me faire remarquer que les gens comme nous, ça ne savait vraiment rien. Ma cousine de Bratislava ne ressemblait pas à l'emmerdeuse que j'avais imaginée à Prague, mais je ne la trouvai pas extrêmement aimable. Et puis, moi, hein! j'avais à jouer la comédie. D'ailleurs, si elle était à Londres, et sa fille avec elle,. c'est que tout ça n'était que de vieilles histoires. Ça devait plutôt aller bien, maintenant, en Tchécoslovaquie, puisque les gens voyageaient comme ils voulaient. Voilà.

Voilà comme je pensais en refermant ma porte. Je retournai devant mon tableau noir sur lequel j'avais écrit en très gros :

Wouldst thou have *that*
which thou *esteem'st* the *o*rnament of *li*fe

petite réplique tracassante enchâssée dans un long discours qui ne l'était d'ailleurs pas moins. Et je ne donnai plus une pensée à ma cousine, ni à sa fille, ni à son mari dont elle n'avait pas fini de me raconter l'histoire. « *Wouldst* thou have *that, wouldst* thou have *that, wouldst* thou have *that*... » Elle avait parlé d'une autre fille qu'elle avait et qui chantait, c'était au début de la conversation, peut-être? peu importe : « Wouldst thou have... »

A l'automne 1968, en revenant de Stockholm où j'avais tourné *la Mouette,* je trouvai dans une pile de courrier une enveloppe postée en Allemagne. A l'intérieur, il y avait deux feuillets de papier pelure rose. La lettre était datée du 30 août, elle m'attendait depuis un mois. Elle était écrite en anglais, je vais en traduire les phrases clés, heureusement je l'ai gardée :

> ... j'avais décidé de ne plus jamais te contacter tant il était évident que tu ne nous aimais pas... Tout ce que tu trouvas à me dire quand j'ai voulu te raconter mon histoire, c'est qu'en tant que communistes, nous aurions subi le même traitement si nous étions restés aux USA. J'espère qu'*aujourd'hui* tu as compris la différence. J'ai traversé la frontière il y a quarante-huit heures maintenant, entre les tanks et les fusils russes. Nous venons de vivre un cauchemar : dorénavant, la vie en Tchécoslovaquie en sera un permanent. Nous sommes parties avec deux valises, et grâce à la petite voiture achetée avec *le prix du sang de mon mari,* l'argent versé au moment de sa réhabilitation...

Je ne me suis pas sentie à l'aise en lisant cette lettre. Je ne l'avais pas volé. J'aurais pu écrire à une adresse de Londres qu'elle mentionnait comme possible pour la semaine à venir. Je ne le fis pas. Je calculai qu'un mois s'était écoulé. Je n'essayai pas de retrouver la trace de ma cousine Sophie Langer. Mais je ne jetai pas la lettre. Je la rangeai et fis mes paquets pour partir avec Montand à Los Angeles.

En mars 1969, de retour à Paris, j'ai lu coup sur coup *l'Aveu* d'Artur London, *les Nôtres* d'Élisabeth Poretski et l'autobiographie de Josepha Slanska. Dans le livre de la femme de Slansky, j'ai pu lire l'histoire de mon cousin Oskar Langer, celle-là même que je n'avais pas voulu entendre à Londres. J'ai eu formidablement honte. J'ai ressorti les deux petits feuillets de papier pelure rose. Et comme on lance une bouteille à la mer, j'ai écrit à cette adresse hypothétique de Londres, vieille alors de sept mois. J'ai écrit une lettre dans laquelle je demandais pardon pour mon égoïsme et mes péchés par ignorance.

C'est de Vätseras, en Suède, qu'une semaine plus tard je reçus une lettre de quatre pages, dactylographiée serré. C'est un document bouleversant qui mériterait d'être entièrement traduit. Elle me pardonnait. Me remerciait. Elle regrettait que nous découvrions douze ans après des choses qu'elle aurait pu nous faire découvrir si nous étions venus à Bratislava. En 1957, son mari était toujours en prison : « Vous auriez pu tous les deux lui raccourcir son temps de détention et lui allonger son temps de vie, uniquement parce qu' " ils " savaient que j'avais en main les preuves de son innocence et par conséquent de l'innocence de beaucoup d'autres. Il y eut des cas où " ils " voulaient faire bonne impression à des sympathisants étrangers. » Je découvris qu'elle était venue à Prague et qu'elle s'était assise dans le hall de l'Alkron, nous avait vus passer, qu'elle n'avait pas osé nous aborder, elle se savait suivie, et elle ne voulait pas être « la cousine qui relance ». A ce moment-là, elle croyait encore que nous viendrions à Bratislava. Sa fille chantait sous un autre nom que celui de son père, « le traître », elle chantait dans le bar de l'hôtel où nous serions sûrement descendus. Elle n'avait plus le droit d'appartenir à l'orchestre dont elle avait été la soliste. Elles avaient échafaudé un plan d'information à nous destiné. Mais voilà, nous n'étions pas venus à Bratislava... et, à distance, elles avaient vu échapper ce seul espoir de convaincre des gens honnêtes et trompés, comme elle-même l'avait été dans sa jeunesse au moment des procès de Moscou. Elle revenait toujours sur cette notion des douze ans que nous avions perdus. Et du silence qui entourait les détentions de gens dont certains ne furent réhabilités qu'en 1964. Elle disait aussi : « Malgré tout ce que j'avais enduré pendant ces années, en janvier 1968, je me laissai de nouveau aller à l'enthousiasme... » Maintenant elle apprenait le suédois, sa septième langue. Et sa lettre se terminait ainsi :

> Pardonne-moi d'avoir écrit une lettre si longue. C'est peut-être parce que je ne trouve ici que des gens avec qui je peux faire la

conversation, mais je n'ai personne à qui parler. Merci de m'avoir écrit, cela m'a un peu rendu de cette foi que j'avais autrefois, quand je croyais à la dignité humaine. Oh, comme j'y avais cru, comme elle avait été infiniment grande, cette foi-là, autrefois. Love,

So.

Ma cousine Sophie est venue à Paris l'année dernière. Nous avons passé une journée ensemble. Maintenant, elle parle le suédois. Nous avons parlé anglais-français-allemand, pour ne pas perdre de temps à trouver certains mots, tellement nous avions de choses à nous dire. Nous avons eu souvent les larmes aux yeux, les deux genres alternés : celles de l'émotion et celles du rire. Elle a huit ans de plus que dans mon petit salon du Savoy. Moi aussi. Elle a dix-sept ans de plus que dans le hall de l'Alkron. Mais dans le hall de l'Alkron, je ne l'avais pas vue. Depuis la lettre de Vätseras, c'était ce gros plan-là que j'imaginais. Le gros plan d'un visage de femme qui voit passer les seules gens à qui elle veut parler. Ceux qu'on empêchera d'aller à Bratislava, en douceur, sans qu'ils comprennent pourquoi. Celui à qui on a essayé d'extorquer un gala pour la police et l'armée, qu'on aurait probablement fait passer pour une initiative personnelle. Elle est là, assise, elle nous voit, elle ne peut rien, rien, rien. Nous sourions sans doute, nous sommes pressés, nous serrons des mains, nous ne la voyons pas. Nous passons. J'ai repensé aux regards russes qui ne m'avaient pas échappé. Le sien m'avait échappé. Je l'avais là, maintenant, devant moi, et elle racontait. Elle avait la même angoisse retrouvée, et c'était formidable de pouvoir faire, même dix-sept ans trop tard, ce que j'avais risqué de ne pouvoir faire jamais. L'écouter et l'embrasser.

A l'aide de sa mémoire et de la mienne, nous avons pu reconstituer parfaitement ce puzzle dont le dessin tortueux s'illuminait d'une clarté glauque. J'affirme aujourd'hui que pendant cette semaine du mois de février 1957, à Prague, tout a été mis en place, ou parfois déplacé, pour que la rencontre entre la femme du prisonnier politique Oskar Langer, et sa cousine, femme du chanteur Yves Montand, soit rendue impossible. La mission avait été accomplie. Elle avait débuté par notre prise en charge dès la frontière. Elle s'acheva au moment où les neuf que nous étions attachèrent leurs ceintures dans l'avion qui nous emmenait vers Bucarest. A ce moment-là seulement, les chargés de mission ont dû pousser un grand « ouf ».

Nous, on avait joué Kafka pendant huit jours sans nous en apercevoir, et du haut du ciel nous regardions une dernière fois Prague-la-Majestueuse.

Bucarest possède aussi un gratte-ciel d'inspiration rigoureusement roumaine. A Bucarest, l'université de Moscou s'appelle la Maison de la culture. Nous y avons été invités par le ministre, une femme charmante et très intelligente. Elle nous annonça que le gouvernement allait nous donner un dîner, ils avaient entendu parler du petit souper de Moscou et ne voulaient pas faire moins bien que le grand frère. Elle nous conseilla de préparer toutes les questions qui nous plaisaient, elle nous assurait qu'elles seraient les bienvenues.

Un jeune couple était venu nous voir à l'hôtel. Il était français, elle était roumaine; il était venu faire un reportage pour la télévision française, il voulait l'épouser et la ramener en France. On le leur interdisait. Si le petit souper de Moscou n'avait servi qu'à faire éditer Martin du Gard en russe, le grand dîner de Bucarest a du moins servi à permettre ce mariage.

La veille de notre départ, écrite au dos d'une très belle gravure chinoise enroulée autour d'un bambou, nous avons trouvé une lettre dont je ne recopie que la fin pour en respecter la charmante tournure :

> Puissent une petite Simone et un petit Yves être, dans le proche avenir, les beaux fruits de notre bonheur dont vous avez été les artisans. Les mots restent toujours trop faibles pour vous remercier. Sachez pourtant que nos meilleurs vœux, nos plus beaux sentiments seront toujours pour vous.

C'était signé Plinie Cretu et Henri Chapuis, 22 février 1957. La gravure est à Autheuil aussi, pas très loin de la chèvre de Trnka. A Bucarest, nous avons pu marier — à Prague, nous avions laissé croupir en prison.

Anna Pauker eut moins de chance que nos fiancés. « Elle allait très bien », nous fut-il répondu. « Elle a beaucoup vieilli, elle se repose. » La vieille révolutionnaire se « reposait » effectivement.

Anna Pauker à une tribune, Mme Lupescu aux courses à Chantilly, le pauvre roi Carol en exil, telles étaient les actualités d'avant-guerre au Chézy de Neuilly. Anna Pauker avec ses cheveux courts et ses chemises d'homme, Mme Lupescu avec ses grands chapeaux et ses renards, le pauvre roi triste, à Chantilly aussi.

Pendant cette semaine roumaine, visiblement, je ne fus pas la seule à faire joujou avec la nostalgie.

Nous n'avons pas vu la Roumanie. Nous avons vu des Roumains. Pas les paysans pauvres que raconte Panaï Istrati. Des Roumains de

Bucarest, qu'il ne fallait pas provoquer énormément pour leur faire raconter comme c'était gai, Bucarest, autrefois. C'était un petit Paris. Eh oui! Avec la Garde de Fer, l'alliance avec Hitler. A Bucarest, on n'aimait pas les Russes, tout comme à Varsovie. A Bucarest, on n'avait pas décidé de devenir socialiste. A Prague, oui.

Sofia possède aussi son gratte-ciel d'inspiration rigoureusement bulgare. A « ça Sofia comme ça », l'université de Moscou c'est... j'hésite entre la Maison de la presse et celle de la médecine. Je ne sais plus.

A Sofia, on aime les Russes. Ça remonte à bien avant Khrouchtchev, Staline ou Lénine. Ça remonte aux Romanov. Les Russes les ont délivrés des Turcs.

Le mausolée à Dimitrov célèbre un révolutionnaire qui a refusé de plaider coupable au procès de l'incendie du Reichstag. Il était bulgare. C'était en 1933.

Kostov est le seul accusé des faux procès qui ait essayé de démystifier la machination. Il était bulgare. C'était en 1949. On l'a quand même pendu. Mais il a essayé.

A Sofia, pour des raisons de frontières, on n'aime ni les Grecs, ni les Yougoslaves et on déteste les Turcs, qui détestent les Grecs, qui n'aiment pas beaucoup les Yougoslaves, qui eux détestent les Bulgares, qui n'aiment pas les Hongrois et haïssent les Allemands.

C'est à Sofia, cinquième étape dans le camp socialiste depuis le départ de Moscou, que nous en sommes venus à cette conclusion, un soir à table, après le récital. Où était-il le temps où, sur le chemin de Babelsberg, je m'imaginais ce grand compagnonnage et ces fraternels échanges de produits régionaux : « Passez-moi un peu de charbon, je vous refilerai de l'uranium; partageons nos pommes, notre caviar, notre pain et notre sel... »

A Sofia, nous avons vu des gens forts, calmes et gais. Nous avons aussi aperçu Kanapa dans le hall de notre hôtel. Lui ne nous a pas vus. Il ne devait pas savoir que nous étions dans le coin et que Montand chantait justement dans la ville en cette semaine de la fin du mois de février 1957.

(Nous sommes le 28 septembre 1975. Hier matin, Franco a fait fusiller cinq jeunes hommes. Et je vais dire leurs noms pour qu'ils restent imprimés plus longtemps que dans les journaux de cette semaine, et peut-être encore de la semaine prochaine : Angel Ortaegui Echeverria, Xosé-Humberto Baena Alonso, Ramón Garcia Sanz, José-Luis Sanchez Bravo et Juan Paredes Manot. Et je vais dire aussi le nom de ceux qui, le 22 septembre, ont fait ce voyage aller et retour à Madrid pour apporter en personne un texte commun de Sartre, Malraux, Aragon, Mendès-France et François Jacob, puisque ni *l'Express* ni *Match* n'ont signalé la chose. Ils s'appellent Costa-Gavras, Régis Debray, Michel Foucault, Jean Lacouture, le R. P. Laudouze, Claude Mauriac et Yves Montand. Ils ne sont pas restés dans leurs chaises longues et c'est en panier à salade espagnol qu'on les a reconduits à leur avion.)

Belgrade ne possède pas son gratte-ciel d'inspiration rigoureusement serbo-croate... A Belgrade, il n'y a pas d'université de Moscou. Dans le restaurant de l'hôtel, il y avait deux Tziganes qui chantaient *Kalitka,* la petite grille au fond du jardin...

A propos de chansons, voilà un moment que j'ai négligé de parler du spectacle de mon mari. C'est fastidieux et conjugalement immodeste de répéter que, là comme ailleurs, ça marchait très fort. Tant pis, je le répète.

A Belgrade, les cinémas donnaient des films de tous les pays du monde et en version originale. A Belgrade, j'ai vu jouer *les Sorcières de Salem* par une troupe croate, et j'ai tout compris.

Mais, à Belgrade, nous avons surtout rencontré M. et Mme Broz.

Une voix, un matin, nous dit au téléphone : « Notre Maréchal et Mme Broz seraient très heureux de vous recevoir demain après-midi pour une tasse de thé. Une voiture viendra vous chercher à votre hôtel vers 3 heures. » L'invitation n'était pas plus protocolaire que ça, et la voiture qui nous attendait le lendemain à 3 heures était une vieille Ford sans distinction particulière, sinon qu'elle était vieille. Un homme était au volant, un autre nous fit monter à l'arrière. Ils ne parlaient français ni l'un ni l'autre, ils souriaient, nous aussi. Nous roulâmes dans Belgrade, puis nous sommes sortis de Belgrade et nous avons commencé à rouler dans les faubourgs de Belgrade, puis à travers une forêt très touffue... C'est alors que Montand et moi avons commencé à jouer *le Mort en fuite.* Dans *le Mort en fuite,* Jules Berry et Michel Simon jouent deux acteurs ratés et, à un certain moment, Berry se fait enlever par erreur par un groupe d'Oustachis, et il se retrouve dans les Carpates...

Était-ce la fatigue accumulée depuis de longs mois? ou certains mystères de l'Est qui avaient quand même beaucoup flotté autour de nous ces derniers temps? Tout à coup, j'ai paniqué. Mais intérieurement... Cette voiture ne ressemblait pas à la voiture d'un chef d'État, pas plus que ces deux gaillards à des émissaires officiels... La voix au téléphone, qui nous avait invités, était une voix anonyme... La forêt devenait de plus en plus touffue... Et c'est à ce moment-là que Montand me dit : « Eh! mais où on va comme ça? Et qui sont ces deux mecs? » Nos pensées avaient, comme on dit, suivi le même cours. C'était simple, on avait trop parlé partout où on était passés, on en savait trop long, alors on allait nous escamoter. Et où? Justement sur le territoire de l'ex-traître Tito, récemment réhabilité. Tout ça tombait sous le sens, nous étions des enfants de n'y avoir pas pensé, et Montand me dit à voix basse : « N'aie pas peur, ma chérie. Surveille le type qui conduit, moi je m'occupe de l'autre; si la voiture ralentit, je lui saute dessus. »

La voiture ne ralentit pas, la forêt devint moins touffue, puis elle cessa d'être une forêt. Elle devint une route bordée de beaux jardins au fond desquels s'élevaient de belles maisons parfois gardées par un planton. Devant la plus belle, il y en avait deux. Sur les marches du perron, trois personnes nous attendaient : le maréchal Tito, sa femme et un monsieur très grand et très distingué.

Tito était vêtu de flanelle gris foncé, bon chic anglais et sur sa cravate brillait un gros diamant. Mme Broz était en noir et elle avait des bijoux de première communiante. Ils avaient fière allure tous les deux. Le grand monsieur distingué nous traduisit les mots de bienvenue. Mme Broz nous tenait les deux mains cependant que le grand monsieur traduisait : « C'est merveilleux, je me crois au cinéma. » Je priai le grand monsieur de répondre : « Nous aussi, aux actualités. »

Dans le coin d'un petit salon, le thé était préparé, mais Tito proposa du champagne. Les bouteilles étaient au frais. Sur les étiquettes, on pouvait lire : « Réserve du maréchal Tito », et pendant deux heures Tito a parlé.

Nous avons d'abord trinqué, nous nous demandions à qui il avait voulu parler en nous invitant à ce goûter au champagne dans sa résidence secondaire, en famille : à un chanteur-acteur et à une actrice dont sa femme et lui avaient vu les films? A des compagnons de route du PC français? A des voyageurs qui venaient de traverser six pays dans lesquels on avait parfois pendu des gens pour titisme? A ceux qui avaient soupé avec le praesidium du Soviet suprême, trois mois plus tôt? Ou à ceux qui allaient atterrir à Budapest dans quelques jours? Nous étions tout ça à la fois, c'est à nous tous qu'il a parlé.

Comme il nous croyait membres du Parti, c'est avec une malice assez sarcastique qu'il nous demanda si, maintenant, nous étions bien persuadés qu'il n'était plus le traître vendu à l'impérialisme qu'il avait été entre 1948 et 1956. Nous avons pu lui répondre que nous n'avions jamais été persuadés de quoi que ce soit à son égard, c'était d'ailleurs aussi une des raisons qui nous avaient retenus de prendre la carte du parti communiste français. Pas la seule, les autres étaient plutôt d'ordre culturel. Cette mise au point changea certainement le cours du débat... Encore une fois, c'était une chance que de pouvoir se définir devant l'intéressé lui-même, si je puis dire.

Tito, sa femme et le grand monsieur étaient surpris et très contents. On les avait mal informés. C'était normal, avons-nous dit. Sans avoir la carte, nous avions participé à beaucoup de choses avec les communistes français, y compris probablement à certaines qui le concernaient, mais enfin, voilà... Il n'avait pas invité chez lui des membres du parti communiste français. Nous n'avions jamais participé à des réunions de cellule dont se faisaient exclure des titistes, on n'avait pas été titistes non plus. On avait été libres, y compris de nous tromper quelquefois.

Le grand monsieur traduisait. Un fil pendait de son oreille et aboutissait à une petite boîte noire qui était posée sur la table. Il réglait la qualité du son d'après les quelques phrases qui s'étaient dites. Et je pensais : au moins, là, c'est franc et honnête. Ils enregistrent, mais sous notre nez. C'est alors que Montand, après quelques signaux infructueux de son pied sur mes chevilles, me pria finalement de m'exprimer avec un peu plus de voix. Le grand monsieur était sourd. Le micro était un sonotone. Nous n'étions plus dans la forêt, nous ne jouions plus *le Mort en fuite.* Nous étions avec le maréchal Tito qui avait envie de parler de Paris.

Il semblait attacher une énorme importance à l'attitude du parti français à son égard pendant ces huit années qui venaient de s'écouler. Ceux qui l'avaient condamné le connaissaient très bien; c'était eux qu'il rencontrait quand il venait en France, militant clandestin, avant la guerre et pendant la guerre d'Espagne. Il en voulait particulièrement à Jacques Duclos pour son ouvrage *le Traître Tito et sa Clique,* et puisqu'il avait deux Français sous la main, il en profitait pour le leur dire. Sa réhabilitation était encore toute fraîche — et sa mémoire excellente.

Il parla de Paris dont il n'avait connu, dans ces années de clandestinité, que les banlieues et un petit hôtel « sûr » chez des camarades. Aujourd'hui, il n'en connaissait qu'un palace et qu'un palais. Il ne connaissait toujours pas Paris.

Il parla aussi des gares de Paris. Ce sont souvent dans les gares que les révolutionnaires clandestins se font piquer par la police. Il avait un système qu'il recommandait encore à ses cadets en révolution. Vous vous habillez correctement, comme tout le monde, quoi! et, surtout, vous vous munissez d'un chien. Les policiers qui guettent l'arrivée de certains trains en provenance de certains pays bien précis n'attendent pas ce voyageur en complet veston de confection qui, sur le quai, prend le temps de faire faire son petit besoin à son toutou. Et tandis qu'ils cherchent de l'œil l'homme pressé, en veste de cuir noir et en casquette, vous, vous tendez tranquillement votre ticket et vous sortez. Pour peu que votre chien soit un beau chien, on le remarque, ce qui est excellent puisque tout le monde sait qu'un clandestin n'a pas intérêt à se faire remarquer. Au prochain voyage, il suffira de changer de chien.

Tito racontait en rigolant, le grand monsieur traduisait en souriant, nous rigolions en écoutant, Mme Broz nous regardait écouter et le regardait raconter. Ça n'était sûrement pas la première fois qu'elle assistait à son numéro sur le parfait clandestin, mais elle semblait y prendre encore du plaisir, comme savent le faire les femmes qui aiment leur mari. Et comme je suis très romantique, je pensais à la première fois qu'elle l'avait entendu faire son cours de clandestinité. C'était peut-être bien dans la montagne, quand elle était jeune partisane.

Et puis, il a parlé de cinéma. Ils voyaient tous les films chez eux, en projection privée.

Et puis, il a dit du mal de Molotov.

Et puis, il a parlé des énormes difficultés économiques de son pays. Sa « traîtrise au socialisme » (il insistait...) ne les avait pas toutes résolues. Le peuple, ou plutôt les peuples yougoslaves avaient vécu des temps difficiles, et ce n'était pas fini. « Au moins, disait-il, moi, je les ai avertis. Je ne leur ai jamais menti. C'est pour ça qu'ils m'aiment et me font confiance, et qu'ils ne m'ont pas lâché quand je suis resté tout seul en 1948. »

Et puis il a parlé des partisans bulgares qui tenaient la montagne pendant la guerre mais qui refusaient le passage aux partisans yougoslaves. Ça, on connaissait : les Bulgares racontaient la même histoire dans le sens contraire. Et puis il a parlé de la liquidation par Staline du parti polonais : ça, on connaissait aussi, Monsieur Khrouchtchev nous avait mis au courant pendant le petit souper, disions-nous. « Ah oui, tiens! Est-ce qu'il vous a aussi raconté comment il n'a pas reconnu Gomulka quand il est allé à Varsovie en octobre? — Non, mais les Polonais nous l'ont raconté, en Pologne. — Il a parlé des Espagnols? — Oui, il a parlé des Espagnols. — De ceux qui ont été liquidés? — Oui, il en a parlé. »

Et il a cité des noms qui, à nous, ne disaient rien, il les énumérait et, après chaque nom espagnol, venait le même mot que le grand monsieur traduisait : « liquidé... liquidé... liquidé... ». Pour nous c'était des noms, pour lui c'était des visages. C'était un peu comme à Mexico, quelques mois plus tôt, avec les demi-soldes de la guerre d'Espagne. Et, pour cet homme de soixante-cinq ou six ans comme pour eux, c'était aussi une façon de se rappeler vingt ans avant, devant des ignorants qui étaient trop jeunes pour avoir connu tout ça. Il parlait d'une famille, la sienne, l'Internationale communiste, un peu comme un oncle dont on avait dit pis que pendre à des neveux crédules et qui serait réapparu tout à coup pour raconter les vraies histoires de la famille. Il avait été le « cousin Iossip qui faisait des fredaines à l'étranger... ». Maintenant, il était l'oncle Iossip, et il en savait long sur ce qu'on n'avait jamais raconté, par contre, aux neveux crédules.

La boucle était bouclée. On a bu encore un petit verre de champagne. Il n'y a pas eu de toast en paroles. On a heurté nos verres en se souriant. Mme Broz, qui n'avait que très peu parlé, m'a demandé comment allait Catherine. Je crois qu'elle se tenait au courant de la vie des « vedettes ». Un photographe a pris des photos du groupe. Et nous avons dit au revoir. Mme Broz m'a embrassée.

Le lendemain, une estafette est venue apporter trois clichés à l'hôtel. L'un était dédicacé par le maréchal Tito et par Mme Broz. Dans une autre enveloppe, il y avait le même jeu de trois photos avec un petit mot nous demandant de les dédicacer à notre tour. On a beau avoir l'habitude, Montand et moi, on a quand même un peu séché pour trouver la formule qui corresponde exactement au souvenir que nous avait laissé cette formidable après-midi. Alors, on a écrit : « Merci. »

L'année suivante, Montand tournait un film en extérieurs sur la côte dalmate. Maligne, j'avais mis dans mes bagages la photo dédicacée, elle valait à l'époque tous les passeports du monde. Et c'est comme ça que Catherine et moi avons pu nous baigner tranquillement sur une petite plage dont un gendarme local avait voulu nous chasser sous des prétextes formulés dans une langue que je ne comprends pas.

J'avais la photo qui parle dans mon cabas. Je ne m'en suis servie que là.

Arriver à Budapest dans la seconde semaine de mars 1957, c'est un peu comme arriver dans la maison de la veuve quatre mois après le décès de son mari. Ce n'est plus le deuil, c'est le demi-deuil. Et la veuve, si grand qu'ait été son chagrin quand la chose est arrivée, n'a plus envie de raconter comment ça s'est passé. Demandez donc à Mme Jacqueline Onassis si, quatre mois après Dallas, elle avait encore le visage d'Antigone. Budapest avait été la veuve la plus célèbre et la plus célébrée dans le monde depuis le mois de novembre. La plus manipulée et la plus trahie, aussi. Des deux côtés. Sa tragédie avait servi tout le monde. Les Hongrois étaient visiblement fatigués de leur vedettariat.

Avec une sorte d'humour triste, ils faisaient le bilan, quatre mois après : « Maintenant, c'est nous les chouchous, la nourriture il est bien meilleure qu'avant le mois de novembre, et nos femmes peuvent acheter les chapeaux et les robes qu'elles manquaient tant. Nos Hongroises sont très coquettes. Maintenant, Budapest est la vitrine pour le monde de l'Est. Les visiteurs peuvent voir comment nous sommes les plus gâtés, parce que, maintenant, nous sommes bien sages. Nous avons été si sages que, pour la première fois depuis l'an 1945, nous allons fêter notre fête nationale dans quelques jours. C'était défendu avec les camarades Rakosi et aussi Gerö. Nous pourrons la fêter en allant à l'usine, au bureau ou en balayant la rue, parce qu'il ne sera pas un jour férié, mais le soir nous avons un grand cadeau. Pour la fête nationale, les Chœurs de l'Armée rouge viennent spécialement de là-bas pour nous chanter leur répertoire... » C'était ça, le ton de certains.

Et c'était vrai que les boutiques étaient beaucoup plus pleines qu'à Varsovie, Prague, Bucarest et surtout qu'à Belgrade. Et c'était vrai aussi que ce très beau groupe vocal venait leur donner une aubade dans son bel uniforme (Montand voulait sauter dans un avion et aller prévenir son ami Nikita qu'il était encore en train de faire une gaffe...).

Ceux-là qui parlaient comme ça ne nous demandèrent pas de nous définir. Ils ne demanderaient plus à personne de se définir. Surtout pas aux gens de l'Ouest dont les postes émetteurs les avaient poussés à se battre pendant « les événements » (ils évitaient les mots « révolution » et « contre-révolution ») et les avaient laissés tomber. Ils détestaient autant les Américains, les Anglais, les Français et les Suisses qu'ils détestaient ceux de leurs concitoyens qui s'étaient enfuis à l'Ouest. Eux étaient restés. Ils s'aimaient, eux. Ce qui ne semblait pas vouloir dire pour autant qu'ils s'aimaient entre eux. Ils ne venaient pas nous parler en groupe. On les rencontrait dans les coulisses, ils étaient journalistes ou bien ils travaillaient pour la radio, et leur humour s'accompagnait toujours d'une conclusion dans le genre : « Maintenant tout va bien ici », surtout au moment où l'un de leurs confrères apparaissait. Ils avaient des boulots et comptaient bien ne pas les perdre. S'ils avaient eu des morts, ils les avaient enterrés.

Ils n'avaient pas envie de raconter les journées d'octobre-novembre. Ou quand ils les racontaient, les récits étaient souvent contradictoires. Ça ressemblait parfois à ce qu'un Parisien aurait pu, toutes proportions gardées, raconter à propos de février 1934, selon qu'il se trouvait place de la Concorde le 6, avec le colonel de La Rocque, ou place de la République les jours suivants, avec ce qui deviendrait plus tard l'état-major du Front populaire. Les gardes mobiles de mon enfance jouant sur leurs chevaux ce que l'Armée soviétique venait de jouer à bord de ses tanks. C'est-à-dire tirant dans le tas. Un tas de Hongrois. Il apparaissait cependant — là, les récits se recoupaient — que les tankistes recrutés dans des garnisons d'Asie centrale se croyaient à Suez. Mais c'était déjà peut-être une de ces histoires qu'on raconte pendant et après les guerres. Après tout, j'ai bien raconté comment les trois cavaliers du Hanovre avaient eu peur de la mer quand ils l'avaient vue se retirer à Saint-Gildas, en 1940.

Il restait encore des immeubles éventrés dans une certaine partie de la ville, le chauffeur qui nous trimbalait affirmait que c'était le résultat d'un incendie qui s'était produit accidentellement la semaine précédente, mais la dame qui était avec nous affirmait que c'était l'œuvre des tanks de novembre. Mais pas devant le chauffeur... Le chauffeur en question nous avait été fourni par le ministère de la Culture qui avait dû se le procurer au ministère de l'Intérieur. La dame hongroise qui nous accompagnait parlait très peu à bord de la voiture.

Elle parlait aussi très peu dans notre appartement. Elle préférait parler dans le parc de l'hôtel.

L'hôtel était un palace situé dans l'île qui sépare Buda de Pest. Il datait de la splendeur austro-hongroise. Et c'est dans ce décor pour un film d'Ophüls qu'elle nous apprit bien des choses. Non pas sur le passé, mais sur le présent.

Depuis novembre, c'était des communistes qu'on arrêtait. Les fascistes, il y en avait bien sûr encore dans cette ville qui avait été la première ville fasciste d'Europe, qui avait eu ses Croix fléchées cousins germains des Gardes de fer roumains — mais ceux-là n'étaient plus dangereux. Ils n'étaient plus jeunes et leurs petits complots avortés ne dérangeaient personne. Au besoin, ils aidaient.

Ceux qui dérangeaient, c'était les militants qui n'étaient pas d'accord. Ceux qui étaient en prison à Budapest en mars 1957 étaient les mêmes que ceux qui chantaient dans les rues de Varsovie, libres. Depuis la mi-janvier, Kadar avait fait renforcer la surveillance policière, et au moment même où notre compagne nous parlait, en plus de certains chefs des conseils ouvriers, arrêtés eux aussi, il y avait une quinzaine d'écrivains en prison. Elle voulait que nous le sachions parce que ce ne serait sûrement pas le ministre de la Culture qui nous le dirait, si toutefois nous le rencontrions.

Nous l'avons rencontré. Il avait un beau visage triste. Il avait fait des années de prison sous Rakosi, il était infirme et nous reçut assis dans un fauteuil roulant. Il me demanda si j'avais trouvé Gyulia Illyes en bonne santé...

Gyulia Illyes est un très grand écrivain et poète hongrois, il est socialiste-paysan, pas communiste; il était à l'époque sur la touche, mais intouchable. Je l'avais vu, en effet, mais personne d'autre, que la « personne » qui m'avait communiqué son message de venir le voir, n'était au courant de cette visite. En fait, je sortais précisément de chez les Illyes, qui habitaient la campagne, et Mme Illyes m'avait chargée d'un présent pour une « personne » de sa famille qui résidait à l'étranger. C'est tout. Illyes m'avait confirmé le fait qu'il y avait bien une quinzaine d'écrivains communistes en prison depuis la fin janvier.

Comme je paraissais surprise que le ministre ait appris où j'avais passé une partie de ma journée, il me dit : « Illyes nous a téléphoné pour nous dire qu'il vous avait vue... » Je ne pouvais pas traiter le ministre infirme de menteur, mais tout à coup je revis la tête d'Illyes lorsqu'il avait découvert celle de mon chauffeur. Mon chauffeur était un chauffeur très connu dans les milieux culturels hongrois... Je dis au ministre que j'avais trouvé M. et Mme Illyes en très bonne santé. « Tant mieux, tant mieux, c'est notre plus grand poète, vous savez. A part ça, qu'est-ce qui vous amène à moi? » Alors Montand posa la question à propos des écrivains communistes en prison.

Sa tristesse s'accrut, on nous avait dupés. Dans les prisons de Budapest il n'y avait pas un seul intellectuel communiste. Il y avait peut-être quelques faux intellectuels fascistes qui avaient fomenté cette contre-révolution que seule avait pu mater l'arrivée providentielle de l'Armée rouge. Mais nous devions le croire. Au nom de tout ce qu'il avait souffert lui-même en tant que compagnon de prison du camarade Kadar, et surtout du camarade Rajk qui était mort injustement. Ces temps-là étaient révolus. Les prisonniers politiques, s'il y en avait, étaient des fascistes. D'ailleurs, à la réflexion, il ne voyait pas d'écrivains parmi ceux qui pouvaient se trouver en prison.

Il était convaincant, dans sa chaise à roulettes. Nous, on ne savait plus où on en était.

Le public était un public joyeux et jeune. Je vais peut-être choquer en parlant ainsi de la ville sur laquelle tant de larmes étaient encore versées. Le public correspondait absolument à ce que nos premiers interlocuteurs nous avaient dit. Les filles surtout. Elles étaient contentes d'être mieux habillées, elles étaient souvent très belles, elles paraissaient jouir d'une grande liberté. La dame hongroise qui ne nous parlait que dans le parc expliquait cela très bien. Les jeunes étaient des survivants et ils comptaient bien en profiter. Les porteuses de cocktails Molotov du mois de novembre, qui avaient d'ailleurs appris à faire des bombes artisanales en voyant beaucoup de films soviétiques célébrant les vertus révolutionnaires de 1917, avaient découvert que tout ça n'avait servi à rien, et elles avaient envie de s'amuser. Elles avaient troqué leurs salopettes de révolutionnaires contre des jupes plissées soleil, puisque les jupes plissées soleil étaient enfin dans les vitrines. Elles n'avaient pas un respect considérable pour leurs parents, ni pour leurs grands-parents. Leurs grands-parents avaient été fascistes sous Horthy et leurs parents staliniens sous Rakosi. Elles avaient été révolutionnaires en novembre. Elles avaient décidé de prendre le temps comme il venait. Elles... elles... je parle de celles qui ont été les *groupies* de cette semaine à Budapest. Visiblement, personne ne les empêchait de faire ce qu'elles voulaient ni d'aller où elles voulaient. Elles étaient au théâtre tous les soirs, elles adoraient la musique et aimaient beaucoup les musiciens. Elles aimaient aussi beaucoup le chanteur; malheureusement pour elles, et peut-être pour lui, l'ancêtre des *groupies* était là, tapie dans la loge, comme à l'Étoile.

Elles n'avaient pas du tout envie de raconter les journées des « événements ». Elles ne se rappelaient plus.

Le seul récit de la journée du 23 octobre 1956 qui avait tout déclenché dans Budapest, c'est à la légation de France que nous l'avons entendu au cours d'un dîner. De la bouche d'un jeune attaché culturel qui avait tout vécu en se baladant dans la ville. A l'entendre, c'est dans un grand élan de contentement, dans la joie de pouvoir s'exprimer librement après tant d'années, qu'une énorme délégation de vrais socialistes — et non pas de contre-révolutionnaires — était descendue dans la rue. Tout avait commencé très joyeusement avec des chansons. Les gens étaient venus avec leurs gosses. Ils s'étaient arrêtés un moment devant la statue de Kossuth, puis ils avaient continué à marcher, leur cortège grossissait. Tout le monde se joignait à cette marée humaine sans aucune espèce de visées contre-révolutionnaires. Le journal de l'après-midi sort dans les kiosques vers quatre heures et beaucoup de manifestants s'étaient détachés du cortège pour aller acheter le journal : ils voulaient voir si on parlait d'eux. Ils furent très étonnés de voir qu'on ne les mentionnait même pas. Ça les a mis en colère et l'humeur a changé. La nuit commençait à tomber. Ils ont décidé d'aller à la radio, de demander à être reçus par les gens de l'information, d'exiger qu'on les écoute. Cette masse de gens arrive devant la Maison de la radio et, à l'intérieur, on s'affole. Quelqu'un aurait, paraît-il, donné l'ordre d'éteindre les lumières de la place. Les gens se sont trouvés soudain dans le noir, et des torches ont commencé à s'allumer, faites avec le fameux journal qu'ils venaient d'acheter. A l'intérieur de la Maison de la radio, on s'inquiétait de plus en plus : le feu. Tout à coup, un coup de feu éclate, dont jamais personne n'a pu dire d'où il était parti. A partir de ce moment-là, ç'a été la catastrophe.

Sur la situation présente à Budapest et sur les emprisonnements politiques, on ne semblait pas savoir grand-chose à la légation.

J'avais promis à Lila de Nobili d'aller voir son oncle et sa tante. Ils étaient très très vieux et en avaient tant vu dans leur longue existence de Hongrois qu'ils n'avaient plus rien à dire. Leur quartier était intact, ils n'étaient pas sortis pendant les « événements ». Tout ça s'était passé très loin de chez eux. Dans un ravissant petit salon à pompons, jamais refait depuis la Belle Époque, ils voulaient que je leur raconte les décors de Lila.

On a fait les paquets pour de bon, cette fois. On rentrait chez nous. Les *groupies* étaient dans le hall de l'hôtel. Et la dame hongroise nous conduisit à l'aéroport.

Cinq minutes avant l'embarquement, une femme s'approcha de nous. Peut-être l'avais-je déjà vue parmi les journalistes et les gens de radio? Elle avait quelque chose à nous dire. Elle le dit très vite et très bas. Est-ce que nous connaissions Aragon? Est-ce que nous allions le voir? Et comment!!! Alors, il faudrait lui faire une commission. Un ami à lui, un poète hongrois, était en prison avec quelques autres écrivains depuis janvier. Ni elle, qui était son ex-femme, ni sa femme actuelle n'obtenaient le moindre renseignement sur le sort qui lui était réservé. Une lettre avait déjà été acheminée pour alerter Aragon depuis un mois et demi. Aragon connaissait très bien la vie de Tibor. Elsa aussi. Tibor était devenu membre du parti clandestin pendant la guerre, en 1942, en France où il était réfugié politique depuis 1938. Il fallait qu'Aragon fasse quelque chose, il savait, lui, que Tibor n'était pas un fasciste. Je lui promis que je ferais la commission. Je ne lui promis pas une démarche d'Aragon. Alors elle me regarda un petit moment sans rien dire, puis elle me prit les deux mains et dit : « Alors, demandez-lui de ne pas dormir au moins pendant une nuit. » J'écrivis le nom : Tibor Tardos.

C'était rond. Tout avait commencé quatre mois auparavant et j'avais une raison de plus de faire sonner ce téléphone de la rue de La Sourdière jusqu'à ce qu'il réponde.

J'avais désormais tout mon temps.

Deux jours après notre retour, Louis Aragon, comme il aime à se décrire si formidablement bien, arpentait la grande pièce de la roulotte en vérifiant son apparence, à l'aller et au retour, dans la glace au-dessus de ma cheminée. Il était beau, il était courtois. J'étais morte de fatigue, mais j'essayais de copier sa courtoisie. Pour une fois, les rôles étaient inversés.

> *Question nº 1 :* Avait-il ou n'avait-il pas déclaré dans un salon mondain, l'avant-veille de notre départ, que ce départ était « inopportun »?
> *Réponse :* Il avait effectivement le vague souvenir d'un dîner pendant lequel, interrogé par un des convives, il avait admis que le moment n'était peut-être pas bien choisi... « Inopportun, voyons... » Oui, sans doute, c'était probablement le mot qu'il avait utilisé, parce que c'était le mot juste, n'est-ce pas?
> *Question nº 2 :* Se rappelait-il cette soirée du 7 novembre pendant laquelle il avait écarté en deux minutes la possibilité de faire changer la date de la tournée en parlant aux Russes? Et comment, devant mon insistance dérisoire, il avait démontré que la seule attitude à avoir, c'était de ne rien changer et surtout de partir. Se rappelait-il qu'il avait ensuite parlé de Claudel pendant des heures, et puis nous avait quittés en nous souhaitant « bon courage et bon voyage »?

Réponse : Oui, oui, bien sûr, enfin, c'était un peu vague, il y avait longtemps, il se rappelait surtout qu'Elsa, ce soir-là, couvait une grippe et qu'il était inquiet.
Question nº 3 : Comment, sachant tout ce qu'il savait, avait-il pu faire des procès en diffamation et des procès d'intentions à des gens comme Kravtchenko ou Koestler, quand ils osaient dire qu'il y avait des camps dans lesquels Khrouchtchev disait lui-même qu'il était mort seize millions d'individus? Et nier, nier toujours!
Réponse : Comment seize! vous plaisantez, ma chère amie, pas seize, dix-huit millions de morts! Nier, bien sûr, il fallait bien nier, « j'avais de la famille là-bas ».

Je regardais ses beaux yeux bleus, son sourire, et je revoyais les regards russes en question, ceux qu'il fallait être vigilant pour dépister. J'avais une grande envie de pleurer. Je ne voulais pas pleurer devant Aragon, je ne voulais pas courir le risque d'être consolée par Louis Aragon.

Alors, j'ai fait la commission de l'ex-Madame Tardos. La première partie de la commission. « Tardos?... Tardos?... » Il cherchait dans sa mémoire. « Oui, Tardos, Tibor Tardos, Aragon, un poète. — Ah, oui, le petit poète, je ne savais pas qu'il était en prison, mais que puis-je faire? Moi je suis français, ce qui se passe en Hongrie ne me regarde pas... » Eh oui, bien sûr... Eh bien, c'était parfait, parce que nous avions déjà répondu pour lui et j'aurais été surprise par toute autre réaction de sa part. Voilà. « Mais comme j'ai juré à cette femme que je le ferai, je vais vous dire ce qu'elle m'a demandé de vous demander en me quittant. Elle vous demande simplement de ne pas dormir au moins pendant une nuit. » Aragon a porté sa belle main dans le gris de ses beaux cheveux et m'a dit : « Mais, ma pauvre amie, ça fait vingt ans que je ne dors pas! »

J'ai raccompagné Aragon à la porte de ma maison, je lui ai dit que je ne voulais plus jamais le voir de ma vie, je l'ai mis dehors et je ne lui ai plus jamais adressé la parole.

Je lui ai cependant griffonné un mot, après la mort d'Elsa. Mais c'est à cause d'un vieux monsieur belge qui venait toujours à la Colombe avec sa femme, depuis des années. Un jour, il est venu tout seul, il s'est assis à leur table habituelle, il m'a vue à la mienne, il a essayé de me sourire et il a éclaté en sanglots. C'est à cause de ce veuf que j'ai griffonné ce mot au veuf d'Elsa.

(Il y a quelques mois, j'ai rencontré Tibor Tardos. Il vit maintenant à Paris. A l'époque de mon procès à Aragon, il était au secret dans sa prison de Budapest. A son procès à lui — à eux, devrais-je dire : le procès Dery-Hay-Zelk-Tardos — qui eut lieu en novembre 1957, un témoin vint cependant apporter un message d'Aragon et d'Elsa. Il les avait rencontrés à Moscou et ils s'étaient inquiétés de son sort. Ils voulaient faire savoir au tribunal que le Tardos qu'ils avaient connu dans ses jeunes années était quelqu'un de très bien. Le porteur du message précisait que ce jugement ne concernait pas le présent... Tibor Tardos m'a néanmoins demandé de signaler que cette prudente intervention lui avait certainement allégé sa peine. Il est sorti de prison en avril 1958. Et Aragon lui a offert en 1965 les colonnes des *Lettres françaises* avec un chapeau écrit par lui-même : « Tardos vit et travaille en France, en tant qu'écrivain hongrois : il serait bon que cette catégorie se multiplie, c'est loyal, c'est juste. » Voilà, Tibor, j'ai fait la commission!)

Finalement, Aragon fut le seul qui entendit et peut-être écouta le bilan résumé de ces quatre mois.

Dans la même semaine, *l'Huma* et *Match* se firent congédier de la place Dauphine pour des raisons inverses. André Stil voulait un « récit vivant des vibrantes expériences » de Montand et *Match* « un récit vibrant des expériences vécues » de Montand et quelques mots contre le parti communiste français.

Nous n'avions rien à dire ni aux uns ni aux autres. Nous avions à dire à notre famille, à Catherine, à nos copains, des choses qui ne regardaient finalement que nous. Nos ennemis de novembre n'auraient pas la satisfaction de savourer nos amertumes, et nos amis de novembre n'auraient pas non plus la joie de pavoiser à propos de prétendus enthousiasmes.

Enthousiasmes et amertumes étaient inclassables, et surtout ne devaient en aucun cas devenir utilisables. C'est tout ce que nous savions, mais nous le savions très bien.

C'était gai de retrouver la place Dauphine, Mme Paul, M. Lavaux, le relieur, les marches du Palais, Mlle Danloux, la libraire. C'était gai de dépiauter les petits objets ramenés dans les tiroirs de la malle-armoire, pieusement embaumés dans des kleenex que ma prudence occidentale m'avait poussée à emporter en quantité avant le départ. Les « babas », des petits ours de céramique, des poupées traditionnelles, des ceintures yougoslaves, des oiseaux de bois peint, minuscules et polonais, des rubans ukrainiens, des biscuits pragois en forme d'écureuil ou de bébé endormi, une miniature de cithare bulgare pas plus grande que la moitié de ma main, faite de balsa colorié, à la taille exacte de sa petite sœur, la guitare mexicaine, ces œufs, gobés ou évidés, peints de couleurs folles. Œufs russes, polonais, bulgares, roumains, sur lesquels on voit des fresques.

Défaire ses bagages, c'est d'abord s'assurer que tout ce qu'on a rapporté est intact. Quand on n'a rapporté que des babioles, des bêtises et des coquilles d'œuf, on est d'autant plus anxieux en ouvrant les tiroirs de la malle-armoire. Quand la malle-armoire a été une bonne malle-armoire et le kleenex du bon kleenex protecteur, on est enchanté. On dépiaute les petits objets qui n'ont vraiment pas de prix : ils ne coûtent rien. Ils n'ont pas de prix parce qu'ils ont été offerts par des mains et des regards qu'on n'oubliera jamais.

Défaire ses bagages, c'est ça et ça ne regarde que ceux qui ont mis dans leurs bagages ce qu'ils n'ont pas jugé utile de dissimuler dans le placard de l'hôtel avant le départ, pour donner à croire qu'ils l'ont oublié. Ce sont généralement les grosses pièces qu'on oublie soigneusement. Les lourds coffrets laqués qui ne savent plus illustrer que le grandiose. Les cadeaux officiels, sûrement très coûteux, sur lesquels aucun visage ne vient s'impressionner. Les babioles, elles, ont toutes un fil invisible à leur extrémité. Il fait des milliers et des milliers de kilomètres de long et il y a toujours une main qui tient ce fil à l'autre bout. Ce n'est pas de ce réseau-là que les gens qui vous questionnent veulent entendre parler, quand vous revenez des pays de l'Est, en 1957. Ils veulent des faits, des conclusions, des déclarations.

Ils furent obligés de s'en passer.

C'est François Chalais et Frédéric Rossif qui, les premiers dans leur émission de télévision, donnèrent à Montand l'occasion de s'exprimer en totale liberté sur la tournée, les circonstances du départ et les résultats recueillis sur le plan artistique. A l'époque, ce fut la seule démarche désintéressée qui lui fut offerte. Il l'accepta et eut bien raison. Ce fut une émission honnête durant laquelle il parla librement, on ne lui demanda ni de servir ni de desservir qui que ce soit. C'était rafraîchissant.

Rafraîchissant aussi, mais dans un autre sens, fut le bilan financier à la fin de cette année 1957. Les comptes des rentrées et des ventes du film *les Sorcières de Salem* (que nous avions, je le rappelle au risque de paraître sordidement cupide, tourné en participation) étaient tenus avec une discrétion telle qu'ils semblaient aussi inaccessibles que le château de Kafka (ils le sont d'ailleurs demeurés jusqu'à aujourd'hui). La tournée qui avait fait couler tant d'encre et de larmes fut évaluée par le ministère des Finances aux taux officiels des zlotys, roubles, lei, leva, couronnes et autres marks de l'Est, sur lesquels on demanda à

Montand de payer des impôts frappant les monnaies ayant vraiment cours. Ça devenait tellement rigolo qu'un jour on s'est assis avec un papier et un crayon, on a essayé de se rappeler comment on fait une division — ça nous a pris du temps —, on s'est un peu disputés sur la façon de dessiner la potence sans laquelle on ne peut « épeler » une division. Je veux dire : « ... en 9, combien de fois quatre; deux fois, je pose deux et il reste un... » Après quelques heures imprégnées d'un arôme de craie et d'encre mordorée, on s'est retrouvés sur la belle table de notre beau salon de notre belle demeure d'Autheuil (Eure) avec un résultat qui, compte tenu de tous les « j'abaisse quatre, je retiens trois, etc. » s'élevait à la somme de 2 650 anciens francs par cachet, comme on dit dans les agences de spectacle.

C'était gai aussi de se dire que l'or de Moscou, tous frais payés, salaires des musiciens et chambres d'hôtel, ne laissait dans la sébile du chanteur que le salaire d'un manœuvre. J'emploie « gai » dans le meilleur sens : j'entends Sagan quand elle dit « c'est gai ».

Seules les peaux des malheureuses petites zibelines capturées par un méchant trappeur sibérien témoignaient pour l'or de Moscou. Elles furent soumises à l'appréciation de messieurs fourreurs, cousins lointains du vieux monsieur du GOUM. Ils soufflèrent sur les peaux mortes avec déférence. Elles étaient superbes. Beige clair dans un départ un peu cotonneux, brunes au milieu, un peu blanches à la crête. De belles et vaillantes petites zibelines. Ils regrettaient qu'elles ne fussent pas plus nombreuses. Il y avait de quoi faire une gentille écharpe.

Elles le devinrent. L'écharpe n'étant pas exactement mon accessoire favori, elles se transformèrent en grand col châle... Ce n'était pas non plus ce que je souhaitais véritablement. Le grand col châle, c'est bon pour poser pour une couverture d'hebdomadaire, avec deux doigts qui retiennent la belle fourrure. Alors...

Elles passèrent au stade de parements amovibles, grâce à un système de boutons-pressions qui ferait croire à la terre entière que chaque petit costume tailleur est fourni de sa garniture personnelle de zibeline. Dans ce rôle-là, elles me furent très utiles. Il y avait entre elles et moi une grande complicité quand je les pressionnais sur un nouveau costume. Elles jouaient un nouveau rôle, un jour sur du noir, un jour sur du beige, de la mousseline, du velours, du jersey. Elles étaient venues du GOUM et elles ont vu beaucoup plus de pays que leurs petites sœurs qui se sont ennuyées toute leur vie sur les épaules de Liliane de Rethy ou sur celles de la maharani de Kapûrthala. Elles ont été les petites complices qui aident à enjoliver une tenue très ordinaire. Les bonnes femmes ont l'œil et, sur le coup, elles la reconnaissent, la zibeline. Même sur du coton, surtout sur du coton.

Voilà pour l'or de Moscou.

Et puis, comme à la fin d'*Oncle Vania,* nous avons décidé de nous reposer. Malgré les calculs du ministère des Finances, nous avions la possibilité de nous reposer vraiment. Nous nous sommes reposés.

9

Chez les comédiennes, le mot repos peut avoir plusieurs sens. On se repose les jours de relâche. On se repose après une longue tournée. On se repose après un film difficile. Le repos, c'est sacré.

Le repos cesse d'être sacré lorsqu'il s'éternise. Il ne s'appelle plus repos, il s'appelle chômage.

Être au chômage, pour une comédienne, ça consiste à n'avoir même plus à refuser un rôle. Ça consiste à ne plus avoir à lire de scénarios ou de pièces, étant donné qu'on ne vous propose rien. En bref, c'est avoir un téléphone qui ne sonne pas.

Comme nous aimons les images, nous appelons pudiquement ces périodes « creux de la vague »... Il y a parfois des vagues qui sont des lames de fond.

Le creux de ma vague à moi dura neuf mois. Personne ne me demandait. Je n'étais pas frustrée, ni amertumée. Je récapitulai pour moi seule la liste des bonnes femmes que j'avais jouées. Ça faisait une belle collection depuis la petite serveuse des *Démons de l'aube* jusqu'à Mme Proctor. J'avais Montand, j'avais Catherine, j'avais gardé les mêmes copains, la vie avait été riche et nous n'étions pas pauvres. J'allais sur mes trente-sept ans, l'avenir était aux petites jeunes filles et aux jolies jeunes femmes, et je comprenais très bien qu'on n'eût pas l'usage d'une femme mûrissante, surtout quand elle revenait des pays de l'Est. J'étais au creux de la « nouvelle vague ».

Lorsque le téléphone un jour sonna. Il sonna de Londres. J'allais me retrouver, sans le savoir encore, sur la crête de la « New wave »...

Un matin du printemps 1958, Montand et Catherine m'accompagnèrent à la gare du Nord. Je montai dans ce train qu'on appelle la Flèche d'or. C'est un train qui devient bateau et redevient train de Douvres à Londres. Je ne savais pas du tout que j'étais à bord d'un train qui m'amènerait un jour d'avril 1960 à dire « thank you », devant des millions de téléspectateurs, à trois mille personnes assises dans les fauteuils de velours cramoisi d'un cinéma d'Hollywood, au cours d'une cérémonie à laquelle on se réfère toujours en France, sur les plateaux de cinéma, quand on recommence une prise, sous la rubrique : « Allez, on la refait, celle-là, c'est pour l'Oscar. »

J'avais choisi ce moyen de locomotion parce que j'en avais un peu assez des aéroports et surtout parce que je voulais me fabriquer un retour en Angleterre qui ressemblât à mon premier voyage, celui de mes seize ans chez Audrey qui n'aimait que son poney Pixie.

Je m'en allais tourner un film anglais dont le scénario m'avait bien plu. Ça s'appelait *Room at the Top*. C'est à l'entêtement de Peter Glenville que je dois d'avoir tourné ce film qui a fait redémarrer ma carrière qui paraissait terminée. Glenville, que je ne connaissais pas, était venu un jour me proposer un film à faire à Hollywood. Comme cela se passait très peu de temps après notre retour de l'Est, je lui avais très poliment expliqué, avant même de lire le scénario, qu'il était inutile qu'il perdît son temps. Je n'avais pas de visa pour l'Amérique, je n'en avais jamais demandé et même, quand il avait été parfois question que je participe à des productions américaines tournées en France, les pourparlers avaient toujours été interrompus très rapidement... Peter Glenville m'avait répondu : « Mais MacCarthy est mort!... »

Bill Goetz, son producteur américain, était à Paris et voulait me rencontrer; M. Goetz vint donc. Entre-temps, j'avais lu le scénario. C'était une comédie. Je ne me trouvais ni assez jeune ni assez frivole pour incarner ce charmant faire-valoir typiquement français. Je le leur dis. Qu'à cela ne tienne! On changerait le personnage. Fifi, ou Loulou, ou Madeleine, je ne me rappelle plus, allait devenir une sorte de Mme Curie mitigée de Simone de Beauvoir et taillée à mes mesures. Je répétai alors à M. Goetz ce que j'avais déjà expliqué à Glenville. Il me confirma que MacCarthy était bien mort, tout ça c'était des vieilles histoires... Lui-même avait signé une sorte d'Appel de Stockholm, il se flattait d'être un ami de Picasso à qui il ne manquait pas de rendre visite chaque fois qu'il venait en France, et dont il possédait plusieurs toiles. M. Goetz était un Américain libéral, et personne ne l'avait jamais empêché d'engager qui il voulait. C'était un homme charmant et sincère, et il désirait faire plaisir à son metteur en scène britannique qui me voulait pour son film.

Montand nous emmena tous dîner chez Allard et, tout en dégustant mon petit salé aux lentilles, je me dis qu'il était assez piquant de se faire supplier d'aller tourner à Hollywood alors que, dans mon pays, les gens de ma profession évitaient de penser à moi pour justement ne pas se mettre mal avec les Américains!

Il fut convenu qu'on me soumettrait un nouveau scénario très rapidement. Le reste : des broutilles! Visa, autorisation de travail, permission du syndicat des acteurs, tout ça suivrait sans problème. La seule chose qui comptait, c'était que j'aime la nouvelle Fifi-Loulou qu'ils allaient faire retravailler sur place. Ils repartirent pour Hollywood le lendemain.

Quelques jours plus tard, je reçus — d'Hollywood justement — un long télégramme à rallonges. Bill Goetz m'expliquait que pour des raisons qu'il ne pouvait expliquer, le rêve que lui-même et Peter Glenville avaient eu de m'avoir pour pensionnaire dans l'œuvre qu'ils étaient sur le point de réaliser, devait malheureusement être abandonné. Que je sache bien néanmoins que ce n'était que partie remise, que tout a une fin, qu'il n'était pas près d'oublier ces heures rafraîchissantes passées avec moi et mon mari dans ce pittoresque petit bistrot du vieux Paris. Et puis, à bientôt! Ici ou ailleurs! Que je sache bien aussi que j'avais un nouvel ami dans le monde. Un film n'est jamais qu'un film, tandis qu'un ami, c'est précieux. Warmest regards.

Je n'étais pas triste du tout. Fifi-Loulou n'avait aucune chance de devenir un personnage passionnant à jouer, pour moi en tout cas. Même revue et corrigée par les meilleurs chirurgiens esthétiques du scénario. L'épisode n'avait duré que quelques jours. Il trouvait sa conclusion naturelle. MacCarthy n'était pas mort, même si ses concitoyens le croyaient enterré.

J'oubliai donc très rapidement cette seule offre de travail qui me fût faite pendant cette période de long repos. Je croyais bien ne jamais revoir ni Bill Goetz ni Peter Glenville. J'étais cependant satisfaite de leur avoir annoncé la couleur avant. Ils avaient essayé de faire de la contrebande. Ça n'avait pas marché, je les avais prévenus. Mon amour-propre était sauf.

L'amour-propre de Peter Glenville en avait pris un coup. Il était citoyen britannique, l'un des plus célèbres metteurs en scène du théâtre anglais, personne n'avait jamais osé lui imposer un choix ou un désistement en matière de distribution. Il avait très mal pris le fait qu'on fût assez puissant pour l'empêcher de travailler avec une actrice qu'il avait choisie. C'est pourquoi, très peu de temps après, le téléphone sonna de Londres.

En fait, il sonna d'Orly et c'est beaucoup plus joli comme ça. Glenville était pour quelques heures à Paris, il voulait me voir tout de suite. Une demi-heure plus tard, il était dans la « roulotte ». Il avait trouvé ma remplaçante pour la comédie qu'il allait commencer à tourner la semaine suivante, il arrivait de Londres et s'envolait le soir même pour Hollywood. Il avait fait spécialement un crochet par Paris pour me proposer un rôle dans le film qu'il tournerait ensuite. Ce n'était pas un film américain. C'était un film anglais, produit par un producteur anglais, le scénario n'était pas encore écrit, mais il m'apportait le livre... Il avait débité tout son discours sans me laisser le temps de lui dire que je trouvais gentil qu'il ait réapparu, et encore plus gentil qu'il s'entête à me faire travailler malgré les complications que mon nom risquait d'entraîner. En bon metteur en scène, il avait minuté sa séquence. Il ouvrit son sac de voyage pour en extraire un livre dont il dissimula le titre une seconde. Il dit : « This is the book », et posa sur la table basse un gros volume cartonné qui s'intitulait *Room at the Top,* by John Braine.

Sur toutes les tables basses de tous les foyers de toutes les actrices anglaises de ma génération, la présentation de cet objet intitulé *Room at the Top* aurait fait l'effet d'une bombe de Noël. *Room at the Top* était le best-seller de l'année dans l'industrie du livre britannique. Les producteurs de cinéma s'étaient battus pour en acquérir les droits, j'avais devant moi le sujet le plus convoité d'outre-Manche par les gens de ma profession. Peter Glenville rata en quelque sorte son effet. Je n'avais jamais entendu parler de *Room at the Top* ni de John Braine.

Glenville combla mes lacunes, préconisa une lecture rapide, m'annonça la visite prochaine de son producteur James Woolf et s'en alla aussi vite qu'il était venu.

Je n'ai pas tourné *Room at the Top* sous la direction de Peter Glenville, c'est Jack Clayton qui réalisa le film. Il m'est cependant impossible de ne pas associer Peter au retournement de situation que ce film a provoqué dans ma vie professionnelle.

James Woolf (j'ai du mal à appeler James celui qui devait devenir pour nous notre ami Jimmy, mais ce jour-là, il était Mister Woolf) vint de Londres parler du film avec moi. J'aimais bien le livre. Ce n'était sûrement pas le chef-d'œuvre de la littérature contemporaine. C'était cependant une « histoire » formidable. John Braine, l'heureux auteur, bibliothécaire à Leeds, avait visiblement fréquenté assidûment les pensionnaires de ses rayons. Particulièrement Balzac, Stendhal et Colette. Peut-être avait-il aussi jeté un coup d'œil sur *An american tragedy* de Dreiser. Quoi qu'il en soit, l'histoire de ce jeune arriviste issu de la classe ouvrière du nord de l'Angleterre, bien décidé à faire son chemin par n'importe quel moyen, était passionnante.

Passionnante surtout était son histoire d'amour avec une dame pas très jeune (la bonne quarantaine) qui s'appelait Alice. Alice Aisgill. Alice était intelligente, généreuse, compréhensive, maternelle, sexuellement libérée, socialement sans préjugés. Alice était un personnage qui avait tout pour elle, y compris sa mort avant la fin du roman. Alice à jouer était du gâteau (j'allais oublier qu'Alice, de surcroît, était mariée à un mufle). Que dis-je, du gâteau! Une pièce montée comme on en rencontre peu dans une carrière.

Je n'avais aucune envie de répéter avec Mister Woolf l'aventure brièvement interrompue avec Mister Goetz. « Fifi-Loulou » m'avait échappé pour des raisons washingtoniennes. Si je devais perdre « Alice », autant le savoir tout de suite. Ce fut ma première question. Ou plutôt ce fut mon entrée en matière. J'avais très très envie de jouer Alice, je savais d'autre part que si les Américains étaient dans le coup de la production du film, il était inutile que nous commencions à discuter. On ne me laisserait pas jouer Alice.

Jimmy me considéra longuement. M'expliqua que son frère John et lui étaient des producteurs indépendants, et qu'en ce qui le concernait, lui, il ne s'était jamais préoccupé de la vie ou de la mort de ce M. MacCarthy. Il était très content que j'aie envie de jouer Alice. Il me fallait signer mon contrat d'après la lecture du livre, parce que le scénario était encore à l'étude. Préférais-je être payée ou bien en participation? Payée, dis-je, forte de l'expérience des *Sorcières de Salem* (au passage, je dois dire que j'ai raté là la plus belle opération financière de ma carrière; je fus très bien payée, mais si j'avais accepté la participation je serais richissime). Avant de me quitter, il me dit cependant ceci : « Je ne dépends pas des Américains, je ne dépends, pour avoir le droit de vous engager, que de deux autorisations : celle du ministère du Travail et celle du syndicat des acteurs. Je vous demande de considérer que ce contrat que nous venons d'établir verbalement ne deviendra effectif qu'après les réponses faites à ces deux demandes. » Et Mister Woolf repartit pour Londres.

Le ministère du Travail autorisa la travailleuse étrangère à venir tourner sur le sol britannique, et le syndicat des acteurs accepta qu'un des plus beaux rôles du répertoire cinématographique fût tenu par une Française.

Alice, dans le roman, était anglaise; pour justifier ma présence, elle devint française mariée à un Anglais.

En 1953, la profession cinématographique britannique m'avait donné sa plus haute récompense pour *Casque d'or*. Elle me la donna à nouveau en 1958 pour *les Sorcières de Salem,* elle me donna l'autorisation d'être Alice dans *Room at the Top,* pour l'interprétation de laquelle elle me remit en 1959, pour la troisième fois, le même « Academy Award ». Personne ne s'étonnera que je ne sois pas anglophobe...

La Flèche d'or roulait dans la campagne anglaise. Je retrouvais l'odeur du phénol citronné mélangée à celle de la fumée des Players, et je relisais avec délices le scénario signé Neil Paterson. John Braine avait eu plus de chance que ses confrères Dostoïevski, Balzac ou Durrell : le scénario était meilleur que le roman.

C'est à Bradford (Yorkshire), capitale de la laine, qu'après avoir changé de gare à Londres, je rejoignis ceux qui devaient devenir mes compagnons de travail pour trois mois et demi, et mes amis pour la vie. Jack Clayton, Laurence Harvey, Heather Sears, Jimmy Woolf, Freddie Francis l'opérateur, tous les autres et moi avons tourné cette histoire, qui a fait couler tant de larmes anglaises et américaines, entre deux fous rires. J'ai déjà dit que c'est seulement dans la complicité totale, et par conséquent dans l'humour partagé, qu'on peut raconter des choses graves, voire tragiques. Une fois de plus, le miracle des extérieurs se répéta. Si vous voulez fonder une famille, vous vous trouvez un toit. Une troupe de cinéma, pour bien fonctionner, doit être une famille. Commencer un film par les extérieurs, c'est le meilleur moyen de cimenter les fondations. Le toit peut être celui du Grand Hôtel à Monaco par grand soleil. Il peut être aussi celui de l'Hôtel-des-Voyageurs-de-Commerce-en-machines-à-peigner-la-laine, situé devant la gare de Bradford (ça faisait demander tous les matins à Harvey à quelle heure l'hôtel entrait en gare de Londres).

Bradford et Leeds, patrie de John Braine, sont un peu le Lille-Roubaix-Tourcoing de l'Angleterre. Leeds jouant le rôle de Lille et Bradford celui de Roubaix-Tourcoing. C'est assez dire si les fumées d'usine se confondent avec le brouillard local et si la grande richesse côtoie la grande misère. C'est cela aussi que Clayton allait raconter dans son film. Pour le bien raconter, il valait mieux être sur place. Et tant qu'à être sur place, il valait mieux vivre tous sous le même toit. Un toit provisoire, sous lequel vous prenez des habitudes calquées sur celles que vous avez sous votre propre toit. Les repas en commun, les heures du coucher et du lever accordées aux heures du travail commun. Il y a aussi le soupçon de culpabilité qui vous tracasse un instant, à la fin de la journée, parce que vous êtes absente de votre propre toit. Il est vite neutralisé par le coup de fil quotidien. Il n'y a pas eu le feu, personne n'est malade, bravo, à demain...

Sans le coup de fil quotidien et rassurant avec la vraie vie, les

« extérieurs » seraient les creusets des ruptures. Compris comme ça, ils sont les consolidateurs des unions. Pour peu qu'on puisse avoir avec sa vraie famille le vrai dialogue au cours duquel on fait partager à l'autre — qui vous comprend, parce qu'il est dans la même situation — qu'on est content, heureux de faire ce qu'on aime, avec des gens qu'on aime beaucoup et qui, momentanément, vous servent de famille, les « extérieurs », c'est formidable.

Montand tournait en Italie. Nous nous comprenions très bien. Nous nous aimions beaucoup d'aimer l'un et l'autre ce que nous étions en train de faire.

A Bradford, les gens de Bradford nous aimaient bien aussi. C'était la première fois que leur ville servait de décor à autre chose qu'à d'ennuyeux documentaires sur le peignage de la laine. Les gens de la « haute ville » nous ignoraient, et leurs forteresses ne s'ouvrirent jamais pour nous. Ils avaient sans doute lu le livre. Par contre, les maisons des quartiers ouvriers nous étaient grandes ouvertes. Je me souviens de deux nuits de tournage pendant lesquelles l'eau ne cessa de bouillir et de rebouillir dans de petites cuisines impeccablement tenues, pour renouveler les théières qui nous réchauffaient. Les gens de Bradford, ceux-là en tout cas, étaient gais et avaient beaucoup d'humour. Je découvrais le nord de l'Angleterre. Le monde entier n'allait pas tarder à faire comme moi : c'est du Nord que sont venus la plupart de ceux qui ont révolutionné la vie culturelle et artistique britannique, ceux qu'on a appelés les « Angry young men [1] » et qui, les premiers, sont partis en guerre contre « l'establishment ». C'est à Londres, pendant le tournage des intérieurs, que je l'ai découvert, mais les trois semaines passées dans le Yorkshire m'y avaient bien préparée.

J'avais vécu trois mois à Londres, en 1947, pour le tournage de *Against the wind.* Il y avait encore de grands trous d'obus et des tickets de restrictions pour certains produits. Les bijoutiers de Burlington Arcade offraient une extraordinaire quantité de diadèmes de cour et de parures anciennes dont la gentry, m'avait-on expliqué, s'était séparée pour subsister pendant la guerre. Onze ans après, il n'y avait plus de trous d'obus, plus de tickets de restrictions, mais toujours autant de diadèmes de cour et de parures anciennes sous Burlington Arcade. Ceci restera pour moi comme un des mystères de Londres... Mais ça n'a rien à voir avec *Room at the Top.*

1. Les « jeunes gens en colère ».

Et pourtant si ! Il n'était pas rare qu'en rentrant de Shepperton Studios, vers dix-neuf heures trente, sale, à moitié démaquillée, en tenue de travail, je m'engouffre dans le grand hall du Savoy au moment où des groupes de dames en robe longue, diadème au front, et de messieurs en smoking se dirigeaient à petits pas vers le grill. Tout était en train de changer, en coulisse, et à leur insu.

Chez nous, en France, tout avait changé, et pas en coulisse ! Je n'ai vécu les événements de 1958 qu'à la radio. Au demeurant, au risque de me répéter et de me faire mal juger, je dirai que ce que je vivais alors, c'était surtout la vie d'Alice Aisgill.

L'amitié et la complicité entre Jack Clayton et sa troupe allaient grandissant. Les journées de travail en studio se terminaient comme à Bradford. Nous avions tous du mal à nous séparer. Elles finissaient généralement dans un petit pub où nous mangions un morceau avant d'aller nous coucher tôt. Je quittais mon appartement du Savoy vers cinq heures et demie le matin. C'était l'heure où les femmes de ménage « aspiraient » les corridors. Nous faisions un brin de causette pendant que j'attendais l'ascenseur. Au bout de quelque temps, je n'eus plus à l'attendre : mon ami, le liftier de nuit, connaissait mon heure et était sur le pas de sa porte. Il profitait des six étages pour reprendre l'histoire à l'endroit où il l'avait interrompue la veille. C'était ses souvenirs de France, à Armentières, où il avait été fantassin en 1914-1918. Comme ils étaient copieux et que l'ascenseur du Savoy est assez rapide, les trois mois de voyages matinaux suffirent à peine à les épuiser. Parfois, il me demandait quand même si j'étais contente de mon travail. Tout le monde au Savoy me demandait si j'étais contente de mon travail. Ça devait se voir sur ma figure que je l'étais.

J'étais contente parce que j'avais un formidable metteur en scène qui, sans prétention, sans coups de gueule, sans trépignements, nous amenait à ne faire que ce qu'il voulait, lui. Et comme les projections prouvaient que ce qu'il voulait, lui, c'était juste et vrai, c'est ce qui faisait que j'étais contente.

J'avais un producteur qui n'était pas un marchand de soupe, mais un homme qui aimait le cinéma et respectait les gens qui travaillaient pour lui.

J'avais un partenaire dont on m'avait dit pis que pendre et avec lequel je m'entendais très bien.

Les dimanches, il m'arrivait de revoir mes copains d'Ealing Studios, Michaël Truman ou Gordon Jackson.

Montand profita d'une petite vacance de son film pour venir passer un week-end. Catherine était à Autheuil où je m'assurais tous les jours qu'il n'y avait pas eu le feu.

Les derniers jours de tournage arrivèrent. Le dernier fut triste. Comme d'habitude. Peut-être un peu plus, parce que ni la même ville, ni la même langue n'allaient plus nous réunir.

Je rentrai chez moi.

Quand les gens me demandaient où j'étais allée pendant tout ce temps, je disais : « J'ai fait un film à Londres. » Ma réponse n'impressionnait pas. Tout le monde savait ici que le cinéma anglais n'existait plus. J'avançai timidement qu'il me semblait, pourtant, avoir fait un très bon petit film. On ne voulait pas être désagréable. Après tout, j'étais toujours dans le creux de la fameuse vague. Il eût été peu charitable de m'enfoncer la tête sous l'eau.

Alice Aisgill, depuis que j'étais rentrée chez nous, me quittait un peu plus chaque jour, par petits lambeaux. Je continuai pendant quelque temps à me coiffer comme elle et à porter son petit blazer de confection acheté chez Simpson. Et puis je me fis retailler les cheveux et ressortis mes beaux tailleurs Hermès. Un jour, je compris qu'elle était définitivement sortie de ma vie.

Montand avait décidé de faire sa rentrée à l'Étoile, en récital, et tout naturellement je redevins *groupie*. C'était la fin de l'été 1958. Les musiciens s'installèrent à Autheuil. Au début de l'automne, il y eut la générale à l'Étoile. C'était un peu moins de deux ans après le départ « inopportun ».

De l'eau avait passé sous les ponts de la Seine. Les grandes colères, sincères ou feintes, s'étaient diluées. Les gens retrouvaient Montand, il retrouvait les gens. Il chantait des anciennes chansons et aussi des nouvelles. Les anciennes qui faisaient toujours des succès étaient là.

Sauf une.

Montand ne pouvait plus chanter sincèrement *C'est à l'aube*. On y parle des « mondes de l'espoir ». Il ne savait plus du tout où situer ces mondes-là.

Il chanta donc *le Chat de la voisine,* qui en disait beaucoup plus long.

A nouveau, Montand resta six mois consécutifs à l'Étoile.

Un jour de novembre, Jimmy Woolf et Jack Clayton m'appelèrent de Londres. *Room at the Top* était prêt à sortir. Alice Aisgill réapparaissait dans ma vie.

J'empaquetai une belle robe et quelques-unes de mes zibelines itinérantes, et abandonnai pour quarante-huit heures le couloir de béton armé du sous-sol de l'Étoile pour retrouver les moelleux corridors du Savoy Hotel.

Le personnel qui, pendant trois mois, m'avait vue sortir ou entrer en blue-jeans, mon scénario sous le bras, me félicita pour ma tenue de soirée quand je descendis dans le hall sur le coup de dix-neuf heures trente. J'allais à la première de gala de ce que j'avais si visiblement pris tant de plaisir à tourner durant les mois d'été. C'était un peu leur film. Tout le monde me dit « Good luck », et je m'engouffrai dans la Rolls de location que Jimmy m'avait envoyée. Elle trompait peut-être la clientèle de l'hôtel, elle ne trompa cependant pas le général en chef des portiers qui, tout en soulevant sa casquette et en m'ouvrant la portière, murmura : « Ben, dites donc, Miss, ce soir ils font bien les choses! Good luck! »

Effectivement, ils faisaient bien les choses. Mais, surtout, ils les avaient très bien faites. Ils avaient fait — nous avions fait — un très bon film. A minuit, nous, les gens de *Room at the Top,* étions les rois de Londres. C'est exprès que j'emploie des mots aussi stéréotypés que ceux-là. Que ceux qui n'ont jamais été couronnés, à chaud, quand la lumière revient dans la salle, me jettent la première pierre. Quand tous les doutes, même ceux qui reviendront avec la lucidité revenue, sont balayés par l'adhésion totale d'une salle, il est très difficile de recracher la fève qui vient de vous couronner.

A minuit, ce soir-là, à tort ou à raison, nous étions rois et reines. Nous avions fait ce film en pensant que quelques amis à nous aimeraient bien. Et voilà que plein de gens, qui n'étaient pas des amis, adoraient ce que nous avions aimé faire. Pour des esprits chagrins, ç'aurait pu être inquiétant. Nous n'étions pas chagrins. On était drôlement contents.

Le lendemain matin, la presse britannique dans son ensemble célébrait les vertus de ce qu'elle appelait le renouveau du cinéma anglais. Le personnel du Savoy jouait l'*Argus de la presse* et me glissait les critiques sous la porte. Les passages concernant Alice Aisgill étaient soulignés de rouge. Jimmy Woolf me lisait au téléphone des critiques que je connaissais déjà. Je trouvais ça gentil et ne voulais pas l'interrompre en lui disant que je les avais déjà lues. Curieusement, celles qu'il me lisait comportaient toujours une référence qui m'avait échappé. A un moment ou à un autre, l'artiste du stylo déclarait : « On n'a jamais vu ça depuis Greta Garbo. » Ou c'était au début du papier, ou à la fin. C'est-à-dire aux meilleures places. Au bout du troisième papier, j'avais compris... A mon tour je lui lus quelques fausses phrases de ma composition qui le célébraient, lui, comme le plus grand producteur du monde depuis Irving Thalberg.

Clayton téléphonait tous les quarts d'heure avec des voix et sous des noms différents, sollicitant des interviews pour des journaux spécialisés dans l'élevage des poulets ou la culture en serre de plantes tropicales. C'était de l'humour de lendemain de résultat du bachot. Nous avions bien le droit de ne pas nous prendre au sérieux. Devant le sérieux avec lequel on nous prenait tous, ce matin-là dans la presse anglaise, nous en avions même le devoir.

Et c'est dans un état d'euphorie bêtifiante que je réapparus le soir même dans les coulisses du théâtre de l'Étoile, juste à temps pour voir mon mari saluer le public après sa dernière chanson. Les gens criaient « Une autre! » et lui ne savait pas encore que c'était Greta Garbo qui lui tendait sa serviette-éponge...

Ni lui ni les autres, en France. Le succès de *Room at the Top* demeura un succès insulaire... jusqu'à ce que le film émigrât et s'installât solidement au « Nouveau Monde ». Jimmy me fit parvenir des coupures de presse de journaux américains, dont je ne connaissais pas le code. Comme *Variety*, par exemple. Vous habitez tranquillement place Dauphine depuis des années et voici qu'un jour, vous avez à décrypter un petit morceau de papier journal dont on vous assure, dans une lettre additive, que c'est un document qui n'a pas de prix. Vous lisez : « Room, Boffo! »... et puis des chiffres en dollars. Comme vous n'êtes pas familière non plus avec le cours des changes, vous voyez des chiffres précédés d'une espèce de caducée... Vous vous renseignez un peu autour de vous, parmi vos amis américains « black listed [1] », ils vous traduisent. Comme ils sont très contents pour vous, et très contents de « nostalgier » avec ce vocabulaire dont on les a privés depuis leur exil, c'est avec fièvre, joie, humour et fierté nationale qu'ils vous initient. Après la première leçon, vous êtes en mesure de traduire.

« Room, Boffo! » ça veut dire triomphe.

Montand, lui, faisait « Boffo » depuis déjà deux mois sur l'avenue de Wagram lorsque Norman Granz vint au jour lui proposer de faire son récital à Broadway au début de l'automne 1959.

Norman Granz était un des rares imprésarios américains à être connus en France. Il était l'heureux représentant d'Ella Fitzgerald, d'Oscar Petterson, le propriétaire de Verve-Record et l'inventeur de « Jazz at the Philharmonic ». Nous ne l'avions jamais rencontré, mais

1. Mis sur la liste noire pendant le maccarthysme.

nous avions, dans notre discothèque à Autheuil, un admirable album dont il avait été le créateur et qui datait de 1952. Il avait eu l'idée, vingt ans avant la mode rétro, de demander à Fred Astaire de réenregistrer tous les airs et tous les pas de tous ses films. Il lui avait donné Oscar Petterson et les musiciens du « Jazz at the Philharmonic » comme accompagnateurs et nous avions passé des heures et des heures, non seulement à écouter les musiques de notre adolescence, mais à regarder les photos, les dessins et à lire les textes qui faisaient de cet objet un coffret du bon goût, de l'intelligence et de l'amour. Notre exemplaire était numéroté et signé par Fred Astaire. C'est Georges Beaume qui nous l'avait ramené d'Amérique en 1953.

Donc, ce soir-là, dans la loge, Norman Granz, pour nous, c'était avant tout le monsieur qui avait eu l'idée de cette « Astaire story » que nous étions si fiers de posséder. Norman Granz n'est pas toujours affable, souvent il est plutôt abrupt. Ce soir-là, dans la loge, il fut souriant et direct. Il savait que les Américains avaient maintes fois essayé de faire venir Montand à New York, il savait que de grands cabarets avaient fait des tentatives pour le convier à des galas dans le genre « Avril à Paris », il savait que Gene Kelly avait essayé de l'avoir pour son film, il y avait très longtemps, il savait même la vieille histoire Jack Warner, il savait le voyage à l'Est, il savait l'Appel de Stockholm, les Rosenberg, il savait tout de nous.

Ce qu'il venait proposer à Montand, ce n'était pas la boîte de nuit élégante ou le gala pour l'American Legion. C'était l'équivalent de ce qu'il avait à l'Étoile : un théâtre, un vrai, dans Broadway, et il se faisait fort de lui obtenir le visa. Les choses avaient changé, disait-il, et il allait nous le prouver.

Norman Granz n'est pas toujours affable, il est souvent abrupt, mais il est entêté.

C'est ainsi que, quelques jours plus tard, nous nous sommes retrouvés devant des formulaires qui comprenaient vingt-deux ou vingt-trois questions auxquelles on nous demandait de répondre en notre âme et conscience.

Il faut beaucoup de mémoire pour se rappeler tous les endroits où on a pu séjourner au cours des vingt dernières années, et toutes les maladies qu'on n'a pas eues. Beaucoup d'humour pour convenir qu'on n'a pas l'intention d'assassiner qui que ce soit pendant le séjour. Et pas beaucoup d'amour-propre pour accepter qu'on vous pose la question : « Vous êtes-vous déjà livrée à la prostitution? »

Et puis venait la question n° 20 : « Êtes-vous ou avez-vous été membre du parti communiste, ou membre d'une organisation qui elle-même aurait été associée à des activités communes à celles du parti communiste? » La première partie de la question ne nous concernait pas; la seconde, en revanche, s'appliquait parfaitement à notre situation. Et Mouvement de la paix et CGT — qu'on écrivit complètement : Confédération Générale du Travail, pour ne pas avoir l'air de tricheurs qui veulent se faire passer pour des navigants de la Compagnie Générale Transatlantique — furent nos réponses à la question n° 20.

La question n° 20 était suivie de la question n° 21. La question n° 21 était la suivante : « Avez-vous bien compris le sens de la question n° 20? » Nous avions parfaitement compris.

Cet intéressant *curriculum vitae* fut remis au service des visas de l'ambassade des USA. J'avais pris un double de toutes nos réponses pour ne pas risquer d'omettre une adresse ou un séjour, au cas où il nous faudrait recommencer cette page d'écriture à l'avenir, si par hasard nos réponses avaient dans un premier temps déplu.

Elles déplurent. C'est une jeune attachée culturelle de l'ambassade qui nous téléphona quelques jours plus tard. Elle était très triste, elle était chargée de nous dire combien le consul était navré, il voulait nous voir pour nous expliquer pourquoi nos visas étaient refusés. Pouvions-nous passer à son bureau?

Je la consolai. Et je la chargeai de consoler le consul. Quant à aller le voir à son bureau... Non, c'était une aimable invitation, mais nous ne jugions pas nécessaire d'aller nous faire expliquer sur place pourquoi nous n'étions pas des candidats admissibles. Cependant, si le consul avait quelque chose à nous dire, il était le bienvenu chez nous, n'importe quelle fin d'après-midi, pas trop tard, parce que mon mari partait très tôt pour le théâtre.

Le lendemain, ils étaient là tous les deux dans la « roulotte ». Je crois qu'ils étaient en infraction avec le code de la diplomatie, mais je sais qu'ils étaient en parfait accord avec celui de leur conscience.

Le hasard voulait qu'à cette même session où nous avions été recalés, une dame, qui avait été sous l'Occupation nazie la maîtresse de Lafont, chef de la Gestapo française de la rue Lauriston (maîtresse fidèle au point d'habiter l'immeuble même de la même rue Lauriston), cette dame, donc, venait de s'envoler vers les États-Unis, nantie d'un visa à perpétuité.

Nous le savions, tout le monde le savait, ç'avait fait beaucoup rigoler. Ça n'avait pas fait rigoler le jeune consul dont la femme était française et juive. Elle avait dû commenter avec lui la valeur de ces bons points qu'on le chargeait d'accorder ou de refuser.

Il avait été chargé de nous refuser notre bon point en raison de notre passé. Je lui dis finement que j'aurais peut-être dû insister un peu plus sur mon passage aux *Nouveaux Temps.* La bonne humeur revint sur son visage. Il sut re-rigoler, et nous, une fois de plus, nous n'étions pas tristes. Après tout, aller à Broadway, ce n'était pas une idée à nous, c'était une idée américaine, elle était généreuse et séduisante, mais si nos réponses déplaisaient... hein!

Suivit un petit exposé, par Montand et moi-même, d'où il ressortait que si nous avions pu jurer sans nous parjurer que jamais au cours des vingt années qui venaient de s'écouler nous n'avions pris une seule position face aux situations proposées par l'histoire du monde, et en particulier celle de l'Europe (et vingt ans, ça voulait dire depuis 1938), c'est à des légumes, à des chaises, des ectoplasmes ou des méduses, mais certainement pas à des êtres humains que M. le Consul aurait eu la joie de distribuer son bon point.

C'était justement cela qu'il voulait nous dire.

Norman Granz n'est pas toujours affable, il est souvent abrupt, très entêté et très orgueilleux.

Norman Granz avait décidé qu'il serait le premier à importer Montand à New York pour l'ouverture de la saison d'automne 1959. Pour l'instant, nous n'étions pas *grata* comme on dit quand on fait allusion à certaine *persona.* Nous n'allions pas tarder à voir de quel mazout se chauffait le citoyen américain Norman Granz.

Il prenait ce refus comme une insulte personnelle. En plus de tout ce que j'ai dit qu'il est, Norman Granz est aussi susceptible.

M. Benassy, qui nous enseignait l'anglais au cours secondaire de Neuilly-sur-Seine, avait fait ronéotyper une petite brochure qui s'appelait *Beware of deceitful friends.* C'était une assez courte liste de mots qui, parce qu'ils s'écrivent de la même façon ou presque dans les deux langues, risquent, si vous n'y prenez garde, de vous faire dire ce que vous ne vouliez justement pas dire, ou pire, exactement le contraire de ce que vous vouliez justement dire. « Deceitful friends » : Ah! les mauvais amis!

Actually était la vedette incontestée de ces traîtres. *Actually,* ça veut dire « positivement », pas du tout « ces temps-ci... » *Susceptible,* ça veut dire « sensible, ouvert, accessible », pas du tout « qui prend la mouche ».

Norman Granz est une des rares personnes au monde à justifier les deux acceptions de ce mot.

Il est sensible, mais il prend aussi la mouche. Il la prit donc. On allait voir ce qu'on allait voir! Il en avait vu d'autres, et c'était vrai... Il avait bien fait de s'y prendre à l'avance; on n'était jamais qu'en décembre 1958.

Quelques jours plus tard, nous étions déjà *après* le 10 décembre 1958.

Le 10 décembre 1958, vers cinq heures de l'après-midi, au large de l'île de Sein, mon frère Alain trouva la mort, qui était justement la même que celle qui menace ceux dont il était en train de filmer la vie.

La mort des pêcheurs de l'île de Sein.

Le petit demi-juif, fait protestant par le pasteur Ebersholt pour « raison de papiers », repose dans le très catholique cimetière marin de l'île des Veuves.

Depuis, je sais toujours si ce que je vais raconter de très triste ou de formidablement gai se situe avant le 10 décembre 1958 ou après.

C'est une frontière.

C'est fin janvier, je crois, que Norman Granz — qui avait pris son petit déjeuner à Stockholm, son déjeuner à Rome, son petit quatre-heures sur un avion de la British Air Lines et son champagne-cocktail sur l'appareil d'Air France qui le ramenait juste à temps de Londres pour pouvoir souper à Paris, dans un bistrot où il avait retenu depuis l'avant-veille et depuis Lausanne une bonne table pour onze heures quarante-cinq — nous annonça que nous pouvions nous remettre à notre page d'écriture.

Trois jours plus tard, nous avions ce que nous pensions être un visa. Nos passeports étaient très officiellement tamponnés. Ça disait que nous étions autorisés à mettre les pieds sur le continent américain, entre le 15 juillet et le 15 décembre 1959. En très gros et en rouge, il y avait écrit à la main : « One Entry »; en très petit, à la main et en bleu : une longue suite de chiffres et de lettres enchâssés entre des parenthèses, ça tenait de l'équation, de la formule pharmaceutique, d'un fragment de l'Obélisque de la place de la Concorde lu latéralement.

Nous n'étions ni Einstein, ni Louis Pasteur, ni Champollion. Norman nous dit que c'était un *Waver*. C'était un bien joli mot. *To wave*, ça veut dire faire signe, préférablement avec un petit drapeau ou un petit mouchoir à la main. Ça avait un côté « Venez-venez, bienvenue!... Enfin, vous voici... Il y a si longtemps que nous vous faisons signe. Welcome! Welcome! »

Comme l'image me plaisait, je ne demandai aucune explication de texte et j'oubliai le mot.

Il y a très peu de temps — pour être tout à fait honnête, il y a une heure — j'ai eu la curiosité de consulter le très excellent Harraps, qui est à la traduction ce que le guide Michelin est à la gastronomie.

Waver, verbe : vaciller, trembloter, hésiter, flotter, être indécis, etc.

WAVER : « Attention — signé : Washington, DC. »

J'avais fait un contresens en enregistrant le mot. J'avais fait un contresens orthographique en 1959 et, curieusement, j'avais néanmoins très bien compris à l'avance ce qui allait se passer quelques mois plus tard.

En attendant, Norman, qui devait être le lendemain à midi à Montréal, et vers dix-huit heures à Los Angeles, établit avec Jacques Canetti le protocole de l'association qui faisait d'eux les producteurs d'un spectacle qui s'appellerait « An evening with Yves Montand », et dont la première était à fixer dans la seconde moitié du mois de septembre 1959. Elle aurait lieu à New York (État de New York), dans un théâtre du quartier de Broadway dont la capacité, l'acoustique et la réputation seraient garanties de tout premier ordre.

Norman souriait. Ses sourcils, dont il soigne les extrémités comme d'autres aiguisent leurs moustaches, lui faisaient la moitié du visage de Tarass Boulba. Il s'avisa soudain qu'en changeant à la station Genève, il pouvait encore attraper la correspondance Genève-Montréal sur Air France. Norman aime bien Air France. C'est une façon pour lui de vivre la vie française — et la nourriture française. Norman Granz n'est pas toujours affable, il est souvent abrupt, il est très entêté, il est orgueilleux, il est sensible-généreux-susceptible, il est aussi gourmand.

En nous quittant ce soir-là, il me donna les dernières nouvelles d'Alice Aisgill. Dans *Variety,* nous n'étions plus « Boffo », nous étions devenus « Whaaaam »! Il me fallut reconsulter les linguistes de la « black-list » pour comprendre que ça devenait sérieux. « *Room* Whaaaam », eh bien, dites donc!

Fin février, Nino et Maryse démontèrent le rideau de tulle gris qui quitta les cintres de l'Étoile et en mars, la *quadrilla,* la *groupie* et Jacques Canetti atterrirent à Tel-Aviv.

En bas de la passerelle attendaient plein de photographes. Parmi eux, il y en avait un qui faisait de grands gestes et de grands sourires, ça l'occupait tellement qu'il en oubliait de se servir de son appareil qu'il laissait pendre autour de son cou tandis que ses confrères nous immortalisaient avant notre descente, sous les angles les plus favorables au sigle de la compagnie El Al. Il était rouquin, il n'avait pas changé. Le soleil lui avait cependant donné des couleurs cuivrées. Il n'avait pas amené son petit garçon, mais des clichés, ceux qu'il avait pris la dernière fois. A Vilnius.

Le lendemain, il était dans l'appartement de l'hôtel Dan. Dans un anglais fraîchement appris et un yiddish pas encore désappris, il nous dit tout ce qu'il avait par deux fois essayé de nous dire sur l'aérodrome tolstoïen. Dans ce temps-là, il avait beaucoup espéré que notre passage à l'aller d'abord, au retour ensuite, l'aiderait à s'en aller. C'est par une filière varsovienne qu'il avait finalement réussi à quitter sa Lituanie natale. Lui et sa famille avaient traversé la France, ils avaient réussi à atteindre Marseille, trouvé un bateau et finalement débarqué sur la terre promise dont ils étaient maintenant citoyens.

Il n'avait pas aimé Staline, mais reconnaissait que pendant la guerre, dans la région non occupée vers laquelle la communauté juive avait été évacuée, l'antisémitisme officiellement affiché était punissable de prison.

Il n'avait pas aimé l'après-stalinisme, à cause de son antisémitisme — toujours passible de peine de prison — mais quotidiennement affiché dans les rues de Vilnius.

Il était en train de commencer à se demander s'il allait beaucoup aimer sa toute neuve patrie.

Il n'était pas triste. Il était rigolo. Il n'est pas impossible qu'on le retrouve un jour en bas d'une autre passerelle, quelque part.

Nous ne sommes pas retournés en Israël depuis 1959. C'est à Tel-Aviv, cependant, déjà en 1959, que nous avons reçu un jour la très extraordinaire visite d'un groupe de cinq personnes, toutes cinq socialistes, venant de pays socialistes comme notre copain de Vilnius, mais plus tristes. Elles voulaient nous alerter sur la situation qui était réservée aux Palestiniens. Ils parlaient de camps...

C'est à Tel-Aviv, chez l'ambassadeur de France, M. Gilbert — un ambassadeur qui avait fait l'effort d'apprendre l'hébreu — que nous avons déjeuné avec Ben Gourion et Mme Ben Gourion. Mme Ben Gourion était la plus parfaite illustration de ce qui, dans le folklore, s'appelle la « Yiddische Mamma ». Elle avait entendu et vu Montand la veille, et bien qu'il ne fût pas du tout juif, elle aimait énormément. Moi... elle hésitait. Elle me considérait, me jaugeait, me calculait. Ma condition de demi-juive ne plaidait pas en ma faveur. Après tout, si ma mère n'était pas juive... Allez donc savoir si mon père était bien mon père. Elle ne le disait pas. D'ailleurs, elle ne me disait rien. Mais... Après le fromage, elle eut soudain l'envie de communiquer avec moi. Avec un superbe accent russo-polonais, elle me dit tout à coup en anglais : « And you, what kind of an actrrrress arrrre you? a good one orrr a bad one, hein? [1] »

Je m'apprêtais à formuler une réponse qui serait tout à la fois normande et talmudique, quand Ben Gourion dit, en passant ses deux mains dans ses cheveux de part et d'autre de sa tête : « Mamma, Mamma, please... I am surrrre she is a verry good actrrrress. — And how do *you* know [2] ? » fit-elle.

J'ai essayé d'éviter les anecdotes. Là, je viens de tomber dans le panneau. Encore que celle-ci ne concerne finalement que deux très jeunes pionniers encore peu familiarisés avec le protocole...

C'est à quatre-vingts kilomètres de Tel-Aviv que nous découvrîmes la vie d'un kibboutz. C'était un kibboutz pauvre. Il y en a des riches. Celui-là était pauvre. Deux types étaient venus nous chercher dans une jeep pas neuve. Ils nous avaient téléphoné. Ils savaient quand Montand faisait relâche. Ils n'étaient téléguidés par personne. Ils nous invitaient à dîner. Il n'y aurait ni la presse, ni la radio, ni la télé. Ils nous invitaient simplement à dîner. C'était un kibboutz parlant français, un kibboutz de juifs marocains.

Nous sommes arrivés au moment où les enfants qui venaient de passer une heure avec des parents reposés, lavés, disponibles, allaient regagner leur petit kibboutz personnel, la maison des enfants. Du côté des enfants, ça rigolait beaucoup. Et je ne peux pas croire qu'on leur avait fait répéter la rigolade pour les illustres visiteurs. Un jeune homme de sept ans décida de me faire un cadeau : un pingouin fait d'un grand caillou sur lequel il avait peint en noir tout ce qui manquait au caillou, qui en avait exactement la forme, pour avoir l'air d'un pingouin. Ils étaient insolents, libres, heureux.

Du côté des parents, ça rigolait moins. Ils étaient graves, intelligents, pas religieux, pas racistes. Ils étaient venus en Israël parce

1. « Et vous, quel genre d'actrice êtes-vous? Une bonne actrice ou une mauvaise actrice? »

2. « Mamma, Mamma, je t'en prie. Je suis sûr qu'elle est une très bonne actrice. — Et comment tu sais ça, toi? »

qu'ils se préféraient sous ce ciel-là, plutôt que sous celui d'une métropole qu'ils n'avaient jamais connue, dont ils avaient été des ressortissants annexés, mobilisés, répudiés, puis sollicités à nouveau. Ils en avaient eu marre d'être des espèces de Français, pas tout à fait français parce que juifs, et marre d'être des juifs trop français pour les Arabes. Ils comprenaient tout très bien. Ils étaient sages.

La salle à manger était une espèce de cantine. Ils étaient contents qu'on soit là. Après le dîner ils dansèrent. Les rythmes et la musique étaient tout à fait slaves. Ils avaient tous des visages d'Italiens, d'Arabes et d'Espagnols. Ils tapaient dans leurs mains comme des Cosaques. Et Montand dansa avec eux la *Hora* comme s'il n'avait fait que ça toute sa vie.

Les deux types en salopette nous reconduisirent à Tel-Aviv. Ils avaient fait quatre-vingts kilomètres pour venir nous chercher, quatre-vingts kilomètres pour nous amener, quatre-vingts pour nous ramener. Il leur en restait quatre-vingts à faire pour rentrer chez eux.

Devant le perron du Dan Hotel, nous leur avons proposé de venir boire un coup avant de repartir. Ils dirent : « Un café, volontiers. » Le préposé galonné qui montait la garde au portillon de la boîte de nuit installée dans le sous-sol du Dan Hotel esquissa un mouvement de tête qui annonçait le genre de propos qu'on peut s'attendre à entendre au Crillon. Les salopettes lui déplaisaient. Montand lui dit que sans les gens à salopette, il n'y aurait probablement pas eu d'État d'Israël. Nos copains allaient boire leur café avec nous. Il sourit et les kibboutzniks burent leur café dans cet endroit où, fugitivement, ils côtoyèrent pour la première fois depuis longtemps un monde dont ils avaient pris bien soin d'ignorer qu'il existait encore.

C'est à Tel-Aviv, à Jérusalem et à Haïfa que nous avons rencontré de jeunes « Sabras » qui parlaient des derniers arrivants, les immigrants des années cinquante, en les appelant *Soap Jews*. Ils désignaient par là ceux qui avaient accepté passivement la possibilité de la rafle, de la déportation et, en fin de compte, la transformation du peu de graisse qui leur restait sur les os en l'une de ces savonnettes exposées dans le musée des crimes nazis.

C'est dans le « Meacharim », le ghetto orthodoxe de Jérusalem, que j'ai entendu une vieille épicière, marchande de lacets et de petits sacs de terre sainte spécialement destinés aux touristes américains, marmonner en yiddish que Hitler avait eu bien raison : le peuple juif avait beaucoup péché par mécréance, il avait payé!

C'est sur la route qui nous menait à Jérusalem que nous avons ramassé un auto-stoppeur très beau qui n'a pas dit un mot pendant le premier quart d'heure et qui, pendant l'heure et demie restante, nous a raconté sa vie. Il était américain; en 1945 il fut parmi ceux qui, les premiers, avaient pénétré dans le camp de Bergen-Belsen. Démobilisé, il était rentré embrasser son papa et sa maman à New York. Huit jours après ce court retour aux sources, qu'il avait cru être les siennes, il atterrissait sur cette terre qu'il avait alors défrichée, irriguée et défendue.

En Israël, en 1959, à part les « Sabras », tout le monde était venu d'ailleurs, et tout le monde avait une histoire à raconter. Suivant l'âge de ceux qui racontaient, les accents changeaient. Les plus vieux racontaient en chantonnant slave. Les moins vieux racontaient en martelant teuton. Les plus jeunes pouvaient avoir l'accent polonais, pied-noir, hongrois, anglais, roumain, bulgare, belge ou parisien. Bien sûr, ils se servaient de l'hébreu. Certains l'avaient appris il y avait très longtemps : les pionniers. Les autres s'y étaient mis. Les nouveaux s'y mettaient. Mais, pour tous, les premiers mots, ceux de l'enfance, n'étaient pas des mots d'hébreu.

Et les musiques : les berceuses, les comptines, les rengaines, les refrains stupides ou les couplets sublimes — c'était bien dans leurs oreilles de petits enfants qu'elles s'étaient à tout jamais nichées.

Alors, pour certains, c'était *Kalitka, petite grille au bout du jardin;* pour d'autres c'était *l'Appel de Siegfried* ou la *Berceuse* de Mozart; ou le Duo du tango de *l'Opéra de Quat'sous;* ou encore *Sombre Dimanche* dans sa version originale hongroise. *Tea for two, Bei mir bist du schön, J'ai ta main dans ma main,* le *Lambe Walk,* les voix acidulées des petites filles qui chantent Prokofiev, des lambeaux de Bartok, *Paris reine du mondeu..., Ploum ploum tra-la-la, la Jeune Garde, la Symphonie pastorale, les Petits Pavés, Une petite phrase de Vinteuil* ou *l'Internationale* et *Deutschland über alles...*

Pour Montand, chanter devant tous ces gens-là, c'était comme chanter dans dix villes d'Europe en une seule soirée...

C'est à Tel-Aviv que j'attrapai bêtement mes trente-huit ans, mais, pour compenser, je reçus le lendemain un coup de téléphone de Londres qui m'annonçait qu'Alice Aisgill avait gagné. J'étais la meilleure actrice de langue anglaise de l'année. Et c'est à Cannes, quelques semaines plus tard, que je reçus la Palme d'or des mains d'André Malraux, ministre de la Culture, pour mon interprétation du rôle d'Alice Aisgill dans un film qui s'intitulait *les Chemins de la haute ville.* Je lui dis : « Thank you. »

Les Chemins de la haute ville n'ont pas eu en France le même succès commercial que *Room at the Top* dans les pays anglo-saxons. Et j'ai très bien compris pourquoi. Le Nord de l'Angleterre, avec ses préjugés anciens et ses signes de changement, ses souvenirs des bombardements, ses rappels, dans la vie civile, au respect dû au supérieur, la médiocrité un peu prétentieuse d'une petite bourgeoise encore complètement inféodée à quelque seigneur de la laine, tout cela ne disait pas grand-chose aux Français. Pas plus que l'accent du Yorkshire — qu'ils étaient fort peu nombreux à pouvoir identifier dans la version originale et dont la saveur avait totalement disparu dans la version doublée — n'éveillait chez eux le moindre écho. Ils pouvaient difficilement sourire au côté dérisoire de la vie culturelle de cette troupe d'amateurs qui se prenaient très au sérieux pour répéter puis jouer très-très mal le répertoire d'un certain théâtre « élégant » et typiquement londonien.

Restait l'histoire d'amour. *Room at the Top,* à Londres et à New York, cassait des tabous. *Les Chemins de la haute ville* n'étonnèrent pas en montrant à Paris des amants dans le même lit ; le thème de la femme mûrissante, cousine de Léa et de Mme de Rénal, vivant son dernier amour malheureux avec un jeune ambitieux, ne surprenait pas par son audace.

Je viens de résumer en quelque sorte l'accueil fait au film par la critique après Cannes. Personne ne me contesta mon prix d'interprétation, mais j'étais un peu triste de ne pas retrouver le même enthousiasme pour le film en son entier.

Il y a quelques jours, à Autheuil, j'ai joué *Sunset Boulevard* et j'ai demandé à Montand et à Chris Marker de me charger la copie en 16 mm (je ne sais pas faire marcher la mécanique...) de *Room at the Top.* Je voulais, puisque j'en parle ici, savoir à quoi ressemblait, dix-huit ans après, un film qu'on a beaucoup aimé.

Ni mon mari ni mon ami-d'adolescence-et-du-Sabot-Bleu-réunis ne sont des modèles de diplomatie ou de politesse mondaine. C'est prendre un gros risque que de leur demander de revoir un vieux film avec vous. Quelquefois, ça peut s'arrêter après la première bobine, avec un commentaire dans le genre : « Tu veux vraiment voir la suite? » Il m'arrive d'être assez hypocrite pour bien insister sur le fait que si ça les ennuie de voir ce que je veux voir, je ne serai pas du tout vexée qu'ils me le laissent voir toute seule. Je les appellerai à l'aide pour le changement de bobine. Et il leur arrive de faire exactement ce que j'ai suggéré... Ils sont si malins qu'ils savent calculer le temps d'une bobine, je n'ai même pas à les appeler. L'un ou l'autre vient recharger, comme savent le faire les bons projectionnistes, en silence et avec une indifférence totale pour ce que la machine, qu'ils manipulent à gestes si précis et si prompts, va continuer à projeter sur le petit carré blanc.

Il leur arrive aussi de ne pas suivre mes suggestions et de rester. Là, il peut se passer deux choses : s'ils n'aiment pas du tout, ils préfèrent rester pour commenter à mi-voix, mais néanmoins à la cantonade ; ou alors ils aiment beaucoup, se taisent, ou rient quand il faut ou disent : « Dis donc, qu'est-ce que ça tient le coup ! »

J'ai deux témoins qui, la semaine dernière, m'ont confirmée dans mon idée première. J'avais participé, il y a bien longtemps, à un film qui était, est et restera un très beau film.

Le soir du palmarès de Cannes (il y avait déjà six mois que mon frère était mort), la cérémonie était quasiment terminée lorsque les photographes — qui avaient beaucoup travaillé sur moi et sur André Malraux au moment de la remise de la palme — revinrent sans raison apparente se regrouper autour de moi. Quelqu'un, à la table officielle, se leva alors et annonça qu'un prix posthume était décerné au jeune cinéaste français Alain Kaminker, mort en accomplissant son travail. Les flashes partirent au moment même où je prenais le coup dans le cœur. Ce sont ces photos-là qui parurent dans une grande partie de la presse, avec des légendes qui disaient : « Folle de joie, elle ne peut contenir son émotion à l'annonce de son prix d'interprétation. »

Je dis bien dans une grande partie de la presse, parce que *Match,* qui m'avait envoyé un très gentil petit jeune homme pour me photographier pendant cinq heures dans le jardin de la Colombe, sortit son numéro consacré au festival de Cannes et au palmarès en accomplissant le miracle typographique de ne pas mentionner le prix d'interprétation féminine. Quant aux photos, que je n'ai jamais vues, je signale à toutes fins utiles au jeune homme en question que s'il a encore les clichés, ça me ferait plaisir de les avoir, pour les montrer à mon petit-fils Benjamin. Mémé dans le jardin de la Colombe, toute blonde décolorée, ça pourrait l'amuser.

Il ne nous restait plus qu'à préparer notre départ pour New York. Les tâches se répartissaient entre nous deux de façon très égale.

Montand répétait avec les musiciens et travaillait d'arrache-pied sur de petits textes en anglais que lui avaient confectionnés nos amis *black-listed* et qui devaient servir d'introduction aux chansons qu'il allait chanter en français au public américain. C'était de petits chefs-d'œuvre d'humour, ou d'amour, qui résumaient l'action ou l'ambiance de ce qui allait se raconter dans la chanson. C'était surtout important pour les chansons-sketches, celles qui racontent une histoire en trois petits actes. Tous les auteurs *black-listed* n'avaient pas forcément du talent, et tous les gens de talent n'étaient pas forcément *black-listed* — ceux-là cumulaient les deux statuts. Donc, ces petits textes avaient de bons auteurs, et Montand les apprenait, les répétait, les remâchait, les enregistrait, les écrivait sur des petits bouts de papier, des tableaux noirs. Il usait d'encres différentes pour les mots sur lesquels il fallait mettre l'accent tonique, ou passait brutalement à la méthode phonétique qui donnait aux bouts de papier et aux tableaux noirs des allures de poèmes thaïlandais ou de prières bretonnes. Tout cela lui prenait beaucoup de son temps, et pour cause : à l'époque, il ne parlait ni ne comprenait un mot d'anglais.

De mon côté, j'étais débordée. J'essayais de belles robes chez Lanvin, de beaux tailleurs chez Hermès et de belles chaussures, une demi-pointure au-dessus de la mienne, chez M. Capobianco qui me trouvait beaucoup plus gaie qu'à l'époque des bottes fourrées et qui savait, de la bouche d'élégantes New-Yorkaises, que le pied, à New York, a tendance à fâcheusement gonfler à cause de l'humidité. On le voit, j'avais aussi mes soucis.

Le départ était prévu pour le mois de septembre; avant cela, Montand avait décidé de faire une tournée des plages pendant le mois de juillet, pour conserver la forme. C'était un vrai tour de France qui commençait à Nice pour se terminer à Deauville. Je me rappelle qu'à Biarritz, Laureen Baccall, qui devait plus tard devenir pour nous Betty, nous donna rendez-vous pour la première à New York... ça faisait un drôle d'effet. A La Baule, Poiret et Serrault, en shorts, écrivaient de nouveaux sketches. Et à La Baule aussi je reçus un coup de fil de New York, du bureau d'un homme dont je connaissais le nom, Ed Murrow : il s'agissait d'une émission, « Small World »; on nous expliquerait quand nous serions là-bas. A Saint-Malo, le piano n'était pas accordé parce que le curé n'aimait pas Montand. Il avait défendu à l'accordeur — qui était aussi, je crois, l'organiste de la paroisse — de venir réparer les dégâts causés par l'humidité, aussi néfaste aux cordes instrumentales qu'aux pieds new-yorkais. Et à Saint-Malo aussi, en pleine nuit, on me proposa par téléphone de jouer *Chéri* à Broadway. A Deauville, les Mondy, Girardot, Carbonneau, les Jeanson, Montand et moi, nous avons hoqueté de rire pendant des heures, mais je ne peux pas raconter le fin mot de l'histoire (« Fichtre! Quelle brigade! » en allait demeurer le code entre initiés...).

C'était étrange et gai d'être à la fois suivis à la trace de *là-bas* et tellement au cœur de *chez nous.*

C'était le mois de juillet 1959, les plages de l'Atlantique et de la Manche avaient gardé leurs vertus de mon enfance. Il s'y faisait beaucoup de châteaux de sable, et les jeunes circulaient à vélo comme au temps de Saint-Gildas. La « pacification » en Algérie commençait à prendre une étrange tournure. Je devrais avoir honte de le dire, encore une fois : nous, les fameux champions des justes causes, nous y pensions bien sûr, mais peut-être pas autant que notre réputation voudrait le faire accroire. Pendant ce mois de juillet 1959, nous pensions surtout à nous. A ce qui nous était arrivé et à ce qui nous attendait.

C'est alors qu'un tout petit incident vint nous rappeler à l'ordre. Le tour de France proprement dit était terminé, nous avons passé la frontière et nous sommes arrivés à Ostende. Tandis que Montand réglait ses lumières au théâtre, je me suis baladée. Et tout à coup, j'ai vu *la Question, la Question, la Question,* une vitrine entière de *la Question* d'Henri Alleg... Nous avions beau être un peu en vacances de justes causes, nous ne l'étions pas au point de n'avoir pas été indignés par la mise au pilon, par le gouvernement français, de ce livre qui relatait la torture pratiquée en Algérie par l'armée française, et plus précisément celle qui avait entraîné la mort de Maurice Audin.

Pendant une seconde, je crus que, dans la nuit, le pilonnage s'était miraculeusement arrêté, puis je me rappelai que je n'étais pas dans mon pays.

La librairie était vaste et cossue comme le sont les bâtiments et magasins de ce Biarritz de la mer du Nord. Le libraire n'était pas jeune; il avait une tête de libraire, pas une tête de marchand de livres. Je lui demandai trois exemplaires de *la Question;* il me considéra un bon moment, hocha la tête : « Vous faites bien d'en prendre trois, me dit-il, puisque vous venez d'un pays où l'on ne peut plus lire les livres. » C'était dit sans le moindre clin d'œil, c'était dit avec un mépris total et une grande colère froide. En me rendant ma monnaie, il ajouta : « Et à part acheter des livres, vous faites quoi à propos de ce qu'on fait en votre nom? » Je murmurai : « Pas grand-chose. » Il ne me dit pas « Au revoir madame », ignora complètement ma sortie et s'en retourna au livre qu'il était en train de lire avant mon entrée.

Je me retrouvai sur le trottoir d'une ville étrangère dans laquelle, pour la première fois de ma vie, quelqu'un venait de me parler comme j'ai pu moi-même si souvent parler à d'autres. C'était nouveau. Ce n'était pas agréable. C'était salutaire.

Nous avons lu *la Question*. Nous avons fait circuler les trois livres. Je sais des gens qui en ont ronéotypé des passages. C'était peu, mais c'était mieux que rien.

Le départ approchait. Nous nous sommes de nouveau concentrés uniquement sur nos personnes. C'était bien normal. (Le libraire d'Ostende n'était pas pour autant sorti de notre vie, je dirai pourquoi tout à l'heure.) C'était bien normal parce que nous savions que nous allions partir pour une ville où tout se joue en un seul soir.

Catherine avait été mise au courant. Elle savait que, si la première de Montand était un succès, elle viendrait nous retrouver. Elle savait aussi que, si c'était un bide, elle verrait sa famille revenir quarante-huit heures plus tard.

Il y avait eu des exemples de retours en catastrophe de gens de talent, ou de gens qui pensaient en avoir, ou qui avaient un talent qui passait la rampe partout sauf à Broadway. Les anecdotes s'accumulaient... Tous s'étaient laissé photographier sur la passerelle (toujours sous l'angle le plus favorable à la compagnie d'aviation, qui d'ailleurs ne transporte jamais personne gratuitement...) au moment du départ. Bien peu s'étaient vu accueillir au retour.

Nous y pensâmes en faisant ces gestes stupides sur le seuil de la carlingue. « Au revoir Paris, salut New York », diraient les légendes qui n'ont pas changé d'une virgule depuis le départ au Havre de Sarah Bernhardt.

C'est drôle comme les départs pour l'Amérique, ou plutôt pour New York, conservent un caractère symbolique, désuet, hors du temps et de la raison.

Pour les gens du spectacle, en tout cas.

Peut-être à cause du risque. Le risque du bide.

C'est dans cet état d'esprit que nous avons bel et bien fait les mêmes gestes, cent fois répétés par nos aînés, et je ne suis pas sûre qu'un journal n'ait pas titré : « A nous deux, New York ! »

10

Les gentlemen du service d'immigration, dans leurs cages de verre, se penchèrent longuement sur les messages codés qui ornaient nos passeports, puis, sans lever les yeux sur ces deux voyageurs encore tout éblouis d'avoir pu constater, de très haut, que Manhattan était vraiment une île, ils cherchèrent dans deux gros bottins noirs quelque chose qu'ils trouvèrent ou ne trouvèrent pas. Ils revinrent aux hiéroglyphes. Et pour finir tamponnèrent comme à regret, et à plusieurs reprises, les précieux documents. Ils nous les tendirent, nous livrant enfin leurs regards très bleus et grommelèrent un : « Welcome to USA. »

Notre *waver* n'était pas le joyeux « venez-venez-venez » auquel j'avais cru dans un premier temps, je l'ai déjà dit. Notre *waver* n'était pas non plus un « Attention, sont à surveiller ». Notre *waver* n'était pas un *waver*. C'était un WAIVER.

Il a fallu que nous déjeunions hier avec James Baldwin pour que, dix-sept ans après, je sois enfin en mesure de donner la vraie définition de ce mot dont l'étymologie baladeuse joue quand même à l'origine avec les vagues de la mer et les gestes de la main.

Waiver (cf. Harrap's) — subst. : « Abandon d'un droit. » « Désistement de revendication. »

WAIVER : « On aurait tous les droits de leur dire non, mais on leur accorde une dispense. Bons baisers - signé : Washington, D. C. »

Je comprends mieux maintenant la tristesse de ces fonctionnaires. En tamponnant, ils « abandonnaient leurs droits », c'était écrit noir sur bleu ciel. Un numéro, le « 28 », mis entre parenthèses au milieu de l'équation qui résumait notre vie, leur en donnait l'ordre. Ils obéissaient mais n'en pensaient pas moins.

Les gros bottins m'avaient rappelé l'arrêt du train en rase campagne, au retour de Dax en 1943. Je revis la gueule cassée de Maréchal. Et je me demandais dans ma tête si la dame de la rue Lauriston, au visa perpétuel, avait reçu un plus joyeux « Welcome to USA » que celui que nous venions d'essuyer.

Mais les cages de verre ne durent qu'un moment et, immédiatement après ces formalités, nous nous sommes retrouvés devant nos bagages que des gars très rigolos nous demandèrent d'ouvrir. Ce n'était pas la fouille. C'était à la bonne franquette, à l'époque en tout cas. Le « You don't have to open that one, Baby » succéda aux « We know you, are you in show bizz, or something? », « Did I see you in *Room at the Top?* I did'nt understand those British accents [1] », « You, Italians? ».

C'était la familiarité, ou plutôt le manque d'obséquiosité. C'était le bon transit. Derrière la douane, Norman nous attendait. Il avait le sourire de l'oncle qui attend des neveux de province auxquels il va faire découvrir la grand-ville.

L'étonnant, quand on traverse New York en venant de l'aéroport pour aboutir au cœur de Broadway, c'est qu'on ne soit pas étonné. Ou plutôt, qu'on soit étonné par l'absence de dépaysement. New York, pour des Français qui aiment le cinéma et y débarquent pour la première fois, c'est comme un montage de la Cinémathèque dans lequel Langlois aurait collé bout à bout des morceaux de *Scarface,* de *Mr. Deeds,* de *Vous ne l'emporterez pas avec vous,* de *King Kong,* des *Anges aux figures sales,* de *la Cité sans voiles,* de *Breakfast at Tiffany,* d'*Easter Parade* et de *Douze Hommes en colère.* Tous les décors sont en place : les escaliers de fer à l'extérieur des immeubles, la tente très chic qui prolonge les portes cochères jusqu'au trottoir au bord duquel la grosse limousine vient attendre la dame que le portier galonné salue. Trois rues vides et inquiétantes où rien ne semble vivre, et, au tournant, une énorme avenue dans laquelle se pressent des vieillards et des vieillardes habillés « jeunes ». Tout ça, on a eu le temps de le voir pendant ce petit voyage, ou plutôt de le reconnaître. Au terminus, il y avait l'Algonquin.

Quelques Américains très snobs nous avaient ri au nez, avant notre départ, quand nous avions annoncé que notre hôtel à New York serait l'Algonquin. L'Algonquin!!! C'était il y a vingt ou trente ans qu'il fallait y descendre! Quand Machin, et Machin, et Machine y vivaient, y écrivaient leurs pièces, y composaient leur musique, y rédigeaient sur le coin du bar la terrible critique qui allait démolir le spectacle de Machin... Comme nous ne connaissions ni Machin ni Machine, on les avait laissés parler, et, au lieu d'aller dans un super-grand-palace comme ils le préconisaient, nous avions suivi le conseil

1. Le « Pas la peine d'ouvrir celle-là, ma belle » succéda aux « Je vous connais, vous, seriez pas dans le show business? » « C'est bien vous que j'ai vu dans *Room at the top?* Je n'ai rien compris à ces accents anglais... »

de tonton Norman : notre hôtel serait l'Algonquin, au risque de passer pour des provinciaux démodés.

A l'Algonquin comme à la Colombe, il y a une famille : la famille Bodné. Je ne crois pas qu'en descendant au Waldorf-Astoria, nous aurions eu la joie de rencontrer M. Waldorf ou Mlle Astoria. A l'Algonquin, la famille Bodné nous attendait dans le hall.

Le hall tenait du fumoir du Savoy pour son acajou et ses beaux gros fauteuils, du hall de l'Alkron pour son animation, et d'un salon de thé viennois pour le bon ton feutré de cette animation.

Mrs. Bodné nous dit qu'elle était sûre que Catherine ne tarderait pas à nous rejoindre. En une seule phrase, elle disait tout : Bienvenue, je ne vous connais pas, mais je vous connais quand même, votre spectacle marchera, vous verrez, et parce que je sais que vous ne ferez venir la petite que si ça marche, c'est ma façon à moi de vous dire « good luck ».

Norman le Californien, qui n'aime de New York que les musiciens de jazz et ses transits à l'Algonquin où le standard lui sert de secrétariat et la famille Bodné de vraie famille, Norman nous avait bien raconté...

Un quart d'heure plus tard, nous étions dans le petit appartement 1005-1006, au dixième étage, c'est-à-dire au sommet de l'Algonquin, par conséquent très peu au-dessus de l'entresol pour la plupart des hôtels new-yorkais. Norman nous initia au fonctionnement des poignées de porte qui font verrous si on appuie sur le petit bouton; au dosage de la douche, suivant qu'on l'aime tiède, chaude, froide, glacée, pluvieuse ou cinglante; au tirage des rideaux, au fonctionnement de la télévision, à la façon de se servir de ces grandes languettes térébenthinées pour cirer soi-même ses chaussures, aux listes toutes prêtes qui vous proposent tous les petits déjeuners possibles (il suffit de ne pas se tromper de case et de mettre la croix là où il faut), tous les lessivages possibles de trousseaux de soie, de nylon, de coton ou de fibranne (il suffit de mettre... etc.) enfin, tout ce que n'importe quel Français, aujourd'hui, n'a plus à découvrir pour peu qu'il ait passé une nuit dans un Novotel.

Mais, ce soir-là de septembre 1959, Norman était comme Nadia, André, Sacha et Slava. Il nous montrait des choses de son pays que nous ne connaissions pas.

Avant d'aller nous coucher, Montand demanda où était le théâtre. « Allons-y à pied », dit Norman. L'Algonquin était dans la 44e rue, West; nous n'avions pas réalisé que nous étions au cœur de Broadway. Trois minutes après, Norman nous montra quelque chose de son pays que nous connaissions, connaissions, connaissions, que tous les acteurs du monde connaissent : nous étions dans Time Square. Luna Park, la fête de Neuilly, le feu d'artifice, les ampoules qui s'allument et qui s'éteignent. Une place qui est comme la porte dorée donnant accès à neuf rues, courtes mais magiques. Les rues des théâtres. Rues des triomphes ou rues des bides pour peu que les façades soient allumées ou éteintes.

Le Henry Miller's Theatre, dans la 43e rue, avait une façade éteinte. C'est à la lumière dispensée par son voisin que nous avons pu, de l'extérieur, jeter un coup d'œil sur cet espace au milieu duquel trônait une caisse : le hall d'entrée. Dans un mauvais film, on mettrait maintenant en surimpression sonore le bruit de la sonnette grelottante qui appelle les retardataires à gagner leurs places pour le début du spectacle. Je ne sais si les mauvais films ne sont pas les répétitions maladroites de très pures et très naturelles réactions...

M. Capobianco avait eu bien raison, avec sa demi-pointure en plus. Cependant, il n'avait pas prévu qu'à la chaleur très particulière du septembre new-yorkais, le talon aiguille a une fâcheuse tendance à s'enfoncer dans le macadam, ce qui ralentit la marche de la touriste, macule à tout jamais le très fragile chevreau blanc, et jalonne la première sortie d'un pointillé qui fait comme une piste.

En suivant le pointillé, ce matin-là, au lendemain de notre arrivée, un fin limier aurait pu nous retrouver dans un grand building de Manhattan, et, poussant son enquête jusqu'au bout, dans un petit box dont l'objet principal était un fauteuil de dentiste sur lequel Montand apprenait ses premiers mots anglais usuels. « Do I hurt you », « gum », « jaws », « tooth » et forcément « teeth » [1]. La leçon était donnée par le Dr Weinstein qui est bien le premier New-Yorkais à avoir eu le privilège de faire sortir des sons de la gorge du chanteur français dont le récital était annoncé pour dans deux semaines. La rage de dents s'était déclarée au petit matin, la veille au soir tout allait encore très bien.

Montand avait très très mal. Je ne pouvais rien pour lui, sinon traduire ses douleurs en anglais, et en français les instructions et les questions du Dr Weinstein. De là où j'étais assise, je pouvais lire *Time-Life* au faîte d'un grand building, et puis les sauts de puce des secondes sur une pendule électrique illuminée qui faisait comme une bande dessinée de MacLaren. Si mes souvenirs sont aussi précis, c'est parce

1. « Je vous fais mal? », « gencive », « mâchoire », « dent » et « dents ».

que, malheureusement, nous nous sommes vu offrir l'heure gratuitement tous les matins pendant dix jours. Le Dr Weinstein soignait bien Montand qui avait de moins en moins mal et faisait de plus en plus de progrès dans un vocabulaire un peu spécialisé et difficile à replacer dans la conversation courante. Encore qu'en apprenant *wisdom-tooth*, on apprend en même temps que *wisdom* veut dire sagesse, ce qui peut toujours servir.

Les visites quotidiennes et matinales au Dr Weinstein n'avaient pas été prévues dans le plan de travail très minutieusement établi bien avant notre arrivée. Il suffit d'avancer l'heure du réveil d'une demi-heure et de repousser l'heure du premier rendez-vous matinal de trois quarts d'heure pour ne pas détruire cet édifice si amoureusement préparé par Norman et Richard Maney.

Richard Maney n'était pas jeune. Il avait le regard bleu d'un Irlandais quand il sourit, c'est-à-dire quand il n'est pas employé dans la cage de verre d'un bureau d'immigration. Il était aux spectacles de Broadway ce que Paul Poiret avait dû être à la couture française. Il avait une légende qu'il ne racontait pas lui-même. C'était le meilleur agent de publicité de Broadway. Ses méthodes étaient anciennes, elles n'étaient pas démodées. Elles n'étaient pas tapageuses, elles étaient efficaces. Elles étaient sérieuses.

Il avait donc découpé en tranches les matinées de Montand, matinées destinées à la presse. Une presse qui, suivant son mérite, aurait droit à un quart d'heure, vingt minutes, une demi-heure ou une heure. Les journalistes se succéderaient dans le petit salon du 1005-1006.

Ils se succédèrent. Grâce à *Time-Life* et à MacLaren, nous n'étions jamais en retard pour réceptionner le premier arrivant, vers 10 h 30. A cette heure-là, c'était souvent le petit jeune homme ou la petite jeune fille qui n'a droit qu'à vingt minutes, le débutant ou la débutante qui prend studieusement par écrit les réponses à des questions préparées, laissant refroidir le café noir pour ne pas perdre une seconde. Ça dépassait rarement le niveau de : « Ça fait combien de temps que vous êtes mariés, et comment se fait-il que vous soyez né à Monsummano? Et vous à Wiesbaden? » Ils avaient bien potassé leurs fiches, leurs questions s'adressaient directement à Mr. Monntaind, Mrs. Monntaind les traduisait à Mr. Monntaind, Mr. Monntaind communiquait les réponses à Mrs. Monntaind qui s'appliquait à ne faire aucun contresens en traduisant la petite leçon d'histoire européenne qui faisait deux produits d'apparence typiquement française d'un né natif de Toscane et d'une née native de Rhénanie occupée. Ça prenait pas mal de temps. Et au moment où le jeune homme ou la jeune fille allait enfin se lancer dans le vif du sujet et poser des questions sur le récital, l'assistant de Maney, qui s'était silencieusement occupé du café noir ou du thé-citron, se levait, et, désignant sa montre, murmurait dans un sourire : « Sorry Joe — ou Suzie — but time is over, I am afraid. » Les débutants rangeaient leurs papiers, ne buvaient pas leur fond de tasse, remerciaient. Quelquefois, sur le pas de la porte, en rougissant, disaient très vite qu'ils avaient revu *Wages of fear* [1] à la cinémathèque de leur Université, ou qu'ils connaissaient les paroles d'*Autumn's leaves* [2] par cœur et en français.

Il était alors 10 h 55, nous avions cinq minutes de battement. A onze heures tapantes, les questions recommençaient, le cérémonial était le même, c'était encore l'heure où il est convenable d'offrir café ou thé.

Dans cette tranche horaire onze heures-midi, l'âge de ceux qui défilaient ou de celui qui pouvait se la payer entièrement était plus élevé que durant la séance précédente. Eux aussi avaient potassé leurs fiches, mais ils attaquaient le cœur du sujet avec plus de rapidité. Ils voulaient savoir combien de chansons Montand allait chanter, à quel style de chanteur français ou américain Montand pouvait faire penser; en fait, ils lui demandaient de se définir. Je traduisais. Leurs questions n'étaient jamais indiscrètes, mais ils étaient dans une situation impossible. Ils étaient chargés de faire des avant-papiers à propos de quelqu'un qu'ils n'avaient jamais vu travailler, et si certains avaient entendu quelques disques, ils comprenaient mal pourquoi, dans les réponses de Montand que je leur traduisais, il était soudain question de pas de danse. Ils voulaient être gentils, faisaient une allusion au grand succès de *Room at the Top* qui se jouait toujours dans le même cinéma.

A Paris, Montand était Montand, et moi j'étais moi, et nous étions mari et femme. A Moscou, j'avais été la femme de Montand. A New York, pendant ces journées qui précédaient la première, ma grande angoisse, c'était qu'on prît Montand pour le mari d'une actrice.

Dans la tranche horaire midi-treize heures, nous avions généralement affaire à des spécialistes. Suivant leur âge, ils avaient vu Montand, les uns chez Carrère, après la Libération, d'autres à l'Étoile, et même un à l'ABC quand il avait remplacé Piaf malade. Ceux-là posaient leurs questions, c'était généralement eux qui avaient

1. *Le Salaire de la peur.* — 2. *Les feuilles mortes.*

demandé à rencontrer celui qui leur rappelait leurs semaines ou leurs années parisiennes. C'était aussi les mêmes qui savaient que *Room at the Top* n'était pas mon premier film. Au cours de cette tranche horaire, dans le petit salon du 1005-1006, l'assistant de Maney passait les verres de bloody-Mary ou de scotch-on-the-rocks, et trouvait le temps un peu long en écoutant fredonner par le journaliste les bribes de refrains qui n'éveillaient chez lui aucune nostalgie.

Et puis venait la tranche de luxe. Les déjeuners, en bas, dans la salle à manger de l'Algonquin, avec les grosses têtes. Ceux qui étaient là chez eux comme d'autres le sont à Paris chez Lipp. Ceux que le maître d'hôtel saluait en les appelant par leur prénom. Nous ne les connaissions pas plus que nous ne connaissions les autres. Nous ne connaissions rien. Mais, aux regards chargés de respect que nous lançaient les tables avoisinantes, nous comprenions que la promotion était d'importance.

En fait, elle l'était. Ceux-là n'avaient pas volé leurs situations. C'étaient de grands journalistes. Ils étaient courtois, drôles, polyglottes, libéraux, curieux et pas dupes. C'est au cours d'un de ces déjeuners qu'un grand jeune homme de *Time-Magazine* posa les vraies questions. Il avait un sourire qui découvrait quarante-huit dents, les épaules d'un joueur de base-ball, une chevalière à armoiries qui disait une origine européenne, et un regard clair dans lequel se lisaient la candeur et la malice. Il attaqua ses palourdes et, après quelques remarques sur la chaleur à laquelle nous ne devions pas être habitués, nous posa la question : Comment se faisait-il que nous ayons mis tant de temps avant de venir en Amérique?

Je traduisis à Montand. Montand me demanda de traduire sa réponse, phrase par phrase. Ça donnait à peu près ça :

> ... on pourrait vous répondre qu'on était tellement occupés entre les tournées, les tournages de films et les présentations de collections, qu'on n'avait jamais eu le temps de songer à traverser l'Atlantique...
>
> (*Je traduisis.*)
>
> ... mais si vous appartenez vraiment à la rédaction de *Time-Magazine,* vos dossiers sur les gens sont certainement plus fournis que ceux de la préfecture de police de Paris, du FBI et du KGB réunis...
>
> (*Je traduisis.*)
>
> ... et par conséquent, vous savez très bien pourquoi nous ne sommes pas venus *ici* avant. Et je vous serai très reconnaissant si vous exposez ces raisons à vos lecteurs.
>
> (*Je traduisis.*)

On fit l'inventaire de tout ce qui nous avait tenus à l'écart de l'Amérique pendant si longtemps. Parfois, il ajoutait un détail que nous avions oublié. Ça l'épatait qu'on soit si franc.

Nous étions francs. Nous n'étions pas malins. Nous étions intelligents. Il était préférable que dans l'hebdomadaire le plus lu d'Amérique, nous n'essayions pas de passer pour ce que nous n'étions pas. Nous étions ce que nous étions, c'était l'Amérique qui avait révisé ses jugements. C'est ce qui ressortit de l'article du jeune joueur de base-ball (peut-être agrégatif de philo) qui parut quelques jours avant la première.

De ces matins coupés en tranches par Richard Maney avait jailli une sorte de bouquet d'échos futiles, d'interviews amusantes ou pas amusantes, de caricatures rapides, d'articles de fond, de réflexions sur l'Europe, de descriptions de ce que nous portions, moi et Montand, pendant l'interview — enfin, ce qu'on appelle un dossier de presse. Et le vieux Maney avait bien travaillé, New York savait qu'il y avait en ville un chanteur de music-hall qui s'appelait Yves Montand.

A lui de jouer, maintenant.

Norman, lui, s'était chargé des après-midi de Montand. Ils n'étaient pas coupés en tranches, si ce n'est par celle du « Quart d'heure du musicien », petite pause pratiquée dans toutes les langues et sous toutes les latitudes.

Montand répétait avec un nouvel orchestre. Bob Castella avait été le seul musicien français autorisé par le syndicat new-yorkais à l'accompagner au piano. Hubert Rostaing, en tant qu'orchestrateur, avait reçu un permis de quelques jours pour mettre les nouveaux au courant.

Les nouveaux en question avaient été recrutés par Norman. C'étaient de formidables musiciens de jazz. Pour « balancer », ça « balançait »... Mais il leur fallait apprendre quelque chose de nouveau qui était justement le contraire de ce qu'ils avaient appris toute leur vie à faire de mieux en mieux. Ils étaient habitués à raconter une histoire avec leurs instruments, au gré de leur inspiration et de leur humeur. Montand leur demandait de l'aider à raconter les siennes, par conséquent de le suivre au gré de son inspiration et de son humeur à lui et souvent de se conformer à des choses depuis longtemps établies, surtout dans les chansons drôles, sans lesquelles les effets risquaient de ne pas se produire. Pour comprendre cela, il leur fallait connaître les petits scénarios. Montand les leur raconta comme il put, les petits textes de nos amis « black-listed » firent merveille. Ses nouveaux musiciens devinrent son premier public. Un bon public.

Au bout de quelques jours, les traditions s'étaient mariées, c'était la noce au blues, à la valse musette, au ragtime et à la commedia dell'arte.

Je n'allais pas aux répétitions. Ma présence y était complètement inutile. Tout ce monde-là se comprenait très bien sans interprète.

Les soirées n'étaient découpées en tranches par personne. Les journées avaient été dures. Les séances chez le Dr Weinstein réclamaient un réveil matinal, et Montand en avait assez de faire des efforts pour comprendre et se faire comprendre. Alors, nous dînions à l'Algonquin.

La brigade était en majeure partie italienne, c'était donc en italien qu'elle prenait la commande et s'informait de notre santé physique et morale. Parfois d'autres provinciaux, démodés comme nous — Laurence Olivier, Luis Buñuel ou Peter Brook, en transit à New York — venaient partager avec nous le « pastrami ».

Ella Fitzgerald et Oscar Peterson étaient aussi des « guests » de l'Algonquin, ce n'était pas là le moindre mérite ni le moindre attrait de la façon dont Mr. et Mrs. Bodné concevaient leur mission d'hôteliers et de citoyens américains. Ella et Oscar buvaient un verre avec nous pendant que nous dînions. Leur show à eux commençait vers 10 heures.

Norman contemplait sa petite famille... Ella et Oscar, c'était du sûr, depuis longtemps ils avaient du génie, mais il était pour quelque chose dans le fait que leurs personnes fussent aussi respectées dans un pays où, en 1959 encore, ni M. Waldorf, ni Mlle Astoria ne les auraient enregistrés sur leurs listes de clients.

Montand, ce n'était pas du sûr. Le compte à rebours commençait. Je suis certaine qu'il y pensait. Il ne le disait pas. Il paraissait seulement content de nous voir tous ensemble. A des niveaux différents, il avait cassé deux tabous.

Enfin la première vint.

Si j'étais la reine du montage cinématographique, je me décrirais, au lendemain de la première au Henry Miller's Theatre d'un spectacle intitulé « An evening with Yves Montand », assise dans le bureau du directeur du lycée français de New York en train d'inscrire sur la liste des élèves de la classe de quatrième l'élève Allégret Catherine. Je ferais un flash sur la femme de chambre du dixième étage de l'hôtel Algonquin, aménageant la chambre 1007, communiquant avec l'appartement 1005-1006, et vous auriez compris en quelques images que la soirée avait été un triomphe.

J'introduirais quelques photos de Marlène Dietrich, d'Ingrid Bergman, de Laureen Baccall, de Marilyn Monroe, d'Adolph Green, de Goddard Lieberson, de Sydney Lumet, de Monty Clift, et de plein de gens sur la figure desquels je n'étais pas capable de mettre un nom, mais qui en avaient un, et je vous résumerais l'article du courriériste le plus célèbre de New York.

Je ferais un flash-back sur la seule soirée passée au *Sardi's,* quelques jours avant, où pour le coup, nous nous étions sentis si provinciaux que nous avions décidé de ne pas faire la petite fête, après la première, dans ce temple d'un monde qui n'était pas encore le nôtre.

Je terminerais la séquence flash-back (avant de me retrouver devant le directeur du lycée français de New York inscrivant ma petite) sur le hall et les deux salles à manger de l'Algonquin, pleins à craquer de gens qui embrassaient Montand, qui m'embrassaient, qui s'embrassaient.

A deux heures du matin, les morasses toutes fraîches rapportées par une correspondante de *France-Soir,* l'assistant de Maney et un copain des Bodné, circulaient de main en main. Il y a sept critiques qui s'impriment pendant la nuit, à New York, et qui décideront au petit matin si le théâtre restera allumé ou se rééteindra. Elles sont écrites par des gens qui ont payé leur place pour assister à la première, tout comme le public d'ailleurs. Elles sont écrites par des gens qui ne se sont pas nécessairement intéressés au dossier de presse préparé par Richard Maney, et qui se moquent éperdument de savoir si vous portez plus volontiers le pull-over ou le smoking. Ils ne sont pas curieux de savoir ce que vous pensez de la guerre froide ou des joies et des difficultés puisées dans dix années de vie conjugale. Elles sont écrites par des spécialistes auxquels on ne la fait pas.

Ils viennent pour écouter et regarder, afin de rendre compte de ce qu'ils ont vu et entendu.

Ils ne demandent pas grand-chose. Ils veulent être dépaysés, amusés, émus, ils veulent rire, comprendre, surtout quand ce n'est pas leur langue. Ils veulent être étonnés, ils veulent se surprendre à taper dans leurs mains, et à en redemander quand c'est fini.

Les sept critiques étaient superbes. C'était la fête à l'Algonquin. Montand, vers deux heures et quart du matin, faisait partie de la famille de Broadway.

Si Montand avait débuté avec le même succès dans un grand cabaret de New York, il ne serait pas entré dans la famille. En tout cas, pas dans la grande famille. Les gens chics de New York seraient venus dans ces quartiers chics où sont situées les boîtes chics. Quelques grandes vedettes de la scène auraient retenu leur table à l'avance, et quelques fauchés se seraient saignés aux quatre veines pour payer le scotch qui tiédit rapidement et qu'on allonge d'eau, parce qu'il doit faire la soirée, vu le prix de la consommation. Il se serait payé autant de trac pour chanter quatorze chansons que pour en chanter vingt-quatre, et aurait regagné une loge tendue de satin saumon ou crème, pour recevoir les compliments de gens qui seraient venus terminer la soirée dans l'endroit à la mode.

Mais le Henry Miller's Theatre n'était pas un endroit à la mode. C'était un théâtre qui avait connu et connaîtrait encore ses heures lumineuses et ses heures éteintes. Il était clair qu'avec « An Evening with Yves Montand », il allait rester allumé pendant un certain temps. La loge était en sous-sol et en béton armé, comme toutes ses petites sœurs du quartier. Dans ces neuf rues, il y avait des catacombes dans lesquelles, à la même heure, différentes sectes s'apprêtaient à chanter, à danser, à jouer Shakespeare ou Tennessee Williams.

Sur le chemin menant de l'Algonquin au théâtre se trouvait une toute petite échoppe. La poussière qui couvrait sa vitrine de l'intérieur était si épaisse qu'il était impossible de distinguer ce qui avait bien pu se vendre là, un jour. La poussière, à l'extérieur, était une sorte de boue. Cependant, en frottant avec un kleenex, on pouvait faire apparaître, collé sur le coin gauche, une pancarte rectangulaire sur laquelle on lisait, écrit à la main : *Aqui se habla yiddish.*

Il y avait beaucoup de graffiti sur les murs et sur les portes du quartier. Ils n'étaient pas encore psychédéliques. C'étaient souvent des rendez-vous et quelques cochonneries bien sûr, la 42ᵉ rue n'est pas bien loin. Le plus beau de ces graffiti, ce n'est pas moi qui l'ai lu, c'est Pierre Olaf : « Nostalgia is not anymore what it used to be » (La nostalgie n'est plus ce qu'elle était)... Si Pierre Olaf l'a lu, c'est parce qu'il était là, et s'il était là, c'est parce que *la Plume de ma tante* faisait un malheur dans le quartier. Les Dhéry et toute la troupe étaient entrés dans la famille quelques mois plus tôt. Et Catherine Dhéry était déjà une ancienne au lycée français.

Catherine, la nôtre, arriva trois jours après les somptueuses critiques. Colette l'accompagnait. Colette était la jeune fiancée veuve de mon frère. Les 1005-1006-1007 commençaient à prendre un petit air de « roulotte ».

En quarante-huit heures, Catherine eut appris comment se servir de Manhattan. Il suffit de savoir lire des chiffres et d'avoir pris soin de noter si c'est à l'ouest ou à l'est de l'épine dorsale, la 5e Avenue, qu'on a le désir de se rendre. Ça m'avait pris à moi une bonne semaine. Une fois, je m'étais retrouvée dans une 83e rue qui ressemblait à une rue de Puteaux avant qu'on y ait élevé les grands ensembles de la Défense, alors que j'étais attendue quelque part comme faubourg Saint-Honoré... Il me fallut prendre l'habitude de ne pas négliger le E ou le W des adresses qu'on me donnait.

Catherine prenait son bus, déjeunait avec ses copains dans un drugstore, savait qu'elle ne devait pas aller dans le Park après quatre heures de l'après-midi, et apprenait plus d'anglais avec Mrs. Bodné, les portiers, le liftier, les garçons du restaurant (même s'il était un peu italianisé, c'était du new-yorkais) qu'elle n'en aurait appris en trois années de cours Berlitz.

Le jeudi, le dixième étage de l'Algonquin, les paliers du huitième et du neuvième, et les escaliers, devenaient des terrains de cache-cache. Parfois, elle allait jouer et dormir chez sa copine, la petite Laporte, qui était la fille du consul de France. Le consulat de France à New York, du temps de Raymond Laporte et de sa femme, était vraiment une maison. Ce n'était pas une administration.

En traitant avec Norman pour « An Evening with Yves Montand », le directeur du Miller's avait fait preuve d'audace. Il en fallait pour décider d'abriter un « One man show » de deux heures et demie, entièrement exécuté en français. L'audace avait laissé place à la panique lorsque quelqu'un de l'entourage du directeur avait lâché dans la conversation : « I hear you're expecting Yves Montand, that's great! SHE is fabulous! [1] » Alors le directeur avait assuré ses arrières, on le comprendra aisément.

C'est ainsi qu'au bout de trois semaines, la caissière du Miller's, qui avait passé son temps à refuser du monde, nous vit avec grand chagrin déménager nos petites affaires. Elle, le directeur, les ouvreuses et les pompiers allaient réceptionner les nouveaux, ceux avec lesquels le directeur prévoyant avait signé pour « en cas de malheur ».

« An Evening with Yves Montand » s'installa au « Long Acre » qui justement venait d'avoir un malheur... « An Evening with Yves

1. « On me dit qu'Yves Montand va passer chez toi; quelle bonne idée! ELLE est formidable! » (*Yves*, prononcé à la française, donne le prénom féminin *Eve*, prononcé à l'anglaise...)

Montand » resta assez longtemps au Long Acre pour voir se rallumer, à quatre rues de là, le Miller's, lequel s'éteignit très vite : il y avait eu un malheur...

Ce que je viens de raconter a l'air méchant. Ce que je viens de raconter est très gentil. Je n'ai jamais rencontré au monde des gens du spectacle qui prennent avec autant de bonne humeur, de grâce et d'absence de vanité, le triomphe ou le bide.

Puisque notre période de timidité provinciale était passée, il nous est quand même arrivé d'aller au Sardi's certains soirs. C'est là que les morasses fraîches atterrissaient sur les tables dont tous les convives venaient de célébrer leur première.

Nous avons vu des gens qui avaient répété et enfin joué des œuvres auxquelles ils avaient cru, à tort ou à raison, et qui recevaient le couperet de la guillotine en lisant les papiers. Ils les lisaient à haute voix, annonçaient à la cantonade qu'à partir de maintenant, deux heures du matin, on pouvait dire qu'ils seraient au chômage le lendemain. Ils rigolaient ou faisaient semblant, ce qui n'est pas si facile. Les tables se joignaient, les toasts étaient portés : « To the biggest flop of the year, cheers...[1] »

Ils savaient qu'il fallait faire une croix et passer à autre chose. Peut-être qu'ils pleureraient en rentrant chez eux. En tout cas, en public et parmi leurs pairs, ils rigolaient.

Et puis, surtout, c'est vrai qu'ils allaient passer à autre chose. Les débouchés étaient tels qu'il y avait toujours du travail pour tout le monde. Entre le théâtre, le cinéma, les treize chaînes de télévision, les tournées. la décentralisation et Off-Broadway qui commençait à prendre sa grande importance, il fallait être très-très mauvais, ou très fainéant pour rester chômeur après un bide, ou alors trop noir de peau à l'époque pour retrouver immédiatement un emploi.

Au Henry Miller's et au Long Acre, après le spectacle, à la porte de la loge venaient souvent frapper des gens qui étaient parmi les grands-grands noms de la scène new-yorkaise. C'est à la tête que faisait Pat Saunders, l'habilleur de Montand. que nous mesurions notre ignorance. Ils déclinaient leur nom, mais nous étions aussi paysans que le copain du directeur qui avait déclaré à propos d'Yves Montand qu'*elle* était formidable. Demandez donc à la plupart des citoyens français s'ils savent qui sont Jack Benny, ou Buddy Hackett, Zero Mostel ou Tallulah Bankhead.

1. « Au plus grand bide de l'année! »

Un soir, la porte s'est ouverte sur un grand homme très beau qui a dit : « My name is Henry Fonda. » A lui on a dit : on sait. On l'a embrassé, il avait à tout hasard fait préparer quelques pâtes, chez lui ; si nous n'avions rien de mieux à faire, il serait content de nous emmener souper à la maison.

Il y eut les retrouvailles avec Miller, qu'on avait quitté par un triste après-midi de novembre 1956, rue Francœur à Paris, qui n'avait pas pu venir à la première mais qui vint à la seconde avec Marilyn qui, elle, y revenait. Eux aussi avaient à tout hasard préparé un petit souper dans leur grand appartement tout blanc. Ils étaient avec Norman Rosten et sa femme.

Mais ce qu'il y avait de plus beau, c'était l'arrivée de ceux qui avaient été tous les chauffeurs de taxis, les pères millionnaires, les tantes folles, les chefs de gare de la voie menacée par l'arrivée des Indiens, les soupirants riches et évincés, les propriétaires de bars louches, les témoins de la dernière heure, les copines confidentes, les reporters sans scrupules, les maîtres d'hôtel complices... Ils entraient. Disaient : « You don't know me, my name is... [1] » Et là, Montand les arrêtait. Il leur citait tout ce qu'il avait vu au cinéma depuis sa tendre enfance et leur mimait leurs meilleurs moments. Il les connaissait tous. Ils faisaient des triomphes dans la loge. C'était bien réconfortant pour tout le monde.

Il y a longtemps que je n'ai plus reparlé de cette vieille Alice Aisgill. A notre arrivée à New York et jusqu'aux débuts de Montand, je l'avais trouvée un peu encombrante dans mon ménage. Bien sûr, c'était délicieux de se faire dire : « Hello Saïmonn », ou « Are you Miss Signorett? », ou « Hi! Alice », par les chauffeurs de taxis, dans les boutiques ou dans les rues d'une ville que vous abordez pour la première fois. Mais nous n'étions pas là pour étayer l'incroyable succès de *Room at the Top*, qui se jouait depuis un an déjà dans le même cinéma. Nous étions là pour « An Evening with Yves Montand », et notre seule préoccupation était que l'expédition ne se terminât pas par « *one* Evening with Yves Montand ».

Montand avait ses angoisses habituelles avant une première, ses problèmes de langue, ses problèmes avec le nouvel orchestre, et aussi ses rages de dents. Moi, je n'avais finalement qu'une angoisse mais elle était de taille.

Si jamais la première devait être un bide, je me serais mise à

1. « Vous ne me connaissez sûrement pas, je m'appelle... »

détester Alice Aisgill, que j'aurais accusée de concurrence déloyale. Voilà une bonne femme qui, tous les jours à la même heure, recommençait la même performance qu'elle répétait immuablement pendant six séances consécutives, tout ça parce que les meilleures prises d'un film tourné un an et demi auparavant avaient été habilement collées les unes aux autres. Elle était devenue du même coup la copine des chauffeurs de taxis, l'âme sœur de dames pas très jeunes qui avaient eu ou cru avoir une aventure tardive avec un petit jeune homme, ou le symbole de la maîtresse experte dont rêvent les petits jeunes gens. Il pouvait faire trop chaud, il pouvait pleuvoir, il pouvait y avoir un courant d'air dans le cinéma, elle était invulnérable.

Mon mari n'était pas invulnérable. Il était et serait pour cette seule soirée celui qui n'a le droit ni d'être incommodé par la chaleur, ni enrhumé par la pluie, ni poignardé par le courant d'air, ni victime du trou de mémoire, ni trahi par les lumières, ni tout simplement un tout petit peu mauvais...

Il fallait aussi que ceux devant lesquels il allait comparaître soient de bonne humeur, qu'ils n'aient pas trop chaud, que la pluie ne les ait pas enrhumés, que le courant d'air ne leur ait pas donné de torticolis (voir plus haut...).

Je venais aussi de mettre le doigt sur le fameux système du « Tout se joue en un seul soir ». C'était une vérité, mais une vérité un peu jésuitique. En fait, à Broadway, tout se jouait bien en un seul soir devant la critique de Broadway, mais après un bon rodage dans les villes clés. Jamais une première à Broadway n'était une vraie première représentation. C'était souvent une cinquantième. Et c'était souvent pas de première du tout : un théâtre se trouvait de nouveau éteint parce que le spectacle était mort en route, à Boston ou à Pittsburgh.

Cette découverte était à la taille de mon angoisse. Je me gardai bien de la commenter avec mon mari.

Mon cauchemar favori, c'était le départ en catastrophe de cette ville dans laquelle Alice continuerait à travailler pour moi, tandis que mon mari y aurait raté son entrée. C'est donc avec le soulagement qu'on imagine qu'Alice et moi avons heureusement renoué au lendemain de la première.

C'était drôle d'être découverte à trente-huit ans. C'était un peu triste de découvrir qu'à part quelques cinéphiles du « Village », personne n'avait vu *Casque d'or*.

C'était gai d'arriver à trois dans les fêtes : Yvess, Saïmonn et Alice. Elle n'était plus encombrante. Mon mari la supportait très bien.

Les fêtes... C'étaient parfois des dîners à six ou sept, parfois des réunions de cent personnes. Mais c'étaient toujours des fêtes. Un peu comme encore à la campagne, en France, quand à la fin du repas chacun y va de sa petite chanson, de son pas de danse ou de sa bonne histoire.

A Paris, les gens du spectacle gardent leur talent pour le spectacle. Ils répugnent à se donner en spectacle. C'est à la fois de la pudeur — quelquefois fausse —, de la timidité — quelquefois feinte —, de l'orgueil — qui peut s'appeler vanité... En tout cas, nous sommes comme ça.

A New York, est-ce la tradition des regroupements d'immigrants nostalgiques? un abord simple, un sens de la rigolade et du partage de ce qu'on aime à faire? Ce n'est en rien ce que nous appelons le « m'as-tu-vuïsme », ça vient comme ça et c'est formidable.

C'est le feu de camp avec des stars, le gala de l'Union dans un coin de salon, la Hora dans un kibboutz qui n'est pas nécessairement entièrement juif...

Avant de quitter New York, dont j'ai parlé avec l'égoïsme, le conjugalisme et la superficialité caractéristiques des gens qui viennent de vivre une aventure pas plus importante qu'une goutte d'eau dans l'histoire contemporaine, je voudrais remercier, pour les précieux documents qu'ils ont fait surgir dans ma mémoire, les personnes suivantes :

> Mme Betty Bacall, M. Adolph Green et sa fiancée, M. Goddard Liberson et sa femme Brigitt (qui ressemble énormément à Vera Zorina, et pour cause! c'est elle), un flic de la police montée qui a dit à son cheval : « Say good evening to Alice », M. et Mme Léonard Bernstein, Mme Ruth Gordon et M. Garson Kanin, le monsieur de la librairie française, Mlle Jane Fonda, M. Mike Nichols, Monsieur le tailleur arménien, Mme Lillian Hellman, M. Duke Ellington, M. Sydney Lumet, Mme Lotte Lenya, l'université de Columbia, M. et Mme Richard Seaver, et bien entendu les services d'immigration de l'aéroport.

Nous avons quitté New York. C'est-à-dire quelques rues privilégiées et quelques banlieues résidentielles. Des restaurants à la mode. La lisière de Harlem pour une fin de soirée passée dans une boîte spécialisée dans l'accueil des bons Blancs amateurs de bon jazz. Des fous rires avec de nouveaux amis. Des tas de corbeilles en osier qui avaient contenu des fruits merveilleux protégés par des voiles de mariées en cellophane. Le rayon Hermès de chez Sach's on Fifth Av.

Il y avait longtemps que nous n'allions plus chez le Dr Weinstein, mais j'ai souvent pensé à quoi pouvait ressembler la première matinée d'un immigrant qui ne parle pas la langue et qui se réveille avec une rage de dents, au cœur de Brooklyn ou dans le Bronx...

Nous laissâmes Catherine à New York. Elle finirait son trimestre au lycée français. Colette, Mrs. Bodné et la famille Laporte étaient autant de garanties qu'il ne lui arriverait rien. Elle rentrerait à Paris, nous la retrouverions pour les fêtes, il restait à Montand trois choses à faire : une semaine au Canada et en Californie ; une semaine à Hollywood et une semaine à San Francisco.

Le Canada, apparemment, était celui du Mallet et Isaac, et du Gallouëdec et Maurette, les gratte-ciel en plus. Mais les Maria Chapdelaine commençaient à s'émanciper, il y avait déjà Félix Leclerc et les Bozos, et si Charlebois et Gilles Vigneault portaient encore des culottes courtes, ils étaient déjà nés. D'autres aussi, ils n'allaient pas tarder à le prouver. Le Québec commençait à bouger, il fallait, comme à Moscou, être très vigilant pour dépister les contestataires. Du côté de l'ennemi — l' « Anglois » — il y avait pourtant le « National Film Board », laboratoire du génial MacLaren et de bien d'autres comme ceux qui avaient fait *City of Gold,* dont le « Film Board » nous céda pour 50 dollars une copie neuve en 16 mm qui est un des joyaux de la cinémathèque d'Autheuil.

Il nous restait donc deux semaines à passer en Amérique avant de rentrer à la maison. J'en ai passé vingt, et Montand trente-deux

« Hollywood ». Je mets des guillemets parce que « Hollywood », c'est rarement Hollywood. Ça peut être Beverly-Hills, Burbank, Westwood, Malibu, Culver City, Down-town, Venice, Watts, Santa Barbara et aussi Hollywood. Ça s'appelle Los Angeles, ça s'appelle L.-A. quand on est du pays, et ça se prononce « Elle est ».

Je ne suis pas du pays et je continuerai donc à appeler L.-A. : « Hollywood », en souvenir de mes seize ans, du studio Harcourt, du coup de foudre Annabella-Tyrone Power, de Mireille Balin qui y dépérissait parce qu'elle aimait Tino Rossi qui était resté à Paris, de Danielle Darrieux qu'on y avait bouclée sur le dessus de la tête pour

Coqueluche de Paris et dont j'essayais, entre midi et deux heures, avant le cours de latin de Vantieghem, de reproduire, sur le dessus de ma tête à moi, les chipolatas qui faisaient couler tant d'encre dans *Pour Vous* (il suffisait de mettre à chauffer un fer à friser sur la veilleuse du chauffe-bain à gaz, ça faisait des chipolatas, et ça laissait aussi une odeur de roussi dans la salle de bains et sur la tête de l'élève...), en souvenir de la mort de Jean Harlow, du premier baiser de cinéma de Deanna Durbin, du suicide de Lupe Velez, de la mèche de Carole Lombard qui cachait une vilaine cicatrice, des clés en or de la porte du jardin de Simone Simon, et des ombres immenses que faisaient sur les pommettes de Marlène, Greta, Katharine, Kay, Irène et Barbara (Dietrich, Garbo, Hepburn, Francis, Dunn, Stanwick) des cils comme il n'en pousse jamais ailleurs.

On le voit, je n'étais pas à la page. J'étais à ma page à moi, cependant que l'avion survolait ce petit bout de Los Angeles et que d'en haut on pouvait lire, tracé en lettres bâtons comme par un enfant : HOLLYWOOD.

Je plains beaucoup les gens qui refusent les cadeaux que leur adolescence a pu placer dans leur mémoire. Moi j'étais en train de me payer une bouchée de petite madeleine grosse comme une grosse brioche. Je savais très bien que ce que nous trouverions en bas ne serait pas cet « HOLLYWOOD »-là, mais c'était rigolo de repenser à Neuilly-sur-Seine.

Par conséquent, je plains beaucoup certains Français qui n'avaient jamais mis les pieds ailleurs qu'au Lavandou, boulevard Saint-Germain ou à Zürich, et qui déclaraient que survoler Hollywood (pardon, L.-A.) ne leur faisait ni chaud ni froid. Surtout s'ils avaient mon âge et s'ils affirmaient qu'ils aimaient le cinéma. Ou bien ils bluffaient, ou bien ils mentaient en disant qu'ils aimaient le cinéma. Ils avaient probablement été des petits garçons qui savent que le père Noël n'existe pas, bien avant que les copains nc lcs renseignent, de ceux qui vous démontrent qu'une fève ne peut donner naissance à une tige qui devient assez robuste pour devenir une corde raide, et qui ricanent quand on leur prouve qu'une jeune fille très pauvre et très belle a pu être identifiée grâce à la seule pointure d'un de ses pieds, celui justement qui a laissé glisser un de ses petits souliers au douzième coup de minuit.

Les pauvres!

Les pauvres, parce qu'ils censurent la mythologie. Nous, dans l'avion, sans nous le dire, nous mythologions, avec le sourire et la sagesse des gens qui ont fait ce qu'ils avaient à faire ailleurs, et pour lesquels c'était très gai d'atterrir à la Mecque de leur adolescence. Sans que la Mecque ait jamais été la responsable, la productrice, la marraine de ce que ni l'un ni l'autre avions pu faire.

En atterrissant à L.-A., l'ancien « contracté » de Jack Warner et l'ancienne « contractée » de Howard Hughes n'avaient de comptes à rendre à personne, ils étaient ce qu'ils étaient, ils n'étaient pas venus dix ans avant, ils venaient passer huit jours.

J'ai cinq Hollywoods dans ma vie : 1959-1960, 1964, 1965, 1967, 1968-1969. Aucun ne ressemble à l'autre.

On peut dire que les choses n'ont pas traîné. Avant notre départ de New York, Anne Douglas, une des trois Françaises d'Hollywood (les deux autres étant Quique Jourdan et Véronique Peck), nous avait téléphoné pour nous prévenir qu'elle nous préparait une petite fête pour le lendemain de notre arrivée. La petite fête telle que l'avaient amoureusement conçue nos amis ne fit que prolonger la mythologie de l'adolescence. Anne et Kirk avaient prié le Tout-Tout-Hollywood. C'était grandiose, et en même temps c'était intime. Le même soir, l'infortuné Richard Nixon, qui faisait campagne pour la vice-présidence, donnait lui aussi, dans un grand hôtel de la ville, une petite fête en son honneur personnel. A voir le nombre des convives qui se pressaient dans les salons et autour de la piscine des Douglas, on pouvait se demander qui, ce soir-là, s'était rendu à l'invitation du futur ex-président des USA. Peut-être certains d'entre eux firent-ils un petit crochet par chez Nixon avant d'aller se coucher, qui sait? Un seul eut le courage de mettre les pieds dans le plat : M. Jack Warner, qui annonça qu'il sortait de chez Nixon, qu'il allait d'ailleurs y retourner, mais qu'il avait quand même voulu voir comment se portait « that son of a bitch » qu'il avait tellement essayé d'importer en 1949. Il était grossier et rigolo, il avait été sous MacCarthy le plus terrible chasseur de sorcières de l'industrie cinématographique, il en était fier et n'en voulait pas à ceux à qui il avait fait du tort. Avant de repartir servir la cause de son candidat, il déclara cependant qu'on s'amusait plus chez les Douglas que là-bas...

C'est vrai qu'on s'amusait. A Walt Disney, Montand demanda pourquoi il n'avait jamais répondu à la lettre qu'il lui avait écrite de la Cabucelle, quand il avait treize ans; Judy Garland chantait dans un coin du salon, Romain Gary expliquait qu'il ne fallait jamais se fier à l'air « emmerdé » que sa mission consulaire le forçait à arborer. Il ne s'emmerdait jamais, qu'on se le dise. Les Douglas, en une soirée, nous avaient fait rencontrer la ville entière. Ou retrouver le peu de gens que nous connaissions déjà.

Il y avait, parmi tous ces convives de grand renom (les Cooper, les Kelly, les Peck, les Wilder, les Hathaway, Georges Cukor, Dean Martin, et tous ceux dont je ne peux pas dire les noms parce que ce serait trop long), et une petite dame qui n'était pas la plus célèbre mais qui savourait avec gourmandise notre entrée dans le monde. C'était Minna. Minna Wallis. Elle n'arrêtait pas de se revoir sous l'oranger de la Colombe en 1950, prête à repartir bredouille, prête à se faire engueuler d'être revenue sans moi, et me donnant raison après deux jours de siège. Elle était radieuse de nous voir enfin là. Elle avait tendance à beaucoup raconter son aventure personnelle avec les deux rois — enfin, le roi et la reine de la soirée — alors qu'ils n'étaient encore que des manants amoureux...

Il y avait aussi M. Goetz et sa femme Eddie. Je ne devais pas tarder à découvrir que Mme Eddie Goetz était la duchesse de Guermantes de ce qui subsistait du « Hollywood » mythologique. M. Goetz justifiait son télégramme-fleuve. Il me l'avait bien dit que « ce n'était que partie remise ».

Il y avait aussi Charlie Feldmann à qui j'avais fait faux bond en ne suivant pas Minna Wallis. Il y avait Capucine, qui me raconta comment la projection privée de *Room at the Top* avait été interrompue au bout de la deuxième bobine, pour raison de gin-rummy, dans une maison très chic dont justement les propriétaires venaient de se jeter dans mes bras en me disant que j'étais « fantastic », que j'avais accompli « a great job » et que je serais sûrement « an Oscar nominee ».

Et puis il y avait Dalio. Marcel contemplait sa vieille copine de *Dédée d'Anvers*, il contemplait l'ancien grand adolescent qui chantait *Moi j'm'en fous* au Club des Cinq quand la Libération l'avait ramené à Paris, lui Marcel, qui avait passé cinq ans à jouer des maîtres d'hôtel italiens et épisodiques dans cette ville qui avait oublié ou jamais su qu'il était le Rosenthal de *la Grande Illusion* ou La Chesnaye de *la Règle du jeu*.

On le voit, nos amis Douglas avaient bien fait les choses. Ils les avaient faites avec amour...

Montand a chanté au Huntington Hardford dans le vieil Hollywood. C'était un énorme théâtre. Il avait encore une fois de nouveaux musiciens, les lois syndicales californiennes interdisant l'accès aux musiciens new-yorkais. Norman avait de nouveau sélectionné les meilleurs. Forts de l'expérience new-yorkaise, la mise en place fut plus facile. Il chanta pendant la semaine à bureaux fermés. Nous étions déjà à San Francisco quand le téléphone sonna de Hollywood : on demandait à Montand d'y repasser. Je dirai bientôt pourquoi.

A San Francisco, le théâtre était d'or et de velours, la loge tendue de damas cramoisi et meublée de fauteuils capitonnés à pompons. Les miroirs étaient biseautés, et certainement qu'en cherchant bien on aurait pu y découvrir des graffiti tracés il y a bien longtemps à la pointe de diamants offerts par les aventuriers de l'Ouest à quelque diva.

Le Golden Gate était bien celui que tout le monde connaît. Et du dernier étage du « Top of the Mark », donnant sur toute la baie, on se sentait Jeannette MacDonald et Clark Gable.

Le soir de la première, il y avait une attraction supplémentaire : Harry Bridges, le plus célèbre docker d'Amérique, était dans la salle. C'était l'homme qui pouvait paralyser tous les ports de la côte ouest sur un simple coup de téléphone. C'était arrivé une fois, quand la Commission des activités anti-américaines l'avait fait arrêter. Une heure après on le relâchait. Telle était en tout cas la légende.

A San Francisco, nous avons mis très en colère un chauffeur de taxi qui voulait nous forcer à regarder les prisonniers d'Alcatraz à travers la grosse lunette d'approche placée juste en face du vilain rocher, pour la plus grande joie des touristes. Il fit quelques remarques sur les étrangers qui se permettaient de ne pas avoir de goût pour les prisons américaines.

A San Francisco, dans un petit cinéma, on passait *le Triomphe de la volonté,* de Leni Riefenstahl. Dans le hall, il y avait des vitrines, et dans ces vitrines des brassards à croix gammées, des insignes SS, des Croix de Fer et des ceinturons améliorés de poignards. Les deux placeurs étaient très grands, très blonds, et le public rigoureusement aryen.

C'est à San Francisco que j'enregistrai l'émission pour laquelle Ed Murrow m'avait fait contacter à La Baule, « Small World ». Mais je reviendrai plus tard sur cet incident qui eut finalement pour moi une importance inattendue.

Nous sommes donc repartis pour Hollywood. La 20th Century Fox, alertée par les répercussions du « One man show » du Huntington et par le courrier que le « Chevy (Chevrolet)-Show de Dinah Shore » avait suscité dans le pays, proposait à Montand de faire un film. Il s'agissait de *Let's make love* (Le Milliardaire), mis en scène par Georges Cukor. Sa partenaire, déjà engagée, serait Marilyn Monroe.

Je pense que si j'essayais d'aller vendre un scénario d'après l'histoire que je suis en train de raconter, qu'elle commence à la Cabucelle et à Neuilly, ou seulement en 1956, ou à partir de la cage de verre de l'aéroport de New York, je me ferais remercier poliment par des experts qui me signaleraient que la littérature de Delly, c'est périmé...

« Veillée des chaumières » ou pas, le contrat fut signé et Catherine prévenue que ses parents ne rentreraient pas de sitôt. Le bungalow nº 20, dans les jardins du Beverly-Hills Hotel, devint le petit frère de la roulotte, et le cousin du 1005-1006 de l'Algonquin, le neveu de la Gasthaus de Babelsberg et la réplique du petit appartement du sixième étage du Savoy-Hotel.

(Me voilà retombée dans ma manie : les hôtels, dont je parle plus souvent que des affres du comédien, des joies de la création, des motivations des personnages et des paradoxes divers... toutes choses dont je parle assez mal. Et dont je préfère ne pas parler pour leur conserver leurs mystères. Si j'essayais d'élucider ces mystères, je serais en grand danger de les perdre pour en savoir trop long. Je serais en grand danger de ne plus être surprise moi-même quand ils explosent. Tout ça pour dire que nous habitions le bungalow nº 20, dans les jardins du Beverly-Hills Hotel.)

Les bungalows du Beverly-Hills Hotel ne sont pas ce que la moyenne des Français qui s'intéressent aux safaris ou qui ont lu Kipling peuvent penser. Ce sont rarement de petites cabines individuelles. Quand elles sont individuelles, ce sont des appartements de cinq pièces avec deux salles de bains.

Le bungalow nº 20 était situé au premier étage d'un petit pavillon de banlieue. Il se composait d'un living-room, d'une petite cuisine, d'une chambre à coucher et d'une salle de bains. Sur le même palier, il y avait le bungalow nº 21. C'était celui qu'habitaient Arthur et Marilyn.

Au rez-de-chaussée du pavillon se trouvait le bungalow nº 19. C'est à ce moment de mon récit que, pour mon scénario invendable, je me serais fait jeter... Dans le bungalow nº 19 plus vaste que ses petits copains du premier étage, vivaient, toutes persiennes fermées, Howard Hughes et sa famille.

Personne ne le savait et c'était cependant de notoriété publique. Ses gardes du corps se baladaient avec de faux airs de promeneurs dans les allées qui cernaient le petit bloc au fond du parc. Le petit bloc : c'étaient les deux pavillons de banlieue, n°s 16, 17, 18 et puis 19, 20, 21.

J'ai entendu des bébés pleurer, les sons venaient du 19. J'ai aperçu un jour Jean Peters qui prenait un bain de soleil devant ses fenêtres, sur la pelouse. Je l'ai reconnue parce que j'avais vu *Niagara Falls*. Elle m'a fait « Hello » et a disparu derrière les persiennes.

Je n'ai vu Howard Hughes qu'une fois dans ma vie. C'est Arthur Miller qui me l'a montré. J'anticipe, cela se passait après des semaines de vie commune dans le petit pavillon de banlieue. Mais autant en finir avec ça. Nous étions convenus, Arthur et moi, qu'il me réveillerait s'il pouvait me prouver ce qu'il m'avait raconté. A minuit, un soir, il tapa à la porte. Que je vienne seulement sur le balcon de la cuisine et que je regarde. Du balcon en bois qui donnait sur l'arrière des bungalows, on avait vue sur une petite ruelle dans laquelle, depuis notre premier jour à Hollywood, nous avions remarqué la présence d'une vieille Dodge (ou Ford) visiblement abandonnée par son propriétaire. Elle était grisâtre, beigeasse.

Ce soir-là, des tuyaux de chauffage, de ventilation, de téléphone, comme des serpents, reliaient la carcasse de la vieille bagnole à la centrale : le bungalow 19. A l'arrière de la voiture, un homme était assis, les deux pieds reposant sur la têtière de la banquette avant. Un petit pupitre avait été disposé pour faire office de bureau. Howard Hughes réglait ses affaires. Peut-être aussi s'amusait-il à nous donner un spectacle...

Mais revenons à nos moutons, comme aurait dit Spyro Skouras.

Spyro Skouras donna donc un cocktail monstre dans l'énorme salle natale. En 1959, il était le grand patron de la Fox. Il s'était illustré quelques mois auparavant, lors de la visite de Nikita Khrouchtchev sur le plateau où se tournait *Cancan,* par un discours qui se terminait sur une fine remarque que je cite de mémoire, telle qu'on me l'a rapportée : « Regardez-moi, Monsieur le Président, j'étais pauvre berger en Grèce, maintenant je suis le patron de 35000 employés. C'est ça l'Amérique! Qui dit mieux? »

« Moi, moi, avait répondu Khrouchtchev. J'étais pauvre berger en Ukraine et aujourd'hui, je suis le patron de 200 millions de citoyens, c'est ça l'URSS! »

Spyro Skouras donna donc un cocktail-monstre dans l'énorme salle à manger des studios de la Fox pour célébrer l'engagement et la signature du contrat de Montand. Il n'avait lésiné ni sur le champagne, ni sur le scotch, la vodka, les petits fours et les zakouskis.

Les photographes, ils étaient au moins cinquante, ne lésinèrent pas non plus sur la pellicule. C'est au cours de cet après-midi-là que furent pris la plupart des clichés sur lesquels on nous voit tous les quatre souriants, Marilyn, Montand, Miller et moi. Ces photos devaient faire le bonheur de vilains journaux, quelques mois plus tard.

Le 31 décembre 1959, sur le douzième coup de minuit, la lumière s'éteignit dans la salle d'un grand restaurant, j'embrassai mon mari, la lumière revint, une main se posa sur mon épaule, une autre sur celle de Montand — c'était Gary Cooper qui, le premier, nous dit : « Happy New Year. » Il dit aussi : « I limp a little, but may I dance with your wife? [1] » Montand dit : « Of course », et je passai les premières minutes de l'année 1960 dans les bras très chastes du plus bel homme du monde. C'était vrai qu'il boitait un peu, je ne danse pas très bien, et la musique était un slow des années quarante...

Trois ans avant, exactement à la même heure, nous étions dans la salle Saint-Georges du Kremlin où l'ancien berger d'Ukraine était venu nous surprendre dans l'obscurité. Ici, c'était Gary Cooper, et le restaurant en question s'appelait Chez Romanoff. (Là, le scénario devient carrément imbuvable.)

Pouvoir répondre « of course » à Gary Cooper, pouvoir se débrouiller dans la vie courante avec des mots qu'on a appris en les attrapant au vol, être parfaitement compris en articulant parfaitement de petits textes qui annoncent des chansons dans lesquelles on fera, en tout cas, passer ce qu'on a à dire, c'est une chose.

Apprendre des dialogues, c'est-à-dire poser des questions et répondre aux questions qu'on pose au personnage que vous incarnez, quand toutes ces questions et ces réponses sont autant d'énigmes, quand vous les lisez dans un script qu'on vous a remis, parce que vous êtes engagé pour jouer dans une histoire qu'on vous a racontée, c'est une tout autre chose.

Dire non à Cukor aurait été de la folie. C'était fou de lui avoir dit oui. Il était fou. Il avait raison. Les murs du bungalow n° 20 se recouvrirent de pancartes et de petits papiers multicolores. Les poèmes thaïlandais et les prières bretonnes firent leur réapparition dans ma vie.

A l'heure où, après la journée de travail au studio, les stars hollywoodiennes se délassaient en sirotant leurs Bull Shots ou leurs bourbons, c'est-à-dire vers 18 heures, Montand travaillait. Après une journée de travail.

1 « Je boite un peu, mais puis-je inviter votre femme à danser? »

> (Je dois faire très attention quand j'utilise le mot travail en parlant de Montand. Toute sa vie, il a été très irrité par les hommages rendus à sa « force de travail », à « l'horlogerie minutieuse » de ses tours de chant. C'étaient en général de fausses appréciations. Le « travail » de mise en place venait toujours après la Trouvaille instinctive. Si elle était bonne, autant la cultiver pour qu'elle s'épanouisse. La « bloquer » en quelque sorte, pour qu'elle revive tous les soirs de la façon la plus efficace. Pas dans le fouillis. Pas dans la folie. La Folie est primordiale au moment de la création. Elle est à respecter. A retrouver chaque soir. Ce n'est pas de « l'horlogerie » que de la cultiver pour mieux la retrouver. C'est un salut à ce qui vous est arrivé, un jour, à un instant précis. Une cérémonie qui doit se dérouler dans ses temps, et, parce qu'elle est bien minutée, toucher les derniers spectateurs autant que les premiers. Il suffit de retrouver la fraîcheur. C'est souvent ça qu'on appelle « travail ». C'est l'Amour.)

Ici, il fallait vraiment parler de travail, avec des outils : les mots. Mais des mots qui n'ont jamais été entendus dans l'enfance, qui ne sont que des sons et qu'il faut utiliser avec l'apparente désinvolture de celui qui s'en sert depuis toujours. Le « par cœur » qui doit donner l'impression qu'il jaillit du cœur, justement, alors qu'il est la fidèle reproduction de bruits qu'on vous inculque, dont vous êtes complètement prisonnier sous peine de n'être pas compris. Avec ça, restez naturel, décontracté, autoritaire, tendre, capricieux et naïf, comme Gary Cooper ou James Stewart auxquels Norman Krasna avait sûrement pensé en écrivant son scénario, qui était finalement une charmante réédition d'un conte de fées dans lequel, une fois de plus, le Prince épouse la bergère...

Donc, mon mari *travaillait*.

Moi, j'étais femme au foyer. C'est-à-dire que j'étais là quand il rentrait du studio, je mettais l'allumette sous la bûche que le personnel du Beverly-Hills Hotel avait placée dans l'âtre d'une cheminée pourvue d'une arrivée de gaz qui garantissait la bonne flambée comme on la lit dans Dickens. Je commandais le dîner par téléphone au Room Service, je vérifiais que le linge lavé par le Laundry Service était bien le nôtre. On le voit, j'étais une vraie femme d'intérieur.

Mes journées étaient plaisantes. Elles étaient beaucoup plus plaisantes que celles de beaucoup de femmes d'acteurs qui travaillent à Hollywood. Elles se levaient très tôt pour conduire leurs gosses à l'école. La brave nounou noire ou la nurse irlandaise avaient disparu du décor depuis belle lurette. Elles faisaient leur marché elles-mêmes.

La gouvernante-intendante-cuisinière n'existait plus que dans de très rares maisons, et sur les écrans de télévision quand repassaient des films des années trente. Elles avaient généralement, pour les aider à faire marcher ces énormes fausses haciendas, fausses folies du XVIIIe siècle ou fausses cabanes de trappeurs, des dames qui leur donnaient des heures. Elles les donnaient, si l'on peut dire. Il n'était pas question qu'une dame qui donnait quelques heures pour faire la cuisine acceptât l'idée de faire aussi les carreaux. Et celle qui acceptait de mettre les assiettes dans le lave-vaisselle répugnait totalement à la notion de repassage.

C'était de bonne guerre, mais ça compliquait singulièrement la vie de ces maîtresses de maison exemplaires qui voyaient se succéder des personnes différentes auxquelles des tâches différentes devaient être distribuées suivant leurs talents divers et leur agenda personnel. J'en ai connu, de ces femmes d'acteurs de Hollywood qui avaient finalement préféré faire tout elles-mêmes plutôt que de devenir chefs de chantier. Alors elles travaillaient beaucoup, contrairement à la légende dorée. Et si la caricature les représente souvent au volant de leur voiture avec des rouleaux sur la tête, c'est parce qu'elles trouvaient aussi le moyen de se les poser sur la tête avant de partir pour le marché. Et quand elles vous accueillaient pour le déjeuner, elles étaient coiffées.

Les soirs de grandes fêtes, elles faisaient appel à des extras. Les extras jouaient assez volontiers les rôles de vieux serviteurs de la famille. J'en ai connu un que je retrouvais partout. Partout il prenait le ton de la maison. Un peu le ton de Rémy de chez tante Irène et oncle Marcel, square Lamartine. Trois fois j'ai fait semblant de ne pas me rappeler que je l'avais vu dans trois maisons différentes. Et puis, nous avons cessé de nous jouer le « Rendez-vous de Senlis ». Nous nous retrouvions avec simplicité pour comparer les mérites et la fraîcheur des différents buffets...

Ces femmes dont je parle trouvaient aussi parfois le temps de retourner à l'école. Elles s'inscrivaient à l'université (UCLA) et reprenaient les cours qu'elles avaient abandonnés au début de leur mariage. C'étaient souvent des New-Yorkaises dont les maris, après un triomphe à Broadway, avaient été appelés à Hollywood. Quelquefois pour un film, d'abord. Elles avaient gardé leur appartement de New York et loué une première maison pour quatre mois. Elles avaient eu la nostalgie des bruits, des lumières, de la neige, et aussi de la nuit new-yorkaise. Elles ne s'en cachaient pas. En même temps, les silences, les oiseaux-mouches, les coyotes qui traversaient la vallée, le soleil à tous les réveils, la nonchalance des vendeuses dans les magasins, les belles plages sur le Pacifique, les « brunches » (petit-déjeuner-déjeuner) au bord de leur piscine, la joie de voir leurs enfants escalader les barrières blanches pour retrouver les petits voisins sur la pelouse d'à côté, les retours du studio de leurs maris, beaucoup plus détendus, dans leurs jeans et leurs pulls d'importation italienne, qu'après un dernier verre chez Sardi's — tout ça avait fini par les séduire.

Le film fini, elles avaient retrouvé New York. Mais au premier appel d'Hollywood, elles avaient liquidé l'appartement de la côte Est et, pour peu que ça ait bien marché pour le mari, avaient finalement décidé de ne plus louer, mais d'acheter. Et voilà comment elles se retrouvaient propriétaires de ces haciendas, de ces folies XVIIIe ou de ces cabanes de trappeurs. Toutes ces maisons avaient leurs histoires. Elles avaient été construites pour les grandes vedettes de la grande époque. Elles étaient donc énormes et souvent folles. Au début, ç'avait été rigolo de montrer aux copains de passage dans la ville les grandes glaces posées au plafond de la chambre à coucher de X ou la cachette à bouteilles de Y.

Et puis le soleil permanent, la routine luxueuse, la bulle irisée dans laquelle elles s'étaient installées, sans compter la discrimination qui existait encore à l'époque entre nouveaux Californiens et ceux des années trente, avaient commencé à leur peser. Alors elles s'en retournaient à l'école.

Moi j'en étais à ma période « soleil, oiseaux-mouches, coyotes, vendeuses détendues, silence ». Je n'avais aucun souci ménager. Le Room-Service était présent vingt-quatre heures sur vingt-quatre. La bulle irisée me convenait parfaitement. Comme j'avais tout mon temps, je le perdais avec la bonne conscience d'avoir le droit de le perdre. J'étais parfaitement oisive et je ne m'ennuyais pas une seconde. Je déjeunais au Polo Lounge de l'hôtel, c'était, à l'époque, le cousin du Fouquet's et de Lipp. Jimmy Woolf et Lawrence Harvey et Jack Clayton avaient rejoint Hollywood pour surveiller la carrière de *Room at the Top*. C'était à nouveau Londres dans le jardin du restaurant. Parfois c'était aussi New York, les gens du show-business font volontiers des aller et retour côte Est-côte Ouest comme nous faisons Paris-Nice.

Et puis, c'était aussi Hollywood. Et même le HOLLYWOOD en question... J'étais bien dans ma bulle irisée, parce que c'était une bulle de transit. J'ai souvent pensé que j'avais eu beaucoup de chance de ne pas être venue dans ce grand village à l'époque où j'y avais été convoquée. Dix ans avant.

Dix ans avant, je n'avais pas fait assez de choses pour ne pas me conformer à ce qu'un contrat m'aurait légitimement demandé de faire. Dix ans avant, j'aurais pris le risque de croire que la vie c'était ça : la bulle. Pour difficile, contradictoire, passionnante, décevante aussi qu'ait pu être cette période dite de la « guerre froide » en Europe, je me régalais des souvenirs qui me remontaient à la tête pendant ces déjeuners au soleil californien.

J'avais deux mille ans et quatorze ans.

Walter Wanger était producteur. Il nous aimait beaucoup, Montand et moi. Il était spécial, comme on dit. Il avait fait de la prison pour avoir tiré sur l'amant de sa femme. L'amant n'était pas mort, mais Wanger avait tâté de la prison. Et depuis, parallèlement à ses activités de producteur, il se dépensait sans compter pour la cause des gens emprisonnés.

Le plus célèbre emprisonné, à l'époque, était Caryll Chessmann. Condamné à mort, sans preuves, pour viols et meurtres, Chessmann avait écrit un livre en prison. La chaise électrique était repoussée, repoussée.

Un matin, Walter Wanger me demanda si ça me plairait de déjeuner avec un archevêque. Vers treize heures, après avoir salué les gardes du corps de Howard Hughes — ils jouaient les flâneurs dans les allées conduisant les habitants des 19, 20, 21 jusqu'au Polo Lounge — je me retrouvai à table avec Walter Wanger et l'archevêque. C'était un archevêque très affable. Il avait été attiré par Wanger en vue d'une signature au bas d'une pétition réclamant la grâce du condamné à mort. Moi j'étais figurante. D'abord parce que je ne connaissais rien à l'affaire Chessmann, ensuite parce que Wanger n'avait sollicité ma présence que pour ne pas se retrouver seul avec l'archevêque.

Les arguments de Wanger étaient les copies conformes de tout ce que nous avions nous-mêmes si souvent, en toute sincérité, au vieux pays, essayé de placer à des gens qui n'« achetaient » pas. Ça allait d'Henri Martin aux Rosenberg.

L'archevêque était sûrement un bon archevêque. Il écoutait, avait l'air de découvrir la vie et le destin de cet intéressant prisonnier. Ponctuait les phrases de Wanger de hochements de tête. Tout ça était bien pénible, et l'humanité n'était pas belle... Il but son café. Refusa poliment de mettre son nom au bas de la pétition. Et repartit vers des ouailles qui le réclamaient et qui n'étaient pas en prison.

Wanger était comme fou. Il y croyait, lui, à Chessmann. Moi je ne savais rien. On ne sait jamais rien de la véritable innocence des gens pour lesquels on prend parti. On prend parti, la plupart du temps, contre les gens qui se croient en droit de prendre parti contre des accusés. Et qui n'en ont aucun

Walter Wanger était triste. Triste comme on l'est quand on a raté une opération qui, au sein du « Comité de soutien », du « Comité de défense », des « Amis de... », se solde par un échec.

L'archevêque était *out*. Sa signature allait cruellement manquer. Walter tournait son faux sucre (une sorte de saccharine du Flore en 1942) dans son café décaféiné et me prit à témoin de l'indifférence des gens d'Église à la vie ou à la mort de leurs prochains.

C'est alors qu'avec tout le charme et la féminité que me conféraient à l'époque mes beaux petits costumes et mes belles chaussures, je lui posai la question :

— Walter... (*un temps*)... pour les Rosenberg, vous avez fait quoi?

— Rien, fut la réponse.

Walter Wanger était très beau. Il n'était pas tout jeune. Il était chaleureux et cultivé. Son « rien », avec le sourire bleu qui l'accompagnait, en disait beaucoup plus long que toutes les excuses qu'il n'avait pas envie de fournir.

Cette petite histoire pour dire que je n'avais pas le temps de m'ennuyer...

Il y avait aussi ces grandes maisons dont je parlais tout à l'heure. Dans celles-là, même si le fils avait quarante ans et vivait à New York, on trouvait la vieille nounou noire qui lui avait donné ses premiers biberons. Et on ne risquait pas de rencontrer le majordome chez le voisin.

C'était le faubourg Saint-Germain de Hollywood. Il y avait vraiment des vrais Renoir, des vrais Van Gogh et des vrais Picasso sur les murs. Il y avait des salles de projection de 35 mm dont un projectionniste syndiqué venait manœuvrer l'appareil après dîner. C'étaient les fêtes du vendredi soir et du samedi, seuls jours de la semaine où la ville ne dormait pas à dix heures et demie.

Sur ces maisons régnaient des femmes. Elles étaient des femmes de producteurs, souvent même des filles de producteurs légendaires. Elles avaient tout connu de Hollywood. Elles racontaient la grande aventure du passage du muet au parlant. Elles allaient à Paris pour chaque collection. N'allaient jamais au cinéma, faisaient venir le cinéma chez elles pour offrir la primeur d'un film, qui était généralement le dernier-né de la compagnie concurrente de celle de leur mari, à un public restreint de fidèles habitués et de nouveaux arrivants à la mode. Elles avaient des grâces de souveraines et parfois des caprices d'impératrices. On leur avait connu des engouements — tout à fait platoniques, d'ailleurs — qui s'étaient terminés par des exclusions.

Certaines de ces maisons se fermaient à tout jamais parce qu'une maison ennemie s'était permis d'ouvrir la première ses portes aux nouveaux arrivants. Les maisons ennemies étaient ennemies pour des raisons qui remontaient généralement à l'époque de Rudolph Valentino et du chien Rintintin. Ces raisons restaient obscures pour les nouveaux arrivants, elles étaient de notoriété publique pour les pionniers qui, par conséquent, ne jugeaient pas nécessaire de les expliciter. C'était comme ça. Depuis toujours, Mrs. X ne parlait plus à Mrs. Y, il fallait donc savoir qu'il était interdit de mentionner le nom de Mrs. Y dans la maison de Mrs. X, et vice versa. C'était un coup à prendre.

Il y avait la maison de George Cukor. Là, pas de salle de projection, mais, partout, des trésors photographiques qui faisaient de cette succession de petits salons victoriens une cinémathèque fixe. Dans la maison, il y avait Cukor lui-même. Cukor sait tout du cinéma d'avant-hier, d'hier et de demain. Lui, il a cent ans et dix-huit ans. Il est aussi le seul homme que je connaisse qui vous appelle à 19 h 26, se fâche de vous trouver encore dans le bungalow alors que le dîner auquel il vous a convié est fixé à 19 h 30. « You are late [1] », dit-il. Vous habitez à cinq minutes de chez lui, mais il aime qu'on prévoie les aléas du voyage. Il est aussi le seul homme que je connaisse à déclarer vers 10 h 30, si brillante soit la compagnie : « Time to go to bed [2]. » Il est enfin un des seuls hommes que je connaisse, pendant les quatre heures qu'il a décidé de distraire de sa vie de travail, à se montrer aussi marrant, généreux, attentif, cruel avec les méchants, méchant avec les imbéciles, ricaneur avec les prétentieux, persifleur avec les cancaniers, amoureux du talent, grossier avec les snobs, et infiniment délicat avec les sans-grade.

Il y avait aussi des petites maisons dans la Vallée, loin des quartiers chics. Là vivaient encore des scénaristes, ou des metteurs en scène, ou des producteurs indépendants qui n'avaient toujours pas retrouvé le droit de signer de leurs noms...

Comme on le voit, pour une femme d'intérieur, je circulais beaucoup! Quand je ne circulais pas, je lisais. Je lisais des scenarii,

1. « Tu es déjà en retard. » — 2. « Il est l'heure d'aller se coucher. »

enfin des scénarios, quoi! Ils étaient recouverts d'une moleskine un peu usagée. C'étaient presque toujours des histoires stupides dans lesquelles la femme avait un rôle admirable. Vu l'usure de la moleskine, ils n'étaient pas tout récents. Je les imaginais passant des mains de Bette Davies à celles de Joan Crawford, pour aboutir chez Ingrid Bergman. Certains avaient dû faire un petit crochet chez Magnani; Ingrid Thulin avait dû les lire aussi, Ava Gardner les feuilleter entre deux corridas. Ils atterrissaient dans le bungalow n° 20, et je jure que j'en ai retrouvé quelques-uns dans la pile qui s'accumulait autour de ma copine Anouk Aimée, à la piscine de la Colombe, à son retour d'Hollywood, après le succès d'*Un homme et une Femme,* en 1967. Ceux-là n'ont jamais été tournés.

D'autres avaient des mérites. Un, surtout, qui ne s'est jamais fait non plus. Ça n'était pas spécifiquement un matériel pour « star », c'était une belle histoire avec plein de gens... Et puis il y avait souvent le scénario sans page de garde. Elle avait été très visiblement arrachée. Quand je dis visiblement, j'entends ostensiblement. Pas de titre, pas de nom d'auteur, pas de nom de metteur en scène. Ça sentait le trésor. Ça sentait le soufre aussi. C'était généralement des scénarios aussi peu intéressants que les autres. Un gros malin, quelque part, avait décidé de les affubler de l'étiquette : « Je ne peux pas signer mais c'est moi. » Ceux-là étaient rarement écrits par mes copains des petites maisons pauvres de la vallée. Ou, s'ils l'étaient, c'est que mes petits copains n'avaient pas le talent que leur statut de victimes du maccarthysme leur conférait de droit divin...

Il y avait aussi le Château Marmont. C'était, à l'époque, l'hôtel pour New-Yorkais qui venaient faire deux ou trois jours de cachets dans un film hollywoodien. Cette année-là, Paul Newman et Joanne Woodward, les deux petites filles et la nounou noire qui avait élevé Joanne, habitaient le dernier étage. Ils ne « cachetonnaient » pas, mais ils n'avaient pas encore décidé de devenir californiens. Ils étaient drôles, chaleureux, passionnés. Ils le sont toujours.

Moi je circulais entre mes maisons riches, mes maisons pauvres, mes déjeuners anglais, mes « brunches », mes archevêques, mes copines françaises. Je découvrais le « Farmer's Market », les boutiques chics de Beverly-Hills. Il n'était pas rare que, d'une semaine sur l'autre, un petit magasin de disques soit transformé en magasin de chaussures, et c'était marrant de retrouver le disquaire dans une boutique spécialisée dans le tissage indien, deux rues plus loin.

Dans le bungalow 21, j'entendais crépiter la machine à écrire de Miller. Marilyn était au studio depuis cinq heures et demie du matin,

Montand depuis sept heures et demie. Vers onze heures et demie, la porte de mon voisin s'ouvrait, il frappait chez la voisine. C'était un rite. « I made some coffee », disait Arthur. Il me faisait raconter mes projets pour la journée. Je racontais, nous buvions notre café, je partais vers mes découvertes en promettant que je les lui rapporterais en fin d'après-midi. Arthur retournait à sa machine. Il ne mettait jamais les pieds dans le grand village.

A l'extérieur, Alice Aisgill travaillait pour moi. Elle travaillait très bien. Si bien qu'un beau jour de février ou de mars, je ne sais plus, je me retrouvai « nominée » pour les Oscars.

C'est maintenant que je vais revenir sur *Small World,* l'émission d'Ed Murrow que j'avais enregistrée à San Francisco quelque deux mois auparavant, dans un temps où je me croyais à une semaine du retour en France. Les techniciens m'avaient même promis de m'en envoyer une copie quand elle serait montée.

Small World passa un beau soir à la télévision. C'était très peu de temps avant les « nominations ». Ed Murrow, que je n'ai jamais rencontré, mais avec lequel j'ai beaucoup parlé pendant l'émission, était un de ces vrais bons Américains comme il y en a, comme il y en a eu et comme il y en aura encore. Il était resté à Londres comme correspondant de la radio américaine pendant toute la guerre. Au retour, il avait parlé à ses concitoyens qui n'avaient jamais entendu d'autres sirènes que les sirènes de police, il leur avait parlé d'un autre monde, celui dans lequel il avait vécu. Il avait le grand privilège d'être un de ces Américains à qui on ne peut pas dire tout à coup, dans la conversation : « A propos, vos grands-parents, de quel ghetto ou de quel village de Sicile venaient-ils ? » C'était un héritier direct de ce qui est encore écrit sur les flancs craquelés de la grosse cloche au musée de Philadelphie : « Proclaim liberty throughout all the land unto all the inhabitants thereof [1] » (Ley 25-10). Il était ce qu'on appellerait chez nous un Américain de « vieille souche ». Il avait aussi le privilège d'être blanc.

C'est ainsi qu'un jour, alors que la télé avait remplacé la radio, il décida de tuer MacCarthy. C'était simple, il fallait y penser. Il suffit à Ed Murrow de solliciter une longue interview de l'intéressant sénateur qui jouait Torquemada depuis assez longtemps. MacCarthy, tout content de s'exprimer, s'exprima. L'Amérique entière reçut dans ses foyers l'image d'un dément qui ne savait plus ce qu'il disait. Trois semaines après, MacCarthy était physiquement décédé. Je ne dis pas mort. Je dis décédé.

1. Faites savoir que la liberté doit régner sur tout le pays et profiter à tous les habitants.

Tout ça, on me l'avait raconté en France. Et à La Baule, déjà, pendant la tournée d'été, je savais que je n'allais pas me retrouver avec des ringards en disant « oui » à *Small World.*

Small World était une émission de télévision reposant sur le principe suivant : quatre personnes conversaient comme au téléphone depuis quatre villes différentes, sur un sujet lancé par Ed Murrow. Les quatre personnes étaient filmées, chacune dans la ville depuis laquelle elle parlait. Quatre caméras enregistraient donc, à la même heure — et par conséquent à des heures différentes dans le cours de la vie quotidienne, compte tenu du décalage horaire.

Je savais qui seraient mes partenaires dans ce bavardage : Hedda Hopper, de Los Angeles (plus que jamais je devrais dire Hollywood), Agnès De Mille, de New York, Ed Murrow de Londres. Moi, je parlais de San Francisco.

Hedda Hopper était une actrice ratée qui s'était reconvertie dans le journalisme. Elle avait une colonne quotidienne dans les journaux de Hearst, où elle distribuait bons points ou blâmes à coups de petits potins, suivant qu'on lui plaisait ou pas. Elle terrorisait la ville depuis toujours. Elle avait fait casser des ménages, et aussi des contrats. Elle rédigeait ses papiers grâce à des petits espions qui lui fournissaient des tuyaux; elle ne se déplaçait jamais pour faire ses interviews, elle convoquait chez elle et prenait bien soin de glisser un mot précisant que le fautif, ou la gourgandine, ou le génie, s'étaient donné la peine de lui faire visite. Elle avait beaucoup dénoncé du temps du maccarthysme.

Agnès De Mille était la nièce de Cecil B. De Mille; c'était une chorégraphe, elle avait été *black-listed* et n'avait pu travailler pendant huit ans. Ed Murrow était ce que j'ai raconté. Et moi j'étais cette très tardive découverte du septième art, étrangère à Hollywood, étrangère au pays.

La première question de Murrow fut la suivante : « Considérez-vous que *cette* presse-*là* soit importante pour une carrière? » De Mille et Hopper, qui avaient des comptes à régler, s'empoignèrent immédiatement et je me gardai bien de me mêler de leurs affaires, qui étaient strictement américaines; je dis simplement que j'étais encore trop peu familiarisée avec le genre de presse dont il était question pour pouvoir comparer avec celle de mon pays.

La deuxième question de Murrow, qui savait très bien où il voulait en venir, fut celle-ci : « Est-ce que les artistes sont supposés faire de la politique? » Sans hésitation, Hopper répondit : « Oui, absolument, à condition que ce soit la bonne. » Les choses s'envenimèrent entre elle et De Mille. C'est alors que Murrow me demanda mon avis d'Européenne. Je dis que je me garderais bien d'arbitrer le différend qui opposait Miss Hopper à Miss De Mille. Il ne me regardait pas... Par contre, je pouvais parler de mon pays et raconter qu'il était impossible d'avoir eu vingt ans sous l'occupation nazie sans — qu'on en ait eu l'envie ou pas — avoir été sollicité par ce que certains appellent la politique. Et je racontai la guerre, et les communistes, et les non-communistes, et les fusillés, et les rafles, et la peur et la faim. Une foule d'images me revenaient, anachroniques dans ce beau salon qui donnait sur la baie de San Francisco, alors qu'à cinquante mètres de là j'avais vu, la veille, *le Triomphe de la volonté* et les croix gammées dans les vitrines... J'étais très sincère, j'étais très bien, comme on est quand on croit vraiment à ce qu'on raconte. Murrow, De Mille et Hopper écoutaient.

L'émission, tournée en décembre, fut montée et passa à l'antenne en février ou mars. La ville entière la regarda. Murrow avait conservé au montage les plans muets de ceux qui écoutaient pendant que le quatrième parlait, il avait conservé en très gros plan le récit des années de l'Occupation, il avait — malheureusement pour elle — conservé aussi les réactions, muettes ou sonores, de Miss Hopper. Elle portait un de ses fameux chapeaux, on disait qu'elle en avait deux cents; sous son chapeau, il y avait son visage, qui n'était pas tendre. Elle avait en tout cas le courage de ses opinions, le montage ne les trahissait pas : « It is not a secret that I was all for MacCarthy [1] », avait-elle lâché pendant sa querelle avec Agnès De Mille. Quant à sa conclusion, qui était aussi la conclusion de l'émission, elle lui avait échappé alors que, sans nul doute, elle pensait que la caméra ne tournait plus. En résumé, ça disait : « J'aurais dû me méfier, je suis tombée dans les pièges des libéraux. » L'adjectif « libéral » ayant des sens différents selon qu'on fait de la « bonne » ou de la « mauvaise » politique — en l'occurrence de la mauvaise suivant les conceptions de Miss Hopper. La petite phrase de la fin fut abondamment commentée dans Hollywood. Tous les gens qu'elle avait fait trembler depuis des années et qui n'avaient pas toujours eu la possibilité ou le courage de lui dire merde, se sentaient vengés.

Je fus la grande bénéficiaire de l'émission. Hedda Hopper ne me pardonna jamais « Small World ». Elle avait deux armes : les mots qui blessent ou le silence qui tue. Comme elle n'était plus toute jeune et qu'elle se croyait encore au bon vieux temps, elle choisit celle qui

1. « Tout le monde sait que j'ai été complètement en accord avec MacCarthy. »

avait si bien marché pendant des années : la seconde. C'était la gaffe.

Tous les journaux annoncèrent le score au lendemain des nominations : les sérieux, les graves, les futiles. Nous étions cinq actrices « nominées » : Katharine Hepburn, Doris Day, Elizabeth Taylor, Audrey Hepburn... et Simone Signoret.

Miss Hopper fit sa chronique sur les nominations un peu comme *Match* aurait pu le faire : elle cita mes quatre concurrentes et m'oublia dans la liste.

Elle s'enfonçait, elle me rehaussait. Je lui dois beaucoup. Elle devait se venger sur Montand quelques mois plus tard. Je n'étais plus là. J'étais rentrée en Europe.

Je lui dois beaucoup, car si grands que fussent les mérites d'Alice Aisgill dans *Room at the Top,* ils n'étaient sûrement pas écrasants en comparaison de ceux de mes quatre concurrentes. Nous étions d'âges et d'emplois différents, et nous avions vaillamment défendu les personnages qu'on nous avait fait le cadeau de nous proposer. Katharine Hepburn et Liz Taylor dans *Suddenly Last Summer,* Doris Day dans *Pillow Talk,* Audrey Hepburn dans *Nun's Story.*

Room at the Top était le seul film à ne pas appartenir à la production locale. J'étais la seule actrice à ne pas devoir sa carrière à Hollywood. Je suis bien obligée de me dire que tout cela joua en ma faveur et que les silences de Miss Hopper y furent aussi pour quelque chose. Tout comme la programmation de « Small World ».

J'étais bien contente, j'étais épatée. Je ne croyais pas du tout que ça finirait par l'Oscar, c'était déjà formidable comme ça. Dans les semaines qui suivirent la nomination, les gens très gentils qui, jusque-là, avaient pris l'habitude de me dire : « Tu verras, tu seras *nominée* », me dirent désormais : « Je te l'avais bien dit que tu serais *nominée* ». (Je sais bien qu'il faudrait employer un autre mot que ce barbarisme : ce serait « candidate désignée ». Ça me dépayserait...)

Dans les deux semaines qui précédèrent les Oscars, la formule changea. C'était : « Tu vas l'avoir... » Le « You're going to get it, you're going to get it... » sortait des voitures aux feux rouges, du standard du Beverly-Hills Hotel quand je commandais mon petit déjeuner, de la bouche de mon ami le groom du Polo Lounge, et je découvris que ce grand village allait bientôt vivre sa fête annuelle. La fête du cinéma, avec ses paris comme au tiercé, ses candidats encouragés, ses ennemis déclarés.

J'étais la candidate du Beverly-Hills Hotel. On n'y votait pas, ni au premier ni au deuxième tour. Mais, à notre retour au bungalow n° 20, au petit matin de cette soirée d'avril où nous avons mis l'Oscar sur le dessus de la cheminée, à côté de la grande photo de notre belle maison d'Autheuil, nous avons ramassé par terre des quantités de petits billets qui avaient été passés sous la porte après la diffusion de la cérémonie à la télévision. Ils étaient griffonnés en anglais, en italien, en espagnol, ils disaient : « Bravo et merci, vous m'avez fait gagner 10, 20 ou 50 dollars... »

A ceux qui avaient voté pour moi, je ne pouvais dire merci personnellement. Ils avaient tous voté à bulletin secret. Je n'ai jamais su à qui je devais, parmi les deux mille cinq cents personnes de ma profession, ma nomination au premier tour, et je n'ai jamais su non plus à qui je devais, parmi les vingt-cinq mille personnes de ma profession, ma victoire au second.

En tout cas, je ne suis pas près d'oublier les hurlements de joie qui éclatèrent dans le grand cinéma quand Rock Hudson, chargé d'ouvrir l'enveloppe qui ne contenait qu'un seul nom parmi les cinq noms « nominés », hurla littéralement : « SIMAUAUAUNE SIGNORAY », ni ma course dans la travée, ni la montée du petit escalier sur la gauche, pour finalement recevoir sur scène la statuette légendaire qui, à tort ou à raison, pour de bonnes ou de mauvaises raisons, vous sacre pour un an, dans la capitale du cinéma, « meilleure actrice du monde ».

Je serais une abominable hypocrite si je disais que tout cela n'est que péripétie. C'était formidable! C'était ma victoire, c'était un salut. C'était la victoire de ceux qui avaient voté pour moi. C'était la réponse aux silences de Miss Hopper, comme au bruit qu'avaient fait deux papiers qui avaient paru au lendemain de ma nomination : dans l'un, on disait que les votants s'étaient déshonorés en suggérant mon nom, qui sonnait d'une façon aussi choquante qu'eût sonné celui de Mme Goebbels en 1938 (!!!); dans l'autre, on me sommait de donner le numéro de ma carte de membre du parti communiste, et on me priait d'expliquer ce que j'étais allée faire à la DEFA dans un film d'un certain Bertolt Brecht.

Parmi les Oscars 1960, il y avait un Oscar que s'était donné à elle-même une petite bourgade d'Amérique du Nord, HOLLYWOOD, qui voulait faire savoir par là qu'elle était redevenue libre de faire ce qui lui plaisait. C'était ça que disaient les hurlements de la salle, c'était ça que disaient les télégrammes qui s'accumulèrent le lendemain matin au bungalow n° 20 et les bouquets de fleurs dont le premier avait été envoyé par Katharine Hepburn.

La cérémonie elle-même s'était déroulée suivant un rituel bien établi et rodé depuis longtemps. C'était Vincente Minelli qui, cette année-là, était le grand ordonnateur de cette soirée, tout à la fois la fête à la ville, la distribution des prix aux meilleurs élèves dans toutes les disciplines d'une profession et le plus luxueux « show » de variétés présenté sur une scène.

La fête à la ville, car dès après le coucher du soleil, le ciel de Los Angeles est balayé par les feux croisés d'énormes projecteurs qui rappellent à tous les citoyens que, ce soir-là, il va se passer quelque chose de très important et qu'ils peuvent venir en masse devant l'endroit où ça va se passer. C'est-à-dire voir sortir de leurs grandes limousines leurs idoles du moment et même celles de leur jeunesse, voire de leur enfance, avant qu'elles ne s'engouffrent dans le grand hall du cinéma. Ils viennent, ils crient, ils sifflent de contentement : c'est la fête.

La distribution des prix aux meilleurs élèves de la classe, parce qu'il y a un Oscar pour le meilleur des cinq meilleurs accessoiristes, musiciens, opérateurs, costumiers, paroliers des films musicaux, ingénieurs du son, monteurs, rôles secondaires, auteurs de films étrangers, réalisateurs de courts métrages, réalisateurs de films d'animation — peut-être que j'en oublie, mais eux, les organisateurs de la distribution des prix, n'oublient aucune de ces disciplines, des plus obscures aux plus voyantes. Les trois plus voyantes étant les trois dernières citées : « Meilleur acteur », « Meilleure actrice », « Meilleur film ».

Le plus luxueux show de variétés présenté sur une scène, et télévisé sur tout le territoire, car entre chaque ouverture de l'enveloppe qui va faire quatre malheureux, et rendre très heureuse une seule personne (enveloppe qui est elle-même ouverte chaque fois par une star différente, présentée cette année-là par Bob Hope, qui était maître de cérémonie), une autre énorme star vient chanter, ou danser, ou raconter des histoires.

Montand et moi, à l'arrière de la grande limousine qui était venue nous chercher au Beverly-Hills Hotel vers vingt heures, on regardait les feux croisés dans le ciel et on vérifiait qu'on n'avait pas perdu les cartons, tous les cartons, gravés du sigle doré de la statuette magique. C'étaient « les marches à suivre ».

Un carton indiquait le numéro des places. Un autre, ce qu'il fallait faire en cas de triomphe — c'est-à-dire se rendre sur scène. Le numéro de la place indiquait que chacun des « nominés » serait placé dans le fauteuil qui donnait directement sur la travée centrale, afin de ne pas perdre de temps après l'ouverture de l'enveloppe. Un autre carton conviait tout le monde, gagnants et perdants, à un souper monstre au Beverly-Wilshire.

Montand, en plus de tous ces cartons-là, avait le carton « Performer », qui lui expliquait quel itinéraire il devait suivre et à quelle heure exactement il devait quitter le fauteuil voisin du mien pour passer dans les coulisses et venir chanter deux chansons sur scène, comme Vincente Minelli l'en avait prié.

A nous deux, dans la limousine, on avait quatre tracs. Et aussi un peu le fou rire. La Cabucelle et Neuilly-sur-Seine nous faisaient de l'œil. Notre limousine de service nous déposa devant le cinéma en même temps que celle d'un jeune homme beaucoup plus connu que nous, je ne sais plus qui c'était, mais qui nous aida bien à nous faufiler discrètement.

Vers dix heures et demie, mon trac pour lui et son trac pour lui étaient oubliés. Bob Hope, après l'Oscar de la meilleure musique de film, je crois, avait amené sur scène Fred Astaire à qui il demanda d'introduire sur la même scène « Yvess Monntaind ». Yvess chanta *Un garçon dansait*, qui est l'histoire d'un pauvre raté qui croit qu'il peut danser comme Fred Astaire. Il chanta et dansa cette jolie fable devant Fred Astaire, et puis *A Paris*. Ça faisait déjà deux tracs de moins.

A Minelli qui lui proposait de le faire reconduire dans la salle à côté de moi, il répondit : « J'aime mieux l'attendre *ici*. » Minelli lui dit : « Let's hope she comes », mais cela, il ne me l'a raconté que plus tard.

Il ne restait donc que mon trac pour moi, et le sien pour moi.

Depuis le début de la soirée, *Ben Hur* ramassait tous les Oscars. Pour les effets spéciaux, au début de la fête, on avait vu monter sur scène trois accessoiristes qui, en tant qu'équipe, avaient tenu à ne pas se désolidariser : ils avaient empoigné tous trois la statuette, et c'était très joli. Pour les films d'animation, une grande ovation avait salué les noms de Faith et John Hubley. Je n'ai appris que beaucoup plus tard que cette ovation, qui ne m'avait pas frappée pour ses vraies raisons, saluait en fait la sortie du purgatoire maccarthyste du couple le plus doué et le plus inventif de l'histoire du dessin animé américain... Eux mis à part, et *le Poisson rouge* de Lamorisse pour les courts métrages, tout allait à la superbe super-production *Ben Hur :* costumes, musique, montage, les enveloppes s'ouvraient dans les mains célèbres, et c'était *Ben Hur, Ben Hur, Ben Hur*.

Ben Hur en était à son neuvième Oscar quand l'enveloppe sacrant le meilleur acteur de l'année fut ouverte. C'était Ben Hur. C'était Charlton Heston.

Mon mari était resté dans les coulisses. J'avais une place vide à côté de mon fauteuil de « nominée ». Derrière moi, il y avait un

« nominé » qui venait de perdre. Devant moi, il y avait une « nominée » qui allait peut-être gagner. On en était arrivé au moment de la meilleure actrice. Je me tassais dans ma belle robe de plumetis noir. Il n'y avait aucune raison pour que les mêmes voix eussent choisi aussi souvent la grande super-production et en même temps la vieille Alice d'un petit film à petit budget, confectionné à Shepperton Studios. Pourtant, dès le « Simauau... », je reçus une formidable tape sur l'épaule, du « nominé » qui était assis derrière moi — j'étais déjà debout, je courais... (Pour la suite, voir plus haut.)

Fin de l'invendable scénario.

11

Un soir du mois d'août 1962, Montand m'appela à Toulouse depuis Paris, alors que je dînais avec Costa-Gavras et Claude Pinoteau, à l'époque les deux premiers assistants de René Clément pour *le Jour et l'Heure.* Je suis revenue à la table et je leur ai dit : « Marilyn est morte. »

J'étais très triste. Je n'étais pas étonnée.

Une demi-heure après, le directeur de l'hôtel me prévenait qu'il venait de refuser des chambres à des journalistes de Paris qui lui avaient demandé où l'on pouvait me trouver.

Aujourd'hui encore, je remercie ce monsieur. Il m'a évité de participer à la relance (posthume, désormais) d'un petit événement que la presse avait usé jusqu'à la corde deux ans auparavant.

C'est dommage que cette même presse — qui ne s'était emparée de nous quatre, Marilyn, Montand, Miller et moi, que pour nous faire jouer des rôles que nous n'avions pas appris, dans une pièce que nous n'avions pas lue — n'ait pas eu l'occasion de nous voir vivre tous quatre comme nous avons vécu pendant quatre mois. Nous, les gens du nº 20 et les gens du nº 21. Elle n'aurait trouvé ni blonde briseuse de ménage, ni beau ténébreux, ni rat de bibliothèque, ni admirable épouse repliée sur sa dignité, qui sont les emplois dont elle nous gratifia par la suite.

Mais c'est également dommage qu'Arthur Miller, pour lequel j'avais beaucoup d'affection, ait écrit un jour *la Chute.* Après la mort.

Je ne suis pas Norman Mailer, et moi je vais parler de quelqu'un que j'ai connu. Pas d'un mythe, pas d'un « poster ». Je vais parler d'une voisine de palier qui aimait bien sa voisine de palier et avec laquelle elle voisinait comme on voisine dans toutes les HLM du monde, de luxe ou pas.

Montand rentrait du studio le premier, il se douchait et se jetait avec rage sur le texte qu'il lui fallait apprendre pour le lendemain. Il s'enfermait dans la chambre et y travaillait une bonne heure avant le dîner, souvent accompagné de son « coach » qui veillait sur l'accent et les accents toniques.

Quand Marilyn arrivait à son tour, elle nous trouvait généralement, Arthur et moi, soit chez elle, soit chez moi : c'était l'heure du compte rendu de ma journée, l'heure du bon scotch, et aussi celle où Arthur racontait le plus volontiers toutes les histoires du passé ancien ou récent de ce pays qui était le sien et que je connaissais si mal.

Elle était encore maquillée, disait : « Je vais prendre un bain et j'arrive. »

Elle revenait dans un petit peignoir de soie artificielle bleu pervenche à pois blanc. Démaquillée, « défauxcilisée », pieds nus, ce qui la tassait un peu, elle avait le visage et l'allure de la plus belle des paysannes de l'Ile-de-France, telles que depuis des siècles on les a chantées.

La mèche sur le front — sophistiquée, raide parce qu'elle avait été peignée par la coiffeuse à rebrousse-poil, par en dessous entre chaque plan — avait disparu. Elle avait été vigoureusement brossée en arrière.

La petite pointe réapparaissait.

C'était une petite pointe très jolie, toute frisottée, qui lui partageait le front également ou presque. Elle la détestait, elle la méprisait et elle s'en méfiait. Elle s'en méfiait parce que, curieusement, les racines de ces petits cheveux-là, mousseux comme ceux d'un tout jeune enfant, étaient beaucoup plus récalcitrantes à la décoloration platinée que les racines de tous les autres cheveux de sa tête de blonde. La belle mèche tombant sur l'œil, apparemment accidentelle à force de crêpages répétés, était un bouclier contre la racine qui trahit dans les plans très rapprochés. Dès le début de notre voisinage, elle me l'avait expliqué. Comme elle m'avait dit aussi : « Regarde, ils croient tous que j'ai de belles jambes longues, j'ai des genoux cagneux et je suis courte sur pattes. » C'était à peine vrai dans la petite robe de chambre sortie des Prisunics locaux. Ça cessait totalement de l'être quand elle se mettait en « Marilyn ». En « Marilyn », je ne l'ai vue que trois fois en quatre mois. Une fois pour le cocktail monstre de Spyro Skouras, une fois pour la seule fois où nous sommes allés dîner en ville tous les quatre; une dernière fois quand elle s'était préparée à aller recevoir le Globe d'Or, seul hommage artistique que cette ville lui ait jamais rendu.

Pour platiner ses cheveux et tuer la petite pointe plus sombre, récalcitrante, elle faisait venir à ses frais une très vieille dame de San Diego. Cette vieille dame était une décoloratrice de la Metro-Goldwyn-Mayer à la retraite. San Diego est à la frontière mexicaine. C'est à San Diego qu'avait choisi de se retirer cette artiste en eau oxygénée. Elle avait été celle qui avait platiné Jean Harlow pendant toute sa courte carrière. Du moins le prétendait-elle.

Et voilà pourquoi, chaque vendredi soir, en nous quittant, Marilyn me disait : « A demain, rendez-vous dans ma cuisine à 11 heures. »

Tous les samedis matin, la décoloratrice de la regrettée Jean Harlow prenait son avion à San Diego, atterrissait à L.-A. ; la voiture de Marilyn l'attendait à l'aéroport et la conduisait jusqu'à la cuisine, ou plutôt jusqu'à la kitchenette du bungalow n° 21.

Avant de lui laisser sortir de son vieux cabas ses vieux flacons d'eau oxygénée, depuis longtemps dépassés par la technique moderne, Marilyn (qui avait dressé un petit buffet, sorte de « brunch » ou de « cocktail party » auquel la voyageuse se restaurait abondamment) venait taper à ma porte. Que je prenne vite les serviettes de toilette du bungalow n° 20, la fête à la décoloration allait commencer.

La vieille dame revivait. Nous deux, on blondissait, cependant qu'elle racontait à quoi ressemblait la couleur qu'elle avait exécutée sur le crâne de Jean Harlow, trente ans auparavant, et qui lui avait assuré le succès. Ses récits étaient pleins de descriptions de robes de mousseline, de renards blancs, de chaussures lamées, de fêtes, et aussi de silences... car elle préférait ne pas raconter ce qu'elle aurait pu raconter. Ils se terminaient immanquablement par les funérailles de la « blonde platinée ». Nous deux, on croquait du rétro, on se faisait de l'œil quand la vieille s'arrêtait, trop émue. Le bâtonnet terminé par une poupée de coton enduit du précieux liquide virevoltait dans l'air au lieu de se poser sur nos précieuses racines, et risquait de décaler dangereusement le temps d'incubation indispensable à l'opération dite de décoloration. Marilyn ne s'inquiétait que de la petite pointe. A elle, il fallait sa dose. Le reste du temps, elle se laissait bercer par les anecdotes de la vieille dame, mais elle devenait intransigeante dès qu'on attaquait l'ennemie : le bâtonnet ne devait plus virevolter.

Dès que la petite pointe avait été traitée avec sérieux et dans le silence, la vieille dame, qui ponctuait son discours de « Deary », « Sweetie », « Sugar », qui pourraient être autant de « Mon trésor », « Ma mignonne », « Ma poulette », reprenait son récit là où elle l'avait laissé. A l'entendre, Jean Harlow se faisait sûrement décolorer vingt-quatre heures sur vingt-quatre, puisque cette dame n'avait jamais été absente, fût-ce une minute, de la vie quotidienne, amoureuse, conjugale et même agonisante de sa star.

Elle repartait pour San Diego en avion, au début de l'après-midi, après une petite collation. Nous deux, nous étions impeccablement blondes. Marilyn platine, et moi un peu auburn, c'était mon emploi.

On faisait le ménage dans la kitchenette, l'artiste avait laissé tomber beaucoup de petites poupées de coton oxygéné.

Ça me faisait rire d'avoir été décolorée par la dame qui se prétendait être la créatrice d'un mythe largement exposé dans les journaux de mon adolescence. Ça ne faisait pas rire ma copine. Ce n'était pas par hasard qu'elle avait dégoté l'adresse de la retraitée. Elle y croyait. Elle l'aimait et la respectait. Elle lui payait ses aller et retour depuis la frontière mexicaine, ses balades en limousine, ses toasts au caviar. C'était une forme d'association par personne interposée entre la « Blonde » première manière et la « Blonde » qu'elle était devenue. Ce devait être aussi — ça, c'est une réflexion d'aujourd'hui — la main tendue à quelqu'un d'oublié. Comme sont souvent oubliés les techniciens, réputés indispensables tant qu'ils servent la caméra du moment, le son du moment, le maquillage et le « coiffage » du moment, c'est-à-dire la mode. Ceux qui accompagnent — obscurément pour le public mais indispensablement pour la production — la prestation de la Star à la mode.

Les kitchenettes jumelles ne servaient pas que de salons de coiffure. Il leur arrivait aussi de servir de cuisines. Rarement, il faut bien le dire, mais il nous est quand même arrivé une ou deux fois de faire joujou à faire la cuisine. Il y eut en particulier un festin de pâtes confectionné à l'aide de nos deux sciences, la sienne acquise dans la famille Di Maggio, la mienne dans ma belle-famille, qui nous valut beaucoup de compliments au moment de la dégustation. Miller et Montand étaient fiers de leurs femmes. Après le dîner, nous faisions la vaisselle et nous nous repartagions les ustensiles de cuisine, les assiettes et les verres que nous avions mis en commun pour l'événement. On avait joué à la dînette.

Elle avait aussi une autre robe de chambre, une grande chose longue en velours cramoisi. C'était un cadeau de Miller pour le 1er janvier 1960. Quand elle la mettait, à la place du petit peignoir de soie artificielle, elle en parlait comme d'autres auraient parlé du vison sauvage qu'elles auraient — et ont d'ailleurs — trouvé dans leurs petits souliers de Noël. Quand elle mettait cette robe de chambre-là, elle mettait aussi autour de son cou, ou en diadème dans ses cheveux, un petit collier d'ambre sauvage. C'est le seul bijou que je lui ai connu, avec une paire d'immenses pendentifs en strass.

Je parle de ce que Marilyn portait à l'intérieur du bungalow nº 21, parce qu'elle ne sortait du bungalow nº 21 que pour aller travailler très tôt le matin, y revenir, son travail terminé, et n'en plus bouger ni les samedis ni les dimanches.

Elle ne sortait que pour aller faire un travail qu'elle n'aimait apparemment pas beaucoup. Elle ne l'aimait pas beaucoup parce qu'une légion de gens s'étaient succédé dans sa vie pour lui enfoncer dans la tête qu'elle était tout sauf une actrice. Que, sans eux, ou elles, elle était incapable de dire « il va pleuvoir » avec le moindre accent de justesse. Elle avait fini par les croire. Ils lui coûtaient une fortune, qu'elle payait.

Elle payait aussi d'avoir été starlette dans une ville qui avait englouti un énorme capital pour faire d'elle une star. Ils avaient trouvé que la petite Marilyn, starlette, était « cute [1] ». Ils la détestaient d'être devenue Monroe. Ils n'étaient pas tendres avec elle, et c'est pour cela qu'elle préférait rester chez elle.

Mais il y avait autre chose aussi. Et pour cela, je dois revenir à mes causeries au coin du feu artificiel (garanti par l'arrivée de gaz dans l'âtre du bungalow nº 20 ou 21) avec mon voisin, notre auteur, son mari, mon copain, Arthur Miller.

Comme il racontait bien comment elle l'avait sorti des catacombes antimaccarthystes en 1955! Comment elle était venue incognito avec lui à Washington, alors qu'il allait passer devant la Commission des activités antiaméricaines. Comment elle s'était cachée chez son avocat. Comment la presse avait eu vent de la présence en ville de « La Blonde », au point d'assiéger l'immeuble de l'avocat. Comment elle avait pris son temps (il lui fallait trois heures : je le sais, je l'ai vécu), pour se transformer en « Marilyn », et finalement apparaître telle que ces trois cents requins l'attendaient, pareille à sa légende, minaudante et susurrante.

En minaudant et susurrant, devant la porte cochère de l'immeuble, sur le trottoir de cette rue de Washington, elle leur avait demandé de quel droit ils prenaient le droit de lui demander des comptes à propos de son amour pour un homme qu'elle aimait. Si elle l'aimait, c'était parce qu'il était respectable, bon, honnête — et par conséquent pourquoi et au nom de quoi était-il à ce moment même contraint de passer pour un accusé devant un tribunal de guignols fascisants?

A ce moment-là, elle avait tout mis dans la balance. Deux choses pouvaient arriver : sa destruction totale, ou la réhabilitation dans l'opinion publique d'un homme qui, parmi d'autres, n'avait plus de passeport, dont les œuvres n'étaient plus jouées ni publiées. En fait, ce fut le début de la première mort de MacCarthy.

Je le raconte comme Miller me le raconta. Spyro Skouras, après l'escapade bruyante à Washington, avait mis le marché en main à

1 Mignonnette.

« La Blonde », qui s'était permis de sortir de son rôle d'objet fabriqué à grands renforts de publicité coûteuse. Si elle continuait à aimer officiellement Miller, la même publicité coûteuse serait mise au service de la destruction de ce qu'elle avait construit.

Marilyn avait alors répondu à l'ancien berger grec : « Détruisez-moi, nous irons au Danemark. »

Le Danemark devait correspondre à la fois à Elseneur et à la descente dans la rue du Roi arborant l'étoile jaune. L'ancien berger enregistra la réponse de « La Blonde ». Il fit probablement quelques sondages, choisit au bout du compte de continuer à miser sur elle. C'est ainsi qu'Arthur Miller retrouva son passeport, son droit de cité. Dans le grand luxe, c'est-à-dire sans avoir à dénoncer personne.

Ça valait bien un acte, une scène ou quelques répliques dans cette pièce qui s'appelle *After the Fall* et que nous avons appelée *la Chute*.

After the Fall, à New York, a été mis en scène par Elia Kazan. C'était en 1964; Marilyn était morte depuis deux ans.

(Un autre soir, au coin du feu, j'avais demandé à Miller de me traduire le mot « Gadge » qui ornait un télégramme d'invitation pour une fête organisée Chez Romanov. La traduction ferait à peu près comme ça dans un mauvais doublage : « Vous espérons pour fêter avec nous retour en ville de Gadge. Chaleureusement, The Strassbergs. » Miller, avec gravité, me traduisit « Gadge ». « Gadge », à moins d'être la paysanne que j'étais dans la région, c'était pour tout un chacun Kazan.

Il n'était pas question, me dit Miller, que nous, Yves et moi, assistions à une fête donnée en l'honneur de... Je l'arrêtai immédiatement, je n'avais nul besoin de ses mises en garde, j'étais au courant depuis longtemps. Je n'ai jamais rencontré Elia Kazan de ma vie.

Je trouve très triste que les retrouvailles Kazan-Miller se soient célébrées au-dessus d'une boîte, qu'on appelle un cercueil, celui d'une « Blonde » qu'ils ont à moitié défigurée, en tout cas trahie dans ce qu'elle avait de meilleur.)

Elle m'a emmerdée aussi, Marilyn. C'était un peu fastidieux de l'entendre raconter comme elle avait été heureuse et inspirée pendant les mois au cours desquels elle avait fait une série de photos pour Avedon. C'était la série d'ailleurs remarquable dans laquelle elle incarnait toutes les grandes stars des années trente. A l'entendre, les seules joies d'actrice qu'elle eût jamais éprouvées s'étaient concrétisées dans les déguisements qui la faisaient un coup Marlène, un coup

Garbo, un coup Harlow. Elle parlait des séances de pose comme les acteurs parlent de leurs tournages.

Elle n'avait pas d'autres bons souvenirs professionnels. Pas de ces histoires de fous rires avec les copains, de mystifications de têtes de Turcs, d'embrassades sonores après une scène dans laquelle on sent qu'on a bien joué ensemble. Tout cela lui était étranger. Je n'en revenais pas.

Elle me faisait raconter mes histoires à moi, qui n'étaient ni plus originales ni plus comiques ou bouleversantes que toutes les histoires d'acteurs, dans tous les pays du monde. C'étaient des histoires de merveilleuse complicité, comme celle de l'école quand on est petit.

Il est possible qu'elle l'ait pour la première fois de sa vie rencontrée, cette complicité, en tournant avec Montand, et cela expliquerait bien des choses pour la suite.

Elle me faisait aussi lui raconter *des* histoires. Alors, je lui racontais *la Sauvage, l'Hermine,* toutes les filles du répertoire d'Anouilh, pour lesquelles je pensais qu'elle était faite, je m'en apercevais tous les jours en vivant avec elle. Elle avait leurs frayeurs et leurs amertumes.

Et je lui racontai un soir *On achève bien les chevaux,* en lui conseillant de vite se procurer les droits du bouquin que je connaissais parfaitement pour l'avoir joué à la radio en 1946, quand j'étais enceinte de Catherine.

C'est ce soir-là, en m'écoutant, pendant que Montand peinait dans la chambre du fond sur ses « sentences [1] » du lendemain, qu'elle nous cuisina un tour de sa façon qui ne se produisit qu'une fois.

Miller était en Irlande, chez Huston, pour une semaine de discussions à propos des *Misfits.* Il nous avait confié Marilyn. Il se faisait tard. Tard pour Hollywood. Trop tard pour elle qui se levait à cinq heures. Vers onze heures, Yves passa la tête dans le living-room et annonça qu'il se couchait. J'avais fini de raconter mon histoire, je lui conseillai d'aller elle aussi au lit. Elle en voulait une autre. Je me faisais vraiment l'impression d'être avec un môme qui retarde le moment où on va lui éteindre la lumière. Elle finit par obéir, m'embrassa et rentra chez elle.

Le lendemain matin, vers dix heures, Montand m'appela du studio. Elle n'était pas là, la voiture l'avait attendue depuis cinq heures et demie, comme tous les matins, en bas des escaliers « cuisine », dans la petite ruelle, juste devant la vieille voiture-bureau de Howard Hughes. Puis le chauffeur était monté, avait frappé à la porte de la cuisine. Puis il avait fait tout le tour et était venu frapper à la porte de l'appar-

1. Phrases du dialogue.

tement. Puis il était allé faire un petit tour dans les jardins, d'où il pouvait scruter les fenêtres. Il s'en était finalement retourné à la Fox, bredouille.

La Fox, vers huit heures, avait commencé à téléphoner au Beverly-Hills. La standardiste n'obtenait pas de réponse du bungalow n° 21. Il était maintenant dix heures. La Fox avait bien dû essayer vingt fois : toujours pas de réponse. Et maintenant la Fox avait peur, toute l'équipe avait peur.

J'allai frapper chez la voisine. Frapper d'abord, puis cogner, un peu comme la police ou les pompiers. Et puis je l'appelai, et puis je passai du côté cuisine, et comme aucun signe de vie n'était donné, c'était moi maintenant qui avais peur.

Ma copine du standard me rassura, le bungalow n° 21 ne répondait effectivement pas, mais le bungalow n° 21 avait cependant demandé une communication. Je rappelai Montand à la Fox.

Trois quarts d'heure plus tard, il était rentré à la maison. La journée de travail était perdue si Marilyn continuait à ne pas se manifester. On lui téléphonerait s'il y avait du nouveau, mais, de toute façon, étant sur place, il serait le premier au courant.

Alors, en me demandant quelques tuyaux de vocabulaire, Montand confectionna un petit billet qui disait à peu près ceci : « Tu peux faire ce que tu veux à Spyro Skouras à la Fox, à tous les producteurs de cette ville si tu leur en veux. Mais quand tu traînes en écoutant les histoires que te raconte ma femme au lieu d'aller te coucher, parce que tu as déjà décidé de ne pas te lever le lendemain pour aller au studio, préviens-moi! Et ne me laisse pas travailler pendant des heures sur la scène que tu as déjà décidé de ne pas tourner le lendemain. Moi, je ne suis pas un affreux, je suis ton copain, et les caprices de petites filles ne m'ont jamais amusé. Salut. »

Nous avons ouvert notre porte de palier sans faire le moindre bruit, pieds nus sur l'épaisse moquette, nous sommes allés glisser le petit mot sous la porte d'en face, en prenant bien soin d'en laisser la moitié à l'extérieur. Nous n'avons pas refermé notre porte. Nous avons fait le guet en silence. Comme dans les westerns et les films policiers. Très peu de temps s'écoula, et le message en son entier passa à l'intérieur du bungalow n° 21. Ce fut un passage au ralenti, la moitié apparente progressa millimètre par millimètre, comme si, derrière la porte, la personne à qui il était adressé prenait les précautions des porteurs de nitroglycérine du *Salaire de la peur*.

Alors nous avons refermé, sans bruit, notre porte, comme nous l'avions ouverte. Et nous avons attendu la réponse.

Comme elle ne venait pas, Montand décida que ça allait comme ça. Le temps du suspense silencieux était terminé, et très fort, pour qu'on l'entende de l'autre côté du palier, il me confia en français, ou plutôt en franglais, que, tant qu'à faire, puisque la journée de travail était foutue, nous ferions mieux d'aller nous taper un bon déjeuner en ville : c'était congé puisqu'il y avait des manquants... Les mots clés étaient en anglais, hurlés à la cantonade.

Nous avons déjeuné dehors. Je crois bien que nous sommes allés au cinéma. Nous avons dîné dehors. J'étais sûre qu'en rentrant, il y aurait un mot sous la porte.

Il n'y avait rien.

Vers onze heures du soir, nous étions couchés lorsque le téléphone sonna. C'était « Mr. Miller, from Dublin », me dit la standardiste.

« Si tu dors, je m'excuse de t'avoir réveillée. Maintenant que tu es réveillée, fais-moi plaisir, va taper à la porte de Marilyn, elle est derrière, elle m'a tout raconté, elle ne sait pas comment faire, elle a honte. »

Alors je me suis levée, j'ai tapé, et j'ai reçu dans mes bras une fille qui sanglotait en répétant : « I am bad, I am bad, I am bad, I won't do it again, I promise! [1] » Tout ça se passait sur le petit palier, Montand en robe de chambre lui tapotait les cheveux en lui disant : « OK, OK, tâche d'être à l'heure demain matin. »

Cette histoire ne m'a jamais fait rire. Elle m'a cependant servi à briller quelquefois en société tant que Marilyn était vivante. La chute (sans jeu de mot, je le jure, ça vient de me venir comme ça) de l'histoire avait toujours beaucoup de succès : « On appelle Dublin pour que Dublin appelle les voisins de palier », ça plaisait beaucoup. Ça prenait un côté : « Allô New York? Je voudrais le 22 à Asnières... »

J'ai cessé de raconter cette histoire après sa mort. Ou quand je l'ai racontée, c'était à des gens dont je savais qu'ils ne riraient pas.

(Après les retrouvailles sur le petit palier, nous n'avons plus jamais reparlé de cette journée « blanche ». Je n'ai jamais osé lui demander à quelle heure elle avait décidé de ne pas descendre prendre la voiture qui l'attendait, à quelle heure elle avait commencé à s'engluer dans le silence, la fausse mort, l'absence. Je ne saurai jamais combien de temps elle est restée assise derrière cette porte avant de décider qu'elle lirait ce message qui était quand même un fil avec l'extérieur. Un fil

1 « J'ai pas été bien, j'ai pas été bien, je jure que je le ferai plus! »

qu'elle a dû croire cassé pendant toute cette journée, puisqu'elle était incapable d'en renouer les deux bouts toute seule.)

Tout ça se passait bien avant ma nomination pour les oscars. Elle était dans l'air et ça la réjouissait. En tout cas, elle prenait sur elle, même si, toute seule dans son coin, elle récapitulait tous les rôles qu'elle avait joués et qui n'avaient jamais été honorés de la moindre « nomination » officielle. Elle était la première à m'apporter les petits échos qu'elle lisait dans les « Bibles » (le *Daily Variety* et le *Hollywood Reporter*) qu'on vous apporte avec votre petit déjeuner.

Comme on me les avait mis aussi sur mon plateau de petit déjeuner, je n'avais pas été sans remarquer que, chaque fois qu'on me célébrait comme une « Diva » venue d'ailleurs (c'était le service de publicité attaché à la carrière de *Room at the Top* qui fournissait le matériel), étrangement, il y avait toujours quelque chose de méchant pour elle. On citait des gaffes qu'elle avait commises en public, des mots qui lui avaient prétendument échappé dans un restaurant à la mode... C'était tout faux. Elle ne pouvait pas faire de gaffe en public : elle ne sortait pratiquement jamais. Quant aux restaurants à la mode (à part celui dans lequel nous nous étions rendus pompeusement, comme une famille de provinciaux décide d'aller un soir chez Maxim's, occasion pour laquelle elle s'était mise en Marilyn), il y avait belle lurette qu'on ne l'y voyait plus.

J'ai dit qu'elle était la première à m'apporter les échos des petites « Bibles », parce qu'à partir d'un certain moment éclata une grève des acteurs : on ne se quittait plus.

C'était une grève très importante, elle avait pour revendication première le droit de redevance sur les passages à la télévision des films tournés depuis des années. C'était la grève d'une corporation plutôt que celle d'un syndicat dans le sens où nous l'entendons. Il se trouve qu'en Amérique, les syndicats sont des corporations.

Tout Hollywood était donc en grève. Ça n'était pas 1936 à Paris, ça n'était pas 1905 à Odessa, mais, sur le plan de l'union d'une profession, c'était exemplaire. Il n'y avait pas de manifs, pas de défilés. Il y avait des refus de travail. Ça allait de Gary Cooper à Gregory Peck en passant par le nouveau venu Paul Newmann, et d'Elizabeth Taylor à Debbie Reynolds, en montant jusqu'à Marilyn...

C'est ce qui explique donc qu'à partir d'un certain moment, on ne se quitta plus, et qu'elle ait été la première à m'apporter les échos des petites « Bibles ». Nous étions consignés dans nos bungalows; les autres dans leurs belles villas, leurs haciendas, leurs fermettes normandes, leurs folies du XVIIIe, leurs maisons victoriennes.

Ils avaient tous bien raison. Nous, on était un peu étrangers à la chose, enfin à leur chose. Mon mari était gréviste. J'étais femme de gréviste. Les défraiements monumentaux qui servaient juste à payer la note monumentale du bungalow nº 20 nous permettaient de tenir.

C'était rigolo d'être gréviste à Hollywood, mais j'ai tort de plaisanter, parce que cette grève a complètement changé le statut de toute la profession cinématographique américaine, qu'elle concerne les énormes stars, les stars moyennes ou les pas stars du tout. C'est simplement l'image de moi, femme du gréviste Yves Montand, qui m'a fugitivement donné l'envie de rire... La grève s'éternisait. Arthur, qui était rentré depuis un bon moment de Dublin, décida qu'ils iraient attendre la fin des négociations « télévision-syndicat » à New York. Je venais d'être nominée, ils étaient contents pour moi, ils étaient contents contre Hedda Hopper, ils étaient contents pour les Proctors. Elle était contente et probablement un peu déchirée : « Tout ça est juste », disait-elle, et probablement pensait-elle que ça ne l'était pas complètement.

Le matin de leur départ, nous nous sommes tous quatre embrassés sur le palier, et puis nous sommes allés sur le balcon du living-room pour leur faire « Ciao » et « A bientôt » de la main. Elle se retourna et me cria : « Good Luck! I know! I know! you're going to get it. » Et elle rattrapa Arthur dans l'allée du jardin. Elle avait mis ses talons et son manteau de vison blanc de confection; il avait un grand col cartonné qu'elle se promettait toujours de faire recouper.

C'est la dernière image que je garde d'elle, je ne l'ai plus jamais revue vivante.

J'ai raconté celle que j'avais connue, c'est sûrement la même qui est revenue reprendre son travail quand la grève s'est arrêtée.

Je n'étais plus là. J'honorais un vieux contrat, toujours repoussé. Je tournais en Italie *Adua et ses compagnes.* Nous ne faisions pas un chef-d'œuvre, mais je serais une sale hypocrite si je jouais la dame qui se rongeait les sangs parce qu'elle est séparée de son mari qu'elle a laissé dans le bungalow nº 20 voisin du bungalow nº 21.

Je goûtais le printemps romain, les retrouvailles avec l'Europe, les dîners avec les gens de l'équipe dans les trattoria, sous les tonnelles. Ils et elles — les gens du film — étaient drôles, tendres, vieux comme le vieux monde et jeunes comme les jeunes filles assises en amazone à l'arrière des Lambrettas, enserrant de leurs bras leurs jeunes conducteurs. Il y avait de beaux couchers de soleil à contempler depuis le balcon de l'appartement de l'Excelsior, au septième étage. Toutes les terrasses de Rome étaient dorées. Je savais toujours avec qui j'allais dîner. J'étais investie de la dignité que me conférait la « Statuette ». Je m'amusais énormément avec des gens que j'ai beaucoup aimés. Et je rejouais la comédie pour la première fois depuis deux ans. Je la jouais dans ma langue, on me doublerait après : aucun problème linguistique. Je passai à Rome trois mois délicieux qui m'interdisent, encore aujourd'hui, de me permettre de juger de ce qui a pu se passer pendant mes semaines romaines et les semaines new-yorkaises de Miller, entre un homme, mon mari, et une femme, ma copine, qui travaillaient ensemble, vivaient sous le même toit et par conséquent partageaient leurs solitudes, leurs angoisses, leur humour, leurs souvenirs d'enfants pauvres.

C'est pourquoi je renverrai les amateurs de tranches de vie à la lecture des journaux de l'époque. Ils se sont chargés de transformer en événement une de ces histoires qui arrivent dans toutes les entreprises, dans tous les immeubles, et sur beaucoup de tournages de films.

Elles sont souvent tendres et désarmantes, parfois passionnelles. Suivant leur intensité, elles se terminent en douceur, par la force des choses, ou elles aboutissent à la rupture avec la vie d'avant.

Il arrive aussi qu'elles se transforment avec le temps en amitié plus solide que n'importe quelle passion fugitive.

Il est rare que les copains de travail ou les voisins ne cancanent pas. Pas méchamment, mais avec l'indulgence de ceux qui sont passés par là et qui secrètement regrettent que ce temps-là soit passé.

Mais comme « c'est pas marqué sur le journal », que ça n'a jamais été « marqué sur le journal », c'est dans les regards qu'ils rencontrent à la cantine, ou dans l'escalier de leur immeuble, que les héros lisent le jugement, la complicité ou la désapprobation. Et, la plupart du temps, ils sont libres de décider par eux-mêmes de ce qu'ils feront de cette histoire qui ne regardait qu'eux dans un premier temps, et qui préoccupe à présent l'atelier et l'immeuble dans un second temps. (Je renvoie mes lecteurs au chapitre IX de ce livre, si toutefois ils sont toujours avec moi...)

Mais quand c'est « marqué sur le journal », et que le journal devient « les journaux », et que le « scoop » commence à faire le tour des rotatives, qui sont nombreuses quand elles tournent pour le compte de la presse Hearst à laquelle Mme Hopper donne son petit papier, votre jolie petite histoire, ou votre belle histoire, ou votre grande histoire, elle est foutue.

Elle n'est plus la vôtre, elle n'est plus non plus celle de votre conjoint, elle est devenue celle des acheteurs de papier. Et, par conséquent, elle est devenue « l'affaire » des marchands de papier [1].

Ces histoires se vendent très bien, elles se traduisent dans toutes les langues. Suivant les tempéraments des différents pays dans lesquels se joue la pièce que l'on vous fait jouer à votre insu, les répliques que vous n'avez pas prononcées prennent un caractère de mélodrame, de tragédie ou de vaudeville.

C'est triste et c'est bête à mourir.

C'est bête à mourir de recevoir dans son courrier des lettres qui vous encouragent à « tenir bon », qui vous racontent sur quatre pages comment « moi aussi j'ai souffert, mais j'ai su reconquérir mon mari et voici comment... », ou « ma rivale était blonde comme elle... ». C'est bête à mourir de se faire tapoter sur l'épaule par une mercière chez laquelle vous êtes entrée acheter quatre-vingt-dix centimètres d'élastique, à Auxerre (où vous tournez *les Mauvais Coups* en vous amusant beaucoup avec les copains) et qui vous dit avec un encourageant clin d'œil : « Il vous reviendra, vous verrez », alors que votre mari, qui tourne à Paris (parce que tout cela se passe maintenant en octobre), vous appelle tous les soirs...

Cette pièce-là s'est jouée pendant des mois. Ce n'était pas triste, mais c'était la barbe.

Après arriva un genre de courrier qui cumulait les deux qualités : il était triste et bête à mourir — plus une troisième : d'être anonyme.

C'était celui qui concernait à la fois mon « infortune » et ma signature au bas du Manifeste des 121.

J'étais rentrée au vieux pays chargée d'honneurs. J'avais plein d'histoires à raconter sur ces mois passés dans la bulle irisée. Les copains défilaient pour se faire montrer à quoi ça ressemblait, un Oscar en vrai. J'avais le teint des Californiennes, des petits ensembles et des pantalons de chez Jax, des mocassins brodés de perles soi-disant fabriqués dans des réserves où les Indiens sont si heureux, j'étais futile, j'étais un peu d'ailleurs. On se chargea rapidement de me réinstaller dans mon milieu naturel...

C'est Claude Lanzmann qui s'en chargea. Il fallait qu'il me voie tout de suite, c'était de la part de Sartre, est-ce qu'il pouvait passer? A son ton, il était clair qu'il ne venait pas pour admirer la statuette ni pour me faire décrire Sunset-Boulevard. Quand il sortit son papier de sa

1. Il ne serait pas équitable que je ne mentionne pas les très belles photos et les longs articles que le journal *Match* nous consacra pendant deux semaines consécutives...

poche, je savais déjà que tout allait recommencer. Les vacances étaient terminées.

Je lus. Le texte était concis, courageux et suffisamment provocateur — dans le bon sens du verbe provoquer — pour ne pas passer inaperçu. En voici les dernières lignes :

> Les soussignés, considérant que chacun doit se prononcer sur des actes qu'il est désormais impossible de présenter comme des faits divers de l'aventure individuelle; considérant qu'eux-mêmes, à leur place et selon leurs moyens, ont le devoir d'intervenir, non pas pour donner des conseils aux hommes qui ont à se décider personnellement face à des problèmes aussi graves, mais pour demander à ceux qui les jugent de ne pas se laisser prendre à l'équivoque des mots et des valeurs, déclarent :
> — Nous respectons et jugeons justifié le refus de prendre les armes contre le peuple algérien.
> — Nous respectons et jugeons justifiée la conduite des Français qui estiment de leur devoir d'apporter aide et protections aux Algériens opprimés au nom du peuple français.
> — La cause du peuple algérien, qui contribue de façon décisive à ruiner le système colonial, est la cause de tous les hommes libres [1].

1. Signé par Arthur Adamov, Robert Anthelme, Georges Auclair, Jean Baby, Hélène Balfet, Marc Barbut, Robert Barrat, Simone de Beauvoir, Jean-Louis Bédouin, Marc Begbeider, Robert Benayoun, Maurice Blanchot, Roger Blin, Arsène Bonnafous-Murat, Geneviève Bonnefoi, Raymond Borde, Jean-Louis Bory, Jacques-Laurent Bost, Pierre Boulez, Vincent Bounoure, André Breton, Guy Cabanel, Georges Condominas, Alain Cuny, Jean Dalsace, Jean Czarnecki, Hubert Damisch, Bernard Dort, Jean Douassot, Simone Dreyfus, Marguerite Duras, Yves Elleouet, Dominique Eluard, Charles Estienne, Louis-René des Forêts, Théodore Fraenkel, André Frénaud, Jacques Gernet, Louis Gernet, Édouard Glissant, Anne Guérin, Daniel Guérin, Jacques Howlett, Édouard Jaguer, Pierre Jaouen, Gérard Charlot, Robert Jaulin, Alain Joubert, Henri Krea, Robert Lagarde, Monique Lange, Claude Lanzmann, Robert Lapoujade, Henri Lefebvre, Gérard Legrand, Michel Leiris, Paul Lévy, Jérôme Lindon, Éric Losfeld, Robert Louzon, Marcel Péju, Olivier de Magny, André Mandouze, Maud Mannoni, Jean Martin, Renée-Marcel Martinet, Jean-Daniel Martinet, André Marty-Capgras, Dionys Mascolo, François Maspero, André Masson, Pierre de Massot, Jean-Jacques Mayoux, Jehan Mayoux, Théodore Monod, Marie Moscovici, Georges Mounin, Maurice Nadeau, Georges Navel, Claude Ollier, Hélène Parmelin, Jean-Paul Sartre, Florence Malraux, André Pieyre de Mandiargues, Ernest Pignon, Bernard Pingaud, Maurice Pons, J.-B. Pontalis, Jean Pouillon, Denise René, Alain Resnais, Jean-François Revel, Paul Revel, Alain Robbe-Grillet, Christiane Rochefort, Jacques-Francis Rolland, Alfred Rosmer, Gilbert Rouget, Claude Roy, Marc Saint-Saens, Nathalie Sarraute, Renée Saurel, José Pierre, Claude Sautet, Jean Schuster, Robert Scipion, Louis Seguin, Geneviève Serreau, Simone Signoret, Jean-Claude Silbermann, Claude Simon, René de Solier, D. de la Souchère, Jean Thiercelin, René Tzanck, Vercors, Jean-Pierre Vernant, Pierre Vidal-Naquet, J.-P. Vielfaure, Claude Viseux, Ylipe, René Zazzo. (Il s'agit ici des signataires de la première heure, qui furent ensuite rejoints par beaucoup d'autres.)

Dans un premier temps très court, je me dis, tout en lisant : « Comme on est bien là-bas, à vivre les jours tranquilles des jardins du Beverly... » ; dans un deuxième, très court aussi, je m'insultai : « Tu n'as pas envie de te mouiller, hein? Tu vas essayer de trouver un biais, de t'accrocher à un mot... » Je lisais, relisais, Claude ne disait rien, il me regardait, et tout à coup j'ai vu Ostende. *Ostende!* Le vieux libraire cruel — mais juste —, pas-poli-et-méprisant. « Et à part acheter des livres, vous faites quoi à propos de ce qu'on fait en votre nom? » Ni au revoir ni merci en me rendant ma monnaie...

Je la tenais, ma vengeance! C'est comme ça que je signai ce papier, qui est devenu célèbre sous le nom de Manifeste des 121.

Je ne pouvais pas prendre la responsabilité d'ajouter le nom de Montand au mien, nous ne l'avons jamais fait sans que l'autre ait lu ou écouté la chose à signer. Il était à l'autre bout du monde, les décalages horaires et les emplois du temps ont fait que je n'ai pu le joindre avant la publication, qui était urgente, de cette bombe verbale qui dérangea tout le monde et créa énormément d'ennuis à ceux qui la signèrent.

Quand il est rentré, il m'en a voulu de ne pas l'avoir associé à moi, mais quand il est rentré, c'était aussi le moment où on nous faisait jouer nos rôles dans la pièce dont je parlais plus haut. Tout se mélangeait alors : dans l'esprit de certains — ce n'étaient pas des esprits très distingués — l'absence de son nom auprès du mien, pour la première fois après tant d'années de signatures communes, fut commentée comme une sorte de divorce moral.

Les brimades devinrent officielles. Elles devinrent des représailles, elles étaient même affichées dans les stations de radio, à la télévision, dans les théâtres et dans les bureaux des productions. Toute personne ayant signé ce texte, quelle que fût sa profession (suivaient les noms), était interdite d'antenne, sur scène, et au passage des actualités télévisées. Les subventions gouvernementales seraient retirées aux employeurs qui passeraient outre.

C'est comme ça que chez Barrault-Renaud, le montage d'un Claudel resta paralysé. Roger Blin, Laurent Terzieff, Alain Cuny et Pierre Boulez étaient interdits.

C'est comme ça aussi que mon gentil producteur R. Thuillier, qui m'avait engagée pour *les Mauvais Coups,* se retrouva sans l'aide au cinéma.

C'est pour ça que Frédéric Rossif et François Chalais interrompirent leur émission « Pour le cinéma » en annonçant solennellement qu'ils ne la reprendraient que le jour où tout le monde pourrait de nouveau être interviewé. Ils la reprirent sept mois plus tard, avec moi dans le premier numéro.

C'est pour ça que Jacques Prévert, qui n'était pas signataire, à qui on offrait deux heures d'antenne, posa naïvement comme condition la participation de tous les signataires, de Danièle Delorme à François Truffaut.

Et c'est pour ça aussi, bien entendu, que Montand refusa de participer à tous les programmes de fin d'année pour lesquels on le sollicitait.

Mais c'était quand même le temps des lettres tristes, bêtes à mourir et anonymes. Elles étaient à la fois pornographiques, scatologiques et patriotiques. Elles disaient généralement que mon mari avait bien eu raison de me préférer une blonde si fraîche. Que je retourne donc chez les Arabes dont les aptitudes amoureuses sont bien connues. On ajoutait souvent que c'était bien fait aussi pour le juif Miller.

Et c'est dans ce gâchis que se termina cette année qui avait si joliment commencé.

Du vrai travail, du trac de New York, de la dignité d'avoir su rester soi-même dans un pays dont la porte nous avait été si longtemps interdite, des longues heures de bagarres avec les poèmes thaïlandais et les prières bretonnes, il ne semblait rien subsister. Balayé! C'est tout juste si, dans l'esprit de certains, nous n'étions pas partis en Amérique pour rien d'autre que pour cette publicité-là.

Je ne serais probablement pas revenue sur ce gâchis vieux de seize ans si, depuis quelque temps, et de plus en plus fréquemment, des historiographes un peu sociologues, et certainement pas complètement désintéressés, ne publiaient de gros ouvrages à propos de cette jeune morte que personne ne prenait au sérieux de son vivant. Immanquablement vient le chapitre qui nous concerne, et les vieilles citations ressortent comme ce « Schoolgirl crush on me [1] » qui, tant par sa forme grammaticale que par sa difficulté à être bien prononcé, aurait demandé huit jours de travail à Montand s'il avait vraiment dû le prononcer devant Hedda Hopper, comme elle le prétendit le jour où elle décida de se venger.

Il y a aussi, dans ces études psychologiques, des noms que je retrouve. Des gens qui parlent de Marilyn. Parmi ces noms, il y en a

1. « Béguin d'écolière. »

quelques-uns qui appartiennent à des gens qu'elle aimait et qui l'aimaient. Il y en a malheureusement quelques autres qui appartiennent à des gens qui la haïssaient. A moi ils le disaient, aux temps heureux des bungalows nos 20 et 21. Elle n'en a jamais rien su.

Elle n'aura jamais rien su non plus de mon chagrin, ce soir d'août 1962.

Elle n'aura jamais su combien je ne l'ai jamais détestée, et comme j'avais bien compris cette histoire qui ne regardait que nous quatre et dont le monde entier s'est occupé dans un temps troublé où il se passait pourtant des choses plus importantes.

Elle est partie sans savoir que je n'ai jamais cessé de porter le carré de mousseline champagne qu'elle m'avait prêté pour mettre sur ma tête un jour de reportage photographique, et qu'elle avait choisi bien assorti à mon petit costume. Si bien assorti qu'elle m'en fit cadeau.

Il est un peu usé, maintenant, mais en le pliant soigneusement, dans un certain sens, ça ne se voit pas.

12

J'ai commencé à me prendre par la main au moment où ma mère me conduisait chez des coiffeurs qui ne flambaient pas leurs instruments avant de me couper les cheveux à la Jeanne d'Arc, et je me suis fait traverser toutes ces frontières jusqu'à hier soir où j'ai laissé sur ma machine à écrire le souvenir de moi, blonde décolorée de quarante ans.

J'étais tellement avec moi, la blonde décolorée (quelle fatigue, la mémoire!), que c'est avec une grande stupeur que j'ai rencontré dans la glace une personne trop replète, et grisonnante, pour ne pas dire blanchissante, qui me faisait « coucou c'est moi! » au moment où j'allais me laver les dents.

Au cours des seize ans qui séparent ces deux personnes, il s'est passé plein de choses, il y a eu quelques autres passages de frontières, je devrais dire d'octrois.

Les vraies frontières, je les ai racontées. Les vraies découvertes, l'escalade professionnelle, les prises de conscience, les amours et les amitiés, les livres déterminants, les choix irréversibles, c'est dans ces quarante années-là que tout cela s'est joué.

Et tellement bien joué que le reste, ces seize ans jusqu'à aujourd'hui, c'est du surplus, des cadeaux, la rallonge-miracle, la surprise que ça continue, la gratitude envers les bons et même les mauvais moments. C'est dans la continuation du voyage, dans un wagon de première classe bien installé sur ses rails, alors qu'on a pris le train à vingt ans dans un compartiment de troisième qui roulait sur une voie cabossée, jalonnée de gardes-barrières et de gares où l'on descend pour la première fois.

Les gares dans lesquelles je vais descendre à compter de maintenant sont des gares où je suis déjà descendue avant, elles seront celles des retrouvailles, des constats, rarement celles des découvertes.

Sauf une, celle qui m'a faite grand-mère pour la première fois de ma vie, un 28 mars 1970. Bonjour Benjamin!

Surplus, cadeaux, rallonge-miracle... Être la Roberte des *Mauvais Coups,* après avoir dit non à tous les scénarios recouverts de moleskine usagée dont pas un n'offrait un rôle aussi beau dans une aussi belle histoire, et se retrouver heureuse en pleine Bourgogne dans l'hiver très froid de 1960. Être la femme de Laurence Oliver en Irlande et enfin sous la direction de Peter Glenville. Faire du camion, du métro, du train, du vélo, de Rethel à la frontière espagnole pendant trois mois sous la direction de René Clément.

Penser parfois bien sûr à la Californie — aux oiseaux-mouches, aux coyotes et au bruit des glaçons dans les « Pimps » — pays où l'on ne retournera probablement jamais, et tout à coup s'y retrouver en 1964, pour jouer La Contessa dans *la Nef des fous* de Stanley Kramer.

Mon Hollywood de 1964 est plein d'autres choses aussi.

La plage de Trancas où m'emmenait Katharine Hepburn, très tôt le matin, quand je ne tournais pas. Elle se levait avec le soleil comme les pionnières et si elle ne l'avait pas raconté elle-même depuis, je n'aurais jamais fait allusion à sa vie avec Spencer Tracy, sur lequel elle veillait avec un amour d'adolescente. Elle ne travaillait plus pour être auprès de lui qui ne travaillait plus depuis qu'une attaque l'avait rendu inassurable. Alors Stanley Kramer avait fait installer sur le plateau du film un très beau fauteuil au nom de Spencer Tracy, et tous les matins vers neuf heures, le plus bel Irlandais à cheveux blancs de tout le cinéma américain venait prendre sa place de soi-disant superviseur et nous faisait mourir de rire... Quand je ne tournais pas, j'étais avec elle; quand je tournais, j'étais avec lui.

Il y avait les week-ends chez Lee et Betty Marvin, avec leurs quatre gosses, dans une petite maison de location sur la plage. C'était le bruit de la mer comme je ne l'avais pas entendu, si proche de mon lit, depuis Saint-Gildas. Le dimanche matin arrivaient Georges Segal, sa femme, son bébé et son banjo. On pique-niquait ou on cuisinait. C'était encore plus Saint-Gildas. Pour Lee Marvin, *Ship of Fools* fut la fin des seconds rôles, ça faisait vingt ans qu'il attendait. Pour Georges Segal, son premier film...

Pour aller sur ces plages, il fallait passer, à un moment donné, entre deux parois de grandes roches rouges. C'est Hepburn, un matin, qui me fit lever la tête et découvrir les cœurs et les initiales peints en blanc, à des hauteurs vertigineuses, équivalents des cœurs et des initiales gravés au canif, à hauteur d'homme et de femme, sur les marronniers ou les platanes de chez nous. Au péril de leur vie, des as de la varappe, un pot de peinture à la main, étaient allés inscrire là-haut des mots comme : « Jane + Bill = Love », et la date...

Tout ça n'aurait qu'un intérêt folklorique et anecdotique si, à chacun de mes retours en Californie, je n'avais constaté que les périlleux graffiti amoureux restaient toujours aussi amoureux, mais qu'ils étaient souvent suivis par des « – Love *and peace* » à partir de 1966.

En 1968-1969, les parois rouges ressemblaient à de gigantesques totems. Les « Jane + Bill » ne s'inscrivaient plus dans des cœurs, c'étaient quand même des cœurs, mais ils avaient la forme d'un cercle dans lequel un schématique porteur de sémaphore baissait les bras. C'était le « Peace Sign », les prénoms et dates faisant foi, à défaut de cachet de la poste.

Je viens de faire du flash en avant, mais tant qu'à parler des belles parois rouges, autant raconter leur histoire, puisque c'est comme ça que ça m'est venu.

En 1964, pendant *Ship of Fools,* il y avait campagne électorale. Barry Goldwater passait à la télévision, accueilli par ses supporters au son de « Hello Barry, nice to see you, Barry ». C'étaient les mêmes qui affichaient les deux symboles chimiques, celui de l'or-gold et de water-l'eau (Au H_2O) à la vitre arrière de leurs voitures. Les gens avec lesquels je travaillais n'avaient pas un goût excessif pour Johnson, mais, après tout, ils n'avaient pas le choix. Tout plutôt que Goldwater! Alors, quand sur la route ils étaient dépassés par une voiture porteuse de « l'or et de l'eau » de l'ennemi, ils fonçaient pour la dépasser à leur tour ou la rattraper à un feu rouge, et des « bras d'honneur » plus européens que californiens s'échangeaient de conducteur à conducteur. Les choses avaient changé au pays des colibris...

Kennedy était mort assassiné, son portrait était partout où les gens appelaient à voter Johnson. Ou plutôt à voter contre Goldwater.

Les gens avec lesquels je travaillais ne mangeaient jamais dans un restaurant qui n'arborait pas un portrait de Kennedy. J'ai cependant rencontré un jour, sur une table d'un étrange petit faux caboulot où je m'étais fourvoyée, un minuscule buste de Kennedy en porcelaine : c'était une salière, les trous figuraient l'emplacement exact des projectiles que quelqu'un ou quelques-uns lui avaient logés dans la tête.

(A Autheuil, sur le piano, deux lettres encadrées voisinent. L'une est signée Kennedy, président des États-Unis, elle remercie Montand d'avoir bien voulu accepter l'invitation à venir chanter pour le dixième anniversaire de la Convention du parti démocrate, elle est datée du 20 janvier 1963. L'autre est signée par le pasteur Martin Luther King, elle remercie Montand d'avoir été l'animateur et le présentateur du grand meeting de la porte de Versailles, au cours duquel Martin Luther King vint expliquer aux Français ce qu'étaient les luttes de ses frères. Elle est datée du 5 avril 1966.)

En 1964, à Hollywood, Stanley Kramer acheta bien à l'avance une vingtaine de très bonnes places dans le grand stade de Los Angeles, loua un minibus et embarqua tous les acteurs de *Ship of Fools* pour l'autre bout de la ville. C'était à l'occasion du « Track Meet ».

Le « Track Meet » est une rencontre d'athlétisme. Celle-là était très particulière, c'était la première rencontre soviéto-américaine à se dérouler sur le territoire des USA.

Tout un samedi après-midi et tout un dimanche après-midi, devant 75 000 personnes, des hommes jeunes et forts sautèrent en hauteur, en longueur, coururent de longues distances, de courtes distances, s'envolèrent au-dessus de barres de plus en plus hautes, et se passèrent des relais comme des flambeaux.

Les Américains étaient blancs et étaient noirs. Les Soviétiques étaient russes, ukrainiens, géorgiens... Sur le programme figuraient leurs noms accompagnés de leurs dates et lieux de naissance. Ils avaient tous entre vingt et vingt-trois ans.

Il arrivait qu'un géant noir, né à Montgomery (Alabama), c'est-à-dire dans le ghetto, devienne pendant trois minutes d'ovations ininterrompues le héros de l'Amérique entière, représentée par ces 75 000 Californiens dont très peu, à l'époque, auraient accepté de lui offrir une tasse de café à l'intérieur de leur maison.

Il arrivait qu'un Soviétique saute plus haut que tout le monde, et on se demandait comment ce grand jeune homme pouvait être aussi fort, ayant été un nouveau-né à Stalingrad en 1943.

Sans doute était-ce pour que nous nous posions ces questions que Stanley avait frété un minibus et acheté très cher ces places de stade.

A la sortie, des militants de la Birch Society et de l'American Legion distribuaient des tracts très luxueusement imprimés : il y était indiqué que les athlètes soviétiques étaient venus pour faire de l'espionnage entre deux sauts à la perche et trois lancements de javelots...

A Hollywood, en 1964, il y avait des dîners que donnait Vivien Leigh dans cette grande maison qu'elle avait louée depuis Londres. Elle les voulait fastueux, ils l'étaient. Elle n'était plus la femme de Laurence Olivier, mais elle voulait rester Lady Olivier. Elle nous demandait de nous habiller et mes petites zibelines itinérantes ont beaucoup travaillé dans sa demeure. A la lueur des candélabres, les repas cuisinés par un vrai cordon-bleu étaient servis par un maître d'hôtel qui n'était pas non plus un extra : tous deux étaient engagés pour la durée du film. Elle était aussi belle que du temps de Scarlett O'Hara, elle avait de cette ville des souvenirs fabuleux, elle s'y accrochait. En fin de soirée, la sono jouait le thème de *Autant en emporte le vent,* ça la rendait triste, mais elle le faisait exprès. D'une heure à l'autre elle était pétillante ou désespérée. Elle était très malade. *Ship of Fools* fut son dernier film et elle y est prodigieuse.

A Hollywood, en 1964, il y avait déjà un établissement qui s'appelle Synanon, qui est l'équivalent pour les drogués des Alcooliques anonymes; je l'ai visité avec Oskar et Stanley Kramer. La moyenne d'âge des candidats volontaires à la désintoxication était de seize à dix-huit ans, c'était leur ultime refuge après les cliniques, les hôpitaux et la prison — ils avaient tous commencé vers quatorze ans.

A mon retour en France, quand j'ai raconté ça aux gens qui s'amusaient de voir leurs enfants tirer sur leurs premiers « joints », les gens m'ont ri au nez...

A Hollywood en 1964, j'avais parfois des samedis de luxe. Je me faisais conduire à Leona Drive, dans la colline. Je sonnais à une porte et m'épatais beaucoup plus que si j'étais allée sonner chez Greta Garbo : c'était Jean Renoir qui m'ouvrait.

J'entrais dans un salon de la province française, il y avait parfois des Renoirs aux murs, parfois pas, suivant qu'ils avaient été prêtés pour des expositions ou mis à l'abri quand Dido et Jean Renoir revenaient de voyage. Dans un placard, il y avait un projecteur de 16 mm un peu déglingué, mais avec un bon tournevis, ça s'arrangeait toujours, et dans un autre placard un petit écran portatif, et dans un autre placard des bobines de films.

Alors, au cœur des collines de la capitale du cinéma, avec Jean et Dido Renoir comme projectionnistes, je m'offrais *le Crime de M. Lange*. Sur l'écran défilait tout mon monde, celui du Flore, quand il avait trente ans de moins et que je ne l'avais pas encore rencontré. Il disait déjà les mots de Jacques Prévert. Il y avait même Sylvain Itkine, celui qui, quelques années plus tard, allait mourir sous la torture que lui infligerait peut-être ce superbe garçon blond, porteur d'un brassard à croix gammée, sur lequel s'achève le dernier plan de *Ship of Fools*.

A Hollywood en 1965, Stanley Kramer nous avait fait revenir, Oskar Werner et moi, pour la sortie du film. Il y eut une semaine de liesse, de grands banquets, de petits dîners, de joie des retrouvailles. Les critiques étaient superbes, et, une fois de plus, il y avait de la nomination dans l'air (quelques mois après, Oskar, Vivien et moi fûmes effectivement « nominés », mais ce coup-là on rata la statuette : ça ne faisait rien, on avait gagné Kramer). J'allais rentrer chez moi et mes bagages étaient pratiquement faits quand un jeune homme nommé Bob Littmann m'apporta le script d'une dramatique d'une heure, à tourner pour la télévision.

C'était une pièce à deux personnages, un jeune auteur et une actrice célèbre, qui discutent et se disputent à propos du personnage de la pièce. C'était très beau, très intelligent, très pirandellien, mais autant s'inspirer de Pirandello que de Ponson du Terrail... Tout se déroulait sur la scène vide d'un théâtre vide; ça s'appelait *A Small Rebellion*, et le metteur en scène était le meilleur metteur en scène de télévision de l'époque, Stuart Rosenberg : c'était sa dernière « télé », il passait au cinéma.

Je téléphonai à mon mari, défis mes bagages et me mis au boulot. En raison des dates de Rosenberg et des miennes, il nous fallait commencer tout de suite. Je ne sais pas du tout comment je suis arrivée à me mettre dans la tête tous ces longs tunnels — ou plutôt je le sais : en mettant à contribution tous mes copains pour me donner la réplique, en particulier Georges Maharis qui était celui qui devait me la donner pour de bon. Nous avons tourné une heure de spectacle en six jours, et sans répétitions. J'ai rarement travaillé aussi dur. J'ai été bien récompensée : *A Small Rebellion* me rapporta l' « Emmy », qui est l'Oscar de la télévision, que je partageai cette année-là avec Frank Sinatra.

Surplus, cadeau, rallonge-miracle.

Mais cette année-là, à Hollywood, pendant l'été 1965, il se passa quelque chose de beaucoup plus important que le tournage de *A Small Rebellion.* Il y eut ce qu'on pourrait appeler « an enormous case of rebellion » : le soulèvement de Watts.

Comme tous les mondains à prétentions artistico-folkloriques, je ne connaissais de Watts qu'une petite rue paisible dans laquelle Leslie Blanch, qui était à l'époque la femme de Romain Gary, nous avait amenés, Montand et moi, un dimanche après-midi de 1960.

Dans cette petite rue paisible se trouvaient deux tours et une sorte de crypte au milieu d'un jardin un peu abandonné, mais cependant entouré de barrières. Les deux tours et la crypte étaient en mosaïque. En s'approchant et en touchant, on s'apercevait que la mosaïque était faite de millions de débris d'assiettes, de cafetières, d'éclats de bouteilles et de capsules de Coca-Cola. De loin, ça brillait au soleil comme des tours byzantines. C'était l'œuvre de toute une vie, celle d'un Facteur Cheval local. Depuis sa mort, deux jeunes monteurs de je ne sais plus quel studio se battaient contre la municipalité pour qu'on ne la démolît pas.

Je n'avais rien vu d'autre à Watts, je ne savais rien d'autre de Watts, sauf que la municipalité voulait supprimer ce legs d'un rêveur délirant, pacifique et persévérant. Peut-être la municipalité s'occupait-elle trop des tours et trop peu de ses administrés, toujours est-il qu'au début du mois d'août 1965, les administrés en question se révoltèrent, et c'est ainsi que je découvris que Watts était le ghetto de Los Angeles.

Si ma mémoire est bonne, tout commença dans la nuit d'un mercredi à jeudi. Dans la soirée du jeudi, les chaînes de télévision montrèrent les incendies. Le vendredi, sur le plateau, machinos et électros avaient l'oreille collée aux transistors et commentaient les nouvelles. Ils avaient peur, ils voulaient que j'aie peur avec eux. Watts était tout près, disaient-ils, à un quart d'heure du Beverly-Hills Hotel par l'autoroute. La radio signalait des bandes de « niggers ». Surtout, que je m'enferme bien dans mon bungalow cette nuit-là. Un grand machino qui portait les bottes de John Wayne et son marteau à la façon d'un colt, nous expliqua, à Stuart Rosenberg et à moi, que la bonne solution était une toute petite bombe atomique étudiée exprès pour ne tomber que sur Watts... Le vendredi soir, la Chaîne 7 avait réussi ce prodige d'annuler tous ses programmes. Tous les commanditaires d'émissions de varietés, de théâtre, de discussions littéraires ou de confrontations politiques, avaient fait cadeau du temps qu'ils avaient déjà payé. Un hélicoptère survolait sans relâche le quartier avec un formidable opérateur à son bord. Il descendait si bas qu'on pouvait voir des incendiaires allumer les brasiers, s'enfuir, entrer dans des magasins où le pillage avait déjà commencé. Une autre équipe se tenait en permanence au siège de la police fédérale. Tous les quarts d'heure, sur ces images, une voix annonçait que c'était grâce à la bière « Machin » ou aux voitures « Chose » — qui avaient bien voulu céder leurs temps d'antenne — que de nos fauteuils nous pouvions être à Watts comme si nous y étions, et elle ajoutait qu'elle nous encourageait vivement à ne pas les quitter, nos fauteuils... Ni nos domiciles, où que nous soyons dans un rayon de 80 km autour de la ville.

Et c'est en m'insultant et en me méprisant beaucoup que je verrouillai quand même ma porte ce soir-là.

Le samedi, je ne tournais pas. La Chaîne 7, qui avait drainé ce jour-là la plus grosse écoute de tout le pays, continua son reportage non-stop. Des sociologues et des ecclésiastiques libéraux se succédaient entre deux séquences d'hélicoptère, ils venaient dire des choses très sensées sur les raisons profondes qui avaient déclenché toute cette déraison. Ils n'étaient pas tendres pour la municipalité, ils l'étaient encore moins pour le maire de Los Angeles.

C'est alors que le maire accepta de se laisser interviewer. Je ne sais plus comment il s'appelait, il était grand, fort, et portait un chapeau blanc de Texan. Tout à coup, sa vue me rappela quelque chose. Cinq ans auparavant, j'avais fait le voyage de retour en France sur un vol inaugural d'Air France. Il y avait à bord beaucoup d'officiels français qui avaient été invités à faire l'aller et retour. Parmi eux, le président Gaston Monnerville. Pendant le voyage, il m'avait questionnée sur ces longs mois passés en Californie. Mon récit avait été idyllique, j'aurais vraiment été malvenue de me plaindre. Le président écoutait en souriant à tous les attraits que j'énumérais, mais avant de regagner son siège à côté de Mme Monnerville, il me demanda si j'avais eu l'occasion de rencontrer le maire de Los Angeles. « Non, dis-je. — Eh bien, moi non plus, nous avions pourtant rendez-vous, mais il m'a fait recevoir par son assistant... », me glissa le président du Sénat français en me tapotant la main et en souriant de plus belle.

Sur l'écran, l'homme au chapeau blanc rassurait ses populations, affirmant qu'il allait donner des ordres pour que l'Ordre revienne.

Il revint. Le dimanche, tout était terminé. Le quartier avait été investi et la Chaîne 7 n'offrait plus que les plans d'interminables files de Noirs qu'on embarquait dans les paniers à salade. Contrairement à ce que font généralement les gens qu'on arrête, la plupart d'entre eux se débrouillaient pour se camper suffisamment longtemps devant les caméras pour bénéficier d'un gros plan, il fallait les pousser pour qu'ils avancent. Alors ils faisaient un geste de la main, une sorte de : « C'est pas fini ! »

En 1966, je tournai *Games* de Curtis Harrington, ça s'est appelé en France *le Diable à trois,* c'était, sur le papier, une bonne histoire de meurtre et d'escroquerie. Le film fut tourné à la cadence « Universal »... c'est-à-dire très-très vite, et je ne fus absolument pas « nominée »... Il y avait deux débutants dans ce film : James Caan et Katherine Ross. C'est grâce aux projections de *Games*, que je fis passer à Mike Nichols avec l'autorisation de Curtis, que Katherine décrocha son rôle dans *le Lauréat*.

Je ne le mentionne que parce qu'elle n'a jamais cessé de le raconter elle-même, où qu'elle se trouve, à Londres comme à Rome ou à Paris. Je ne parlerai pas des autres qui ne racontent jamais, mais parler d'elle, c'est une façon de lui dire merci pour sa bonne mémoire.

Il y avait moins de grandes fêtes en 1966. La bulle était de moins en moins irisée, elle se plombait. Les gens se réunissaient toujours, mais il était rare qu'à partir d'un certain moment du dîner la conversation ne tombât pas sur le Vietnam ou sur les « civil rights [1] ». Chez les Gregory Peck, un soir, les choses faillirent se gâter lorsqu'un invité très connu prononça le mot d'« ennemis » en parlant des Vietnamiens. « Les ennemis de qui ? » demanda Peck, calme, digne et ferme.

Dans les mêmes superbes demeures, autour des mêmes piscines où, six ans avant, l'écho médisant de Hedda Hopper ou la mauvaise critique d'Untel ou les mérites usurpés de tel ou tel acteur fournissaient des sujets de conversations passionnées et passionnelles, on ne parlait plus que du Vietnam et du problème noir.

En fait, en 1966, à Hollywood, sous le grand soleil, aux chants des colibris, et avec de moins en moins de coyotes bondissant dans les collines (ils étaient chassés par les constructions de plus en plus dévoreuses), il était flagrant pour moi que les gens de cinéma, les seuls que je voyais, étaient beaucoup plus concernés, actifs et courageux que les mêmes gens de cinéma que j'avais pu fréquenter dans mon pays quand nous faisions nos « pacifications » personnelles.

Ils n'étaient pas les seuls en Amérique, bien sûr, les campus

1. Droits civiques pour l'obtention desquels les libéraux blancs se battaient aux côtés des Noirs.

bougeaient aussi, mais moi je n'étais pas sur les campus, j'étais à HOLLYWOOD, et j'entendais au Polo Lounge du Beverly-Hills Hotel des propos que je n'aurais probablement jamais entendus au Fouquet's et peut-être pas même chez Lipp six ans auparavant.

Je n'oublierai jamais ces trois jeunes acteurs — deux garçons et une fille — qui ont pleuré dans le bungalow nº 17 le soir où ils ont appris que les bombardements sur Hanoï avaient repris (après une sorte de cessez-le-feu en hommage au Seigneur... C'était avant Noël) à une cadence décuplée, disait la radio.

Et je n'oublierai jamais, le lendemain, cet imbécile pompeux, chauffeur de limousine de grand luxe, qui me conduisit à Malibu-Beach, chez Jane Fonda et Vadim, pour passer la nuit de ce Noël violé un peu trop tôt par les escadrilles de l'armée américaine. Il était obséquieux comme le sont rarement les Américains, il croyait bien faire son métier de chauffeur de maître de location. Il m'expliqua le paysage que je connaissais par cœur, déconseilla la route qui passait entre les grandes parois rouges, alors que je le priais de la prendre. J'étais prisonnière, ça m'apprendrait à ne pas conduire. Et pendant les cinquante kilomètres qui restaient avant d'arriver chez mes amis, il me fit part de ses soucis.

« It is a shame », commença-t-il. Traduisez : « Quel dommage! », « quelle honte! », « c'est un scandale! ». Avec la tête et la voix qu'il avait, c'était les trois à la fois. Car cette « shame » était d'importance. La Fête des Roses n'aurait pas lieu comme prévu à Pasadena... Il vérifia dans son rétroviseur que j'avais bien reçu la nouvelle. Je l'avais reçue, mais l'absence d'atterrement qui devait se lire sur mon visage l'inclina à reprendre son rôle d'indulgent autochtone qui ne répugne pas, bien que chauffeur de maître payé au kilomètre, à faire quelque supplément bénévole en jouant les guides culturels.

Voilà : chaque année, au-dessus de Pasadena, une escadrille, enfin quelques avions, venait lâcher des tonnes et des tonnes de pétales de roses. Cette année, cette pluie de pétales venait d'être annulée, allez donc savoir pourquoi. Était-ce le temps qui avait tout chamboulé? Étaient-ce des influences politiques mauvaises qui voulaient empêcher les gens de Pasadena de se sentir des citoyens libres de vivre leur vie comme ils l'avaient vécue jusqu'à aujourd'hui?... Il n'était pas lui-même de Pasadena... Il n'avait d'ailleurs jamais mis les pieds à Pasadena... Sa femme et lui s'étaient toujours promis d'aller passer quelques jours à Pasadena, justement pour la Fête des Roses. Ce serait pour l'année prochaine. Si toutefois les choses rentraient dans l'ordre, ce qui n'était pas certain par les temps qui couraient.

Heureusement, Ronald Reagan était maintenant gouverneur de l'État. Est-ce que je connaissais Ronald Reagan? demanda le rétroviseur... Comme acteur, bien sûr, il n'arrivait pas à la cheville de John Wayne... ou de vous, miss Signorett... Ma femme a tellement pleuré à *Room at the Top*... Non... Vous et John Wayne, vous êtes de vrais artistes... Mais comme gouverneur, Ronald Reagan, c'est exactement ce qu'il nous fallait... Il ne voulait pas se vanter, mais, dans une certaine mesure, il avait lui-même contribué au succès du gouverneur... Modestement, mais à sa façon... La limousine, la même que celle dans laquelle il avait la joie de me conduire, avait plusieurs fois participé à la campagne. C'est en conduisant quelques-uns des supporters du gouverneur Ronald Reagan qu'il avait été convaincu... à travers les propos qu'il entendait... auxquels il ne se permettait pas de se mêler d'ailleurs... que « Ronnie » était bien le « right guy [1] ». Mais peut-être m'ennuyait-il avec toute cette politique... J'étais française, après tout... Il s'excusait... Avions-nous des roses, en France?... Il n'avait jamais été en France... Il aurait pu, mais justement la guerre s'était arrêtée au moment où il allait être mobilisé... Il n'avait pas non plus été dans le Pacifique... Il le regrettait... Il n'avait pas de fils, mais s'il en avait eu un, ils seraient fiers, sa femme et lui, de l'envoyer servir le pays et en finir avec ces cochons de Vietnamiens... Avais-je trop chaud?... Il pouvait régler son climatiseur... Bon, parfait... La radio a annoncé des petites brumes pour la soirée... Peut-être, après tout, était-ce ça qui empêchait les avions de décoller... Alors tout s'expliquerait pour Pasadena... Mais quand même... « It was a shame », toutes ces tonnes de pétales de roses qui allaient se flétrir au lieu de retomber sur les populations de Pasadena...

Il m'est arrivé de quitter des taxis aux heures de pointe en plein Paris, au quart de l'itinéraire de la course que j'avais annoncée, et de dire au chauffeur : « Arrêtez-vous, je ne veux plus vous entendre, combien vous dois-je? » puis de me retrouver sur le bord du trottoir, mendiant misérablement l'arrêt hypothétique d'un autre véhicule, ayant cette fois décidé que les propos de son chauffeur — quels qu'ils fussent — me laisseraient de glace, vu l'heure qu'il était.

Là, sur l'autoroute qui menait à Malibu, j'ai manqué de courage. Je ne me voyais pas, ou plutôt je me suis imaginée, l'espace d'une seconde, encombrée de mes petits cadeaux de Noël, qui faisaient de gros paquets, et de mon panier contenant ma chemise de nuit, ma brosse à dents et ma belle robe-de-réveillon-robe-d'hôtesse-robe-de-

1 L'homme de la situation

chambre, autostoppant comme une hippie prolongée. J'ai renoncé; j'ai été d'une lâcheté épouvantable. J'ai écouté. Je n'ai jamais répondu, hochant seulement la tête. Il me recevait cinq sur cinq dans son rétroviseur. Il sentait qu'il intéressait. Et moi, je pensais qu'il dirait le soir à sa femme combien miss Signorett avait été captivée par ses commentaires, et combien elle aussi avait déploré l'annulation de la Fête des Roses.

Chaque fois qu'il parlait de pétales de roses, je revoyais Titine Roux, en flash, installée au premier étage de la Colombe le jour de notre mariage, lâchant sur Montand et sur moi, au retour de la mairie, une neige rose et rouge et blanche et jaune, pas une tonne mais quelques poignées de pétales. Et comme il enchaînait sur les avions, moi, dans ma tête, j'enchaînais sur Hanoï — mais ça ne se voyait pas dans le rétroviseur.

Il m'a déposée devant la maison construite sur la plage. Je ne craignais plus rien, j'étais rendue, comme on dit. Je lui ai payé sa course, et, avec un courage un peu tardif, j'ai bafouillé quelques phrases qui se voulaient lapidaires, desquelles il ressortait que l'aviation lâchait parfois des roses, parfois des bombes... Il acquiesça : « It was a shame », dit-il en soupirant. Il me tendit sa carte pour le cas où j'aurais besoin de lui pour le retour, et dans un grand sourire, il me souhaita un « Merry Christmas »...

J'ai un peu cassé les pieds de mes amis avec cette histoire de chauffeur de maître. Mais j'ai eu un très Merry Christmas. Il y avait « Papa » et Papa, c'était « Hank », comme on dit quand on est du pays, et comme je ne suis toujours pas du pays, je dirai Henry, je dirai même Henry Fonda.

Il y avait aussi Peter, le petit frère, et son copain Dennis. Ils parlaient énormément de leur copain Jack, d'une histoire qu'ils écrivaient, et du film que ça deviendrait. Avec une indulgence un peu condescendante, j'écoutais ces jeunes dilettantes. Leurs propos et leurs projets me paraissaient aussi fumeux et velléitaires que tous ceux que j'avais pu entendre, depuis toujours, entre le Flore et le Montana. C'est donc avec beaucoup d'humilité, une vive surprise et une grande joie que, deux ans après ce Noël 1966, j'embrassai Peter Fonda, Dennis Hopper et leur copain Jack Nicholson, quand la lumière se ralluma dans une petite salle de projection des « Columbia Studios ». Ils venaient de me montrer le premier montage de *Easy Rider*.

Nous étions alors en 1968. Ou plutôt, nous étions en « après Mai 68 », pour nous autres Français.

Nous étions en « après août 1968 » pour les Tchèques.

Nous étions en pleine fin d'année 1968 pour les Américains.

L'Amérique avait des prêtres qui étaient en prison — les Berrigan Brothers — pour avoir mis le feu à des dossiers de mobilisation. A HOLLYWOOD, les plus redoutables requins de l'industrie cinématographique se laissaient pousser cheveux et barbes pour ne pas risquer de rater la correspondance avec la jeunesse. La jeunesse leur balançait *Easy Rider*. Les pères de famille les plus apparemment dépolitisés racontaient comment ils descendaient le matin vérifier que le « draft » (le fascicule) n'était pas tombé dans la boîte aux lettres. Y serait-il tombé que le chèque était prêt pour le voyage du petit vers le Canada ou la Suède. A la télévision, le show le plus populaire, « Laugh In », laissait dire à ses animateurs : « Vivement que cette guerre finisse et que nos boys puissent quitter... Montréal et rentrer à la maison. » A la télévision encore se succédaient sur treize chaînes tous les opposants à la politique du gouvernement et des chanteuses d'orchestre, et des actrices noires auxquelles très peu d'emplois avaient été offerts jusqu'alors, qui s'étaient ruinées en séances de défrisage et qui se ruinaient maintenant en achats de perruques « Afro ».

Comme la toute première fois, j'étais de nouveau femme au foyer. Montand tournait avec Minelli et j'étais toujours rentrée à temps pour glisser l'allumette sous la bûche dans l'âtre du bungalow n° 8. Le bungalow n° 8 n'était pas en étage... C'était une petite villa, un bungalow, quoi! Et le gaz arrivait dans la cheminée comme chez les copains.

Comme la toute première fois, je me baladais beaucoup, comme on peut se balader dans un village où l'on a déjà de vieux amis. Neuf ans avaient passé depuis cette toute première fois, mais j'étais souvent redescendue dans cette gare et les changements me frappaient moins qu'ils ne frappaient Montand.

Une chose n'avait pas changé et n'a d'ailleurs toujours pas changé : c'est le numéro 28 qui s'enchâsse entre les hiéroglyphes de nos passeports. A chacun de nos retours, les gentlemen de l'immigration ne me donnaient plus du « Welcome to USA », mais du « Welcome Home ». Et puis, après avoir agilement feuilleté, ils tombaient sur la page infamante, l'atroce vérité. Une grande tristesse et une sorte d'incrédulité se peignaient sur leurs visages. J'avais toujours ma formule toute prête : « I am special », disais-je. « You sure are » (Vous pouvez le dire!), répondaient-ils en tamponnant et en souriant parfois.

Cette année-là, en 1968, c'était une « gentlewoman » qui nous avait réceptionnés, Montand et moi, dans la cage de verre de l'aéroport de Los Angeles. Elle n'aimait ni les hommes, ni les femmes, ni les couples, ni les cas spéciaux, ni les étrangers, ni elle-même probablement. Elle ne « welcomait » absolument pas et donnait envie de négocier le ticket de retour immédiatement, avec la première compagnie aérienne qui disposerait de deux places libres. La « gentlewoman » n'était pas une gentille-dame. Mais, une fois de plus, il y avait un visage aimable qui souriait par-delà la cage de verre.

Si elle n'aimait pas les étrangers, cette dame avait dû beaucoup souffrir cette année-là. HOLLYWOOD était devenu Hollywood-sur-Seine. Dans Alpine-Drive, il y avait une petite maison; dans le cadre de la fenêtre de droite, on pouvait lire une plaque qui disait : « Place de la Sorbonne. » A l'intérieur, pour peu que vous vous soyez invité à déjeuner, ce qui m'arrivait à peu près cinq fois par semaine, vous trouviez Agnès Varda, Jacques Demy, Rosalie et Monique la Nantaise.

Jacques avait fait un film qui est peut-être le plus joli film sur l'Hollywood 1967 vu par un étranger, qui s'appelle *Model Shop* et qui n'a pas marché, mais qui devrait bien ressortir. Agnès, après avoir été menée en bateau par un étranger à la ville, fugueur et producteur de chèques sans provisions, avait abandonné le projet de tourner un superbe scénario, mais s'était immédiatement remise au travail, et tourna en trois semaines, presque en fraude, *Lion's Love,* qu'elle avait écrit en quinze jours. Monique la Nantaise avait appris à conduire et rapportait des super-markets de quoi faire des plats régionaux... J'entends : de chez nous. Et Rosalie, qui avait autour de neuf ans, devenait tranquillement bilingue en fréquentant l'école communale de Beverly-Hills.

Noiret, Monique Chomette, leur fille et une dame dont j'ai oublié le nom, occupaient dans la colline une maison dont la propriétaire venait souvent surveiller le mobilier. Elle avait eu un groupe pop comme précédent locataire, et l'inventaire avait été rude... Philippe tournait avec Cukor et avec Hitchcock, ne cassait pas les meubles et cuisinait pendant les jours de congé.

Anna Karina tournait avec Cukor et avait loué la maison dans laquelle Agnès devait tourner par la suite *Lion's Love.* Elle appartenait à la même chatouilleuse propriétaire de Noiret. Rien ne fut cassé pendant le tournage, mais tout avait changé en une nuit de travail artisanal, y compris la couleur de la piscine devenue psychédélique.

Anouk Aimée tournait avec Cukor.

Piccoli tournait avec Hitchcock.

Dirk Bogarde tournait avec Cukor.

Montand tournait avec Minelli.

Michel Legrand retrouvait ses quartiers d'hiver dans cette ville où il a pris l'habitude de vivre six mois par an.

Ingrid Bergman revenait pour la première fois depuis longtemps et tournait *Quarante Carats* à la Columbia.

Polanski donnait des fêtes dans la fausse fermette normande qui devait devenir la maison du crime.

Vadim, Gegauff, Serge et Christian Marquand ramenaient du poisson pêché dans le Pacifique, qui devenait de la bouillabaisse méditerranéenne après des heures de conciliabules dans la petite cuisine de la maison sur la plage.

Jane s'occupait de Vanessa, sa fille, et aussi de son prochain film. Elle s'y préparait avec une gravité, une tendresse et une énergie peu communes. C'était *On achève bien les chevaux*. Elle se préparait aussi, sans le savoir encore, à donner une nouvelle direction à sa vie.

Et c'est une Jane Fonda superbe, gaie, pensive, rigolote et bien élevée, qui nous accueillit ce 25 décembre 1968, Montand, Piccoli et moi, autour de la table familiale. Bien sûr il y avait « Papa », bien sûr il y avait Peter, et Papa regardait Peter qui avait quand même changé quelque chose, avec ses petits copains Dennis et Jack, dans cette ville-là. Et Papa était à la fois désarçonné, fier et inquiet.

Il y avait aussi, dans une petite maison de la Vallée, James Baldwin qui écrivait un scénario sur la vie et la mort de Malcolm X. Je l'avais souvent aperçu, solitaire, dans le fond du Montana, à l'époque où la rue Saint-Benoît prenait son premier souffle, juste après la guerre, et nous nous demandions à l'époque si ce jeune homme noir était un trompettiste ou un déserteur, ou peut-être les deux à la fois. Nous ne lui parlions pas, il ne nous parlait pas, on se souriait. Ce n'était peut-être pas suffisant.

Ce ne l'était sûrement pas et c'est avec une grande confusion — encore une — que j'ai découvert un jour que le petit nègre assis au fond du Montana était devenu l'un des plus grands auteurs américains contemporains.

James Baldwin écrivait un scénario sur la vie et la mort de Malcolm X, c'était déjà un progrès, trois ans après « Watts ». Pour des raisons indépendantes de nombreuses volontés, la vie et la mort de

Malcolm X ne devinrent finalement jamais un film. Du moins jusqu'à présent.

Il y eut trois jours de pluie. La pluie se transforma en déluge, Beverly-Hills devint zone sinistrée, il fut question d'évacuer les bungalows et Agnès prépara un petit baluchon de réfugiés pour le cas où Alpine-Drive serait inondé. De très belles demeures qui semblaient faites de marbre se diluaient en une nuit quand elles étaient sur l'itinéraire du torrent qui descendait des collines.

A la télévision se succédèrent des porte-parole de sectes annonçant le début de l'Apocalypse. C'était la punition, disaient les uns, pour n'avoir pas suffisamment aimé le Seigneur; c'était le châtiment, disaient les autres, pour ne pas mettre la marijuana en vente libre; c'était la rançon de la guerre du Vietnam, disaient les plus nombreux.

Et puis le soleil revint.

J'ai fini de raconter mes Hollywoods. Je les ai bien aimés. Ils me l'ont bien rendu. Et ce n'est pas un petit nº 28 qui me fera dire autre chose.

Hier, Rome, la France, le monde et Hollywood ont pleuré Lucchino Visconti. Et je me suis rappelé la dernière fois où nous avions ri ensemble, lui, Montand et moi. C'était justement en Amérique : comme il avait son passeport sur lui, nous avions comparé nos numéros 28...

J'ai bien aimé que ce soit la légende Gary Cooper qui m'ait invitée à danser un premier de l'An 1960, dans un restaurant de légende qui n'existe plus. J'ai bien aimé rire avec la légende Spencer Tracy, et puis voir Paul Newmann commencer à ne plus être l'autre Marlon Brando, mais Paul Newmann. J'ai bien aimé rencontrer un débutant qui s'appelle Jack Nicholson. Et j'ai formidablement aimé un Hollywood qui a décerné un Oscar à Jane Fonda en 1973; je l'ai aimé quand j'ai lu la chose dans mon journal à Paris et que j'ai vu sa photo de cinéma voisiner avec une photo d'actualités prise aux côtés d'Angela Davies, et une autre à Alcatraz avec des Indiens : ils avaient remplacé les prisonniers que notre chauffeur de taxi de San Francisco nous avait tant reproché de ne pas vouloir examiner à la longue-vue.

13

Dans une rue de Courbevoie, il y a quelques années, je regagnais consciencieusement ma place de départ pour une ultime répétition de mouvement. C'était pour les extérieurs du *Chat* de Granier-Deferre, avec Jean Gabin. La veille, à la télévision, on avait passé *les Diaboliques.* Deux messieurs du quartier m'abordèrent avec de grands sourires : « Salut Simone... Ça va Simone... On vous a vue hier à la télé... Dites donc... vous avez pas rajeuni... »

J'ai dit « Eh non! », j'ai souri, et je me suis bien gardée d'ajouter : « Et vous, est-ce que vous avez rajeuni? » Je me suis bien gardée aussi de leur demander s'ils auraient pu dire cette phrase à leur cousine exilée à l'étranger et de retour au pays, au bout de vingt ans. La formule, dans ces cas-là, c'est plutôt : « C'est formidable, tu n'as pas changé... »

Passé la quarantaine, allez, mettez quarante-cinq ans, vous avez deux solutions : ou vous vous accrochez aux rôles qui font genre trente-cinq, trente-six ans, ou bien vous faites comme tout le monde et acceptez aimablement que quarante-cinq ans, ce soit plutôt sur la route des quarante-six que sur celle des quarante-quatre.

Si vous voulez vous accrocher aux personnages qui ont ému, fasciné, enchanté ou bouleversé d'anciens adolescents aux fronts déjà un peu dégarnis qui vous assènent des « Ah-la-la, qu'est-ce que j'ai pu être amoureux de vous quand j'étais au lycée... » — à vous de jouer... Mais jouer quoi?

Si vous décidez de faire comme tout le monde, comme leur cousine, leur mère, leur concierge, leur docteur de famille, leur copine de classe et leur femme légitime — à vous de jouer aussi. Mais de tout pouvoir jouer. Quitte à les chagriner quand, sur des gros plans plus ou moins soignés, ils lisent les rides et les poches sous les yeux qui sont aussi les leurs.

Ils ne vont pas chez les chirurgiens esthétiques. Nous, nous pouvons y aller. Je crois que c'est le moment où nous choisissons d'y aller ou de n'y pas aller qui est déterminant pour les fameux cadeaux-surplus-miracles que j'évoquais plus haut.

Je n'y suis pas allée. Je n'y suis pas allée parce que je n'ai jamais été une star, je n'ai jamais imposé une coiffure, une façon de parler, un style vestimentaire. Et je n'ai donc jamais eu le souci de perpétuer une image qui est souvent l'équivalent de la belle chanson qui fixe à jamais une période de la jeunesse. J'ai trop mythologé moi-même pour ne pas savoir de quoi je parle.

C'est très difficile d'être une star. Et c'est très difficile d'être une star à laquelle on reconnaît de moins en moins de talent, uniquement parce qu'elle est devenue une star. Alors que, sans un talent initial, elle ne serait jamais devenue star. Et c'est très difficile de rester star. Et ça doit être horrible de cesser de l'être.

C'est très facile de continuer à fonctionner au rythme de ses contemporains, de mûrir puis de vieillir avec eux.

Et c'est miraculeux d'accéder à des rôles de plus en plus beaux, et forts, chargée de votre mémoire et de vos expériences personnelles qui ont mis des rides sur votre visage. Elles sont les cicatrices du rire, des larmes, des questions, des étonnements et des certitudes qui sont aussi ceux de vos contemporains.

Pour la plupart des femmes, ces cicatrices-là sont des ennemies. Elles les traquent, elles les dépistent, elles essaient de les détourner, de les effacer. Et comme je les comprends! On ne fraternise pas avec l'ennemi quand l'ennemi ne vous rapporte rien, quand on ne peut pas s'en servir.

Pour les stars, ces cicatrices-là sont des meurtrières, des sommations avant expulsion d'un territoire : celui du rêve. Elles sont obligées de le quitter de peur d'annuler les rêves qu'elles ont su donner à rêver pendant quelques années. C'est quelquefois beaucoup d'amour pour elles-mêmes, souvent aussi beaucoup de respect, de reconnaissance et d'amour pour le cinématographe, pour les millions d'amoureux anonymes que le cinématographe a mis à leurs pieds et qu'elles ne veulent pas désenchanter.

(A la fin de *Chéri,* Léa est très triste que Chéri vienne la déranger dans sa cinquantaine, sans la prévenir, après des années de séparation. Elle a changé, Léa. Chéri ne l'aurait pas vue changer s'il avait été là. Mais il n'était pas là, il la trouve changée.)

Pour les gens comme moi qui n'ont eu ni les épaules, ni le goût, ni le courage de faire le métier de star, ces cicatrices-là ont été des alliées, voire même des alibis.

Les deux messieurs de Courbevoie étaient des espèces de « Chéri », s'ils m'avaient perdue de vue depuis *les Diaboliques*... Ils me suivaient, rigolards, sur le parcours de ma répétition pour placer à coup sûr leur bonne réplique plutôt que pour me dire quelque chose.

Et pourtant ils m'ont dit quelque chose qui m'a rassurée. Eh oui! Je n'avais pas rajeuni, mais j'étais toujours là. J'étais le prolongement de cette filiforme citoyenne de Thèbes qui psalmodiait « Jocaste, la reine Jocaste est morte... », avant de se faire virer et de s'en aller le long de la rue des Mathurins, chaussée des spartiates de cuir et de location attribuées à Jean Gabin-Ponce Pilate, qui justement jouait son mari dans *le Chat*...

J'étais, je suis, j'ai été, je serai, j'espère, quelqu'un qui continue à se déguiser, comme une actrice de troupe à laquelle on offre des emplois différents et qui s'émerveille qu'on les lui offre encore.

Et quand je parle d'alliées ou d'alibis à propos des rides, je veux dire que le vieillissement m'a aidée à franchir les octrois et que mon manque de discipline corporelle m'a fourni les alibis.

Ça, c'est une question que Maurice Pons n'aurait probablement jamais osé me poser. Comme il n'aurait sûrement pas osé me poser cette question, à laquelle je vais répondre parce que c'est moi qui me la pose : est-ce qu'on joue mieux quand on a vieilli?

On ne joue pas mieux, on ne joue plus, on est. Et les hommages rendus par les gens qui parlent de « courage à se montrer sous un aspect peu flatteur » sont de pieuses pensées. Il n'y a pas là de courage, il y a une forme d'orgueil, de vanité diraient certains, à se montrer telle qu'on est pour mieux servir celle qu'on vous a fait le cadeau de vous proposer.

Merci François Leterrier, pour *les Mauvais Coups,* merci René Clément pour *le Jour et l'Heure,* merci Stanley Kramer pour *Ship of Fools,* merci Costa Gavras pour *Compartiment Tueurs,* merci Sydney Lumet pour *Call from the Dead* et pour *la Mouette,* merci Jean-Pierre Melville pour *l'Armée des ombres,* merci Granier-Deferre pour *le Chat* et pour *la Veuve Couderc,* merci René Allio pour *Rude Journée pour la reine,* merci Patrice Chéreau pour *la Chair de l'orchidée,* merci Alain Corneau pour *Police Python.* Merci pour toutes ces bonnes femmes dans lesquelles j'ai pu, d'une façon naturellement chronologique, passer tranquillement des emplois « d'encore amoureuse-aimée » à ceux « d'encore amoureuse... » pour aboutir à ceux de grand-mères. Merci de m'avoir offert d'être tour à tour marginale, grande bourgeoise, révolutionnaire, actrice ratée, espionne de l'Est, résistante gaulliste, boiteuse alcoolique, paysanne du Dijonnais, femme de ménage à Aubervilliers, dérisoire Lady Vamos, paralytique omnipotente...

On dirait un dépliant déposé dans une agence de spectacles pour trouver du travail. Mais ce n'est là qu'un éventail, celui des travaux accomplis et dont je suis fière. Il y en a d'autres...

En 1962, j'ai pris beaucoup de plaisir à traduire *Little Foxes* (« Les Petits Renards ») de Lillian Hellman. *Little Foxes* a été écrit en 1936, mais l'action se situe aux lendemains de la guerre de Sécession, peu avant 1900.

Les pièces vraiment écrites en 1900 — celles d'Ibsen, de Tchekhov, de Strindberg ou de Becque — ne sont pas du tout démodées. Certains les trouvent poussiéreuses, ils oublient qu'elles ont d'abord été d'avant-garde au moment où elles ont jailli. Elles traitent des préoccupations de leur époque, sans doute dépassées aujourd'hui, peut-être d'ailleurs grâce à ces auteurs qui vivaient avec leur temps et qui ont fait bouger les choses. Elles sont des constats, des témoignages.

Little Foxes, qui se passe vers 1900, a donc été écrit en 1936 par un auteur qui introduit dans ce flash-back ses préoccupations de libérale américaine des années trente. Elle raconte comment étaient les gens du Sud dans les premiers temps de vie commune avec le Nord. C'est *Autant en emporte le vent* à l'envers. C'est *Autant en emporte le vent* vu par quelqu'un qui se rappelle que ses grands-parents possédaient, achetaient et revendaient des esclaves, et combien la fraternisation avec le Yankee pouvait être profitable. L'héroïne n'est pas la bouleversante Scarlett, c'est l'abominable Regina. « Les Petits Renards », c'est la démystification du « Gallant South » (voyez *Strange Fruit*).

Je pense qu'aujourd'hui encore, tout ce que dit *Little Foxes,* né en 1936, parle aux Américains un langage qui les concerne. Il y a toujours un Sud et un Nord, et un Alabama, et Little Rock, et Watergate, et la « Lokheed », et ITT, et Dallas.

En France, en 1962, *Little Foxes* a été reçu comme un bon mélo démodé. Comme une pièce de Mirbeau écrite après le temps de Mirbeau.

Je n'ai pas eu raison de jouer le rôle de Regina dans *les Petits Renards*. J'avais une façon d'écouter les répliques qui n'avait rien à voir avec les regards qu'on doit accorder à son partenaire quand il vous parle. J'écoutais et je surveillais. Je ne voulais pas — en tout cas au début — qu'on m'abîme ma belle traduction.

Mais nous avons eu parfaitement raison de jouer *les Petits Renards*. Tous les soirs pendant six mois, nous nous sommes retrouvés, Flon. Bozzufi, Sabatier, Pellegrin, Josée Steiner, Claude Berri, Jean Michaud, Gordon Heath et Darling, heureux de nous retrouver. Et bien tristes de nous quitter quand on a arrêté au bout de six mois.

Il n'y a pas si longtemps, j'ai lu un livre de Lillian Hellman. C'est un livre superbe : *Pentimento*. Elle raconte comme ça des histoires vraies, bouleversantes de banalité quotidienne, et, par conséquent, chargées de ce qui, au bout du compte, fait la vie. En lisant ce livre, j'avais déjà décidé d'oublier son arrivée, la veille de la générale des *Petits Renards*. Je retrouvais la femme que je respecte et que j'aime. Celle qui avait dit merde à MacCarthy. Et qui nous demandait à New York, quand nous dînions chez elle, de ne pas faire trop de bruit : elle avait là-haut un malade, c'était D. Hammet qui était en train de mourir.

En lisant *Pentimento*, qui est un livre sur sa mémoire, je me revoyais assise dans ses fauteuils de velours cramoisi, au milieu de ses beaux meubles d'acajou, et j'entendais de nouveau son rire un peu rauque et formidablement chaleureux, ou formidablement méchant quand il s'en prenait à des méchants. Effacée l'image de la veille de la générale à Paris, qui était aussi le lendemain de son arrivée de New York.

J'avançais joyeusement dans ma lecture quand, tout à coup, je tombai sur quelques pages qui m'étaient destinées. Je n'ai malheureusement pas *Pentimento* sous la main et c'est dommage, j'aurais bien aimé faire des citations exactes. En gros, ça disait que j'étais une charmante actrice de cinéma, mais que j'avais été une piètre Regina dans la production de *Little Foxes* montée à Paris. Bon, ça encore, ça pouvait aller. Que ladite production était la pire qu'elle ait jamais eu à subir, et Dieu sait si elle en avait subi de mauvaises à chaque reprise de son chef-d'œuvre! Là, ça allait encore, puisque c'est exactement ce qu'elle avait dit à toute la troupe réunie, avec quelques commentaires personnalisés pour certains d'entre nous, commentaires qu'il me fallait traduire à mes chers camarades, Miss Hellman ne parlant pas un mot de français. Flon, Sabatier et Berri obtinrent des bons points, quant à Bozzufi, il avait un gros défaut, il ne ressemblait pas assez à « Uncle Benjamin » qui était justement l'oncle de l'auteur et qu'elle avait pris comme modèle pour le personnage de l'horrible Ben, frère de l'abominable Regina. Bozzu me pria de traduire qu'il était navré, mais qu'il n'avait jamais rencontré oncle Benjamin... La mise en scène de Mondy et les décors de Jean-Marie Simon, enfin l'ensemble fut qualifié de « bad, bad, bad... ». Elle rapporte tout ça dans *Pentimento*.

Ce ne fut pas agréable à lire, mais, après tout, c'était bien comme ça qu'elle nous avait parlé ce soir-là. Et c'était parfaitement son droit de fouiller scrupuleusement sa mémoire et de rapporter au monde l'atroce chagrin qu'elle avait enduré un soir de décembre 1962, à Paris (France). On lui avait tué son enfant. Il me semble qu'elle parle aussi de la traduction. Était-elle bonne, était-elle mauvaise? De toute façon, ma traduction avait été auscultée par trois spécialistes choisis par Miss Hellman, dont le professeur Guicharnaud, titulaire de la chaire de dramaturgie à l'université de Yale. Il avait bien aimé. Depuis, d'ailleurs, on est devenus très copains, mais ceci est une autre histoire.

Je rappelle que nous étions donc à la veille de la générale. Nous avions joué pour elle, pour elle seule. Depuis le début des répétitions, je l'avais priée de venir à Paris, quitte à repartir aussitôt pour New York. Elle ne pouvait pas, disait-elle, et nous faisait entièrement confiance. Bon.

Environ deux semaines avant la générale, nous lui avons redemandé de venir. Elle ne pouvait pas et nous faisait entièrement confiance. Très bon.

L'après-midi au cours de laquelle nous avons joué pour elle et à la fin de laquelle tout était « bad, bad, bad », se situe le lendemain de son arrivée de New York. La troupe n'a rencontré l'auteur que vingt-quatre heures avant de rencontrer le public et la critique. C'était un peu tard pour les modifications. Pris entre le désespoir d'avoir fait fausse route et le fou rire nerveux que la douche froide que nous venions de recevoir nous avait refilé à tous, nous avons emmené Miss Hellman manger les premiers oursins de sa vie, chez Dreher, en face du Sarah-Bernhardt. Mes copains, auxquels j'avais vanté les grandes qualités humaines de cette femme que j'admire, me décochaient des remarques qui allaient du « Marrante ta petite Lily », à « Je dirais même espiègle »... Miss Hellman découvrait le goût iodé des oursins, apprécia. Je traduisis à mes camarades qu'elle appréciait. « Comme ça, elle ne sera pas venue pour rien », me fut-il répondu. Je ne jugeai pas utile de faire une traduction fidèle... Miss Hellman toussota. « Pourvu qu'elle ne nous tombe pas malade... » Ceci redéclencha un fou-fou-fou rire que seuls des enfants en classe ou des acteurs épuisés de fatigue, de trouille et de vraie angoisse — parce que c'est demain que tout se joue — peuvent s'offrir. Puis Miss Hellman nous demanda où l'on pouvait s'acheter de belles robes dans ce Paris où elle n'avait pas mis les pieds depuis si longtemps. Alors là!!! Si les oursins étaient iodés, ils devinrent de plus en plus salés. Les larmes de rire tombaient dans les demi-porcs-épics. Quelques adresses fusèrent :

« A la Redoute, mais il faut écrire », « Moi, j'ai un cousin dans la confection, mais il est justement en prison... » Ça ne volait pas beaucoup plus haut, mais que c'était bon de rigoler! Même si on était très tristes... Après les oursins, nous sommes retournés au théâtre pour re-re-re-répéter. Miss Hellman, fatiguée par le décalage horaire, rentra se reposer au Crillon.

Je n'aurais sans doute jamais raconté cette histoire si je n'avais lu *Pentimento*. Dans *Pentimento,* Miss Hellman se revoit à Paris deux ou trois bonnes semaines avant la générale (il faudra que je retrouve ce livre si je ne veux pas faire comme elle et affabuler). Écœurée par ce qu'elle voyait se fomenter au théâtre Sarah-Bernhardt, et découragée par nos incapacités diverses à comprendre ses légitimes revendications, elle aurait préféré se retirer purement et simplement et jouir de la présence réconfortante d'un vieil ami qui la baladait dans Paris et la consolait puisque, de toute façon, nous ne la comprenions pas.

Pentimento m'est tombé des mains. Je l'ai quand même fini mais chaque ligne, si belle soit-elle, m'est dès lors apparue comme suspecte. Est-ce qu'on oublie? est-ce qu'on arrange? est-ce qu'on s'arrange? C'est une question que je ne vais pas tarder à me poser à moi-même. Peut-être d'autres me la poseront-ils. Je la pose aujourd'hui à Lillian Hellman. Pas à Miss Hellman, comme je me suis mise tout à coup à l'appeler dans mon récit méchant mais vrai. Lillian, tu sais bien que tu n'es arrivée que la veille de la générale. Je ne sais si tu liras ce livre, ce n'est pas un livre de comptes à régler. J'aurais peut-être dû t'écrire une lettre après la lecture de *Pentimento*. Je ne l'ai pas fait. Sur le coup, je n'ai pas trouvé ça assez important. Mais aujourd'hui, puisque c'est de ma mémoire qu'il s'agit, je ne vois pas pourquoi je ne la confronterais pas avec la tienne...

Il y a aussi des travaux que je n'ai pas accomplis et je n'en suis pas plus fière pour ça.

Il y en a un surtout que je n'ai pas accompli du tout, dans les deux sens du terme. C'est le rôle de Bouboulina dans *Zorba,* le film de Michaïl Cacoyannis.

Je viens de parler très sereinement du vieillissement et des avantages qu'il y a à en tirer, passé un certain âge. Il y a douze ans, j'avais justement cet âge-là, celui des décisions. J'avais déjà quarante-trois ans. Je n'en avais encore que quarante-trois. J'avais accepté de m'en coller quinze de plus. J'ai essayé honnêtement. Avec des artifices qui allaient du faux cul aux faux seins croulants, avec du coton dans les mâchoires, une fausse dent en or, une verrue de plastique, les frisotis dérisoires que me faisait Alex au petit fer, la disparition de mes sourcils, remplacés par des petits traits miteux que redessinait Monique... (c'était très dur pour mes deux vieux amis qui s'étaient toujours ingéniés à m'améliorer) — je jure que j'ai essayé. Je n'ai tourné que quelques jours et j'aurais tenu le coup si un léger incident n'était venu tout compromettre.

Le jeune décorateur-costumier du film suggéra une photo de Bouboulina-jeune à placer dans le décor. La préparation de cette photo prit la matinée. Alex et Monique chantonnaient en dégradant savamment les fonds de teint et en répétant à peu près la coiffure de *Casque d'or*. Le photographe avait du génie et c'est une des plus belles séries de portraits de moi qui ressortit de la bassine à développer. Je n'avais plus mes quarante-trois ans, j'en avais perdu au moins dix...

Alors je me suis dégonflée. Le lendemain, je n'avais plus le cœur à l'ouvrage. Je ne voulais plus être la pauvre Bouboulina, je l'ai quittée sur cette plage de Crète. Elle a été recueillie par Lila Kedrova, qui a été plus courageuse que moi et qui en a été royalement récompensée par l'Oscar de la meilleure interprète de second rôle, l'année suivante. Je n'ai pas été punie pour ma lâcheté, Michaïl ne m'en a pas voulu : la veille de mon départ, lui, Irène Papas, Anthony Quinn, Alan Bates et toute la compagnie, nous avons cassé des verres comme on le voit faire dans les films qui célèbrent le folklore grec...

Mais à propos de folklore grec — ou devrais-je dire de mythologie? — j'ai quelque chose à raconter.

Quelques jours avant mon départ pour la Crète, j'avais reçu la visite d'un très jeune correspondant de presse athénien qui désirait savoir ce qui me poussait à aller jouer Bouboulina. Avec une vanité dont j'ai encore honte aujourd'hui, j'avais répondu non à sa question : « Ça ne vous ennuie pas de vous vieillir? » qui était je crois la première qu'il me posa. J'avais répondu ensuite aux autres questions qui étaient du genre : « Est-ce que vous préférez le théâtre au cinéma », et « comment se déroule la vie chez un couple d'acteurs », etc. Il y en avait une quinzaine, c'étaient les questions habituelles. Ce jeune homme était très timide, il paraissait surpris par mon absence de chaussures dorées, et aussi par l'exiguïté de la « roulotte ». Je voyais bien qu'il ne voyait pas les artistes comme ça. Cependant, il voyait tout et j'en eus la preuve en débarquant à Athènes quelque temps plus tard. Il avait en tout cas remarquablement examiné la glace qui est au-dessus de ma cheminée, celle devant laquelle Aragon aimait à croiser du temps qu'il venait chez nous. Coincés entre le cadre d'acajou et le miroir lui-même, il y a un certain nombre de petits souvenirs et quelques photos, sans lesquels le coin cheminée gagnerait peut-être en austérité mais perdrait certainement en chaleur.

Parmi ces photos-souvenirs, il y en a une, de la taille d'une photo d'identité. Elle est là depuis l'année 1953. Elle représente un homme très beau, jeune, il sourit et tient un œillet à la main. Sous son visage, on peut lire : « Gloire aux héros d'Athènes. »

Cette petite photo avait été tirée à des millions d'exemplaires au moment de l'exécution de Beloyanis et de ses camarades, tous héros de la résistance grecque pendant la guerre et repris par la police monarchiste dès les débuts de la guerre froide. Des millions de gens de par le monde avaient porté cette petite photo sur le revers de leurs vêtements au cours du faux procès à l'issue duquel Beloyanis et ses camarades furent clandestinement fusillés contre un mur à la lueur des phares de camions Dodge. Cette petite photo devait devenir un dessin de Picasso qui s'appellera pour toujours *l'Homme à l'œillet*.

C'est Yaël Dayan, assistante de Cacoyannis et fille de général, qui m'attendait au bas de la passerelle à mon arrivée à Athènes. Il y avait aussi l'attachée culturelle de l'ambassade de France, un représentant de la 20th Fox et une vingtaine de journalistes. On faisait bien les choses pour la future ex-Bouboulina. Une conférence de presse avait été préparée dans le salon des VIP's. Un jeune homme dont le visage me rappelait singulièrement quelqu'un vint se joindre au groupe : c'était le frère de Costa qui venait m'accueillir sur la terre que mon copain avait décidé d'abandonner à ses ancêtres...

Il y eut d'abord quelques questions : « Avez-vous lu toute l'œuvre de Kazantzakis? Est-ce votre premier voyage en Grèce? »... Et puis, dans un silence, un grand homme habillé d'un Burburry's très usagé commença lentement sa phrase : « Nous avons lu dans un journal grec que vous conserviez sur votre cheminée le portrait d'un héros grec. Pouvez-vous nous dire de qui il s'agit? »

Arriver à Athènes en 1964, pour la première fois de sa vie, bien décidée à ne pas se mêler de ce qui ne vous regarde pas, et être amenée à prononcer comme premier mot le nom de Beloyanis, c'est à peu près aussi diplomatique que d'arriver à New York et de répondre à la question : « Connaissez-vous des Américains célèbres? — Oui, les Rosenberg », ou, à la même question posée à Moscou : « Je ne connais qu'un Russe, c'est Léon Davidovitch Trotsky! »

J'ai eu rapidement les mêmes tentations que le jour de la signature du Manifeste des 121. Elles défilaient dans ma tête... Un héros?... Non, je ne voyais pas... Ah, oui... J'ai une très belle reproduction d'un buste d'Achille... Il y eut une longue plage de silence, ils me regardaient, je les regardais les uns après les autres. Il y en avait la moitié dont les yeux quémandaient la réponse, et l'autre moitié dont les yeux me défiaient de la donner. Peut-être que si le frère de Costa n'avait pas été présent, j'aurais simplement dit : « Non, je ne vois pas. » Mais, devant un témoin qui pouvait cafter, ce n'était pas possible. Alors, j'ai répondu : « Effectivement, nous avons sur notre cheminée le portrait d'un héros grec. Je pourrais vous dire que c'est un héros de la mythologie. Je vous dirai que c'est la photo d'un homme qui s'appelait Beloyanis. »

Aucun n'écrivit sur son calepin. Ils me regardaient. Ne se regardaient pas entre eux. La dame de l'ambassade regardait ses chaussures et le gars de la Fox, à qui ce nom ne disait rien, mais qui sentait passer comme un ange, interrogeait de l'œil Yaël Dayan.

Alors, le type à imperméable Burburry's reprit son courage à deux mains et me demanda encore : « Est-ce que vous pouvez nous dire pourquoi vous avez gardé cette photo? »

Je ne m'étais jamais posé la question. Je le lui dis. Mais maintenant que lui me la posait, il apparaissait comme évident qu'une photo représentant un homme très beau, qui sourit, un œillet très près des lèvres, au moment où on va lui annoncer qu'il est condamné à mort, et qui, finalement, meurt assassiné, ce n'est pas un objet qu'on a envie de jeter dans la corbeille à papiers. On le garde.

Peut-être espérait-il mieux, plus fort, ou une déclaration commémorant « le camarade Beloyanis... pleuré par tous les communistes du monde... ». Il dut se contenter de ma réponse, c'était la seule vraie que je pouvais fournir. La conférence de presse se termina très rapidement.

Le petit avion-autobus qui fait la liaison Athènes-Crète ne partait que le lendemain matin. Yaël, un peu inquiète, éplucha la presse. Personne n'avait osé imprimer le nom de Beloyanis, mais tous y faisaient allusion. Les journaux de droite en parlant de justice bien rendue, quelques années auparavant, et ceux de gauche, en parlant de héros et en parlant surtout beaucoup d'œillets.

Nous attendions toutes deux notre embarquement. Deux filles très jeunes s'approchèrent de moi. Elles avaient chacune un œillet à la main. Elles ne me dirent pas un mot, me les tendirent.

Malgré les œillets, le petit avion ne tomba pas.

Au terminus, une grande silhouette noire attendait pour faire le chemin inverse. C'était Mikis Théodorakis. Il me dit : « Merci, merci, merci. » Le téléphone avait fonctionné entre Athènes et la Crète.

Je mourais de peur de me faire engueuler par Cacoyannis. Il désirait avant tout faire son film tranquille. Il aurait pu préférer que la conférence de presse tournât davantage autour de *Zorba,* plutôt qu'autour de vieilles histoires du passé. Yaël fut mon témoin. Ce n'était pas moi qui avais commencé. Cacoyannis nous crut et me conseilla néanmoins de faire l'inventaire de mes objets-souvenirs avant de recevoir dans ma maison des correspondants de la presse du pays où je m'apprêtais à aller tourner. Je ne le lui promis pas.

Je n'ai jamais revu ce jeune homme timide depuis 1964. Si jamais il est retourné dans son pays, j'espère qu'il ne lui est rien arrivé après la prise de pouvoir des colonels en 1967.

Je n'ai jamais vraiment lu le message qu'il avait visiblement voulu faire passer dans son interview d'apparence bénigne. Je ne sais pas non plus à quel moment de l'interview il a eu le temps d'examiner le « portrait du héros ». Peut-être quand j'ai été appelée au téléphone ou quand je suis allée à la cuisine chercher à boire. La photo est si petite qu'il semblerait qu'il l'ait reconnue plutôt que découverte.

Dans *Z,* quand Lambrakis-Montand prend possession du petit bureau du Comité, ou peut-être quand il est ramené après le premier choc derrière la nuque, je ne sais plus, il y a un énorme portrait sur le mur. C'est, dix mille fois agrandie, la petite photo que j'ai prêtée à Costa. Il me l'a rendue intacte et pendant qu'elle était absente de la maison, il m'a fait tenir une reproduction de *l'Homme à l'œillet* par Pablo Picasso.

Si la jeunesse grecque vient déposer des œillets à la place même où Lambrakis s'est fait assassiner dans *Z* (tourné en 1968), c'est parce qu'un jeune auteur, Vassili Vassilikos, lisait les journaux en 1964. Alors, tout naturellement, il a repris le thème de l'œillet de Beloyanis quand il a décidé de raconter l'histoire de Lambrakis dans son livre *Z.* Et c'est tout naturellement qu'il y a des œillets dans le film *Z.* Ça, c'est Vassili qui me l'a raconté. Peut-être de même racontera-t-on un jour la mort de Pannagoulis...

Si Vassili n'avait pas eu la chance de se trouver à Rome pendant le putsch des colonels, jamais le manuscrit de *Z*, pas encore traduit du grec, ne serait tombé entre les mains de Costa...

Si Costa et Semprun ne s'étaient pas mis au travail immédiatement pour tirer de ce superbe livre un superbe scénario que tous les producteurs français ont refusé pour ne pas se mettre mal avec les Américains...

Si Perrin n'avait pas décidé de devenir producteur avec la participation de tous ceux qui ont travaillé dans le film...

Si tous ces gens-là ne s'étaient pas fait confiance mutuellement, envers et contre tous les avis que leur prodiguaient les officiels de l'industrie cinématographique, *Z* ne serait jamais devenu un film.

Ce n'est sûrement pas *Z* qui a fait tomber le régime des colonels. mais *Z* n'a pas amélioré leur image de marque à travers le monde. Et surtout pas en Amérique où l'allusion au rôle de la CIA dans la mort de Lambrakis n'a visiblement pas autant choqué que ce fut le cas parmi les producteurs français. En 1969, *Z* a reçu deux Oscars : celui du montage et celui du meilleur film étranger de l'année...

Pardon, William Shakespeare, je ne le ferai plus.

Ce n'est pas pour me vanter, comme on dit chez Labiche, mais je crois bien être la personne qui a le plus travaillé le rôle de Lady Macbeth dans le monde entier — ce qui ne m'a pas empêchée de rater complètement mon coup.

A l'origine, ce n'était pas mon coup. C'était un coup fomenté très amicalement à Londres, en 1966, par des amis qui me voulaient du bien. Alec Guiness avait envie de rejouer Macbeth, c'était en soi un événement qui pouvait se suffire à lui-même. Sir Alec, grande star du cinéma, revenait aux classiques dans une production dépoussiérée des traditions... Anglais, Anglaises, shakespeariens ou shakespeariennes de tous les pays, vous lisez ça dans les journaux et vous retenez immédiatement vos places deux mois à l'avance à la location du Royal Court Theatre.

Lorsque, quelques jours plus tard, Anglais, Anglaises, shakespeariens, etc., vous lisez que Lady Macbeth sera interprétée par Casque d'Or-Alice Aisgill... vous vous posez des questions, mais vous louez quand même vos places au Royal Court Theatre, un peu comme on louerait ses places pour un Gala de l'Union dans lequel on vous promettrait un numéro de trapèze sans filet exécuté aux cintres par une chanteuse de blues...

Il m'arrive encore de me réveiller certains matins et de me dire : « Chouette, ce soir je ne joue pas Lady M. »

A un Gala de l'Union, vous risquez de tomber. Il y en a quelques-uns qui sont tombés et qui ont mis des années à se faire rééduquer pour avoir, un seul soir, essayé de prouver qu'ils pouvaient dépasser leur propre discipline en empruntant celles apprises par certains depuis le berceau, et ingurgitées par eux à l'accéléré. Beaucoup ne sont pas tombés, heureusement. Ils ont poussé un grand soupir de soulagement en reprenant pied sur le sable d'une piste qu'ils n'avaient jamais fréquentée dans leur enfance.

Je n'ai jamais eu le courage d'apprendre le trapèze, le domptage, le funambulisme, le saut de la mort dans une lessiveuse en flammes, le patin à roulettes, la bicyclette démontable, l'antipodisme ou le boniment de parade. Qu'est-ce qui a bien pu me prendre de croire que j'allais être capable (pour un Gala de l'Union qui allait durer un mois de « représentations exceptionnelles ») de faire passer une Lady M. incapable de leur restituer les sons syncopés auxquels ils avaient droit?

Nou pahtim cink sans may pah un prron ramphor
nou nou vim troa milan arrrivan topor

ne sonne pas exactement comme :

Nous partîmes cinq cents mais par un prompt renfort
Nous nous vîmes trois mille en arrivant au port,

même si c'est Sir Laurence Olivier qui s'est déplacé spécialement de Londres pour vous offrir sa version personnelle du rôle de Rodrigue. Ce qui ne risque pas de lui arriver, je le sais : c'est lui-même qui me l'a dit avec beaucoup de tendresse et d'humour au lendemain de la générale...

J'ai probablement exagéré l'épaisseur de mon accent dans l'exemple que je viens d'essayer de donner. Il est très supportable, mon petit accent français en anglais, il m'a même très bien réussi. Seulement voilà : parler anglais couramment, ça ne veut pas dire parler Shakespeare, chanter Shakespeare, scander Shakespeare, jouer Shakespeare, quoi! Même si l'on vous a invité à participer à une production dépoussiérée et anticonformiste comme était celle du Royal Court.

J'avais pourtant fait les choses avec beaucoup de sérieux. Munie de six éditions différentes de *Macbeth,* je m'étais retirée à Autheuil pour apprendre mon texte deux mois avant les répétitions, qui devaient elles-mêmes durer deux mois à Londres avant la première de la fameuse série de trente représentations exceptionnelles.

Les six éditions différentes... C'était bien une idée d'étrangère. Je ne crois pas qu'une seule actrice d'origine purement anglo-saxonne aurait eu l'idée de faire ces lectures comparées qui n'eurent d'autre résultat que d'épaissir les mystères qu'une bonne fois pour toutes les shakespeariens ont décidé de négliger, d'ignorer ou de chérir à juste titre.

Dans une édition, une phrase de Lady M. était suivie d'un point d'interrogation, dans une autre elle était entre guillemets, comme une citation, dans une autre encore elle se terminait par un point final. Dans toutes, il était bien clair que le ménage Macbeth n'avait jamais eu d'enfants, mais à un certain moment, cependant, Lady M. parlait de cet enfant aux gencives encore édentées qu'elle aurait privé de son sein nourricier. Sous le ciel normand, j'essayai de résoudre les énigmes. Je ne m'ennuyais pas une seconde. Mes amis qui me visitaient se faisaient piéger comme les clients de l' « Auberge des Adrets ». Ils n'y coupaient pas. Je leur tendais une des six éditions, et ils étaient bons pour me faire « réciter ». Comme il y avait des passages difficiles, c'était un peu comme de jouer aux Ambassadeurs. Tous les soirs, pendant ce mois terrifiant des « représentations exceptionnelles », au moment de dire : « Nor place, nor time », c'est le beau visage de ma copine Françoise Arnoul que j'ai revu dans un éclair, me désignant sa montre pour me faire dire *time* qui ne me venait pas...

C'est « texte su » que je me suis présentée à la première lecture de la pièce... J'étais très fière de dévider mon « par cœur ». Mais toutes les mauvaises habitudes étaient prises. Je croyais scander. Je scandais de travers. J'avais tout fait à l'envers. C'est aujourd'hui que je réalise à quel point l'orgueil de vouloir accomplir un saut périlleux peut vous faire oublier tout ce que votre instinct vous a appris depuis le temps que vous jouez la comédie.

Pendant deux mois, j'avais, jour après jour, sans m'en apercevoir, glissé dans le piège qui est celui qui guette et attrape les mauvais acteurs. Ceux qui savent les mots sans se préoccuper jamais des raisons qui poussent les personnages qu'ils jouent à les dire. Voilà que je justifiais parfaitement la phrase : « Eh ben, dites donc, il vous en faut de la mémoire pour retenir tout ça! »

Je ne veux pas dire que je n'avais pas mes petites idées sur Lady M. Je ne veux pas dire que je ne l'avais pas comprise à travers mes lectures comparées. J'irai même jusqu'à dire que je l'ai épluchée, Lady M., psychanalysée, traquée. Seulement voilà : il y avait état d'urgence. D'abord savoir les mots. Quitte à se demander après pourquoi elle les disait.

Gatskill, notre metteur en scène, Alec Guiness et toute la troupe ont tout fait pour m'aider, pendant ces deux mois de répétitions, à me débarrasser des mauvaises habitudes que j'avais contractées en croyant me préparer à servir pieusement Shakespeare. J'ai souvent pensé qu'ils devaient tous être atterrés après la première lecture. Peut-être se sont-ils parlé entre eux, après, au pub voisin de la salle de répétitions. Ils ont dû espérer que ça s'arrangerait, que je l'apprendrais, la belle chanson. Après tout, on avait encore deux mois devant soi...

Au bout d'une semaine, je me croyais très en progrès. Eux aussi, du moins me le disaient-ils. C'est probablement à ce moment-là (il n'était pas encore trop tard) que des gens moins gentils que ceux-là m'auraient poliment renvoyée dans mes foyers. Pour la presse et la location, on aurait toujours pu trouver une excuse. Il y a de ces grippes imprévisibles qui s'attrapent dans les coulisses et qui empêchent l'artiste engagé de respecter son contrat... Je crois d'ailleurs que j'aurais été parfaitement capable d'assumer les réponses aux questions posées en cas de vidage. « Non, aurais-je dit, je ne suis pas capable de jouer Lady M., excusez-moi, tout le monde peut se tromper, comme dit l'oiseau. »

Quand ces choses arrivent à des débutants, elles sont cruelles. Quand elles arrivent à des gens qui ont, comme on dit, du répondant, elles sont amères mais avalables.

Comme mes amis étaient gentils, si l'idée même les effleura, ils la repoussèrent. Peut-être aussi s'habituèrent-ils à mes défauts au point de ne plus les percevoir, voire même au point de les aimer. Ça s'appelle l'aberration collective. C'est un grand monstre invisible, tapi au premier balcon du théâtre vide dans lequel on répète dans l'euphorie. Pour le dépister et le descendre, celui-là, il suffit souvent d'une oreille et du regard d'un étranger à la troupe, qui soit cependant un vrai ami de la famille. Celui-là qui n'aura pas peur de se faire mal voir et de dire la vérité : « Arrêtez le massacre, les gars, vous vous trompez! »

Personne ne vint arrêter le massacre tant qu'il en était encore temps. Ceux qui eurent le privilège d'assister à nos dernières répétitions pensèrent sans doute qu'il était trop tard pour sonner l'alarme. Montand était venu passer vingt-quatre heures, il était encore temps : c'était deux semaines avant la générale. Ses réserves étaient pertinentes, mais je décidai de les ignorer, forte de ma culture anglo-saxonne...

Et c'est une Lady M. morte de trac, mais sûre d'avoir eu raison de tenter le coup, qui fit son entrée en scène le jour de la générale. A partir du lendemain, c'était une faible créature qui aurait donné des millions pour être ailleurs.

La presse, à une ou deux exceptions près, détesta la production dans son ensemble. Elle était cruelle pour Gatskill dont les audaces anticonformistes avaient choqué. Elle n'était pas tendre pour Alec dont les options avaient parfois surpris. Pour moi, elle était ce qu'on peut rêver de pire. Elle n'était pas cruelle, elle n'était pas blessante, elle était franchement désolée. Navrés, ils étaient. Et ça leur en coûtait, disaient-ils, eux qui m'aimaient tant. Mais, vraiment... j'étais impossible, inaudible, inécoutable. Certains m'avaient tout de même comprise. Ils signalaient à quel point ils avaient souffert en me voyant souffrir avec les mots. Je leur avais fait pitié. Ce n'est généralement pas le but que se propose une dame actrice qui prétend faire peur à force de froide détermination.

Le lendemain de la générale, il me restait trente jours, un siècle, à comparaître devant un tribunal qui serait là tous les soirs, puisque nous jouions à bureaux fermés depuis l'annonce de la bonne nouvelle qu'on allait « shakespearer » au Royal Court...

J'ai parlé des millions que j'aurais donnés pour être ailleurs... (Je signale au passage que nous étions, Alec et moi, payés au tarif théâtre populaire : sept livres par jour)... cependant, ces millions, j'aurais essayé de les trouver le lendemain et le surlendemain et les jours suivants pour ne plus avoir à entrer sur cette scène, devant tous ces gens qui savaient déjà que je ne m'en sortais pas, mais qui étaient là quand même parce qu'ils avaient retenu leurs places à l'avance... Ils étaient là, et je les voyais dire mes mots en même temps que moi, et beaucoup mieux que moi. Il y eut cependant parfois quelques Japonais qui faisaient le London-by-night... eux, je ne paraissais pas les déranger.

La troupe était formidablement gentille avec moi, ils me voyaient tous claquer des dents avant d'entrer, ma lettre à la main. Cette lettre que Lady M. doit lire au public parce qu'elle est un résumé de l'action précédente et le signe avant-coureur des crimes à venir, il aurait fallu la lire avec la passion contenue et le calme froid des maîtresses femmes... C'est très difficile quand le papier tremble dans vos mains comme le journal du matin sur une plate-forme d'autobus.

Le troisième soir, les dernières critiques m'étaient tombées sous les yeux, ou plutôt sur la tête, un peu avant d'entrer en scène. Il n'y avait aucune raison, pensai-je, que tous ces gens dans la salle ne les eussent pas lues. C'est ainsi que, dans ma première scène avec Guiness, à la troisième ou quatrième réplique, je me suis arrêtée. Il a compris et il m'a sauvée. Il m'a balancé cette réplique : « If we should fail » (Alors, on va pas se casser la gueule, non?) qui vient beaucoup plus tard dans la scène. Il s'en est servi pour sa copine qui était en train de sombrer, elle m'a fait repartir et, comme nous jouions devant des connaisseurs, ils ont applaudi. Quand il m'a redit : « If we should fail » (Et si nous devions échouer?) dans son vrai contexte, ils ont applaudi à nouveau.

Au cours de ces quatre semaines, j'ai dû quand même faire quelques progrès. Et puis, comme il arrive souvent quand l'éreintement est violent, nous avons eu aussi nos défenseurs, et même nos fans.

Malgré tout, je jure que je ne le ferai plus.

Je garde de ce mois d'octobre 1966 un souvenir de grand froid, le froid que donne la peur.

Je garde aussi le souvenir d'une grande chaleur. Celle de mes copains de travail, celle de mes copains de la vie. Jack Clayton, Haya Hararit, Betsy Blair, Karel Reiss, Gordon Jackson, Michael Truman, Sean Connery, Dirk Bogarde, les Losey. Ils m'ont couvée, nourrie dans leurs maisons, et puis ils m'ont fait rire.

Je me revois aussi dans mon petit appartement du Savoy. Le personnel trouvait Lady M. moins gaie qu'Alice Aisgill, eux aussi lisaient les journaux.

Mais comme je revois mon petit appartement, c'est aussi ma cousine de Bratislava que je revois...

14

Ce sont les questions de Maurice Pons qui, pendant six jours d'interview non stop, ont sollicité ma mémoire. C'est à la lecture du décryptage des bandes magnétiques, quelques semaines plus tard, que je me suis aperçue combien souvent j'avais répondu vite, comme on répond dans le fil d'une conversation, et combien souvent j'avais laissé de côté l'essentiel d'une réponse à une question posée. C'est pourquoi, à tort ou à raison, je me suis mise à ma machine, et, avec le temps de la réflexion, j'ai essayé de parler sur le papier.

Réfléchir, ça ne veut pas dire faire attention à ce qu'on va dire, par prudence ou diplomatie. Réfléchir, c'est le contraire de faire la conversation. C'est se reposer les questions à soi-même.

Ou se les poser, parce que Maurice Pons n'est pas un inquisiteur, et, par conséquent, n'a pas osé les poser.

Pour parler de *l'Aveu,* je n'ai pas besoin d'une telle réflexion, et je vais donc revenir au dialogue enregistré. Reviens, Maurice, je m'ennuie un peu toute seule, et même si j'ai l'air de répéter ici des choses déjà dites, j'ai envie de les conserver comme elles me sont venues et comme elles me reviendraient si les mêmes questions m'étaient à nouveau posées.

> Au fur et à mesure que nous parlons de vos films, je sens que toujours vous choisissez. Vous dites que vous aimez qu'on vous choisisse, mais vous gardez un droit de refus. Vos films suivent une ligne, celle d'un engagement.

SIMONE SIGNORET : Je serais incapable de prêter ma tête, mes yeux, ma voix, enfin moi, à une entreprise qui va à l'encontre de mes convictions les plus profondes. Je peux parfaitement jouer une indicatrice de la Gestapo dans un film antifasciste. Je ne peux pas jouer une mère admirable ou une amoureuse superbe dans un film fasciste. Je ne peux pas le faire et je ne l'ai jamais fait.

Vous choisissez plutôt l'entreprise que le personnage?

SIMONE SIGNORET : Je vous le répète : je ne choisis rien du tout, on me choisit. Il y a beaucoup de rôles que j'aurais bien voulu accepter, mais on ne me les a pas proposés. J'ai simplement toujours été libre de ne pas faire les choses, de ne pas les accepter — c'est Prévert qui m'a appris ça.

Parmi les films que vous avez faits et qui ont impliqué un engagement de votre part, je pense à *l'Aveu* que vous avez tourné en 1969...

SIMONE SIGNORET : Oui, il nous a posé des problèmes à tous. *L'Aveu,* le livre de London, venait de sortir. Pour beaucoup de communistes et de gens de gauche de notre génération, ç'a été un coup de tonnerre et un coup de chagrin épouvantable. C'est en Tchécoslovaquie que le livre est d'abord sorti, ce sont les Tchèques qui l'ont publié. Le parti tchèque a laissé paraître ce livre; il a voulu qu'il paraisse. Au départ, le film avait donc été monté comme une coproduction franco-tchécoslovaque. Mais ça n'a pas duré longtemps : non seulement il n'était plus question que les Tchèques produisent ce film, mais il n'était même plus question qu'ils continuent de lire le livre de London.

C'était pour nous une très lourde responsabilité que de faire ce film, et nous avons failli abandonner le projet. Mais il s'est passé des choses qu'il faut savoir : London avait été réhabilité en 1967, on lui avait rendu ses décorations et tout ce qu'on lui avait retiré au moment de son procès — son faux procès. Ce qu'on ne lui a jamais rendu, ce sont ses poumons : il ne lui reste qu'un seizième de poumon. Et on ne lui a pas rendu non plus le sommeil. On lui avait rendu le droit à une sorte de petite vie...

Et voilà qu'en 1969, on se met à tout lui reprendre. On décide qu'il ne sera plus citoyen tchèque et on recommence à écrire sur lui, en Tchécoslovaquie, les mensonges et les calomnies qui avaient servi d'arguments à ce faux procès! Nous avons trouvé que c'était beaucoup — et que cela nous touchait de très près — parce que nous avions vécu toute cette période et que nous nous y sommes, d'une certaine façon, compromis. Vous vous rappelez peut-être la fameuse phrase d'Éluard : « J'ai trop à faire avec les innocents qui clament leur innocence pour m'occuper des coupables qui crient leur culpabilité... » Il s'agissait bel et bien alors du procès Slansky et nous avions contresigné cette déclaration! Je revois encore cette chambre d'hôtel à Angers, au cours d'une tournée de Montand, quand Jaeger nous avait téléphoné de Paris : il nous demandait d'être parmi les signataires. Ce sont des choses que nous avons eu beaucoup de mal à avaler par la suite.

L'Aveu est un film antistalinien. Si on peut y voir, à la fin, des plans de chars dans les rues de Prague, ce n'est pas une idée de metteur en scène, ce sont des bandes d'actualités; si on peut lire sur l'écran : « Lénine, réveille-toi, ils sont devenus fous », ce n'est pas une invention de scénariste, c'est la traduction d'une inscription relevée dans les rues de Prague.

Montand parle très bien de *l'Aveu,* beaucoup mieux que moi. Je ne vois pas qui aurait pu jouer le personnage de London comme il l'a fait. Il fallait être déchiré intérieurement comme il l'était. Il avait signé lui aussi, à l'époque, le petit texte d'Éluard. Il fallait se sentir soi-même terriblement culpabilisé pour être en mesure de le jouer comme il l'a joué, jusqu'à perdre douze kilos en six semaines, afin de devenir littéralement squelettique. Il fallait être animé d'un sentiment beaucoup plus fort que celui qui anime un simple acteur. Il fallait qu'il sache de quoi il parlait, qu'il soit déchiré à la pensée de ce qu'il ignorait au moment de ces crimes.

Ce n'est pas le cas de Costa, qui est beaucoup plus jeune que nous. Mais c'est le cas de Semprun, qui s'est tapé des mois dans un camp de concentration nazi, qui a été le militant qu'il est dans *La guerre est finie* de Resnais, joué par Montand. Il sait très bien de quoi il parle.

Néanmoins, ce film a eu des répercussions diverses. Est-ce qu'il n'y a pas eu, autour de vous, à ce moment-là, une espèce de tentative de récupération?

SIMONE SIGNORET : De mauvaises langues auraient pu dire, par exemple, qu'après *l'Aveu* nos problèmes avec l'Amérique seraient réglés, qu'en échange on nous donnerait un visa... Eh bien, nous n'avons toujours pas de visa américain, je tiens à le dire. Nous obtenons des visas au coup par coup. Si j'ai envie d'aller voir des amis à Los Angeles, je ne peux pas y aller, parce que je n'irai pas demander l'autorisation d'entrer sur le territoire des États-Unis. Ou imaginons que ma fille parte là-bas et tombe malade, je ne peux pas aller à Orly prendre un avion pour l'Amérique, alors que n'importe quel mafioso américain peut prendre son avion au Kennedy Airport de New York et débarquer à Paris, puisque les Américains n'ont pas besoin de visa, eux, pour voyager chez nous.

Pour en revenir à *l'Aveu,* le film a plus d'impact qu'un livre, je sais bien. C'est terrible de voir les images d'un dossier qui s'épaissit avec rien, d'assister à ces interrogatoires répétés qui finissent par constituer un dossier avec rien. C'est terrible de voir un accusé apprendre par cœur les réponses qu'il devra faire à son procès pour être condamné! Voilà ce que l'image montre. C'est très important de démonter un faux procès, c'est important pour tous les pays du monde, pour n'importe quel faux procès, où qu'il se passe. Dans *les Sorcières de Salem,* on demande à Proctor de signer qu'il est coupable et qu'il a eu des rapports avec le diable. Et il signe. Et il déchire ses aveux au dernier moment en disant : « Je ne veux pas que mes enfants soient les enfants d'un traître et d'un renégat. » Pourquoi pourrait-on raconter ça, pourquoi peut-on raconter comment Lambrakis s'est fait assassiner parce qu'il était un honnête homme de gauche, et pourquoi ne pourrait-on pas raconter comment, ailleurs, on a pendu onze honnêtes hommes de gauche? Pourquoi? Pourquoi dénoncer toujours à sens unique?

Dans la trilogie de Costa, on trouve la réponse. Dans *État de siège,* il démonte et met en lumière le fonctionnement de la CIA en Amérique latine. Il a, avec l'aide d'Allende, tourné ce film au Chili, avant que le Chili ne tombe. Sans Allende, il n'aurait jamais pu tourner et jamais on n'a montré sur la CIA un film-document aussi terrifiant et aussi sévère. Je pense qu'on a tous les droits à partir du moment où l'on dénonce des faits dont on est absolument convaincu et qui sont vrais.

Cette histoire de *l'Aveu* n'est pas terminée entre les communistes et nous. Ils ont été les premiers à voir le film. Aucun journaliste, personne ne l'a vu avant eux. On avait organisé une projection, un après-midi à Boulogne, pour eux seuls : il y avait là Andrieu, Aragon, Daix, je ne sais plus qui encore... Dans *les Lettres françaises,* le film n'a pas été descendu, loin de là. Il faut dire que Daix, le rédacteur en chef, se trouve être aussi le gendre de London. Il a épousé cette petite fille qu'on voit dans le film et qui vient de comprendre que son père est en prison. C'est Françoise London, qui a vécu ce drame étant enfant, et la mémoire d'un enfant est excellente : elle se souvient qu'on a dû la retirer de l'école parce que les petits copains traitaient son père de traître. Daix n'est pas précisément ce qu'on appelle un réactionnaire! Lui aussi s'est tapé son temps dans les camps de concentration nazis parce qu'il était communiste. Dans tout ce groupe, il n'y a que Montand et moi qui n'ayons pas fait de camp et qui n'ayons jamais été communistes.

Comment ont réagi vos invités communistes à la première projection?

SIMONE SIGNORET : Ils ne nous l'ont pas dit. On leur a montré le film et ils sont partis. Mais Montand a reçu un courrier tout à fait extraordinaire de militants qui le remerciaient : « Merci, il fallait faire ce film. »

Cette conversation date d'il y a près de deux ans. Il s'est passé beaucoup de choses depuis. Il y a même eu des révisions dans les jugements, apparemment, chez certains. Je ne sais pas du tout comment réagirait aujourd'hui le parti communiste français à la sortie d'un film comme *l'Aveu*.

Le parti communiste français a traqué ceux qui ont fait *l'Aveu* au moment où ils l'ont fait. *L'Aveu*, tourné en 1969 et projeté en 1970, est un objet qui doit porter sa date. Au même titre que ce que je répondais à Maurice, il y a deux ans, doit garder sa forme un peu lourde et ses répétitions...

C'est le petit appartement du Savoy qui m'a fait penser à ma cousine de Bratislava. C'est ma cousine de Bratislava qui me fait penser au mois d'août 1968. Pendant qu'elle passait la frontière tchèque au volant de la voiture achetée « au prix du sang de la réhabilitation », moi et quelques autres vivions dans la campagne suédoise des semaines comme j'en souhaite à beaucoup. Moi et quelques autres, c'était nous : les gens de *la Mouette*.

J'ai parlé, il y a déjà longtemps, dans ce livre qui n'en finit plus, de l'amour qui rôdait autour du tournage de *Casque d'or*. Je suis incapable de recommencer ce qu'on pourrait alors prendre pour un numéro : ce fut pourtant comme ça. Pendant les mois d'août et septembre 1968, il y eut sur les bords d'un lac, devant un décor de datcha survolé par de vraies mouettes, une famille qui vivait en 1896. Elle avait un tuteur en blue-jeans qui s'appelle Sydney Lumet, elle avait un père qui s'appelle Anton Tchékhov et qui portait nos costumes.

Il y a des gens qui prennent du LSD pour faire des voyages. Nous, nous prenions du Tchékhov, et le monde pouvait s'écrouler. Nous étions en vacances de notre monde. Nous étions en train de raconter comment s'écroulerait, fatalement, celui que nous étions justement en train de raconter. Nous étions en train de raconter comment, dans *la Mouette,* personne n'aime la personne qui l'aime, comment laisser les terres à l'abandon et s'ennuyer loin de Moscou, et comment prendre des notes quand on est écrivain, et comment se suicider et se rater, et à la fin se réussir, comment se croire une actrice, comment être une « actrice », comment voir le temps passer en ne faisant rien. Comment vivre la vie de 1896 en Russie tsariste.

Le monde pouvait s'écrouler. Il s'écroulait. En 1968, à Stockholm, on vit à la télévision les images de jeunes tchékhoviens à bord de tanks à l'arrêt, ne comprenant visiblement pas pourquoi des jeunes filles, tchékhoviennes elles aussi, essayaient de leur expliquer qu'ils n'avaient rien à faire à Prague.

Il y avait des groupes de Blancs et de Noirs américains qui se baladaient dans Stockholm, c'étaient des déserteurs américains. Ils passaient aussi à la télé.

Nous les regardions, ces images, commentées en suédois. C'était avant le dîner. Nous les commentions un peu en anglais, pas longtemps. Nous retournions vite dans notre monde à nous, nous ne désirions pas être dérangés. Les passions les plus chastes nous rendaient indispensables les uns aux autres. Nous vivions tous sous le même toit, nous avons tous partagé le même pain et le même sel à tous les repas pendant ces deux mois. Quand le compte à rebours du tournage a commencé, nous étions en train de devenir complètement fous de tendresse partagée, de compréhension mutuelle. Nous ne couchions pas ensemble, mais nous nous embrassions, nous nous prenions les mains, nous russifiions à tout vat. Nous ne voulions plus nous quitter jamais. Au vrai, nous ne l'avons jamais fait. Nous, les gens de *la Mouette,* pouvons nous appeler à n'importe quelle heure du jour ou de la nuit, d'un continent à l'autre : nous répondons.

Notre *Mouette* bien-aimée n'a fait à Paris qu'un petit vol d'essai, dans un petit cinéma d'Art et bien entendu d'Essai (comme si les noms de Sydney Lumet, de Vanessa Redgrave, de James Mason, de David Warner et le mien racontant Tchékhov ne méritaient pas les honneurs d'un tout petit peu de publicité pour faire savoir que ça se jouait quelque part, non loin du Panthéon). Elle vole gaillardement d'université en université sur tout le continent américain depuis 1969.

Mais ce n'est pas là mon propos. Il paraît que les descentes après les voyages au LSD sont parfois douloureuses. Revenir de chez Tchékhov n'était pas douloureux, c'était déchirant, et même si je n'ai pas été la meilleure Arkadina du répertoire, contrairement à ce que je me dis parfois au sujet de Lady M., il m'arrive certains matins de penser : « Dommage, aujourd'hui je ne tourne pas *la Mouette.* »

C'est au retour, après la descente, que je trouvai la lettre de ma cousine de Bratislava écrite sur du papier pelure rose avec cette adresse hypothétique vieille d'un mois. C'est au retour, après la descente, que je fus priée de bien vouloir revivre en 1968, de lire à nouveau des journaux rédigés dans ma langue, et d'entendre dans ma langue comment un printemps était mort à Prague, comment la « normalisation » y était née, et comment, pour la première fois — la nouvelle avait passé les frontières — on avait arrêté sur la place Rouge des citoyens soviétiques qui n'étaient pas d'accord.

Montand, tandis que nous tchékhovions sous les grands arbres au bord du lac, sirotant notre « tchaï » que l'accessoiriste faisait bouillir entre chaque prise pour que la fumée « raccorde », Montand, lui, n'avait pas tchékhové du tout. Il était bien au XXe siècle. Il avait été Lambrakis dans *Z* pendant que j'étais Arkadina. J'étais toujours Arkadina quand il fit sa rentrée en septembre à l'Olympia, où, pour la première fois de ma vie de *groupie,* je n'ai pas assisté à la première pour cause de Tchékhov. C'est Catherine qui m'a remplacée, elle a appris toute petite, c'est une bonne *groupie.* J'ai beaucoup pleuré le jour où Sydney m'a demandé de ne pas faire l'aller et retour Stockholm-Paris-Stockholm, qu'il m'avait pourtant promis. Il avait sûrement raison. C'est Arkadina qui se serait trouvée dans la loge ce soir-là, avant et après la première, pas moi.

C'est Catherine qui a été là pendant les jours de répétitions, de rodage, d'angoisse, de doute. C'est elle qui est allée chercher le « thé-jambon » au bistrot d'à côté. C'est elle qui a su savoir se taire quand il faut, et répondre quand on vous interroge. Si Sydney m'avait laissée venir pour un soir, j'aurais été une étrangère de passage tout juste bonne à se faire photographier entre deux avions. Et c'est peut-être une étrangère à *la Mouette* qui aurait atterri le lendemain à bord du lac.

C'est bien moi, et non Arkadina, qui me faufilai dans la salle de l'Olympia, accompagnée de Vanessa qui n'était plus Nina, un soir d'octobre, sans avoir prévenu à l'avance. Le film était fini, Arkadina et Nina étaient mortes. Mais Vanessa et moi étions vivantes et nous avions beaucoup de peine à nous séparer. Alors elle avait décidé de faire un petit crochet par Paris avant de regagner Londres, et de venir voir avec moi ce spectacle qui, pour la première fois depuis près de vingt ans, était quelque chose que j'allais découvrir.

C'était un superbe récital. J'étais tout à la fois jalouse d'avoir été frustrée de sa préparation, et formidablement fière que fût enfin à tout jamais démythifiée la légende : « C'est lui qui chante... mais elle est dans la coulisse. » Je n'avais pas été dans la coulisse. J'étais fière d'être la femme de cet homme qui m'épatait, qui épatait ma copine et, visiblement, quelque trois mille personnes dans la salle. Et, pour la première fois depuis près de vingt ans, ce n'est pas moi qui ai ouvert de l'intérieur la porte de la loge, je suis allée frapper, l'artiste a ouvert, il avait entendu dire que nous étions dans la salle... J'étais rentrée à la maison.

C'est donc tout naturellement que, quelques jours après, j'ai repris les habitudes abandonnées depuis deux mois, et me suis retrouvée en 1968 comme tout le monde. Et c'est ainsi que nous avons tous ensemble envoyé ce télégramme à M. l'ambassadeur d'URSS, dont voici le texte que nous avons conservé. Il est daté du 16 octobre 1968. Ce n'était plus M. Vinogradov, comme en 1956, c'était M. Zorine. Ce n'était plus Budapest, c'était Prague :

> Réunis aujourd'hui, nous avons eu envie de vous envoyer ce télégramme. Monsieur l'Ambassadeur, nous vous prions de bien vouloir transmettre nos chaleureuses félicitations au peuple soviétique que vous représentez. C'est avec un grand soulagement que nous constatons qu'il y a encore chez vous des gens qui ont le courage d'être les héritiers de ces traditions qui ont ébloui le monde depuis 1905 [1] et formé des légions d'hommes et de femmes, en opposition à des régiments de moutons sur la Terre entière. Bien entendu, nous voulons parler de Pavel Litvinov, Larissa Daniel, Constantin Babitsky, Vladimir Delaunay, Vadim Dremliouga. Il est heureux pour les peuples d'Union soviétique que ces cinq-là existent et qu'ils soient des citoyens soviétiques [2]. Comme il est heureux pour le peuple américain que les neuf de Baltimore : Daniel Berrigan, Philip Berrigan, David Darst, John Hogan, Thomas Lewis, Marjorie Melville, Thomas Melville, George Mische, Mary Moylan et, aussi, le docteur Benjamin Spock, soient nés sur le sol

1. Date de la première tentative de révolution en Russie.

2. Il s'agit de cinq intellectuels soviétiques condamnés à Moscou pour avoir tenté de manifester sur la place Rouge contre l'invasion de la Tchécoslovaquie par l'Armée Rouge.

américain [1]. Comme il est heureux pour la France que Gabriel Péri, d'Estienne d'Orves, Manouchian l'Arménien, Henri Martin et Maurice Audin aient été français [2].
Nous envoyons le double de ce télégramme à des journaux qui le publieront, pour de bonnes ou de mauvaises raisons, mais qui le publieront, et c'est la seule chose qui nous importe.
Signé : Yves Montand, Alain Renais, Jorge Semprun,
Vanessa Redgrave, Simone Signoret.

Tous les journaux ont reproduit ce télégramme, sauf les journaux du parti communiste français.

Le *Herald Tribune,* sous le titre « Celebrities protest », n'en passa que le premier tiers. Nous, les « célébrités », nous nous arrêtions de penser après la phrase : « Il est heureux pour les peuples d'Union soviétique que ces cinq-là existent et qu'ils soient des citoyens soviétiques »... J'appelai le *Tribune* et demandai à parler au rédacteur en chef. Je ne le connaissais pas. Je ne le connais toujours pas. Je veux dire que je ne l'ai jamais rencontré. Mais je l'ai quand même connu ce jour-là. Je ne sais s'il est toujours en poste, mais dans le genre bon Américain, c'est un bon Américain.

Il fut d'abord très désagréable. Le texte qu'il avait publié dans son journal était celui de la dépêche qui était tombée sur son bureau, il ne voyait pas de quoi nous avions à nous plaindre. Je lui suggérai de lire *le Monde, Combat, France-Soir* et *le Figaro,* et de comparer l'information qu'il offrait à ses lecteurs avec celle qui était offerte ailleurs. Il me dit que ça allait prendre un petit moment. Je lui répondis que j'avais tout mon temps. Il me dit « OK ». Il ne m'aimait pas du tout, je lui cassais sa journée.

Il reprit la ligne au bout de cinq bonnes minutes durant lesquelles je l'imaginai faisant fouiller les corbeilles à papier de la salle de rédaction pour retrouver les vestiges de la presse française de la veille. Je n'ai vécu que huit mois dans un journal, mais j'ai gardé le souvenir de ces corbeilles dans lesquelles tombent les monceaux d'informations qu'on juge peu importantes ou bien inopportunes.

Il reprit la ligne. Ou plutôt, c'est un autre homme qui la reprit. Il

1. Ce sont des intellectuels américains (le Dr Spock est un pédiatre mondialement célèbre) qui ont été condamnés pour avoir incité les jeunes Américains à refuser de se battre au Vietnam.

2. Les trois premiers sont des héros de la Résistance, tous trois exécutés, Henri Martin a été emprisonné pour avoir refusé de se battre en Indochine, Maurice Audin, qui dénonça la torture en Algérie, a été tué dans des circonstances mal définies après son incarcération.

m'aimait beaucoup, il me disait merci, je ne lui avais pas cassé sa journée, il avait lu tout le texte, j'avais eu bien raison de l'appeler. Pour lui permettre de réparer l'erreur, il lui fallait une lettre de nous, demandant la rectification. Comme le temps pressait, nous l'avons fabriquée ensemble, lui et moi, au téléphone, et le lendemain matin, sous la rubrique « Amputation », notre télégramme est à nouveau paru, dans sa totalité. Il était précédé de notre lettre, signée Montand, Redgrave, Resnais, Semprun, Signoret, mais c'était une lettre faite à six... Et, sous cette lettre, il y avait un petit texte que je vais recopier :

> *Herald Tribune* agrees and apologizes. The report of the telegram was that of United Press International, as the article indicated. The « Amputation » was done by UPI, the telegram itself was not made availaible to the *Herald Tribune.* (Le *Herald Tribune* est d'accord et s'excuse. La dépêche émanait de UP, comme l'article l'indiquait. L'amputation a été le fait de l'agence UP — le texte du télégramme n'avait pas été communiqué au *Herald Tribune.*)

Je l'appelai pour le remercier d'avoir été aussi efficace et aussi rapide. « Merci à vous, me dit-il, vous m'avez fait découvrir des noms que je ne connaissais pas. J'ai fait faire une enquête par mes gars! Aujourd'hui et pour toujours, je sais qui étaient Gabriel Péri, d'Estienne d'Orves, Manouchian, Maurice Audin, et qui est Henri Martin. J'ai pris une bonne leçon d'histoire de France. Quant à UPI... dorénavant je surveillerai. »

Nous n'avons jamais su quel usage l'Agence Tass a pu faire de ce télégramme à trois étages.

Nous n'avons jamais su non plus si M. Zorine a transmis nos félicitations jusqu'à Moscou. J'espère qu'un écho en est parvenu aux oreilles de quelques anciens spectateurs du théâtre Tchaïkovski, parmi lesquels peut-être se trouvaient justement les cinq emprisonnés.

Nous avons su que les neuf de Baltimore et le docteur Spock avaient bien reçu le message.

Nous n'avons jamais su dans quelle corbeille-oubliette de la rédaction de *l'Humanité* la dépêche de l'Agence France-Presse diffusant notre texte était tombée dans sa totalité.

C'est aujourd'hui seulement, en relisant le texte de ce télégramme, que je m'aperçois que nous avions repris l'image du « troupeau de moutons ». Nous l'avions reprise inconsciemment, et c'est probablement parce que Montand commençait son récital par le poème de Nazim Hikmet, « Comme le scorpion mon frère », qui se poursuit par

« comme le mouton, mon frère ». Et c'est aujourd'hui seulement que les évidences m'apparaissent.

Nazim Hikmet, c'est la salle à manger de l'Alkron. La lettre sur papier pelure rose, c'est la cousine de Bratislava. Je ne le sais pas encore, puisque je ne l'apprendrai que plus tard : mais peut-être qu'elle est dans le hall de l'Alkron, ce soir-là, tandis que nous nous trouvons avec Hikmet dans la salle à manger. Hikmet qui va à Moscou pour se plaindre au nom de la liberté. Si elle nous voit de loin, elle n'entend pas. Elle ne peut pas nous approcher.

Nazim Hikmet, c'est celui qui disait : « En 1917, nous étions heureux, gais, nous étions pauvres, nous étions beaux, bien habillés de haillons », et quand il disait nous, il disait nous : Maïakovski et Essénine. Vanessa venait de jouer Isadora Duncan avant *la Mouette,* elle y épousait Essénine... Semprun écrivait *la Seconde Mort de Ramon Mercader*. Resnais avait mis en scène *La guerre est finie* de Semprun, Montand chantait Hikmet et Eluard, Prévert et Desnos, et aussi Aragon. Tous les fantômes de libertés bafouées qui font de très belles chansons devaient planer sur nous ce jour-là, jour de relâche. Et c'est comme ça probablement que nous avons eu envie de faire ensemble le texte de ce télégramme. Sûrement à cause des bombardements sur le Vietnam, sûrement à cause de *Z* que Costa était en train de monter, ce qui expliquerait son absence ce jour-là, sûrement un peu à cause de Tchékhov, et certainement pas pour faire de la peine au parti communiste français.

Pendant cet automne 1968, nous avons voulu être solidaires de ceux qui avaient le courage de ne pas être d'accord avec ce qui se commettait en leur nom, à l'Ouest comme à l'Est. C'est tout.

Au début de l'automne 1969, nous avons commencé à tourner *l'Aveu*. Ce n'était pas non plus pour faire de la peine au parti communiste français. Il y avait des communistes parmi nous. Ils ont tous leurs noms au générique — à une exception près : une technicienne qui, après avoir touché son salaire pendant près de trente semaines, préféra, au moment de la sortie, garder l'incognito. Elle avait pourtant très bien travaillé.

Le seul pays socialiste qui projeta *l'Aveu* est la Yougoslavie. Là-bas, il n'est pas interdit de raconter comment on pouvait se faire pendre pour « titisme » en 1953.

A Moscou, il paraît qu'il y a une copie de *l'Aveu* que se passent parfois quelques privilégiés. Je suppose qu'elle est classée sur la même étagère que ses petites copines qui n'ont jamais été offertes au public soviétique. Celles des *Sorcières de Salem*, de *Z*, d'*État de siège*, de *Casque d'or*, et de ce bon vieux *Sel de la terre* dont nous n'avons jamais su si le doublage était enfin terminé.

En écrivant cela aujourd'hui, je n'ai pas non plus l'intention de faire de la peine au parti communiste français.

Je m'en vais retourner à cette déjà vieille conversation avec Maurice. Le vouvoiement pourra surprendre. Tout à l'heure, j'ai écrit : « Reviens, Maurice. » Le vouvoiement n'est cependant pas une élégance de style. Nous ne nous connaissions pas, quand nous avons commencé à nous faire la conversation. Je ne te connaissais pas non plus, Dominique, toi qui enregistrais. A partir d'un certain moment du moins, il eût été tout à fait étonnant qu'après ces six jours de plongée dans un passé qui nous est commun, nous ayons tous trois gardé en langage nos distances respectueuses.

Je suis la plus vieille de nous trois. Maurice, quand je racontais l'Occupation, tu devais te revoir encore petit jeune homme, et toi, Dominique, si tu étais née, tu devais encore balbutier. C'est à cause de *l'Aveu* que j'ai remis le nez dans ce décryptage. Le vouvoiement m'y est apparu comme tout à fait incongru — tant pis, je le garderai.

Je me suis aperçue aussi à quel point les réponses qu'on pouvait croire personnelles et originales à des questions intelligentes et originales étaient maintenant, à quelques mois de distance, les réponses les plus éculées à des questions qui sont en passe de n'être même plus dans le vent.

Les choses vont vite, disais-je dans un interminable bavardage qui revenait à expliquer que, depuis que les disques ne sont plus en soixante-dix-huit tours et que tout le monde a la télé, l'information n'est plus la même... Tout le monde sait ça. Et, pour ne pas risquer de ressembler à une héroïne de Claire Bretécher, je vais vous dire à tous deux que je ne vais pas reprendre et recopier mon délire verbal concernant quelques sujets qui me tenaient très à cœur, qui me tiennent toujours très à cœur, mais qui sont devenus des bateaux. Ça tendrait à prouver que les lieux communs ont à leur origine des pensées neuves, et que, si ce sont de bonnes idées, elles font leur chemin jusqu'à justement devenir lieux communs et sujets de conversations...

Alors, en vrac : la pollution, la libération des femmes, la psychanalyse, la drogue, le racisme. Ouvrez votre télé, il y a là-dessus de beaux débats de superbes conversations.

Des pensées neuves, ai-je dit. J'aurais dû dire de très vieilles pensées. Même pas des pensées : des notions acquises alors que j'étais toute jeune, ce qui fait qu'elles sont vieilles maintenant.

La pollution, ça commence quand vous n'avez pas la chance d'avoir une mère qui vous fait ramasser les coquilles d'œufs et les pelures d'orange après le pique-nique. Même si c'est au bois de Boulogne, et à plus forte raison à Saint-Gildas sur la plage.

La libération des femmes, elle commence au moment où vous avez assumé votre condition de fille-mère en disant « merde » à la dame patronnesse qui veut bien vous allouer vos tickets de layette en laine kaki, et que vous n'êtes rien socialement. Elle ne se règle pas par le racisme anti-homme.

La psychanalyse a remplacé le curé pour les chrétiens, le rabbin pour les juifs, et le copain qu'on pouvait appeler quand ça n'allait pas. Ceux-là offraient pourtant des services gratuits.

La drogue : j'ai raconté page 300 ma visite à « Synanon ».

L'avortement : les militants du mouvement « Laissez-les vivre » militent parallèlement pour le maintien et l'application de la peine de mort.

Le racisme : c'est comme pour la pollution, si vous n'avez pas eu la chance d'avoir une mère qui vous défend, dès l'âge de quatre ans, de prononcer les mots youpin, macaroni, crouilla, métèque, sidi, babi, banania, chintoque, polack, coco, et même boche, en même temps et au même titre qu'elle vous apprend à regarder de droite et de gauche avant de traverser, à partager votre goûter, à ne pas cafter, et à vous laver les dents, vous aurez du mal.

Et maintenant, allons-y!

En Mai 1968, est-ce que vous vous êtes sentie « mobilisée »?

SIMONE SIGNORET : En Mai 1968, je n'étais pas à Paris. J'étais à Saint-Paul. J'étais à Paris quand Mai 68 a commencé avec l'affaire Langlois, et j'étais devant Chaillot avec quelques autres professionnels du cinéma quand Godard a perdu ses lunettes dans la première bagarre de ce qui allait devenir Mai 68. Je crois bien que nous étions encore en avril. En mai, j'étais à Cannes, dans la salle du Festival, le matin où le vent de la révolution a soufflé sur le Palais, et le soir même, de Saint-Paul où j'étais remontée, j'ai eu confirmation de ce qui avait été annoncé le matin : le Festival s'arrêtait. Le matin, Truffaut, Malle, Godard et Polanski s'étaient succédé sur le podium pour expliquer pourquoi il était indécent de continuer à fêter le cinéma, étant donné ce qui se passait à Paris. Le lendemain, la Colombe se vida de toute sa clientèle. C'était juin 40...

Moi, je n'étais pas venue pour le Festival. J'étais venue à Saint-Paul. Je suis restée à Saint-Paul. En ne rentrant pas, j'ai dû louper des trucs, c'est certain : des trucs émotionnels. Les gens, paraît-il, se sont mis à « communiquer ». Comme j'ai toujours « communiqué », j'aurais probablement été contente de voir comment cette vieille habitude prise depuis longtemps, à l'époque où ça s'appelait parler ensemble, était tout à coup descendue dans la rue. Si j'ai loupé des trucs, je crois bien que j'ai aussi évité beaucoup de bêtises que j'aurais sûrement faites. A l'époque, je me suis écrit à moi-même une lettre que j'ai gardée. Elle explique beaucoup mieux que je ne le pourrais faire aujourd'hui ce que j'ai ressenti en Mai 1968 :

Saint-Paul, le 2 juin 1968.

Je ne suis pas rentrée. J'ai tout vécu ici. C'est parce que j'ai besoin de me répondre à moi-même, et aussi de préparer mes réponses pour les autres, que je fais ce devoir dans l'après-midi de ce dimanche. Je ne suis pas rentrée. Toutes les excuses peuvent m'excuser. Moi seule je sais que j'aurais pu rentrer, on peut toujours rentrer quand on ne peut pas s'en empêcher. Dans les moments de la passion, et je les connais, il n'y a pas une grève de transports qui vous force à l'immobilité. Aidée par les circonstances, je me suis donc forcée à l'immobilité, et je voudrais bien savoir pourquoi. C'est ce qui me tracasse le plus.

Les envies de rentrer

Elles sont venues et reparties à une cadence très rapide. Des spasmes. Des bouffées. La vieille envie de participer, d'être là, de regarder, et aussi la trouille de se faire accuser d'indifférence quand on a tant crié qu'on n'a pas le droit d'être indifférent. La terreur du « Où étiez-vous, vous? », lancé par les futurs demi-soldes de ce mois de mai 1968 qui prendront le même air que celui que je prends, moi, quand je demande aux gens où ils étaient entre 1940 et 1944. La honte de se mettre de la crème solaire sur la peau parce qu'il y a du soleil à la piscine, avant d'attaquer un « scrabble » avec François, alors qu'à Paris il y a des barricades, qu'à Paris il y aurait sûrement des choses à faire...

Les envies de ne pas rentrer

Des choses à faire. Où et avec qui?
A la Sorbonne, je n'y aurais peut-être mis les pieds qu'une fois. Vite confondue, à la grande joie de tous, avec les vieilles qui veulent prendre en marche le train des jeunes, avec les mondaines de gauche, avec certaines dames actrices qui veulent se faire photographier, avec les pétroleuses de service; rejetée par les mômes, peut-être écœurée parfois par certains de leurs propos et essayant quand même de les justifier. Je dis bien à la Sorbonne, après tout ce que je viens de lire et de voir, je n'y aurais mis les pieds qu'une fois, et je serais rentrée chez moi.
Rejoindre les miens, c'est-à-dire les acteurs? Pourquoi? Par quel soudain sens des responsabilités ce groupe social devrait-il avoir la parole dans cette révolution, alors que chaque fois que l'occasion lui fut offerte de s'exprimer devant des choses aussi claires et simples que les petits meurtres pour l'exemple, ou les guerres colonialistes, il s'est, à de rares exceptions près, toujours réfugié derrière le « moi, je suis acteur, je ne fais pas de politique »? J'ai bien lu tous les journaux, il y a des noms surprenants dans des rôles de Saint-Just et de Robespierre. Mais je n'ai pas lu les noms de Paul Crauchet ou de Jacques Rispal. Eux, évidemment, ils ont fait de la politique, ils ont même fait de la prison pour en avoir fait, de la politique.
Si je rentrais, ce serait pour tomber immanquablement dans un quelconque panneau. Dans la passion de la minute qui suit une certaine information. A cause de l'indignation irrésistible à propos d'un propos.
Alors, aidée par le climat, la grève, les bonnes et les mauvaises excuses, je ne suis pas rentrée. Dans le fond, pour continuer à me laisser aller, seule, sans parlotes, sans avis, sans pressions, à une révision de tout, en profondeur. A faire les comptes des choses qui, dans un procès où nous, où ma génération serions l'accusé devant la jeunesse-juge, plaideraient pour nous. Et puis, j'ai dépassé ce stade. Je les comprends si bien, les mômes. Toutes les preuves de bonne volonté, d'honnêteté ou de courage sont toutes reliées à un passé dont ils n'ont rien à faire, et les énumérer ressemblerait à un défilé de mutilés de guerre. Ils ont de bonnes raisons pour nous mettre tous dans le même sac, même s'il y a de bonnes gens dans ce sac-là. Et puis, je me suis aperçue que, sans le savoir, je disais à peu près la même chose qu'eux. Par exemple, quand je pleure sur le fait qu'avec l'autoroute qui relie maintenant Paris à Autheuil on ne dit plus jamais : « Tiens, Rosny, c'est là que Marie prenait le bac quand elle était petite, et que José ajoutait toujours : c'est bien le seul bac que Marie ait jamais passé », ou : « Voilà Bonnières, Catherine, qu'est-ce qu'on fabrique à Bonnières chez Singer?... — Ben, des

singes, voyons... » On ne parle plus ensemble dans une voiture qui va vite sur l'autoroute, parce que plus un repère de la mémoire n'est sollicité. Il faut être terriblement proustien pour se faire un petit roman de la corbeille à sous du péage.

De Gaulle

J'en ai fini avec le sentimentalisme qui, secrètement, ne m'avait quand même pas lâchée depuis 1940. De Gaulle est devenu ce qu'on disait qu'il était, ou alors peut-être a-t-il toujours été ce que ses ennemis disaient qu'il était. Il est inconcevable qu'à aucun moment il n'ait eu un mot de fierté hugolienne, et bien française, pour une jeunesse dans laquelle il ne pouvait pas ne pas reconnaître le Génie National. Je mets des majuscules exprès.

Les autres

Les vieux syndicalistes, communistes, socialistes, sont aussi à l'image des portraits que leurs ennemis tracent d'eux. C'est embêtant. Les vieux réacs sont pareils à eux-mêmes, et par conséquent conséquents.

C'est triste d'être exclue de ce qu'on serait certainement si on avait vingt ans, et c'est frustrant de ne pas pouvoir le leur dire. Mais c'est extraordinaire et déchirant de voir d'ici, à distance et sous le soleil, comment ils se sont fait cocufier en quelques jours.

Découvrir qu'ici on n'a jamais vu un CRS et encore moins un cordon de CRS en tenue de combat, et qu'ils ne connaissent pas les mots clés de la géographie de Paris, et par conséquent le sens profond des quartiers où l'on choisit de manifester.

Reconnaître en écoutant la radio tous les slogans d'avant-guerre. Entendre à nouveau « La France aux Français », et verser une larme sur ce pauvre Malraux qui, par un concours de circonstances prévisible, mène ce cortège...

Trouver que c'est terriblement important que les fils de la bourgeoisie remontent le boulevard Saint-Germain en criant « Nous sommes tous des Juifs allemands », mais s'apercevoir que ça en choque quelques-uns qui prennent ça au premier degré pour de l'antisémitisme... Entendre Pierrot annoncer derrière son bar sans touristes que Mitterrand est nommé ministre de la Santé parce qu'au transistor il vient d'entendre « MIT-TER-RAND-A-LA-SAN-TÉ ! MIT-TER-RAND-A-LA-SAN-TÉ ! », et puis voir entrer deux touristes italiens qui expliquent que les drapeaux rouges et les drapeaux noirs côte à côte, ce sont les communistes et les fascistes ensemble...

Et puis, il y a Hans Hartung. Allemand, pas juif allemand, mis dans un camp en France en 1939, engagé à la Légion étrangère pour faire la guerre contre Hitler, Hartung tout jeune à soixante ans. Je suis en train de le regarder par la fenêtre. Appuyé sur la béquille qui lui remplace la jambe qu'il a laissée en 1945 en Alsace, il essaie de sauver une coccinelle qui est en train de se noyer dans la piscine — c'est sa femme qui l'a vue, la coccinelle. Ils étaient contents, il y a quelque temps. Ils le sont moins, tous les tableaux de l'exposition que Malraux devait inaugurer sont bloqués quelque part entre Tokyo et Paris. Et puis, depuis 1933... ils commencent à être fatigués de tout cela.
Voilà Saint-Paul au début du mois de juin 1968.

Pendant tout ce mois et avant de vous écrire à vous-même, est-ce que vous avez été contactée par des gens qui vous demandaient pourquoi vous ne rentriez pas?

SIMONE SIGNORET : Bien sûr, mais c'était justement des gens qui n'avaient jamais, jamais pris aucune position, et moi je tombais de l'armoire quand je découvrais qu'ils étaient tout à coup devenus des révolutionnaires. Montand était à Paris, il m'appelait tant que le téléphone a fonctionné. Dans le fond, c'était la seule chose qui m'embêtait, de ne pas partager avec lui les émotions de la rue. Lui les vivait, les images d'Épinal. Moi pas. Mais à la Sorbonne et à l'Odéon, et aux Assises du Cinéma, il n'est pas devenu Fouquier-Tinville. Il a regardé, écouté. Il m'a appelée, le soir de Charlety, et m'a lu le texte de Mendès-France. Il m'a raconté les discussions qu'il avait sur le Pont-Neuf avec les mômes. Quand je raccrochais, j'étais pratiquement prête à partir à pied de Saint-Paul. Dans le fond, c'est ça qui m'a le plus tracassée pendant ma période d'immobilisme. Ne pas partager avec lui ces moments. C'est la seule chose qui m'ait manqué. Je n'ai jamais eu l'impression, qu'on essayait de me donner, que je désertais. Voilà pour ma non-mobilisation en 1968...

A votre retour à Paris, est-ce que vous avez trouvé que quelque chose avait changé?

SIMONE SIGNORET : Le Lion de Belfort était encore peint en rouge. Les graffiti n'étaient pas encore tous lessivés, il y avait encore des trous dépavés dans la rue Gay-Lussac. Ça, c'est pour raconter le retour d'Orly. Mais les gens avaient changé. Certains d'une manière irréversible.

Est-ce que vous connaissiez les jeunes qui sont devenus célèbres pendant Mai 68?

SIMONE SIGNORET : Aucun. Je les ai découverts à la télévision, si on peut dire. Pendant les deux soirs où il leur a été donné de discuter avec Georges Séguy, puis avec Jean Ferniot, je crois, au cours de deux opérations qui tour à tour les fustigeaient et leur jouaient du violon. Il y avait, si ma mémoire est bonne, Cohn-Bendit, Sauvageot, Geismar et Castro. C'est de ces deux confrontations que devait sortir quelque temps plus tard le « Cohn-Bendit?... connais pas » de Séguy.

A votre retour, les avez-vous rencontrés?

SIMONE SIGNORET : Absolument pas. J'ai rencontré des gens qui racontaient comment ces journées les avaient changés. Des mômes qui étaient encore bouleversés par la première aventure de leur vie. Des mères qui soignaient les yeux abîmés par les gaz lacrymogènes de leurs fils. Des nostalgiques amertumés, des gens qui avaient eu très peur pendant quelques jours et qui poussaient de gros soupirs de soulagement. Et puis Montand est parti tourner *Z*, et moi *la Mouette*. En fait, les anciens de Mai 68, nous ne les avons rencontrés que bien longtemps après. Ils n'étaient plus dans l'actualité, certains avaient même fait de longs mois de prison. Leurs procès, comme celui de Jean-Pierre Le Dantec et Le Bris, celui de Geismar et celui de Christian Riss, s'étaient déroulés pendant que nous étions en Amérique. Nous n'avions rien suivi de tout ça.

Comment les avez-vous rencontrés?

SIMONE SIGNORET : Il y a près de quatre ans, je crois, il y a eu une grève de la faim à la Sorbonne, et au même moment, une autre grève de la faim dans la chapelle de la gare Montparnasse. Ça donna deux-trois petits entrefilets dans la presse, mais les raisons de ces grèves de la faim jumelées n'étaient absolument pas expliquées, pas plus que n'était mentionnée la personnalité de ceux qui les faisaient. Un dimanche matin, Montand a dit tout à coup en prenant son petit déjeuner : « C'est quand même un peu dégoûtant de savoir qu'il y a des gens qui font la grève de la faim depuis seize jours à deux pas de chez nous, et on ne sait même pas pourquoi! » On a appelé Costa et nous sommes allés tous les trois à la Sorbonne. On se sentait un peu ridicules en arrivant, et on le leur a dit : « On vient un peu comme un cheveu sur la soupe... Racontez-nous. » On s'est rendu compte qu'ils étaient très contents de nous voir. Un peu surpris, mais contents. Ils n'avaient pas tellement de visites, et c'étaient des gens très bien. Ils nous ont expliqué qu'ils voulaient essayer d'obtenir la réforme pénitentiaire. Non seulement pour les détenus politiques, mais pour tous les détenus. On leur a demandé : « Qu'est-ce qu'on peut faire? On ne peut pas partager votre repas, mais en quoi peut-on être utiles? — Vous pouvez être utiles en débloquant la presse. Une certaine presse parle un peu de nous, mais pas la grande presse. » On leur a promis d'essayer et on est allé déjeuner. Après quoi on a appelé Lazareff, comme on l'a d'ailleurs fait très souvent.

Quelles sortes de relations aviez-vous avec Lazareff?

SIMONE SIGNORET : Lazareff est un personnage qui appartient à ma vie de petite fille, parce que c'était un copain de mon père. Je l'ai retrouvé après la guerre et je l'ai connu comme tous les acteurs de France le connaissent — un peu plus profondément du fait que je l'ai connu très petite. Je me suis toujours servie de Lazareff : il était le patron d'une presse sur laquelle on peut dire bien des choses, mais, sur le plan personnel, il était l'un des hommes les plus foncièrement généreux que j'aie rencontrés.

Il avait un réel pouvoir?

SIMONE SIGNORET : Il avait un pouvoir fabuleux. On ne s'est jamais servi pour nous de cette intimité avec Lazareff. C'était même un peu ridicule, parce qu'il nous arrivait parfois des choses importantes, professionnellement, dont un seul journal ne parlait pas, ou parlait peu, c'était *France-Soir*. Mais je n'ai jamais surpris Lazareff en flagrant délit de dérobade devant un appel qui ne nous concernait pas mais qui le forçait, lui, à se mouiller. Quand on lui a demandé de parler du livre que Georges Arnaud et Vergès avaient écrit sur la torture de Djamila Bouhired, dès le lendemain il a fait lui-même un éditorial; quand on lui a demandé de donner un coup de main pour le film *Loin du Vietnam,* réalisé par tout un groupe de cinéastes sous la direction occulte de Chris Marker, il l'a fait et il leur a même prêté un bureau; à la veille du jour où Grimau allait être fusillé par Franco et pouvait encore être sauvé, il a donné une place formidable à l'événement dans son journal et il a fait interviewer Mme Grimau dans *Cinq Colonnes à la Une*

Je pense que j'étais un peu sa soupape de bonne conscience. J'avais un code avec lui : je l'appelais et je lui disais : « Dis donc, Pierrot, j'ai une bonne affaire pour toi ! » Il rigolait, il savait que j'allais le mettre au défi de prendre une position qu'on n'attendait pas de lui. Il ne s'est jamais dérobé.

Lazareff était un homme qui a toujours gardé ses amis et je ne crois pas qu'il y ait à Paris une seule personne qui puisse dire : « Lazareff s'est vengé » ou « Lazareff m'a fait une saloperie. » Évidemment, il dirigeait aussi ce journal qui s'appelle *France-Dimanche.* On a même été amenés à lui faire un procès à cause d'un papier de *France-Dimanche,* qu'on a gagné d'ailleurs. C'étaient les côtés embêtants du personnage, dont lui-même n'était pas tellement fier.

(Je viens de dire qu'on avait gagné le procès contre *France-Dimanche,* j'ai parlé un peu étourdiment. Si Georges n'était pas notre ami, j'aurais dit que Me Georges Kiejman l'avait gagné. Si nous avions fait beaucoup de procès dans notre vie, Montand et moi, le nom de notre avocat, Me Georges Kiejman, serait revenu souvent dans le cours de ce récit. Seulement voilà : il n'y eut que celui-là. Il compte pour du beurre dans la carrière de Me Georges Kiejman. Ce qui ne compte pas pour du beurre dans notre vie et celle de Georges, ce sont toutes ces années pendant lesquelles, sans procédure ni plaidoirie, sans comptes rendus dans la presse et sans honoraires, il a été l'ami. J'aurais pu parler du très jeune stagiaire penché sur un minuscule point de discorde à propos de la fin du scénario d'*Ombre et Lumière* en 1950, et puis du jeune avocat à part entière au moment où les « 121 » étaient en passe de devenir des inculpés, et de lui encore chaque fois que les choses ont été difficiles. Ça ne m'est pas venu. C'est évident qu'il était là. Aujourd'hui, j'aurais l'air de me vanter si je vous disais que l'admirable défenseur de Pierre Goldman à Amiens est un de mes plus vieux jeunes amis.)

Pour en revenir aux profs qui faisaient la grève de la faim, c'est dans un coin du salon de Louveciennes, bourré de gens comme tous les dimanches chez les Lazareff, que j'ai annoncé à voix basse à Pierrot que « j'avais une nouvelle bonne affaire » pour lui. Le soir même, il envoyait un reporter et un photographe à la Sorbonne et à la chapelle Saint-Bernard. Le lendemain, sur cinq colonnes dans *France-Soir,* enfin on parlait d'eux dès la première édition. A une heure, Montand, Costa et moi sommes allés à la chapelle. Il y avait là toute la presse et la radio. Clavel, Foucault, Claude Mauriac, Joris Ivens, qui n'avaient pas cessé de les visiter et de les soutenir, étaient là eux aussi. Parmi les grévistes, il y avait Michèle Vian et Geneviève

Clancy; elles étaient blafardes, avaient du mal à s'exprimer, elles tremblaient, elles ont gardé des séquelles de ces longs jours de jeûne. En fait, ces gens-là étaient en train de mourir. Foucault leur a demandé d'arrêter. C'est de cette première grève de la faim, faite à l'extérieur d'une prison par des non-délinquants, mais par des espèces de premiers chrétiens, que datent les débuts de ce qu'on appelle la « réforme pénitentiaire ». On peut dire que ce dimanche-là, en prenant son petit déjeuner et en décidant d'aller voir ce qui se passe dans une petite bibliothèque de la Sorbonne, Montand avait eu la bonne idée.

Est-ce que vous y seriez allés si vous aviez été sollicités?

SIMONE SIGNORET : Je n'en sais rien du tout. Ç'aurait probablement dépendu du jour, de l'heure, de nos disponibilités, ou plutôt de notre disponibilité. De la façon dont ça nous aurait été demandé. De qui nous le demandait. Mais ce que je sais, c'est que, si nous n'y étions pas allés après avoir été sollicités, nous ne nous serions pas sentis très bien dans notre peau au cas où il y aurait eu mort d'homme ou de femme — ce qui était possible. Je me souviens qu'un gars d'Europe nº 1 nous a demandé ce que nous faisions là, et nous lui avons répondu qu'on aimait mieux être là pendant que ça se passait, plutôt que de recevoir dans quelque temps le très beau scénario qui n'aurait pas manqué de s'écrire en cas de malheur. Après tout, quand Gabrielle Russier était en prison, on ne peut pas dire que la France entière se soit bruyamment dressée pour faire quelque chose pour elle, mais la France entière est allée voir ça au cinéma et a beaucoup pleuré... Moi, je ne me suis personnellement jamais pardonné de ne pas lui avoir écrit quand elle était aux Baumettes. J'y ai songé pendant une matinée, mais je ne l'ai pas fait.

Pourquoi?

SIMONE SIGNORET : Par peur du ridicule et de l'indiscrétion. Par peur de me donner de l'importance. Après tout, ce jeune prof de philo n'était pas forcée de savoir qui j'étais. Mais le jour où j'ai entendu à la radio qu'elle s'était suicidée, je ne me suis pas bien plu de n'avoir pas tendu la main. Ma lettre, je l'aurais faite marrante, elle serait peut-être arrivée à temps.

Les cinq colonnes dans *France-Soir* nous avaient rapporté une très bonne réputation de débloqueurs de presse parmi cette jeunesse de 68 qui avait déjà quatre ans de plus. C'est comme ça que, quelque temps plus tard, Montand étant parti pour Saint-Paul, j'ai été sollicitée de façon très pressante d'aller rendre visite à trois grévistes de la faim, ouvriers de chez Renault. Je ne voulais pas y aller, parce que je ne suis pas ouvrière chez Renault. La condition ouvrière est un domaine dans lequel je ne me sens pas le droit de mettre mon nez parce que je ne saurais pas très bien de quoi je parle. Il n'y a aucune chance que je devienne un jour ouvrière chez Renault, alors que nous courons tous, tous autant que nous sommes, le risque de nous retrouver un jour en prison, et qu'à ce titre la condition pénitentiaire est l'affaire de chacun.

Qui est-ce qui vous sollicitait?

SIMONE SIGNORET : Jean-Pierre Le Dantec, que Sartre m'avait envoyé. Je lui ai expliqué tout ça. Tout ça il le savait, mais ce n'était pas ma personnalité de fausse prolétaire qui les intéressait, c'était le déblocage possible de la presse. Personne, personne n'avait parlé d'eux. Ils avaient des raisons de faire cette grève, déjà commencée depuis une dizaine de jours. En tout cas ils avaient leurs raisons, et ils voulaient que quelqu'un les entende. Alors je suis partie dans la vieille voiture de Jean-Pierre (que je ne connaissais pas une heure avant et qui est devenu notre ami) et j'ai atterri dans une petite rue de Billancourt devant une chapelle moderne. Des banderoles pendaient, elles disaient : « Venez, entrez, nous vous dirons pourquoi nous faisons la grève de la faim. » La petite rue n'était guère passante, il fallait être ou très dévot ou très maoïste pour dénicher cet endroit.

Dans la sacristie de la chapelle, il y avait trois lits de camp et, allongés sur les lits de camp, trois gars qui n'avaient pas encore la mine de ceux de la Sorbonne ou de ceux de la chapelle Saint-Bernard, mais qui déjà n'étaient plus aussi vivaces que ce qu'ils avaient dû être une semaine auparavant. Quand ils m'ont vue arriver, ils étaient moins surpris que les autres puisqu'ils m'avaient envoyé chercher. Ils étaient contents et s'attendaient à ce que le lendemain *France-Soir, l'Aurore, l'Express* et pourquoi pas *Match* ne parlent plus que d'eux. Je leur dis qu'il ne fallait pas trop compter là-dessus, que des fois ça marchait, des fois ça ne marchait pas.

Pourquoi faisaient-ils la grève de la faim?

SIMONE SIGNORET : Deux d'entre eux avaient été licenciés. Le troisième faisait avec eux une grève de solidarité. S... ben M..., Marocain, et J. D... Portugais, étaient les deux OS licenciés. Je ne dis pas leurs noms parce qu'ils ne seraient peut-être pas heureux aujourd'hui, où qu'ils soient, de risquer des embêtements. Le troisième était Christian Riss, prof, pas du tout OS : je ne crois pas que je risque de lui créer des embêtements. Toujours est-il que je les ai quittés en leur promettant de faire de mon mieux, et je suis rentrée chez moi la conscience tranquille. Je croyais bien n'être allée dans cette chapelle que pour une visite. J'y suis retournée tous les jours.

Quand on commence à s'intéresser à des gens qui font cette chose difficile : ne plus manger du tout, il s'établit entre le gréviste de la faim et le visiteur une espèce de courant. Le visiteur qui, lui, mange, rentre chez lui, a sa vie propre, finit par penser tous les jours, aux heures des repas, à ces trois personnes qui ne mangent pas. Cela donne des relations qui n'ont rien à voir avec la politique ou le sens social — des relations presque organiques. J'étais allée une fois les voir et le lendemain je me suis dit : « Ils sont en train de ne pas manger... » Et j'y suis retournée. Finalement, je me suis habituée à aller les voir, et eux se sont habitués à me voir. Je ne sais pas dans quelle mesure tout ça est pur comme relation humaine... Je suis allée les voir tous les jours pendant deux semaines. Et je n'arrivais pas avec de bonnes nouvelles, parce que leur grève de la faim n'intéressait strictement personne. Il y avait bien quelques petits échos dans *le Nouvel Observateur,* il me semble, mais dans la grande presse quotidienne : rien. Rien dans les journaux communistes, peut-être deux ou trois mots dans *Combat,* un peu dans *le Monde,* mais il n'y eut pas déblocage. Encore une fois, j'ai été très égoïste et j'en ai profité pour m'instruire.

Ça m'a permis une fois de plus — et ce fut très salutaire — de me bien définir par rapport à ce genre de gens. Pas plus que Khrouchtchev, les ouvriers grévistes de la faim n'avaient vraiment rencontré d'acteurs, ils en avaient une vision fausse. Si l'on venait vers eux, il fallait bien prendre la précaution de leur annoncer la couleur, et bien leur dire la vérité. Il était urgent de leur dire que je ne suis pas révolutionnaire, que je gagne très bien ma vie — ce dont ils se doutaient... —, que je comprenais leurs revendications mais que je ne les partageais pas puisqu'elles n'étaient pas les miennes, que je les respectais parce qu'ils faisaient un gros effort pour des choses qui ne changent rien à ma vie à moi, mais que j'ai tout de même la curiosité de connaître. Mais que je n'étais pas des leurs, et que je ne voulais pas passer pour quelqu'un des leurs. Je pense qu'on peut parfaitement aider des gens à faire aboutir leurs luttes en leur disant honnêtement qu'on n'est pas des leurs, qu'on ne vit pas leur vie.

J'ai vu ces trois hommes dépérir de jour en jour, voir de moins en moins de gens. Il y a des grèves de la faim qui fonctionnent et d'autres qui ne fonctionnent pas, et alors c'est un bide, un fiasco. Peu à peu, il n'y a plus eu personne autour d'eux, à part moi qui faisais un peu comme les dames russes quand elles recevaient les révolutionnaires dans leur château avant 1905. J'étais à la fois un peu ridicule et, en même temps, pas ridicule du tout : je leur faisais des numéros et je me ridiculisais moi-même, parce que c'était une situation complètement fausse. Au bout d'un moment, il n'y a plus eu autour de leurs grabats que quelques OS de chez Renault, Joris Ivens qui venait leur faire des projections, et puis Sartre. Tout cela était complètement disparate et ne servait à rien. J'allais là-bas en taxi, les chauffeurs me déposaient devant la chapelle, ils voyaient les banderoles que quelques pluies avaient défraîchies, et par deux fois un chauffeur me dit : « Je vais y aller avec vous, je vais aller voir pourquoi ils font la grève de la faim. » Et puis j'ai ramené des gens, j'ai ramené Régis Debray, j'ai ramené Costa-Gavras, Michel Drach, Chris Marker... J'allais voir mes amis grévistes de la faim comme dans la bibliothèque rose on va voir ses pauvres.

Un jour, en manière de plaisanterie — puisqu'ils ne pouvaient pas manger, au moins qu'ils rigolent — j'ai dit : « Dans le fond, il faudrait que l'un de vous trois aille vraiment très très mal et fasse même l'effort de mourir. A ce moment-là, on pourrait peut-être débloquer la presse... » Je ne croyais pas si bien dire. Ils ont arrêté leur grève de la faim au bout du dix-neuvième jour, je les ai vus préparer leurs paquets et partir pour l'hôpital, le curé était là. Il était formidable, le curé. Le lendemain, Pierrot Overney, qui n'était pas l'un de ces grévistes, s'est fait tuer par M. Tramoni, du service d'ordre armé de la Régie Renault. Alors, enfin, on a parlé des grévistes de la faim.

Comme le dit François Mitterrand dans son livre, la télévision française, c'est vrai, est allée visiter la famille de M. Nogrette qui fut enlevé peu après (je ne suis pas une fan du kidnapping), mais elle n'est jamais allée visiter la famille de Pierrot Overney.

Pierrot Overney est devenu un « poster ». Moi qui avais vécu jour après jour le manque d'intérêt total des gens pour toutes ces revendications, quand tout à coup j'ai réalisé qu'il avait fallu que quelqu'un meure pour débloquer la presse, j'ai été terrifiée. Et puis, il y a eu l'enterrement de Pierrot Overney. Je ne suis pas friande d'enterrements, à moins que ça ne fasse très plaisir à la famille. Je ne vais pas aux enterrements des gens que j'ai aimés, mais certains prennent des allures de manifestations qui veulent dire autre chose que de se faire voir là. Je suis donc allée à cet enterrement, avec toujours cette impression de ridicule d'être la dame actrice qui va à ce genre de chose qui se passe dans la rue... Je l'ai fait dans un élan de grand luxe, puisque j'étais rentrée à Saint-Paul et que j'ai fait l'aller et retour en avion dans la journée. J'ai dû dépenser dans ma journée à peu près le salaire d'un mois d'un ouvrier de chez Renault. Je comprendrais très bien qu'on se moque de ça; au demeurant, si je le raconte, c'est parce que je me moque de moi-même.

Le jeune mort Overney a été sévèrement critiqué par le parti communiste français, on l'a traité de provocateur. Ce petit provocateur avait trouvé le moyen de se faire tuer et il ne fallait surtout pas aller l'enterrer — je ne l'ai pas inventé, je l'ai lu. Même le curé a été accusé de ne pas faire son travail de curé, il a été attaqué pour avoir donné asile aux grévistes de la faim. Je suis certaine qu'il a dû y avoir des scènes déchirantes dans les cuisines des pavillons de banlieue et des appartements HLM de certains vieux ménages de militants communistes, le matin de l'enterrement de Pierrot Overney : c'est la première fois que j'ai vu à une manifestation de ce genre des groupes de femmes seules. A l'enterrement des victimes de Charonne, j'avais vu des gens par couples, des gens qui étaient venus à deux; là, il y avait des groupes de femmes de mon âge, et même de plus vieilles, qui n'étaient pas toutes des veuves, qui s'étaient retrouvées au rendez-vous de la place Clichy. Ce n'étaient pas des bourgeoises, ce n'étaient pas des vieilles maoïstes, c'étaient des femmes du prolétariat. Elles se regroupaient avec des airs de défi, c'étaient des femmes qui avaient dit : « Moi j'irai quand même. » Marie-José Nat, Michel Drach, Maurice Clavel et moi nous les entendions parler, en marchant vers le Père-Lachaise.

D'une curieuse façon, je crois que ça a été l'une des premières manifestations tangibles du changement de la condition féminine dans le prolétariat. On avait descendu un môme de vingt ans qui était sûrement bruyant, violent; il avait une barre de fer entre les mains, c'est vrai, mais il n'était pas en train de taper sur la tête de M. Tramoni. M. Tramoni l'avait descendu avec un revolver. Ça ressemblait quand même à d'autres meurtres. Visiblement, ces femmes-là ne voulaient pas obéir à la consigne, elles étaient venues enterrer le petit. Même s'il était maoïste...

J'ai vu aussi de vieux militants qui se retrouvaient les larmes aux yeux, avec une espèce de sourire à la fois triste et très gai : « Ah, toi aussi, t'es venu quand même. » J'ai vu passer quelqu'un dont le visage m'a paru très familier. Il m'a fait une sorte de salut de la main, j'ai répondu. Il m'a fallu deux minutes pour réaliser que c'était quelqu'un que je n'avais jamais rencontré. C'était le commandant FTP qu'on voit très longuement dans *le Chagrin et la Pitié*. Je l'avais déjà perdu de vue quand ça m'est revenu.

Dans toute cette histoire, avez-vous eu vraiment le sentiment d'avoir été utile à quelque chose?

SIMONE SIGNORET : Honnêtement, non. Mais à propos de jouer les utilités, je vais vous raconter une petite fable...

Il y a environ trois ans, Alain Krivine se fit arrêter et mettre en prison pour avoir appelé à une manifestation contre un meeting organisé par le mouvement Ordre nouveau. Je ne suis pas une « enfant de Mai 68 », je ne suis pas trotskyste, je ne connais rien aux divergences qui déchirent les diverses tendances des différents mouvements trotskystes, et j'irai même jusqu'à dire que je m'en fous éperdument. Je n'avais jamais rencontré le jeune homme qu'on venait d'emprisonner, mais je ne voyais pas très bien ce qu'il faisait en prison.

Une délégation de personnalités « de formations, de confessions, de tendances et de croyances différentes » sollicita la présence de Montand à ses côtés pour solliciter de Monsieur le Garde des Sceaux la « mise en liberté immédiate » du prisonnier.

Mon mari était à Londres, et c'est comme ça que j'acceptai de venir en compagnie de mes camarades Reggiani et Piccoli faire de la figuration intelligente aux côtés de quelques professeurs de faculté, d'un ou deux compagnons de la Libération, de représentants de la Ligue des droits de l'homme, d'agrégés de philosophie, de représentatifs représentants du monde syndical et de ministres de différents cultes.

La convocation était pour 16 heures, place Vendôme, devant le ministère de la Justice. La délégation serait restreinte, mais triée sur le volet.

Vers 15 h 55, un taxi nous déposa, Serge et moi, devant la porte du ministère de la Justice. On avait déjeuné ensemble Chez Paul, et un monsieur qui ne savait pas qu'on l'entendait, avait dit, en nous reconnaissant : « Manda et Casque d'or! Moi je ne peux pas supporter que les gens vieillissent... »

Mais là n'est pas mon propos. Il était 15 h 55, comme je l'ai dit. J'ai dit aussi que la délégation serait restreinte. Elle l'était tellement, et si bien triée sur le volet, qu'elle n'était pas là. Il y avait bien deux plantons devant la grande porte, mais seule leur ombre se projetait sur les beaux pavés de la belle place.

C'est alors qu'on entendit un sifflet familier. Un grand homme tout en noir était adossé aux grilles qui enferment la colonne Vendôme (je ne vais sûrement pas raconter Courbet...). C'était, tout en alpaga, cravaté, superbe, Piccoli!

C'était rigolo et réconfortant de pouvoir se dire, entre nous trois, que les plus exacts aux rendez-vous donnés étaient encore les saltimbanques.

Vers 16 h et 7 minutes, ne voyant toujours pas poindre l'ombre d'un agrégé ou d'un pasteur antiraciste, nous avons commencé à nous poser des questions.

Vers 16 h 10, les fenêtres en demi-lune de l'entresol du ministère de la Justice s'entrouvrirent, et nous vîmes des tas de têtes frisées, ou garnies de cheveux longs et lisses retombant sur les épaules, se mettre en grappes pour nous regarder.

Piccoli prit la tête des opérations. Il s'informa auprès d'un planton: « Attendait-on une délégation à l'intérieur de l'immeuble? » Le planton revint. L'huissier n'était pas au courant. Mais, si nous le voulions bien, nous pouvions lui signer des autographes pour sa fille...

Il se faisait bien 16 h 15 quand un jeune homme vêtu de la jaquette et du pantalon rayé des futurs grands concierges des grands palaces sortit en courant du Ritz qui est, comme tout un chacun qui a lu Proust et Hemingway le sait, le plus proche voisin du ministère de la Justice. Il avait les mains pleines de beau papier gravé, il voulait lui aussi des autographes.

A 16 h 18, nous avons confronté nos mémoires. On avait peut-être mal compris l'heure, on avait peut-être confondu la date? On leur donnait jusqu'à 17 heures, après quoi on rentrait chez nous. Mais en attendant, que faire?

Il nous était pénible de continuer à jouer les Pieds Nickelés sur cette place superbe et vide, sous le regard des dactylos de l'entresol qui nous faisaient des petits signes d'amitié et qui ramenaient de plus en plus de copines.

Alors, que faire? Aller boire un coup en attendant 17 heures pour savoir qui s'était trompé d'heure...

Aller boire un coup quand vous êtes « mobilisé sur place » place

Vendôme et que vous ne pouvez pas prendre le risque de vous éloigner du poste de combat sans « nuire dangereusement à l'action menée », ça crée des problèmes.

Mes deux camarades et moi, après un petit conciliabule, nous décidâmes d'aller au plus près.

Le jeune homme en jaquette regagnait son poste avec plein d'autographes pour ses sœurs, ses cousins, et sa maman. Courageusement, nous l'abordâmes. Y avait-il un bar à l'intérieur de l'hôtel Ritz où nous pourrions consommer quelque chose en attendant 17 heures?

Comme il était gentil, visiblement frais émoulu de l'École hôtelière, il nous indiqua que le « bar côté Cambon » nous accueillerait certainement. Mais comme il était gentil, frais émoulu de l'École hôtelière et pas bête, il ajouta que s'il pouvait nous être de quelque utilité, il se ferait une joie...

Piccoli, toujours en tête du commando, lui demanda de surveiller la place et de venir nous prévenir si un groupe — restreint mais digne — se massait devant la porte du ministère. Il accepta sa mission en précisant qu'il avait tout le temps de faire le guet sur la place Vendôme, cette saison n'étant pas celle qui bourrait les palaces. C'était la saison du touriste en car.

Il nous indiqua l'itinéraire à suivre pour aboutir au « bar côté Cambon ». Nous marchâmes tous trois sur les épais tapis. Le « bar côté Cambon », ça n'était pas la porte à côté. De gauche et de droite, dans ces étroits corridors, les vitrines de nos fournisseurs habituels, Hermès, Lanvin, Cartier, nous narguaient. Comme elles ne nous auraient jamais narguées dans tout autre palace, un jour que nous serions allés faire visite à un copain américain en transit à Paris. Mais comme on n'était pas place Vendôme pour le passage éclair de ce cher vieil ami d'Hollywood, mais pour ce que vous savez, les mètres de corridor devinrent des kilomètres pour cause de haltes causées par fous rires.

Le barman nous accepta. Visiblement, cependant, nous le dérangions. L'heure était anormale, pour ne pas dire incongrue. Il était en train de disposer olives et amuse-gueule dans les soucoupes qu'il destinait à ses clients habituels. Ceux qui viendraient vers 18 heures. Je ne suis pas sûre qu'il ait reconnu les trois grands « artistes dramatiques » que les dactylos de l'entresol côté Vendôme avaient identifiés. En tout cas, le ton sur lequel il nous demanda ce que nous souhaitions consommer donnait envie de lui répondre: « Trois bocks », juste pour voir.

Il faut dire que le boyau de la rigolade, pour rester dans le ton de nos « trois bocks », ne nous avait pas lâchés depuis ce long corridor qui nous avait mis face à nos réalités et à nos contradictions, et que notre entrée dans ce sanctuaire désert de la vieille tradition « Cambon » avait dû choquer.

Piccoli reprit les choses en main et, avec l'élégance d'un vieil ami de Mademoiselle Chanel, qu'il n'avait jamais rencontrée d'ailleurs, commanda trois Fernet-Branca. Plus question de bocks, c'était le digestif distingué... enfin, pour qui a voyagé en Italie.

Le barman nous les servit et retourna à ses olives.

Nous attaquions nos Fernet-Branca lorsque notre ami le jeune agrégatif de l'École hôtelière fit une entrée essoufflée comme on en voit faire aux coryphées dans les fausses tragédies antiques :

« Monsieur le Directeur vous attend », annonça-t-il.

Le barman quitta un instant ses olives et tendit l'oreille, et dans le même temps de réflexion qui fut le nôtre, très rapide d'ailleurs, pensa au directeur de l'hôtel. C'était bien ça, nous devions être des fournisseurs, il aurait dû s'en douter, est-ce qu'on vient au « bar Cambon » à seize heures trente à moins d'être un paysan du Cantal? Dans le cas présent, trois. Dont une paysanne.

« Nous n'avons pas demandé à rencontrer le directeur du Ritz », martela Piccoli. Le jeune homme s'expliqua : il s'agissait du directeur du Cabinet de Monsieur le Garde des Sceaux. Nos trois présences avaient été signalées. Les plantons, les dactylos de l'entresol, l'huissier avaient dû parler à l'intérieur de l'immeuble. Et Monsieur le Directeur de Cabinet avait envoyé un planton qui nous avait vus nous engouffrer dans le Ritz. Il nous faisait dire par la voix du jeune homme en jaquette que si nous désirions une audience — puisqu'il était visible que nous n'étions pas là pour faire du tourisme —, il nous attendait.

Nous, on n'avait pas trouvé la délégation parmi laquelle on devait figurer intelligemment. On n'avait ni manifeste à lire, ni vraies données, explicitées point par point. Nous, on savait qu'on était venus parce qu'il nous déplaisait qu'on eût mis en prison un jeune homme qui n'acceptait pas ces retours au racisme, ceux contre lesquels on n'avait jamais cessé de manifester bien avant que ce jeune homme fût né. De là à faire « délégation » à nous trois seulement, il y avait des kilomètres. Nous priâmes le coryphée d'aller porter la réponse que nous allions réfléchir.

Il repartit en courant. Le barman nous considérait d'un autre œil, nous n'étions ni des fournisseurs, ni des paysans, mais nous n'étions toujours pas de sa clientèle.

C'est alors que nous décidâmes, puisqu'on nous y invitait, que nous serions vraiment bêtes de ne pas profiter de la chance qui nous était offerte de dire exactement la vérité telle que nous venions de la définir entre nous. Pour une fois, nous ne serions pas dans les gazettes, utilisés à bon ou mauvais escient, et le vrai message que nous avions envie de porter, nous pouvions le porter nous-mêmes, indépendamment des thèses qui ne nous auraient pas nécessairement satisfaits au moment où elles auraient été développées dans les discours des partenaires officiels qui nous avaient sollicités et qui n'étaient pas là.

Alors, Serge, Michel et moi avons dit au revoir au barman, nous avons reparcouru les couloirs, nous avons évité de regarder les vitrines, nous avons retrouvé notre nouvel ami le coryphée, et nous l'avons prié de transmettre la nouvelle que nous arrivions.

Le coryphée courut. Les dactylos étaient aux fenêtres de l'entresol, l'huissier nous salua et nous conduisit vers une porte sur le seuil de laquelle nous attendait un homme très beau qui nous dit : « Entrez. »

Il était souriant, il n'avait visiblement pas la moindre idée de ce qui avait bien pu nous amener dans le quartier, mais il avait une idée très précise de qui nous étions, et c'est très gentiment qu'il s'exclama : « Quel plateau ! »

Il nous emmena dans le coin-salon d'un immense bureau qui donnait sur un joli jardin. Nous étions chez le directeur de Cabinet du ministre de la Justice, mais il voulait nous donner l'impression que nous étions en visite amicale. « De quoi s'agit-il ? » demanda-t-il alors.

Nous n'avions pas eu beaucoup le temps de répéter pendant le court trajet que nous avions couvert au pas de course pour passer du bar du Ritz au luxueux bureau-salon, mais nous étions convenus que ce serait Piccoli qui commencerait à parler, et que la première chose à dire était d'indiquer que c'était sûrement nous qui nous étions trompés de date, afin de ne laisser planer aucun doute sur une possible légèreté commise par les GO (gentils organisateurs) de la fameuse délégation. Il n'était pas question de faire accroire cette légende qui veut que la pagaille règne chez les gauchistes.

Donc, Piccoli expliqua que nous étions artistes et distraits comme tous les artistes, que nous avions sûrement mal écouté ce qu'on nous avait expliqué, mais que, néanmoins, cette délégation à laquelle nous avions accepté de nous joindre ne tarderait pas à faire son apparition dans les jours suivants, et qu'alors, même si nous en étions absents, il faudrait nous considérer comme présents. Le directeur écoutait en souriant, il dit : « C'est entendu. »

Alors, nous avons dit tous les trois au directeur tout ce que nous

nous étions dit entre nous dans le « bar côté Cambon ». Nous n'étions porteurs d'aucun texte, et nous n'étions mandatés par aucune organisation, nous ne serions peut-être pas allés à la manifestation organisée par Krivine, mais nous n'aimions pas que Krivine fût en prison pour ne pas aimer « Ordre Nouveau », parce que dans ce cas-là nous aussi il faudrait peut-être nous mettre en prison pour ne pas aimer non plus « Ordre Nouveau ».

C'était simpliste, peut-être, mais ç'avait l'avantage d'être simple, et ça devait changer le directeur du ton auquel il était habitué. En tout cas, il n'avait pas l'air de s'ennuyer une seconde.

Comme nous le remerciions d'avoir pris l'initiative de nous recevoir sans rendez-vous, il nous remercia à son tour de ne pas avoir hésité à venir parler du fond de notre cœur, et fit même quelques remarques très justes sur la validité des témoignages spontanés, et sur celle de l'improvisation comparée à la harangue répétée à l'avance.

Nous allions déboucher sur le paradoxe du comédien et je voyais le moment où le bureau-salon allait se transformer en salon tout court, lorsque l'un de nous trois, Serge je crois, usant de la formule bien connue : « Nous ne voulons pas abuser de votre temps », donna le signal du départ en se levant.

Le directeur nous raccompagna jusqu'à sa porte, il nous promit qu'il transmettrait notre message à son ministre, on se redit merci et presque « A bientôt... ».

Si vous êtes prix Nobel, chef de service d'un hôpital dans lequel on sauve des vies humaines, compagnon de la Libération ou professeur en Sorbonne et que vous vous retrouvez à trois par un bel après-midi devant la colonne Vendôme parce qu'on a oublié de vous informer que la réunion est remise de quarante-huit heures, il y a peu de chances pour que les dactylos se mettent aux fenêtres et que le personnel de l'hôtel Ritz vienne vous offrir ses services. Il se peut même que le planton, au bout d'un moment, vous prie de bien vouloir circuler. Vous n'aurez donc jamais la chance de pouvoir aller vider votre cœur à l'intérieur du ministère de la Justice, vous serez éternellement condamné aux discours officiels. Moralité, faites donc du cinéma !

Si vous faites du cinéma et qu'on vous demande de venir faire de la figuration dans une manifestation en faveur ou contre quelque chose, ne vous faites pas des idées ou plutôt enfoncez-vous bien dans la tête cette idée qu'il y aura une majorité de gens qui diront que vous êtes venu là pour vous faire photographier et assurer votre publicité.

Au demeurant, si vous faites du cinéma et qu'on vous voie sortir de l'hôtel Ritz pour aller demander au Garde des Sceaux la libération du jeune révolutionnaire Alain Krivine, vous avez beaucoup de chance, ce jour-là, de ne pas être tombé sur le photographe de *Minute*. Fin de la fable.

Est-ce que Mai 68 a changé quelque chose dans vos choix artistiques?

SIMONE SIGNORET : Absolument pas. Nous avons continué l'un et l'autre à faire ou à refuser des choses sur les mêmes bases qui nous avaient poussés à faire ou à refuser celles que nous avions faites ou refusées jusque-là. Montand n'a pas remanié son récital pour être un homme d'après-68. Il a repris des chansons qu'il avait chantées avant. Si Nazim Hikmet ou Desnos ou Prévert convenaient bien à l'après-68, c'était tant mieux, parce qu'il les avait chantés bien avant...

Sans Mai 68 à Paris, nous aurions quand même fait *l'Aveu* à cause d'août 68 à Prague. Et si c'est après Mai 68 qu'ils ont commencé *Z,* ils essayaient de le monter depuis un an... Quand Montand a fait *La guerre est finie* de Resnais et Semprun, c'était en 1965... Et si vous vous rappelez bien le film, les futurs enfants de Mai étaient déjà là. Non, Mai 68 n'a rien changé dans nos choix artistiques, pas plus que dans notre comportement. Il est sorti de Mai un certain nombre de choses étonnantes, des choses qui nous ont épatés, des choses salutaires et insolentes. Elles étaient faites par les jeunes. Les gens de notre génération qui, jusque-là, n'avaient pas pris le temps de regarder et d'écouter, et qui tout à coup se sont embarqués sur le premier cerf-volant spatial, avec des costumes et des chevelures empruntés aux enfants, se sont souvent fourvoyés. Si c'est ça qu'on appelle être *in,* nous n'avons pas été *in*. Nous avons continué à faire ce que nous avions toujours fait. Ça veut dire aussi : continuer à raconter des histoires qui ne sont pas malfaisantes parce que ce sont de belles histoires, qui ne sont pas « démobilisatrices » pour autant. Là, je sais exactement pourquoi j'emploie ce mot qui — comme « communication », « glauque », « débile », et « le pied » — fait partie du vocabulaire déjà démodé qu'emploient encore certains quinquagénaires du spectacle ou des affaires...

Faire rire les gens ou les émouvoir, ça ne veut pas dire les démobiliser. Moi, je ne les ai pas fait beaucoup rire, les gens. Solange Sicard m'avait pourtant promis une carrière de comique à cause de mon défaut de prononciation... C'est difficile de faire rire les gens. Montand, lui, sait très bien faire rire les gens, et il sait très bien les faire pleurer. Il a su d'abord le faire au music-hall, à l'époque où il ne faisait pas de cinéma. En disant ça, je nous revois tous les quatre, Clouzot, Véra, lui et moi, à la Moutière, quand Montand travaillait sa scène d'Anouilh... Il peinait, il râlait, il apprenait les mots... et puis il les récitait. Il disait : « J'y arriverai jamais, et pourquoi est-ce que je m'emmerde à apprendre des trucs quand je fais ce que je veux dans mon boulot à moi... » Ces après-midi-là, il me faisait de la peine, il était aussi maladroit que moi chez Solange Sicard, il le savait, moi aussi. Il fallait que je me retrouve dans le couloir en béton armé de l'Étoile pour qu'il m'épate à nouveau. Aujourd'hui, c'est quand je le vois jouer qu'il m'épate. Ça m'épate, quelqu'un qui peut passer du *Diable par la queue* à *Z*, de *César et Rosalie* à *l'Aveu*, d'*État de siège* à *Vincent, François, Paul et les autres*, et du *Sauvage* à *Police Python*. Quelqu'un qui joue *Des clowns par milliers* au théâtre et qui, à l'occasion, remonte sur une scène de music-hall pour donner un récital de deux heures, comme il l'a fait en 1974 pour les réfugiés chiliens...

Quand il a chanté pour les Chiliens, il a fait œuvre de militant?

SIMONE SIGNORET : Non. Un militant, c'est quelqu'un qui est poussé à agir par ses convictions profondes, mais qui reçoit aussi quelquefois des ordres qu'il n'a pas à discuter. S'il discute ou s'il refuse, il cesse d'être un militant. Nous, nous ne recevons ni ordres, ni instructions. Nous avons des coups au cœur.

Quand Montand se réveille un matin de février et annonce : « Je vais chanter », lui qui n'a pas chanté depuis cinq ans, qui vient de finir un film et va en commencer un autre; quand, au lieu d'aller dire un petit poème pour telle ou telle organisation, il décide tout seul de redonner, pour une seule soirée, un seul récital à l'Olympia, et que tout l'argent, absolument tout l'argent ira aux réfugiés chiliens; quand il a dix jours pour se préparer, qu'il se remet au boulot, qu'il refait de la barre et qu'il remplit à ras bord l'Olympia où les gens paient jusqu'à dix mille, jusqu'à cinquante mille francs le fauteuil, c'est parce qu'il a eu un coup au cœur! Ce n'est pas autre chose, ce n'est pas du militantisme.

Costa-Gavras et lui avaient tourné *État de siège* au Chili. Sans Allende, ils n'auraient jamais pu tourner ce film. Ils y sont restés trois mois et demi, ils ont eu le temps de voir et de comprendre. La fin de ce Chili-là, la mort d'Allende, le règne de Pinochet, c'est déjà inacceptable pour des gens qui n'y ont jamais mis les pieds. Mais pour ceux qui y ont vécu, c'est insoutenable. J'ai vu Montand pleurer le jour où Allende est mort. Il fallait faire quelque chose. Mais quoi? Ce pour quoi on est doué, c'est-à-dire son métier. On fait cadeau de son métier, de son talent, et ça fait des sous. C'est très important, les sous, dans ces cas-là; l'argent ne peut pas ressusciter ceux qu'on a assassinés, mais il peut aider un peu ceux qui sont vivants en exil.

Les exilés chiliens sont les derniers d'une longue liste d'exilés que nous avons toujours rencontrés. Elle commence avec des Espagnols, qui ont été suivis par des Américains du Nord dans les années cinquante, et puis il y a eu des Hongrois, des Grecs, des Tchèques, des Brésiliens — et je ne compte pas les tout premiers premiers, ceux de mon enfance, les juifs allemands. Avant, il y avait eu aussi les petits Russes blancs qui habitaient les Ternes et dont les mamans se fournissaient dans les crémeries-traiteurs... J'ajouterai aussi que j'ai eu, il y a quelque temps, la visite d'un Indien d'Amérique du Nord, qui n'était pas en exil mais qui faisait en Europe une tournée de propagande pour le mouvement de libération des Indiens. Il est venu place Dauphine, il avait une plume dans les cheveux, il s'appelle Vernon Bellecourt, mais il a un nom indien en plus que je ne sais pas prononcer. Le pauvre est mal tombé à Paris, c'était pendant que la France entière se passionnait pour le premier conflit Lip, et elle n'avait pas la tête au problème indien. J'ai cotisé... Et puis je lui ai conseillé deux choses. D'aller d'abord trouver Gilbert Bécaud, qui était sûrement très concerné par le problème, si on se réfère à sa très belle chanson dans laquelle il décrit comment était New York quand New York était encore « la Prairie ». Je ne sais s'ils se sont rencontrés. Je lui ai conseillé aussi d'aller faire la quête chez les fabricants de panoplies de Peaux-Rouges qui se vendent très bien au moment de Noël. Je ne sais pas davantage s'il a suivi mon conseil.

C'est normal que les gens aboutissent chez nous. Quand j'étais petite, on me racontait comment les chemineaux laissaient des signes mystérieux sur les portes des fermes auxquelles ils avaient frappé. A l'intention de leurs copains qui viendraient derrière eux. « Ici on donne », « ici on est méchant », « ici on donne contre du travail », disaient les croix, les bâtons ou les losanges gravés au canif. Il y a sûrement plein de signes invisibles tracés sur la porte de la « roulotte ». C'est bien, c'est très bien quand ça tombe bien. C'est cruel quand ça tombe mal. Le jour où ça tombe mal, vous la perdez, votre belle réputation d'altruiste généreux. Vous la perdez parce que vous êtes débordé. Ils sont trop. Trop à être malheureux, trop à vous demander votre signature, des sous, ou de l'attention à leur cas personnel. C'est généralement le dernier arrivé qui paie pour les autres. Ce n'est pas nécessairement le moins intéressant. Mais il est arrivé trop tard. Celui-là risque de marquer votre porte d'un mauvais losange, et il aura raison. C'est vrai pour les exilés. C'est vrai aussi pour les concitoyens dans le malheur. A propos de malheur, malheur à celui ou celle qui vient frapper à la porte la veille d'un premier jour de tournage! Celui-là ou celle-là vous le mettra, le grand losange, parce que vous êtes justement en train de vous demander si vous allez mieux boiter du pied droit ou du pied gauche pour jouer *le Chat,* que vous vous exercez toute seule à boiter comme si vous boitiez depuis des années, alors que vous allez commencer à boiter le lendemain matin pour la première fois de votre vie, pour huit semaines seulement...

Avec *le Chat* et *la Veuve Couderc,* vous voici devenue une interprète de Simenon...

Ce sont des adaptations de deux romans de Simenon. C'est à Simenon qu'il faudrait demander s'il a retrouvé dans ces deux films ses histoires et ses personnages. En vendant ses droits d'auteur pour le cinéma, Simenon a toujours, en même temps, donné à ceux qui les achètent le droit et la liberté de vagabonder autour de ses sujets et de ses héros. Il n'est pas de ces auteurs qui crient à la trahison. Ces vagabondages sont rarement des trahisons d'ailleurs. Ils sont des aménagements qui finalement servent le monde de Simenon. Parce qu'il y a un monde Simenon et qu'on n'y échappe pas. Même si Clémence, la femme du couple du *Chat,* a un autre nom (elle s'appelait Florence mais ça gênait Gabin dont l'une des filles s'appelle Florence...) et même si elle a un autre passé (Granier-Deferre la voulait ancienne acrobate, parce qu'il a eu des attaches avec le cirque) et même si elle parle de retravailler (je voulais replacer la scène Montand-Signoret le jour où j'ai été en grand danger de ne pas jouer Thérèse Raquin), cette femme-là reste une femme de Simenon. Même si *la Veuve Couderc* n'est plus une vieille campagnarde dévoreuse de chair fraîche, se voulant encore séduisante, mais une paysanne aux cheveux grisonnants, amoureuse d'une sorte de fils qu'elle n'aurait jamais eu, elle reste une femme de Simenon... je crois, enfin j'espère. En tout cas, c'est ce que nous avons espéré en jouant ces personnages taillés à nos mesures par P. Jardin et Granier-Deferre, Gabin et moi, dans *le Chat,* Delon et moi dans *la Veuve.*

Vous vous êtes bien entendue avec Gabin?

SIMONE SIGNORET : Admirablement. Les préoccupations de Gabin dans la vie courante sont absolument opposées aux miennes. Je ne fais pas courir de trotteurs à Vincennes, je n'élève pas de vaches, et on n'a pas les mêmes idées sur bien des choses. Sauf sur une, et elle est de taille : comment jouer la comédie ensemble. Nous nous sommes tendrement aimés à jouer à nous haïr dans le film. Pendant les pauses, il me racontait son Hollywood à lui, son Jean Renoir et son Jacques Prévert, et c'était beau de retrouver dans son œil le regard du déserteur de *Quai des brumes,* dans son sourire le sourire du capitaine Maréchal de *la Grande Illusion.*

Et avec Alain Delon?

SIMONE SIGNORET : Admirablement aussi. Je déteste les armes à feu, mes options et mes opinions sont totalement à l'opposé des siennes. Ses amis ne sont pas mes amis. Il est fou, mais c'est un fou tendre qui prend des airs de dur, et c'est un fou généreux. On est heureux quand on travaille ensemble, parce qu'on travaille bien ensemble. L'autre Delon, celui des chevaux de course et des grandes entreprises, je ne le connais pas. Mais je connais celui qui, pendant la pause, raconte comment on l'a forcé à se porter volontaire à 17 ans...

Je vois là sur la petite table *les Mémoires d'un révolutionnaire* de Victor Serge... Livre de chevet ou projet de film?

SIMONE SIGNORET : « Ce livre, quoique prêté par Jean-Pierre Melville, n'a pas pour autant cessé de lui appartenir... » C'est ce qu'on lit sur la page de garde de ce livre sauvé d'un incendie, celui de ses studios, rue Jenner. S'il est sur la petite table, c'est parce que nous l'avions préparé pour le rendre à Melville, un jour qu'il devait venir déjeuner ici pour parler avec Montand du film qu'ils allaient faire ensemble. Il n'est jamais venu déjeuner, il est mort dans la nuit. C'était le 2 août 1973. Nous n'avons jamais changé le livre de place.

Montand avait fait *le Cercle rouge* avec lui, et vous *l'Armée des ombres.* Qu'est-ce que cela représenta pour vous d'incarner ce personnage de Mathilde, héroïne de la Résistance?

SIMONE SIGNORET : Ça ne me rappelait rien, parce que je n'ai rien fait de fabuleux ou d'héroïque. Il ne m'est rien arrivé de ce qui lui est arrivé. Je ne pouvais puiser mes références que dans ce qu'on m'avait raconté. J'ai connu des femmes comme Mathilde, mais je ne savais rien de ce qu'elles étaient au moment où je les avais connues. Par contre, je peux vous dire qu'elle me paraît « évidente », cette femme, qu'elle m'a parue évidente pendant tout le temps où je l'ai jouée, d'autant plus évidente que nous avions sur le plateau une « Mathilde », une vraie Mathilde. Maud Begon totalise dix-neuf mois de captivité entre la forteresse et les camps. Elle nous maquillait, c'est-à-dire qu'elle m'améliorait, moi, ou qu'elle défigurait ceux qui avaient subi la torture.

Pour eux, elle faisait sûrement appel à ses souvenirs pour bien faire son travail. Ces souvenirs elle ne les racontait pas — elle ne les raconte toujours pas. Maud est une personne frêle et gaie. Elle ne porte sa rosette de la Légion d'honneur que les jours de grands encombrements. Les policiers sont plus cléments pour le stationnement des voitures qui sont conduites par des gens décorés.

Je pourrais vous raconter des histoires autour du film, je peux vous raconter Melville, je peux vous raconter Lino qui s'est fâché avec Melville dès le début du tournage : ils ne se sont pas parlé pendant trois mois, ce qui a été, je crois, formidablement bénéfique. En ce sens qu'on croit terriblement à la solitude de cet homme joué par Lino, face à ses responsabilités, parce que c'était un homme seul sur le plateau...

Melville était un metteur en scène qui ne donnait pas une indication aux acteurs, il vous dirigeait sans même vous le faire savoir. A la fin du film, Mathilde se fait descendre avenue Hoche. On a répété le mouvement, qui était assez compliqué. J'étais bardée, sous mon imperméable, de petits sacs d'hémoglobine qui devaient claquer après qu'on m'eut tiré dessus. C'était une séance incroyable, nous tournions en pleine rue, il y avait au moins quatre cents personnes qui regardaient pendant qu'on me tuyautait de partout pour que le sang sorte des petits trous prévus à cet effet. J'avais honte de me prêter à cette cuisine devant tant de gens. Je devais sortir d'un bureau de la Gestapo et m'en aller en remontant l'avenue. On répète, je sors et je marche tête baissée. Melville vient vers moi et me dit : « C'est bon ! Il ne faut rien changer, la démarche est bien. » Et moi qui ne veux jamais rien expliquer, j'ai éprouvé le besoin d'ajouter : « Ben oui, quand même, elle vient de donner ses copains... — Mais qui est-ce qui vous dit qu'elle les a donnés ? — J'ai lu le scénario... — Mais je n'y étais pas, moi ! Je ne sais pas si elle a parlé ! — Ils vont quand même la descendre ! — Oui, ils vont la descendre, mais rien ne prouve qu'elle a parlé. » Ça, c'est une indication fantastique et c'est drôlement ambigu. Lorsqu'on passe sur les quatre gars dans la voiture, il y a cet échange de regards entre Mathilde et ses copains : elle comprend qu'ils vont la descendre. Si Melville ne m'avait pas parlé, juste avant, comme il m'a parlé, je n'aurais sûrement pas eu ce regard : à la fois de surprise, de terreur et de compréhension... C'est comme ça qu'il dirigeait, Melville : un mot jeté dans la conversation, une indication formidable!

C'est aussi comme ça que dirige René Clément. En 1962, à peu près une semaine avant que nous ne commencions *le Jour et l'Heure,* qui se passe aussi pendant l'Occupation, René est venu bavarder avec moi, un soir vers sept heures, au Flore. Le scénario était fini, j'avais mes costumes, je n'avais pas encore enfilé les chaussures de Thérèse, mon « cartable » était prêt pour partir pour Rethel où elle les chausserait pour la première fois. Je savais tout des aventures qui l'attendaient pour les trois mois à venir et qui la conduiraient de la frontière belge à la frontière espagnole... René me regardait. Et puis, tout à coup, il me dit : « Tu sais, je n'en suis pas sûr, mais peut-être que Thérèse, il y a très longtemps, dans son adolescence, a eu un grand chagrin, ou peut-être qu'elle a eu un enfant naturel, ou peut-être qu'elle aimait son père plus que sa mère, ou peut-être qu'on ne l'a pas laissée épouser quelqu'un qu'elle aimait... je ne sais pas... Bon, maintenant, oublie tout ce que je viens de te dire. » Tu parles! Ces petits mots-là, ils ne sont pas tombés dans l'oreille d'une sourde.

Les metteurs en scène qui font leur premier film savent-ils parler comme ça aux acteurs?

SIMONE SIGNORET : Quand ils sont doués, oui.

Combien avez-vous fait de « premiers films »?

SIMONE SIGNORET : *Room at the Top* de Clayton, *les Mauvais Coups* de Leterrier, *Compartiment tueurs* de Costa-Gavras, *la Chair de l'orchidée* de P. Chéreau... Il y a aussi quelques apparitions bénévoles... Je ne regrette pas d'avoir aidé Bozzufi à faire *l'Américain* et Pigaut *Compte à rebours...*

A force de jouer les personnages de films à succès, avez-vous parfois l'impression d'être devenue un personnage officiel? La consécration vous a-t-elle valu des rapports personnels avec le pouvoir?

SIMONE SIGNORET : Nous n'avons jamais eu de rapports personnels avec le pouvoir.

Pas même du temps du général de Gaulle?

SIMONE SIGNORET : Le seul rapport que nous ayons eu avec lui, c'est une lettre que nous lui avons adressée un jour, une lettre très officielle pour aider Louis Lecoin, notre vieil ami, le petit lutin Louis Lecoin qui venait, à soixante-dix ans passés, d'entamer une énième grève de la faim pour que soit promulgué un statut des objecteurs de conscience. Louis Lecoin totalisait pas mal d'années de prison, quatorze je crois, pour avoir refusé de porter l'uniforme ne fût-ce qu'un seul jour de sa longue vie. C'était un pacifiste utopique, il avait des yeux d'enfants. Il est mort en 1972, le crematorium du Père-Lachaise était trop petit pour contenir tous les gens qui étaient là et qui s'aimaient bien d'être là. Nous n'avons pas reçu de réponse du général de Gaulle, mais comme à l'époque nous avions été très nombreux à lui écrire, je suppose qu'il n'avait pas eu la possibilité de répondre à chacun d'entre nous. Il a cependant fait voter le texte donnant un statut aux objecteurs de conscience; et cela seul est important.

Non, nous ne sommes jamais allés à l'Élysée. Marcel Carné, cette année-ci, nous a téléphoné un beau jour: le président de la République l'invitait à déjeuner et lui avait demandé de faire sa table. Carné a donc invité les gens avec lesquels il avait travaillé. Je crois qu'en refusant son invitation, on lui a fait un peu de peine. On lui a écrit pour lui dire pourquoi on refusait. Nous ne sommes pas allés à l'Élysée quand de Gaulle nous y a invités, nous n'y sommes pas allés quand Pompidou nous y a invités, nous n'irions pas davantage à l'Élysée si c'était Mitterrand qui nous y invitait. C'est une espèce de protocole que nous avons établi entre nous depuis nos retours de voyages à l'Est et à l'Ouest. Ce n'est pas une attitude agressive, c'est une prise de distance par rapport au pouvoir. Quel que soit le pouvoir. Ce qui ne veut pas dire que, si un président de la République, quel qu'il soit, venait un jour visiter un plateau sur lequel nous travaillons — c'est-à-dire s'il venait chez nous, lui, et non pas nous à sa table — nous refuserions de tailler une bavette ou de boire un coup à la cantine avec lui. A nos frais.

D'ailleurs, nous n'allons pas plus dans les ambassades fêter Octobre chez les Russes ou le 4 Juillet chez les Américains. On se sent mieux comme ça.

Ce protocole aurait pu subir des accrocs. Mais, après une rencontre qui eut lieu à Louveciennes chez les Lazareff, je crois qu'il n'y a plus d'accrocs possibles...

Le général de Gaulle avait invité un jour tous les artistes français à une grande fête à l'Élysée. Ce devait être en 1967. Nous avons renvoyé notre carton avec un poli « Absents de Paris ». Cette fête se déroula un vendredi. Il s'est trouvé que, le dimanche suivant, je suis allée déjeuner à Louveciennes. Vous pourrez me dire qu'il y a une certaine hypocrisie à ne pas se rendre à l'Élysée et à aller chez Lazareff... Mais je me suis déjà expliquée là-dessus. J'ai toujours été invitée chez les Lazareff, même quand j'étais officiellement punie pour avoir signé le Manifeste des 121 (et je me rappelle particulièrement un certain dimanche de 1961 que Françoise Sagan n'a pas oublié non plus : elle était en quarantaine, elle aussi, je crois bien que Pompidou et sa femme étaient là, il y avait Me Floriot qui nous agressait toutes les deux, son ton était du genre : « Elles aiment bien les Arabes, hein, les p'tites dames... » C'était un grand avocat, mais il n'était pas toujours d'une grande distinction d'âme).

En tout cas, le dimanche dont je parle, il n'y avait personne de très important autour de la grande table ronde. C'était intime et rigolo. Il y avait Françoise Arnoul, les frères Gall, et Gérard Lebovici qui était encore un tout jeune homme, pas encore l'important imprésario qu'il est devenu. Je ne sais plus qui étaient les autres convives, mais je sais que vers les 5 heures, il ne restait plus que ceux-là plus Hélène et Pierrot, et moi, lorsque la porte de la salle à manger s'est ouverte et qu'on a vu entrer Malraux qui passait en voisin, sans avoir prévenu. Il était accompagné de sa femme et de son beau-fils. A l'époque, il était ministre de la Culture, il avait donc été le co-invitant à la belle fête du vendredi précédent, pour laquelle nous avions poliment répondu « absents de Paris ». En me faisant piéger à Louveciennes, j'aurais pu plaider qu'effectivement, je n'étais pas « dans » Paris...

Je me fais donc prendre en flagrant délit de mensonge par mon ministre de tutelle. Je n'avais rencontré André Malraux qu'une fois dans ma vie, à Cannes le soir où il m'avait remis la palme pour *Room at the Top*. Je l'avais remercié par un « Thank you » que je pensais spirituel, et nos rapports s'étaient bornés à ça. Hélène fit les présentations. Curieusement, je connaissais Mme Malraux que j'avais rencontrée quelques jours après son mariage avec Roland Malraux, et très peu de temps avant que Roland ne se fasse arrêter par les Allemands pour aller finalement mourir dans un camp de concentration. Je n'avais jamais revu cette très jeune veuve qui s'était remariée avec son beau-frère. Elle se rappelait parfaitement cette soirée qui devait dater du printemps 1944.

Malraux, pendant une bonne dizaine de minutes, fit comme s'il ne savait pas du tout qui j'étais. Il parlait à Pierrot, à Hélène, et à la cantonade, jusqu'au moment où il se retourna abruptement vers moi et me dit : « Mais, dites-moi, on ne vous a pas vue, vous, vendredi à l'Élysée? »

Hélène avait le sourire un peu crispé des maîtresses de maison qui ont peur qu'un invité ne commette une grosse bêtise, et Pierrot s'est calé dans sa chaise comme un amateur de ping-pong, attendant que l'échange commence...

« Non, en effet, nous n'avons pas pu venir. Vous savez ce que c'est, j'avais un sac de lessive haut comme ça, on accumule, on accumule, et puis je m'y suis mise, je n'ai pas vu passer l'heure, et quand j'ai vu l'heure, c'était trop tard, je n'avais plus le temps de m'habiller... »

Ce n'était pas une réplique désopilante, mais, avec les gestes, c'était rigolo. Malraux s'est marré, tout le monde s'est marré, surtout Hélène... de soulagement.

« Oh, finalement, on leur a donné plein à boire et à manger, il y en a quatre ou cinq à qui j'ai flanqué la Légion d'honneur, et ils sont repartis très contents... » laissa tomber Malraux avec le superbe mépris qu'il manie comme personne. « Eh bien, quand on vous entend parler comme ça, Monsieur le Ministre, on est bien content d'avoir fait jour de lessive. »

Nous savions par ceux qui y étaient allés (sous le prétexte de pouvoir enfin s'exprimer et revendiquer au nom de la Culture) que personne n'avait pu parler ni à de Gaulle ni à Malraux, que tout se déroulait dans un petit sas où les invités étaient introduits un à un, quand on les extrayait des grands salons, et que les colloques s'étaient bornés à un « ravi de vous voir » qui ne pouvait en aucun cas apporter du beurre sur les épinards des Maisons de la Culture ou de l'Aide au Cinéma...

Ici nous n'étions pas dans un petit sas, on a parlé. Malraux fit des remarques sur certaines de nos prises de position et comme son humour était d'un tout autre niveau que celui de Me Floriot, il était formidablement drôle. J'ai fini par lui dire que si je pensais comme je pensais sur certaines choses, c'était probablement parce que j'avais lu *la Condition humaine* quand j'étais toute jeune... La fin de l'après-midi fut somptueuse, il se montra fascinant comme il l'a été dans ses grandes interviews télévisées, bouleversant comme il l'a été pour Jean Moulin... Comme ça se passait avant 1968, je n'ai pas eu à lui demander comment il s'était senti de crier « La France aux Français »...

Les Malraux sont restés très longtemps. Et puis ils sont partis. Hélène et Pierrot les ont raccompagnés sur le perron. Je suis restée un moment seule dans la salle à manger, pendant que Françoise et les autres allaient chercher leurs manteaux. Je pensai à ces deux heures qui venaient de passer. C'est alors que Malraux est réapparu sur le pas de la porte. Il s'est approché de moi, m'a tapoté l'épaule et m'a dit : « Avouez que je vous ai épatée, hein? » Il rigolait, j'ai rigolé, et j'ai dit : « Oui. »

Il était déjà reparti. Une rencontre comme celle-là compte beaucoup plus que dix rencontres officielles, et elle a été déterminante dans la décision de ne pas faire d'accrocs à notre protocole, ni d'accepter de ces médailles qu'on vous « flanque »...

Il y a quelque temps, on a proposé à Montand de le « proposer » pour la Légion d'honneur. La lettre était très aimable, elle émanait du Centre du cinéma, elle était accompagnée d'un mode d'emploi imprimé. Il n'y a qu'à s'installer devant une table pendant quelques heures et essayer de se rappeler toutes les choses admirables qui se sont échelonnées le long de votre vie exemplaire : actes de courage, services rendus à la Nation et à l'Art, succès remportés à l'étranger ayant contribué au bon renom de la France, etc. Et inscrire tout ça devant chaque question imprimée. Un peu comme une demande de visa, quoi. Après, vous signez de votre nom, sous une formule qui dit à peu près qu'en raison de tout ce que vous venez d'énumérer, vous *sollicitez* l'honneur d'être élevé au rang de chevalier de la Légion d'honneur.

Il y a une quinzaine d'années, notre ami François Périer me dit soudain : « Je suis très content, ce matin j'ai écrit ma lettre. — Quelle lettre? — Ma lettre de refus de la Légion d'honneur. — On te l'a proposée? — Non, pas encore, mais avec la carrière que je mène, un jour ou l'autre on va me la proposer, alors autant faire la lettre d'avance. Aujourd'hui j'avais le temps. — Tu me la montres? — Non, je te la montrerai le jour où on me la proposera. » Les années passèrent, un beau matin François me dit au téléphone : « J'espère que je ne te réveille pas, ma chérie, je vais te lire ma lettre. Ça y est, j'ai reçu le dépliant. »

Sa lettre était d'une grande courtoisie et d'une grande dignité. Elle disait qu'en faisant le métier qu'il aimait, il servait le théâtre, mais qu'il ne se sentait pas digne d'une décoration qui lui avait toujours paru destinée à ceux qui servaient la Nation.

Celle de Montand fut un peu plus délicate à rédiger. Il expliqua que, fils d'émigrants naturalisés, il était d'autant plus touché de l'honneur qu'on voulait lui faire. Que, ses parents encore vivants, il aurait risqué de les choquer en refusant. Que, malheureusement, il les avait perdus et qu'ils n'étaient plus choquables. A peu près les mêmes commentaires que ceux de François terminaient ce refus qu'on s'était mis à trois pour rédiger, Montand, François et moi... Ce fut un bel après-midi, il y avait quelques brouillons qu'on aurait dû garder, certains étaient marrants...

A vous, on ne l'a pas proposée?

SIMONE SIGNORET : Non.

Ça se passait quand?

SIMONE SIGNORET : Il y a à peu près trois ans.

Si on vous la proposait, aujourd'hui?

SIMONE SIGNORET : On se réinstallerait, Montand, François et moi, pour rédiger...

Depuis le début de ces entretiens, vous dites très souvent « nous », plus rarement « je ». En vingt-sept ans, vous ne vous êtes jamais trouvée en désaccord avec Montand?

SIMONE SIGNORET : On s'est beaucoup engueulés, heureusement, sinon ce serait tragique. Ça voudrait dire que nous ne nous parlons plus. Que nous ne regardons plus autour de nous, que nous ne nous regardons plus non plus. Les choses peuvent changer, mais nous continuerons à nous engueuler, à nous aimer par conséquent.

Qu'est-ce qui pourrait changer?

SIMONE SIGNORET : Je n'ai jamais pensé qu'un couple était à l'abri d'une possible séparation. Je n'ai jamais eu ce genre de certitude. J'ai toujours été formidablement étonnée, tous les jours, que les choses continuent.

Nous avons le même âge, Montand et moi. S'il a vécu mon vieillissement à mes côtés, moi j'ai vécu son mûrissement à ses côtés.

C'est comme ça qu'on dit pour les hommes. Ils mûrissent, les mèches blanches s'appellent des « tempes argentées », les rides les « burinent », et parfois ils baladent des cinquantaines qui ressemblent à celle qui auréolait M. Vantieghem au Cours secondaire de Neuilly, quand j'avais dix-sept ans. Quand de surcroît ils jouent bien et qu'accessoirement ils chantent aussi, qu'ils sont tendres, drôles, et forts, célèbres et riches, il serait tout à fait anormal que les filles ne les regardent pas et qu'ils ne regardent pas les filles. Et il serait tout à fait présomptueux d'écarter la possibilité qu'ils tombent amoureux, pour de vrai, et pas nécessairement d'une salope.

Je crois pouvoir dire que si Montand tombait amoureux d'une fille jeune et belle avec laquelle il ait envie de refaire une vie, c'est-à-dire de se réveiller avec elle dans un lit qui ne serait pas le sien à elle, mais le leur à tous deux, dans une autre maison qui serait la leur à tous deux, j'essaierais de ne pas faire peser le « Tu ne vas pas me faire ça après tout ce qu'on a vécu ensemble ». Je crois pouvoir le dire. Peut-être que je mens, que je me mens. Peut-être que je suis la reine des hypocrites en déclarant ça... Je le déclare. En somme, je fais un peu comme François avec la lettre pour la Légion d'honneur. Je prends les devants, des fois que ça arrive...

Des fois que ça arrive, la mignonne m'aurait quand même un peu dans sa maison, aussi. Même si je n'y mets jamais les pieds... Ce ne serait pas juste pour elle. Pas juste de peser sur le présent et le futur des gens au nom du passé... Mais ça serait quand même probablement comme ça...

Je fais ma grandiose... J'aimerais mieux que ça ne m'arrive pas... Si ça devait m'arriver, je me souhaite d'être à la hauteur de mes belles déclarations d'aujourd'hui.

Plus de questions, Maurice?

Épilogue

Je ne saurai jamais de qui, de quoi, de quel endroit précis le faiseur de graffiti new-yorkais avait la nostalgie. Il avait eu besoin d'écrire sur un mur qu'elle n'était plus ce qu'elle avait été. Peut-être que ça voulait dire qu'il était content de s'en être enfin débarrassé... Ou bien triste de ne plus rien retrouver autour de lui qui la suscite.

Pour faire cette plongée dans le temps, il m'a fallu de la mémoire. Je n'ai aucun mérite : j'ai de la mémoire. Je n'ai pas de nostalgie.

C'est pour vérifier ma mémoire que je suis rentrée d'Autheuil à la place Dauphine par cette vieille route depuis si longtemps délaissée. Elle n'est pas jalonnée de corbeilles à péage. Elle s'appelle cependant la « route de Quarante sous ».

Avec satisfaction, j'ai constaté qu'à Bonnières on fabrique toujours des singes, qu'à Rosny il y a toujours une grande rue que les enfants des écoles traversent au feu rouge vers onze heures et demie. Je n'ai pas vérifié si le seul bac que Marie ait passé est toujours en fonctionnement, mais ce n'est pas une tour qui a remplacé la statue de Sully. A Mantes-la-Jolie, si on traverse la ville au lieu de la frôler par l'autoroute, on peut encore passer devant le cinéma « Normandie » dans lequel Montand avait chanté, un soir de 1953 ou 1954, quand ses affiches étaient maculées de goudron. Rolleboise rime toujours avec Framboise, de la même façon, sans changement apparent.

Et puis, au bout, il y a Science-Fiction City. Ça s'appelait Puteaux et Courbevoie. C'était la fin ou le début de la fête de Neuilly. Il y avait un carrefour et une statue : la statue de la Défense. Aujourd'hui, c'est un quartier, un ensemble, un complexe... « Nos bureaux sont à la Défense », annoncent de jeunes organisateurs de symposia et de colloques. Ils ne savent pas que les alvéoles climatisés de leur trente-troisième étage ont des racines qui sortent de petites caves de très modestes deux-pièces-cuisine.

C'était de ces deux-pièces-cuisine que partaient le matin les Madame Albertine qui venaient faire des ménages à Neuilly. C'était là que rentraient le soir les filles des Madame Albertine, quand elles nous quittaient à la porte du Cours secondaire de Neuilly. Elles venaient de la communale, avaient passé leur brevet. Attaquaient le secondaire avec une connaissance parfaite des maths, de la géographie, de la grammaire et de l'orthographe. Elles mettaient les bouchées doubles pour nous rattraper en latin. Elles y parvenaient la plupart du temps. Elles ne sortaient jamais avec nous le jeudi, elles ne venaient pas aux goûters, ni plus tard aux premières surprise-parties. Elles étaient celles de Puteaux ou de Courbevoie. C'était annoncé le jour de la rentrée quand chacune d'entre nous déclinait son identité et son adresse. Elles ne venaient ni aux goûters ni aux surprises-parties parce qu'elles ne voulaient surtout pas que nous nous attendions à être invitées à Puteaux ou à Courbevoie. Elles étaient graves, travailleuses, fières, et probablement qu'elles dépliaient un lit-cage dans la salle à manger une fois la vaisselle essuyée et la belle rédaction sur Lamartine rangée dans le cartable. La belle rédaction bien écrite, bien ponctuée, bien disposée, en souvenir de la maîtresse du primaire qui avait dû un jour expliquer à une Madame Albertine que ça valait le coup de faire continuer la petite.

Je n'ai aucune mémoire de Puteaux et de Courbevoie. Nous ne nous y risquions pas. C'était la banlieue pauvre. L'autre matin, je les ai cependant revues, mes petites condisciples, en traversant leur ancien quartier qui ressemble maintenant aux constructions que Benjamin élève et surélève avec son jeu de « Légo ». Elles étaient peu nombreuses, j'en revois trois. Leurs pull-overs n'étaient pas de cachemire, leurs bas étaient de coton ; leurs livres de classe d'occasion, soigneusement remis à neuf à l'aide de papier collant, étaient recouverts de papier bleu nuit. En pleins et déliés, une étiquette indiquait qu'il s'agissait de grammaire latine ou de « morceaux choisis de la littérature du XIXe siècle ». Elles ne dessinaient jamais de moustaches ni d'impériales sur les visages de César ou de Brutus. Quand le papier bleu nuit était usé, les livres réapparaissaient avec des couvertures neuves. Elles n'avaient pas de yoyos. Elles étaient demi-pensionnaires et n'avaient pas de dettes chez Gladys, la concierge du Cours secondaire. Elles savaient se passer du croissant et de la bouchée au chocolat à l'heure de la récré. Elles couraient après leur autobus, le soir, alors que nous rentrions tranquillement à pied à travers notre beau quartier. Ni en seconde ni en première elles n'approchèrent le « Sabot bleu ». Elles portaient des prénoms : Véronique, Caroline, Mathilde. Ceux dont s'affublent maintenant les hôtesses de ces trente-troisièmes étages climatisés de la Défense...

Mais, dans les années trente, se prénommer Véronique et habiter Puteaux, ou pire l'Ile de la Jatte : ce n'était pas facile à porter pour une adolescente confrontée à des Micheline, Claudine, Simone, Annie habitant Neuilly-sur-Seine. Moins facile encore, le papa en bleu de chauffe qui vous attend sur le trottoir d'en face, après le « pré-bac », le faux bachot, la répétition générale qui est accueillie dans les familles bourgeoises par le savant : « Alors, c'était quoi la question de cours? » et dans les familles ouvrières par : « Tu as su répondre? »

Ce sont ces gratte-ciel qui m'ont fait penser à ces filles auxquelles je n'ai jamais tellement pensé depuis que nous nous sommes quittées sans nous être jamais vraiment rencontrées. J'ai dû les « programmer » sans le vouloir...

Notre île ne connaîtra jamais les gratte-ciel. Nous ne sommes pas nombreux à l'habiter, ce petit triangle qui s'appelle place Dauphine. Nous nous connaissons de vue. Nous ne voisinons pas, dans ce sens que nous n'allons pas les uns chez les autres. Mais nous nous sourions quand nous nous côtoyons « Chez Paul ». Notre connivence ressemble à celle qui flottait dans les regards narquois des Bretons quand ils voyaient déferler les touristes, autrefois, dans mon enfance, et qui s'avisèrent un peu plus tard que parfois le « touriste » se mettait à bâtir.

Ici, on ne bâtira rien. On ne démolira rien. Ce n'est plus une île. C'est un îlot. Elles sont partout, les tours, tout autour. Elles s'approchent. Mais il y a une limite qu'elles ne franchiront jamais. A moins qu'elles ne fassent l'escalade. Il leur faudra sauter par-dessus le Pont-Neuf.

Sur le triangle, les marronniers ont été replantés, ils sont verdoyants. Peut-être qu'un jour ils ne le seront plus à cause du parking qu'on a creusé en dessous. Mais, pour nous les Iliens, apparemment rien n'a changé et rien ne peut changer, et nous en sommes bêtement orgueilleux comme des assiégés qui tiennent une place forte et savent qu'elle ne tombera jamais.

Nous avons notre Histoire, et nos histoires. Notre Histoire, c'est Henri IV, Louis XIII, la Révolution française, la Libération de Paris. C'est la vôtre, c'est l'Histoire de France. Nous avons trois étages de caves, nos murs ont plus d'un mètre d'épaisseur et nos maisons ont souvent des issues doubles.

Nos histoires sont jalonnées par la rééducation du bras de la vieille dame du 14 à qui on a enlevé son plâtre; par l'ouverture d'un salon de thé dans la petite boutique où travaillait à façon une couturière timide et chaste; par le séjour plus ou moins long d'un nouveau vagabond sur un des bancs de la Place; par la naissance d'un deuxième enfant chez un ancien tireur de sonnettes du temps où Catherine tirait les sonnettes; par le souvenir de Georgette et d'Hubert, les deux clochards que les inondations de 1954 avaient forcés à quitter les berges et qui ont cohabité avec nous, les Iliens, tantôt sur nos bancs, tantôt dans nos sous-sols, suivant le temps qu'il faisait. La crue avait fait d'eux des émigrants et ils se plaisaient mieux dans leur nouveau pays. Georgette était licenciée ès lettres, Hubert avocat. Les deuils pour elle, et le retour de déportation pour lui les avaient fait entrer en clochardise. La police les ramassait régulièrement, à la grande désapprobation des Iliens. Ils montaient dans le car, nantis de sandwichs et de vœux de prompt retour. Le même car les redéposait au bout de quelques jours. Ils étaient à jeun, épouillés, et assoiffés, et ils reprenaient leurs quartiers sur un de nos bancs. Nos enfants quittaient un moment les deux grands lions de pierre et les marches du Palais qui leur servaient de terrain de jeu — quand ils n'étaient pas justement en train de tirer les sonnettes — et annonçaient la bonne nouvelle : Hubert et Georgette étaient revenus!

Hubert et Georgette sont morts. Nous en parlons encore. Nous avons oublié comme ils étaient parfois bruyants et malodorants, pour nous rappeler seulement qu'ils étaient très intelligents, très cultivés et très drôles. Il y avait aussi la grande Simone avec son chapeau de corsaire. Elle ne buvait pas. Elle prenait son verre de lait quotidien à la fenêtre de notre cuisine, se lavait tôt dans l'eau fraîche et limpide du caniveau. C'est en partant, un matin vers cinq heures et demie, tourner en extérieurs à Meaux pour *Casque d'Or,* que je l'ai découverte entièrement nue. Ses baluchons et le landau 1930 qui lui servait de malle-armoire étaient disposés autour de son banc. Elle m'a dit : « Bonjour, Simone. » Je lui ai dit : « Bonjour, Simone. » Dans la même semaine, je l'ai croisée sur les Champs-Élysées, je lui ai dit : « Bonjour, Simone », elle a refusé de me reconnaître, nous n'étions pas chez nous. La grande Simone a disparu, mais nous en parlons encore. Nous en parlerons de plus en plus. Nous nous accrocherons à nos personnages de légende, à notre petite légende d'insulaires. Nous plaindrons les nouveaux, ou plutôt nous les considérerons avec une certaine condescendance. Ah! vous habitez place Dauphine! Georgette, Hubert, Simone, ça vous dit quelque chose?

Catherine, ma fille, quel que soit le quartier, le beau quartier dans lequel tu résideras, je sais à l'avance que Benjamin, mon petit-fils, ne côtoiera jamais les descendants de la Cour des Miracles, les précurseurs des hippies comme tu les as côtoyés dans ta petite enfance, quotidiennement, naturellement...

Il nous faut les jours de grands procès pour nous rappeler que nous vivons à l'ombre de ce Palais, celui de Justice, que nous avons depuis longtemps rangé au magasin des accessoires de notre environnement... Aux chauffeurs de taxis qui confondent la porte Dauphine et la Place, nous disons souvent : « Place Dauphine, au Palais de Justice, quoi! » En prononçant ces deux mots solennels, « Palais » et « Justice », nous faisons un peu comme nous faisions enfants, quand nous chantions « Dansons la Capucine, y a pas de pain chez nous, y en a chez la voisine, mais ce n'est pas pour nous. You. les petits cailloux! » C'est-à-dire qu'on ne réfléchit plus au sens profond des mots qu'on égrène.

« Palais de justice », ça fait un mot. Les marches du Palais, les lions de pierre, ça devient très vite, dans le langage des mères îliennes, l'endroit où on est sûr de retrouver son petit, sa petite, et ses frères et sœurs, pour les appeler au bain, à la douche ou au lavage dans l'évier de la cuisine. Vers 19 heures.

Mais « Palais », ça veut dire château, domaine, demeure, habitat, résidence, royaume, c'est aussi grave que ne semble pas être grave le fait qu' « y a pas de pain chez nous, y en a chez la voisine »...

Il nous faut donc les grands procès, qui font afficher « complet » tous les restaurants de la Place, pour nous remettre en mémoire que, tous les jours, à l'intérieur de cet édifice, on héberge pendant quelques heures des accusés, des accusateurs, des coupables, des innocents, des témoins, des faux témoins, des juges, des jurés, des voyeurs, des greffiers et des policiers. Tous les jours, à deux pas de chez nous. Le Monsieur qui a fait trois fois le tour de la Place, soucieux, se parlant à lui-même, est peut-être le veuf de l'assassinée, le frère du voleur, le futur divorcé, le comptable indélicat. Il passe et repasse devant nos rideaux qui s'écartent d'un doigt, comme en province. Nous sommes habitués. Les étrangers à la place font toujours preuve d'étranges désarrois. Nous ne les remarquons même plus. Nous savons seulement qu'ils sont là en transit. Tout à l'heure, ils monteront les marches. Ils sont en train de répéter pour eux-mêmes les vérités, les mensonges qu'ils ont décidé ou qu'on leur a conseillé de venir dire sous la foi du serment, et dont dépendra en fin de compte la liberté, la non-liberté, la vie et parfois la mort — votée, programmée, désirée — de quelqu'un.

Sans les grands procès, nous oublierions volontiers que les marches du Palais ne sont pas seulement des terrains de jeux. Tout se joue pourtant à deux pas de chez nous. Nous y pensons rarement.

Au deuxième étage du Palais, il y a souvent deux ou trois fenêtres éclairées jusqu'à une heure avancée de la nuit. Nous les regardons quand nous rentrons très tard. Nous ne savons pas ce qui se déroule derrière ces carreaux. mais nous sommes certains que ce n'est pas gai. jamais.

Et puis, le matin, nous oublions. Nous ne savons même plus reconnaître les fenêtres qui brillaient dans la nuit. Le jour revenu, elles sont toutes pareilles. Et le jour, sur la Place, tout est gai, toujours. S'il pleut, nous disons : « Quel temps! »; s'il fait beau, nous disons : « Quel temps! »

Je me suis fait rentrer à la maison. J'étais en grand danger de tomber dans la chronique. On n'en aurait jamais fini. Il n'y avait pas de raison pour ne pas continuer jusqu'à ma mort...

Avec une certaine hypocrisie, j'ai joué sur les mots « mémoire » et « nostalgie ». Je ne peux pas jurer que j'aie été d'une sincérité totale en affirmant que je n'ai pas de nostalgie. J'ai peut-être la nostalgie de la mémoire non partagée...

La mémoire n'est jamais complètement partagée. Quand on la met à l'épreuve d'une confrontation, elle est souvent aussi désespérante qu'un témoignage à décharge, fait de bonne foi, qui affirme que la robe était bleue alors qu'elle était verte.

Elle était verte pour moi.

Elle n'avait pas de couleur pour l'autre.

Elle était bleue pour le troisième.

Tous ces gens-là s'aimaient. Ils ne voyaient pas les mêmes choses. Ou plutôt, ils voyaient les mêmes choses ensemble au même moment, et ils les voyaient différentes.

Quand on raconte, on usurpe la mémoire des autres. Du seul fait qu'ils étaient là, on leur vole leur mémoire, leurs souvenirs, leur nostalgie, leurs vérités.

Quand j'ai dit « nous », j'ai pris possession. Mais c'était pour le récit. Ma mémoire ou ma nostalgie m'ont fait tisser des fils. Pas forger des chaînes.

Table

Achevé d'imprimer le 1er juillet 1977
sur presse CAMERON,
dans les ateliers de la S.E.P.C.
à Saint-Amand-Montrond (Cher)
pour le compte de France Loisirs
123, boulevard de Grenelle, Paris

Dépôt légal : 3e trimestre 1977.
— N° d'édit. 3207. — N° d'imp. 304. —
Imprimé en France

